北大版新一代对外汉语教材·报刊教程系列

读报纸，学中文
——准高级汉语报刊阅读

（下册）

吴成年　编著

[美] 贺永泉　　英文翻译
[日] 沟口景子　日文翻译
[韩] 明玲珠　　韩文翻译

图书在版编目（CIP）数据

读报纸，学中文：准高级汉语报刊阅读（下册）/吴成年编著.—北京：北京大学出版社，2010.1

（北大版新一代对外汉语教材·报刊教程系列）

ISBN 978-7-301-15807-4

Ⅰ.读… Ⅱ.吴… Ⅲ.汉语—阅读教学—对外汉语教学-教材 Ⅳ.H195.4

中国版本图书馆CIP数据核字（2009）第167443号

书　　　　名：读报纸，学中文——准高级汉语报刊阅读（下册）
著作责任者：吴成年 编著
责 任 编 辑：邓晓霞
标 准 书 号：ISBN 978-7-301-15807-4/H·2317
出 版 发 行：北京大学出版社
地　　　　址：北京市海淀区成府路205号　100871
网　　　　址：http://www.pup.cn
电　　　　话：邮购部 62752015　发行部 62750672　编辑部 62752028　出版部 62754962
电 子 信 箱：zpup@pup.pku.edu.cn
印 刷 者：北京大学印刷厂
经 销 者：新华书店
　　　　　　　787×1092毫米　16开本　27印张　592千字
　　　　　　　2010年1月第1版　2016年1月第2次印刷
定　　　　价：68.00元（含一张MP3）

未经许可，不得以任何方式复制或抄袭本书之部分或全部内容。
版权所有，侵权必究
举报电话：010-62752024
电子信箱：fd@pup.pku.edu.cn

前　言

《读报纸，学中文——准高级汉语报刊阅读》（上册、下册）是与《读报纸，学中文——中级汉语报刊阅读》（上册、下册）相衔接的，专为较高级汉语水平的外国人（约掌握了4900个左右的词语、2000个左右的汉字）编写的报刊课教材。本教材的编写吸收了当前报刊课程的研究成果，借鉴了已有报刊教材和其他类型教材的经验特点，以求切合报刊教学的需求。

选材注重学生的兴趣。在编写这套教材之前，曾对149名高级水平的外国学生作了报刊话题兴趣程度的问卷调查，学生比较感兴趣的话题优先编入教材中，并注意不同年级学生都感兴趣的话题的循环复现和难度的逐渐增加。

突出较高年级重要语言点的教学。本教材每篇课文的重要语言点有3~5个，之所以确定3~5个，主要是根据有限的教学时间和学生能够充分练习的原则来确定的。这些语言点的选择，既要体现报刊语言的特点，也要考虑到这些语言点的实用性和常用性，以帮助学生培养对报刊词语句式的运用、同义词的辨析、构词规律的认识等的能力。<u>课文的重要语言点加黑底标出，便于教师和学生查找</u>。重要语言点的例释力求简要、易懂，注重用法介绍，并用主要选自报刊文章中的语料加以举例说明。

扩大学生词汇量的同时，注重对超纲词比例的控制和增加词语的重现率，以降低学习生词的难度。教材每篇课文的生词量控制在40个左右。上下册纲内普通生词占总生词量的比例分别为75.04%、83.56%，超纲词分别只占24.96%、16.44%。这样，以往高级报刊教材因超纲词过多而难度过大的不足得以有效避免。<u>每课词语表中的超纲词都在该词语的下面画有横线，以便与纲内词区别开来</u>。重视生词的重现率，上下册每个生词平均重复出现的次数分别为10.6、10.1次，便于学生学习和掌握生词。每课词语表有中文解释和英日韩三种语言的翻译，便于母语分别为日语、韩语以及掌握英语的学生更容易地理解和学习生词。

读报纸，学中文

注重学生中文报刊阅读能力和报刊语篇能力的训练。这套教材附有读报小知识，帮助学生了解中文报刊的特点以及如何有效地阅读中文报刊文章。这套教材每课的练习一有让学生每周读两篇最新中文报刊文章的规定，每课练习十有三篇标明字数、限时当堂阅读的文章，使学生在完成这些大量的阅读任务的过程中不断提高阅读速度和主动跨越阅读障碍的能力，这对学生学习课文、参加HSK考试大有好处。练习五、七、八主要训练学生的语篇组织能力和语篇概括能力。注重培养阅读能力的同时，兼顾听、说、写的能力的培养。课堂语言点的操练、话题讨论，每周的报刊发言，练习一的报刊摘要与看法的写作，练习九的话题写作准备和讨论等，使学生的听、说、读、写四种能力得到综合的训练和提高。

重视对课文内容的复习。练习二、三、四、七紧扣课文，帮助学生复习课文、生词和重要语言点。本套教材每册都有四套测试题，可以阶段性地检查学生对所学知识的掌握情况和所达到的阅读水平。

《读报纸，学中文——准高级汉语报刊阅读》配有教师教学参考用书电子版，为广大教师在使用本教材时较规范合理地组织教学提供参考。欢迎使用本套教材的广大教师与北京大学出版社邓晓霞编辑联系，可发Email至dxxvip@yahoo.com.cn。

《读报纸，学中文——准高级汉语报刊阅读》（上册）的编写，我的研究生张新军、王苗苗参与了前期报刊资料收集、初稿的一些练习编制和部分生词、语言点注释的工作，在此深表谢意。非常感谢我的美国学生贺永泉、日本学生沟口景子、韩国学生明玲珠分别对上下册中的生词作了英文、日文、韩文翻译，以及日本留学生间香奈子、韩国留学生申晶媛分别对下册生词的日文、韩文翻译作了校对。下册的编写使用了中文助教软件，很感谢该软件的发明者和制造商。

在教材的编写过程中，得到北京师范大学汉语文化学院的领导、一些同事的鼓励和帮助，以及家人的大力支持；教材得以顺利出版，则有赖于北京大学出版社沈浦娜老师、责任编辑邓晓霞老师的热心襄助，在此一并致谢。

欢迎使用本教材的老师和学生多提宝贵意见。我的Email地址是：wucn2008@sina.com。

吴成年
2009年3月24日于美国Greensboro

目　录

第一课　在中国快乐生活的外国人	1
阅读一　中国就业门槛逐渐抬升 18万外国人在华工作	12
阅读二　外国人的中国情结	14
阅读三　外国人这样游中国	18
第二课　带着差距愉快地生活	21
阅读一　休闲产业	32
阅读二　重视幸福指数中的保障因素	35
阅读三　教育：应培养具备健康人格的现代人	37
第三课　换一种说法，你会更有力	40
阅读一　建立亲和力的小技巧	51
阅读二　巧用心理暗示解决生活难题	53
阅读三　NLP最佳绩效管理十诫	55
第四课　今天的孩子为什么"不会玩"了	59
阅读一　孩子说：不玩"网游"玩什么？	72
阅读二　六一儿童节：越玩越孤单 玩啥才快乐	75
阅读三　聚焦寒假——寻找快乐假期	78
第五课　聚焦高考30年的制度变迁	82
阅读一　高考30年改革脉络：走向更加理性、公平、多元（一）	96
阅读二　高考30年改革脉络：走向更加理性、公平、多元（二）	98

阅读三　1977—2007，高考改革焦点回眸 101

第一～五课测试题 105

第六课　大学生就业如何攻克难关 118
　　阅读一　有些大学生求职心茫然 131
　　阅读二　大学生就业意识创新：教育何为？ 133
　　阅读三　大学生就业遭遇"供需结构"难题 136

第七课　毕婚族：为何毕业证结婚证一起领？ 139
　　阅读一　八零年代：婚姻新"族群"（一） 153
　　阅读二　八零年代：婚姻新"族群"（二） 155
　　阅读三　毕业后闪电结婚　"毕婚族"品酸酸甜甜 157

第八课　职业女性为何害怕成功 161
　　阅读一　上海白领女性向往家庭温暖 177
　　阅读二　请解下女人腰上的"围裙" 178
　　阅读三　关注职业女性的亚健康 181

第九课　中国民众给中美关系打高分 185
　　阅读一　影响中美关系的主要因素 199
　　阅读二　中美关系正常化35周年 已成为利益相关者 202
　　阅读三　中美专家指点25年后世界格局 204

第十课　中日两国是搬不开的邻居 209
　　阅读一　"融冰之旅"推动中日战略互惠 223
　　阅读二　"融冰之旅"，融中日关系之"冰" 225
　　阅读三　中日关系：已见阳光 228

第六～十课测试题 232

第十一课　全球变暖让世界担忧 246
　　阅读一　气候变暖将引发全球经济危机 262

目　录

　　阅读二　全球变暖与我们的生活（一） 265

　　阅读三　全球变暖与我们的生活（二） 268

第十二课　心理疾病折磨全球十亿人　272

　　阅读一　中国心理治疗急需高手（一） 287

　　阅读二　中国心理治疗急需高手（二） 290

　　阅读三　精神疾病治疗费已占疾病总负担首位 293

第十三课　博客世界呼唤新秩序　296

　　阅读一　全球博客实名大势所趋　各国管理都有独门招数 ... 313

　　阅读二　博客自律试水　"约定式实名"备受青睐 316

　　阅读三　博客之困：四大问题成关键 319

第十四课　拉登50岁生日惊动世界　322

　　阅读一　美军高官称本·拉登还活着　联军将继续密集搜捕 ... 338

　　阅读二　对恐怖主义的界定是一个世界性的难题 340

　　阅读三　纽约世贸大楼：挥别悲伤，走向重建 343

第十五课　中国制造如何突围　347

　　阅读一　中国制造走向历史跨越期的思考 362

　　阅读二　中国制造出路：以产业升级留住世界 364

　　阅读三　"中国制造"该如何探寻转型路径 367

第十一～十五课测试题　370

第一～十五课测试题　384

词语总表　399

语言点例释总表　414

部分练习参考答案　415

第一课

如今越来越多的外国人聚集[1]于北京，他们在这里工作、学习、旅游……享受着中国式的快乐生活

在中国快乐生活的外国人

甘丽娅　胡春梓　赵晓宇

玩出惊喜[2]　玩上了瘾

韩国人金贞恩来中国生活已近8年，她最大的爱好就是旅游，虽然已经去过很多城市，但只有长城最让她上瘾。

金贞恩几乎每个月都要登一次长城。"心情不好，我会在长城上毫无顾虑[3]地大声喊，心中的烦闷立刻消除。同学来，我就是导游[4]，给他们讲中国的古典[5]文化。看着朋友们崇拜的眼神，心里别提多自豪[6]了。"

前几天，金贞恩又去登了一次长城，"那里卖纪念品[7]的人都认识我了。"

来到北京，外国人最大的障碍恐怕就是语言不通和文化、饮食的不同，但美籍教师泰德却在中国朋友中得到了快乐。

周末，泰德常常邀[8]隔壁的中国朋友到家里来看电影，选一些带中文字幕[9]的外国电影，泰德听声音，朋友们则看字幕[9]，遇到可笑[10]的情节，大家会哈哈大笑起来，虽然听、看分离[11]，泰德也乐在其中。

"我感觉逛街讨价还价[12]最有意思了。"泰德看到朋友很会讨价还价[12]，他也学了一手。"有时候实际价格只是卖家给的一半,讨价还价⁽¹²⁾时立场要坚定,毫不含糊⁽¹³⁾。"

和他们不同的是,来自意大利的李哲,来中国游玩,竟然找到了爱情。"这可真是出乎我的意料⁽¹⁴⁾。"李哲开心地说。

我工作 我快乐

相对于一些游山玩水的人来说,在北京做抛饼的迈克是抛中带乐。

迈克出生在印度新德里,自18岁开始学习抛饼,如今已做了10多年。3年前,他来到北京,专门做印度特色抛饼。每天守在火炉旁,要做50多张抛饼,普通人想想就胳膊酸疼,但是迈克一脸满足地告诉我们:"看着客人吃着我的抛饼,还时常做出赞扬的表情,我心里特别满足。"有两个在北京舞蹈学院学舞蹈⁽¹⁵⁾的十几岁女生是迈克的老客户,每周都要来吃他的抛饼。对于他的手艺,小女生总是赞赏⁽¹⁶⁾不已。

泰德刚到中国不久,经朋友介绍,加入了一个叫"妙妙乐园"的公益⁽¹⁷⁾组织,帮助生病⁽¹⁸⁾的、被忘却⁽¹⁹⁾以及失去双亲的中国儿童,把快乐带给他们。

"看到孩子们的英语水平一天天在进步,我心里甭提多高兴了。我希望有越来越多的人加入到这个组织中来,这些孩子需要希望,需要关怀⁽²⁰⁾!"今年暑假,泰德就要回国了,然而,对于"乐园"活动的热情却丝毫未减。

功夫演员 乐在其中

在一家咖啡厅,我们见到了恒力。极其流利的中文甚至让人感觉他不是个外国人,可恒力还是谦虚⁽²¹⁾地抱怨自己中文很差。看来中国人谦虚⁽²¹⁾的传统,他倒是继承了不少。

目前,恒力在中国是一名演员,擅长⁽²²⁾拍武打片,曾拍过《少年黄飞鸿》、《王中王》等90多部影片。恒力10岁就开始信佛教⁽²³⁾,18岁时,父亲便送他去纽约的一家少林寺庙学习中国武术,"恒力"这个名字是他的一个少林师父给取的,也算是第35代恒字辈少林弟子。父亲希望武术能对儿子以后的人生有所帮助。"爸爸没想到我完全迷进去了,还折腾⁽²⁴⁾到了中国。"恒力笑着说。

第一课

　　1998年11月，恒力大学毕业后来到北京体育大学学习武术表演，毕业之后，进入中国的演艺⁽²⁵⁾圈。

　　"中国的武术藏着很多东西，它不仅能强身健体，还能教给你生活中的许多道理。"恒力很认真地说。恒力认为武术能让人学会集中注意力。"学武术不能着急，动作要领⁽²⁶⁾要一步一步才能学会，要脚踏实地⁽²⁷⁾，做人也是。"

　　恒力还常常用中国传统文化帮朋友解决生活中的烦恼。好多⁽²⁸⁾朋友有钱了，生活富裕了，却难以拥有平稳的心态。他说："像道教、佛教⁽²³⁾和气功⁽²⁹⁾，都能让人客观看待这个世界。"

（全文字数：1570）

（节选自《人民日报》海外版2007年6月16日，略有改动。）

1. 聚集		jùjí	（动）	集合；集会 gather, assemble, collect 集める、集まる 모으다, 모이다
2. 惊喜	驚喜	jīngxǐ	（动）	又惊又喜 pleasantly surprised 驚喜する、驚き喜ぶ 놀랍고도 기쁘다
3. 顾虑	顧慮	gùlǜ	（名）	因有某种担心而不敢去说去做 misgiving, apprehension, worry 心配、おそれ 고려, 우려, 근심, 걱정, 심려
4. 导游	導遊	dǎoyóu	（名）	带领游览的人 tour guide ガイド

读报纸，学中文

5. 古典		gǔdiǎn	（形）	古代优秀的，典范的 classical 古典的な 고전, 고대의 서적	
6. 自豪		zìháo	（形）	自己感到光荣,值得骄傲 be proud of, pride 誇らしい、誇りに思う 긍지를 느끼다, 자랑으로 여기다	
7. 纪念品	紀念品	jìniànpǐn	（名）	表示纪念的物品 souvenir, keepsake, memento 記念品 기념품	
8. 邀		yāo	（动）	邀请 invite, ask, request 招待する 초청(초대)하다	
9. 字幕		zìmù	（名）	在电影银幕或电视机荧光屏下方出现的外语对话的译文或其他解说文字 captions, subtitles 字幕 자막	
10. 可笑		kěxiào	（形）	令人发笑 ridiculous, absurd, funny, laughable. おかしい、ばかばかしい 우습다, 우스꽝스럽다, 가소롭다	
11. 分离	分離	fēnlí	（动）	分开 separate, sever 分離する、切り離す 분리하다	

관광 안내원

第一课

12. 讨价还价 討價還價 tǎojià huánjià （成） 生意成交前或谈判中就价格或条件争执、协商
bargain, haggle
値段の駆け引きをする
흥정하다

13. 含糊 hánhu （形） 马虎;是非不分
ambiguous, obscure, vague
曖昧、はっきりしない
모호하다, 명확하지 않다

14. 意料 yìliào （名） 事先对情况、结果等的估计、推测
expectation
予測
예상, 예측, 짐작

15. 舞蹈 wǔdǎo （名） 一般有音乐伴奏的、以有节奏的动作为主要表现手段的艺术形式
dance
舞踊、ダンス
춤, 무용

16. 赞赏 贊賞 zànshǎng （动） 赞美赏识
appreciate, admire, think highly of
賞賛する
칭찬하다, 높이 평가하다

17. 公益 gōngyì （名） 有关社会公众的利益（多指卫生、救济等群众福利事业）
public welfare
公益
공익

18. 生病 shēngbìng （动） 得病
fall ill, be ill, besick
病気になる
병이 나다, 발병하다

19. 忘却	忘卻	wàngquè	（动）	不记得；忘记 forget 忘れる 망각하다, 잊어버리다
20. 关怀	關懷	guānhuái	（动）	关心他人 show loving care for, be concerned about 心配する 관심을 보이다, 배려하다
21. 谦虚	謙虛	qiānxū	（形）	虚心，不夸大自己的能力或价值 modest, humble, unassuming 謙虚である 겸허하다
22. 擅长	擅長	shàncháng	（动）	独具某种特长；善于 be good at, be expert in, be skilled in 得意とする、〜に優れる 뛰어나다, 장기가 있다, 정통하다
23. 佛教		fójiào	（名）	世界主要宗教之一。公元前6至5世纪古印度的迦毗罗卫国（今尼泊尔境内）王子释迦牟尼创立。反对婆罗门教的种姓制度，主张"众生平等"、"有生皆苦"，以超脱生死为理想境界。广泛流传于亚洲国家。相传东汉明帝时传入中国 Buddhism 仏教 불교
24. 折腾	折騰	zhēteng	（动）	反复做（某事） do sth. over and over again 繰り返す 반복하다, 되풀이하다

25. <u>演艺</u>	演藝	yǎnyì	（名）	戏剧、歌舞、杂技等表演艺术 performing arts 芝居、劇 연기
26. 要领	要領	yàolǐng	（名）	要点,主要内容；基本要求 main points, essentials 要点、主な内容、コツ、要領 요점, 요령
27. <u>脚踏实地</u>	腳踏實地	jiǎo tà shí dì	（成）	比喻做事踏实认真 down-to-earth, solid and earnest 堅実である、着実である 일 하는 것이 착실하다
28. 好多		hǎoduō	（形）	无具体数目的许多单位或个人 a good many, a good deal, a lot of たくさん 대단히 많은
29. 气功	氣功	qìgōng	（名）	一种用入静和调节呼吸等方式进行锻炼身体、防治疾病的方法。导源于古代的"吐纳导引" Qigong, a system of breathing exercises 気孔 기공

词语例释

1. 看着朋友们崇拜的眼神，心里别提多**自豪**了。

    "自豪"与"骄傲"：形容词。都有表示感到光荣的意思。

    <u>自豪：</u> 单义词，褒义。只有形容词用法。可构成名词短语"自豪感"。

    <u>骄傲：</u> 多义词，中性。除形容词用法外，还有名词用法，表示"值得自豪

的人或事物"。

以此自豪/自豪地笑出/显得非常自豪

骄傲自满/感到骄傲/值得骄傲

①自尊是人们认识到自己的权利和人生价值,从而产生出来的一种自豪感和自爱心。

②由于她们的能力得到社会的公认,普遍有一种人生的自豪感。

③谦虚使人进步,骄傲使人落后。

④如果在顺境中骄傲自满,即使有最好的环境与教育也不起作用。

2. 有时候实际价格只是卖家给的一半,讨价还价时立场要坚定,毫不含糊。

"含糊"与"模糊":形容词。不清楚、不清晰。都可重叠为AABB式。

含糊:着重指不明确,常用于语言表达或态度。

模糊:着重指不分明、不清楚,常用来形容具体的东西的外形,也形容抽象的事物(如感觉、印象、记忆、神态或思想认识方面的情况)。

不能含糊/绝不含糊/真不含糊

是非模糊/界限模糊/模糊了眼睛

①当给予调查人员工作指示时,负责人必须毫不含糊地对需要调查的事项,加以明确而详细的规定。

②对成绩不夸大,对缺点不含糊。

③在日常的语言中,有许多词都带有模糊性质。

④时间隔得太久,这些印象都非常模糊了。

3. 目前,恒力在中国是一名演员,擅长拍武打片,曾拍过《少年黄飞鸿》、《王中王》等90多部影片。

"擅长"与"善于":动词。在某方面有特长。

擅长:指有某一技能或专长。宾语可用名词或名词性短语。

善于:除善于辞令等习惯用法外,宾语通常不能是名词或名词性词组。

擅长书法/写小说他擅长

善于团结群众/善于总结问题

①梅兰芳出生于京剧世家,8岁学戏,11岁登台,擅长青衣,兼演刀马旦。

②女性叙述事情常带有浓厚的感情色彩,长于形象思维,擅长文学、艺术、语言、史地等学科。

第一课

③ 在这个地区已经有两家成功的汉堡连锁店，这两家公司都是以善于选择有利地点闻名。

④ 他善于学习、吸收、消化，善于结合实际创新，善于把志气化为实实在在的行动。

背景知识

随着中国社会的不断开放发展，越来越多的外国人选择来中国旅游、学习、生活等，甚至有不少外国人选择在中国就业。2007年5月，中国劳动和社会保障部发布的《2006年度劳动和社会保障事业发展统计公报》表明：到2006年年末，持外国人就业证在中国工作的外国人达18万人，比2003年底增长了近1倍。"洋打工"主要集中在大城市，上海最多，到2006年底在沪就业的外国人达54608人；北京第二，持就业证的外国人有30484人。18万来自世界各地的"洋打工"，已成为中国劳动力市场一道独特的风景线。

练 习

一、请在课外阅读两篇最新中文报刊文章，将它们剪贴在你的笔记本上，然后把它们写成摘要，并谈谈自己的看法

二、给下列动词搭配适当的词语

赞赏_____   忘却_____

关怀_____   擅长_____

三、选词填空

惊喜　顾虑　赞赏　忘却　关怀　讨价还价　脚踏实地

1. 议价买卖就是买方和卖方一对一地面谈，通过_____达成买卖交易。

读报纸，学中文

2. 我要给妈妈一个意外的_____，因为这一天是她老人家的生日。
3. 学生受到教师的_____就会更加尊重教师，努力学习教师传授的知识。
4. 他们从实际出发，_____向大目标奋进。
5. 为了消除顾客的_____，我们在商场门前贴出了告示："微利商场，长期营业"。
6. 可以说，爱花护花，使我_____了许多烦恼。
7. 东盟5国领导人对中国的对外政策一致表示_____和支持。

自豪　骄傲

8. _____和自卑从两个极端背离实事求是的精神，都是前进道路上的障碍。
9. 每当国旗升起时，心里总是很激动，充满了_____感。

含糊　模糊

10. 她经常光顾书店，什么书畅销，她就往家买，从不_____。
11. 那张照片太_____了，我无法看清楚。

擅长　善于

12. 内陆省份要_____抓住机遇，发挥优势，深化改革，扩大开放，加快经济发展。
13. 景颇人_____集体舞，有时上千人齐舞，伴以雄浑的木鼓声，节奏鲜明，气势十分豪壮。

四、根据课文内容判断正误

1. 金贞恩只会在心情不好时才爬长城。（　　）
2. 泰德的中文很好，能看得懂电影的中文字幕。（　　）
3. 李哲来中国玩是为了寻找爱情。（　　）
4. 迈克做的抛饼带有印度特色。（　　）

第一课

五、请按正确的语序将下列各个句子组成完整的一段话

1. A. 自18岁开始学习抛饼
   B. 如今已做了10多年
   C. 迈克出生在印度新德里
   正确的语序是：（　　）（　　）（　　）

2. A. 自从在北京品过一次绿茶
   B. 法国人皮埃尔虽是喝着咖啡长大的
   C. 便对茶叶情有独钟了
   正确的语序是：（　　）（　　）（　　）

六、根据课文内容选择最合适的答案

1. 韩国人金贞恩最喜欢_____。
   A 看电影　　　B 爬长城　　　C 逛街　　　D 武术
2. 泰德_____讨价还价。
   A 不会　　　B 讨厌　　　C 不了解　　　D 喜欢
3. 迈克做的抛饼生意_____。
   A 不错　　　B 一般　　　C 不太好　　　D 很差
4. 恒力_____少林功夫。
   A 学过　　　B 只会　　　C 不会　　　D 不了解

七、完形填空

（一）

| 竟然　和　可　来自 |

1_____他们不同的是，2_____意大利的李哲，来中国游玩，3_____找到了爱情。"这4_____真是出乎我的意料。"李哲开心地说。

（二）

| 甚至　因为　越来越　就此　却　又或者 |

这些年来，1_____多的外国人来到中国旅行，2_____其中的有些人，会3_____一次旅行喜欢上了中国，4_____留了下来。在这些外国人眼中，中国或许是神秘而厚重的东方古国，5_____是一个经济迅速发展的现代化国家，在我们看来已经见惯的自然景致和文化遗迹，对他们 6_____有着巨大的吸引力。

读报纸，学中文

八、请用自己的话或原文中的关键句子概括下面一段话的主要内容

　　迈克出生在印度新德里，自18岁开始学习抛饼，如今已做了10多年。3年前，他来到北京，专门做印度特色抛饼。每天守在火炉旁，要做50多张抛饼，普通人想想就胳膊酸疼，但是迈克一脸满足地告诉我们："看着客人吃着我的抛饼，还时常做出赞扬的表情，我心里特别满足。"有两个在北京舞蹈学院学舞蹈的十几岁女生是迈克的老客户，每周都要来吃他的抛饼。对于他的手艺，小女生总是赞赏不已。

九、请尽量用以下词语进行话题讨论

惊喜	顾虑	自豪	意料	赞赏
谦虚	擅长	脚踏实地	好多	关怀

你最喜欢去什么地方旅游？为什么？

十、快速阅读

　　阅读一（字数：1695；阅读与答题的参考时间：10分钟）

中国就业门槛逐渐抬升　18万外国人在华工作

伍巧玲　金燕博　武雪梅

　　5月中旬，中国劳动和社会保障部发布的《2006年度劳动和社会保障事业发展统计公报》表明：到2006年年末，持外国人就业证在中国工作的外国人达18万人，比2003年底增长了近1倍。"洋打工"主要集中在东部大城市，上海最多，到2006年底在沪就业的外国人达54608人；北京第二，持就业证的外国人有30484人。第三是广州，今年一季度持就业证的外国人约6800人。18万肤色各异的"洋打工"，已成为中国劳动力市场一道独特的风景线。

"洋打工"：中国就业新大军

　　"我就是喜欢中国，最喜欢北京。"白利德操着不很流利的汉语说。今年是这个澳大利亚人来到中国的第16个年头。他在北京语言学院毕业后，往来于中国与澳大利亚之间，在中国学习汉语，回国研究中国历史；再到中国工作，与北京姑娘结婚……如今，他是北京某英语培训机构的一名教师。

第一课

"洋打工"们来自世界各国。北京出入境边防检查总站工作人员介绍，目前在京就业的外国人，主要来自美国、韩国、日本、英国、德国、加拿大等国家。在上海工作的外国人来自130多个国家，其中日本占28.6%、美国占12.3%、韩国占8.9%；在广州工作的外国人来自108个国家，日本、印度、韩国、美国居前四位，其中来自日本的占29%。可见，日、美、韩已成为中国外来就业者的最大输出地。

"洋打工"已是中国大都市职场上一支不容忽视的就业队伍。他们的到来，体现出中国更加开放，也体现出经济实力不断增长的中国正散发出空前的魅力。

高门槛：老外也有就业愁

3年前从美国来华的彭睿今年30岁，是美国英迈专业语言培训机构北京分公司总经理。这个金发小伙雇有20多名外国员工。说到3年来中国就业环境的变化，他认为对外国人来说，在中国就业的门槛在逐渐抬升。

目前在上海就业的"洋打工"队伍中，位居正副董事长、正副总经理、财务总监、人事总监等高级管理职务的约占25.4%，担任高级技术人员的占6.1%，在外企常驻代表机构任首席代表的占3.1%。他们从事行业的前5位是：租赁和商务服务业，制造业，信息传输、计算机服务和软件业，住宿、餐饮业、居民服务及其他服务业。这些"洋打工"多为学历较高者，其中博士占2.6%、硕士占16.4%、大学占69.4%。另据调查，在广州工作的外国人也主要集中在外资企业、台港澳企业和外企常驻代表机构。

有关专家表示，中国中低端劳动力市场已经饱和，目前中国最需要的是具有国际化经营背景的高级管理人才和研发人才。对此，原劳动部、公安部、外交部于1996年联合发布的《外国人在中国就业管理规定》，要求外国人在华就业须持有《外国人就业许可证书》。这样做，有效地抑制了非法就业，把中低端外国劳动力挡在了中国劳动力市场之外。

"洋创业"：在华发展新思路

陆麦特是1997年来到中国的新西兰人，没有就业之愁，因为他已是拥有一家国际标准专业健身中心的"洋创业"者。

陆麦特刚来中国时，在一家乡村俱乐部管理健身房。3年后，30岁出头的他发现，中国的中高档健身市场机会多多，就想到了创业。找中国同行咨询，做市场调研，锁定目标人群……陆麦特整整忙碌了3个多月，终于把申请注册材料准备齐全。2001年8月，他与人合资的进步健身中心，在北京CBD商圈的大北窑开业。"一切都挺顺利"。陆麦特对6年来的创业路颇感满意。如今，进步健身中心旗下已有两家分店，成为北京最大的健身中心之一。

如今，餐厅、酒吧、美容、娱乐、健身等服务业，都是外国人在华创业的重要领域。

现在"洋打工"们感到，日益增多的中国"海归"对他们构成了直接的压力。陆麦特认为，迅速抢滩中国市场，是"洋打工"们的生存新思路。

很多跟陆麦特一样已在中国打拼多年的"洋打工"，走上了在华创业的道路，而且情况良好，因为"中国市场'非常巨大'"。

陆麦特表示，尽管申请、注册并不简单，但"机会大大多于麻烦"。对于希望当"洋创业"的人，他给予忠告：要了解中国市场，熟悉中国政府的相关规定，最重要的，"也就是中国人常说的，不懂就问。"

（节选自《人民日报》2007年5月31日，略有改动）

回答问题

1. 本文举了几个外国人的例子？他们做什么工作？
2. 目前中国的就业市场非常需要什么样的人才？
3. 陆麦特有哪些创业感受？
4. 本文的主要内容是谈外国人在中国的哪方面的情况？_____。
   A 旅游　　　B 购物　　　C 就业　　　D 学习

阅读二（字数：2445；阅读与答题的参考时间：14分钟）

外国人的中国情结

张晶

这些年来，越来越多的外国人来到中国旅行，甚至其中的有些人，会因为一次旅行喜欢上了中国，就此留了下来。在这些外国人眼中，中国或

第一课

许是神秘而厚重的东方古国，又或者是一个经济迅速崛起的现代化国家，在我们看来已经司空见惯的自然景致和文化遗迹，对他们却有着巨大的吸引力。

很多外国人迷恋着中国的传统美食，喜欢中国的武术和书法，当有一天他们来到这里，亲身体验这些令人无限向往的事物，中国人随意平和的生活方式留住了他们中很多人的脚步。那么，就让我们走进这些对中国深深迷恋的外国人的感官世界，看看我们周遭习以为常的一切，在他们的眼中，究竟是个什么样子。

中国饮食魅力无限

近日，在由中国人民大学副校长冯惠玲主持的一个有关北京奥运的重大课题中，就"北京奥运与文化中国国家形象要素排序"进行了大规模的海外调查。调查对象包括50多个国家社会影响力较大的政治家、企业家等，同时调查还参阅了近3000篇海内外媒体的报道。调查结果显示，在具体的中国文化形态中，海外公众最感兴趣的是中国的饮食文化，占36%。

的确，中国历史悠久、派系丰富的饮食文化，至今仍是中国吸引海外游客的第一张名片。来自加拿大的罗琳斯是一个乐观开朗的女孩，23岁那年，她第一次和几个好朋友来中国旅行，就被这里花样百出的美食深深吸引了。两年之后，罗琳斯再一次来到中国，索性就住了下来，如今，她在北京的一所双语幼儿园当起外教，除了和可爱的孩子们一起度过快乐时光，罗琳斯最大的乐趣就是品尝中国美食。

"我从小就对美味的食品有特别的偏好，但是中国的美食是我最喜欢的，它们实在太丰富了，每个地方的饮食习惯和菜肴口味完全不同，现在我根本离不开它们了。我喜欢北京这座城市，在这里不仅能吃到北京本地的特色美食，还能吃到中国其他地方最受欢迎的食物。北京烤鸭我当然喜欢，几乎每周都要去大吃一顿。另外我还很喜欢川菜。在北京，川菜很受欢迎，有很多正宗的川菜馆子。今年夏天，我计划利用我的假期去四川旅行，当然是要去尝尝那里的川菜和四川小吃了。"罗琳斯每当提到她喜欢的中国美食，就有说不完的感慨，脸上洋溢着幸福的笑容。而她最大的心愿，就是在中国工作期间，能够利用闲暇时间走遍大江南北，品尝各地美食。

读报纸，学中文

景致，越古老越有吸引力

中国地大物博，名胜古迹众多，自然景观丰富多彩，又是哪些地方最吸引外国游客呢？冯惠玲主持的调查显示，在中国的名胜古迹中，海外公众首选去处是长城，占到80.8%，其次则是故宫、天安门、颐和园和天坛。无疑，这些地方都是中国最具代表性的名胜，也是在外国人心目中知名度最高的。然而，记者在采访过程中发现，那些对中国兴趣甚浓而不只一次来到中国的外国游客，在选择他们心中最爱的时候，表现出来的是更具个人偏好的兴趣。

法国游客皮埃尔和他的妻子已经是第三次来中国旅行了，已经成了半个"中国通"，他们的旅程，由最初充满好奇的观光之行，变成了现在边走边细细体味中国历史和文化的探寻之旅。"我和妻子对建筑有很浓厚的兴趣，第一次到中国的时候，我们首先去了故宫，这是一座气势恢弘的建筑群，至今仍然有皇家建筑庄严不可侵犯的气势。在这次旅行中，我们认识了很多中国朋友，从他们那里，我们知道，中国不仅有长城和故宫，在中国的其他地方，还有很多各具特色的建筑样式。我们希望都能亲眼去看一看。"

诗画般的生活方式

朴美姬女士是一位和蔼的韩国老太太，她也是众多因为旅行与中国结缘，而最终留在这里的外国人中的一位。5年前她和丈夫随旅游团到四川旅行，天府之国悠闲惬意的生活方式，让老夫妻俩大感意外，深深地眷恋上了这片土地，于是决定留在成都颐养天年，而把三个已成年的儿女留在了韩国。

现在，朴美姬老人在成都开了一间小店，专卖自己亲手制作的韩国传统食品。"倒不是为了挣钱，成都小吃很出名，也很美味，我想让这里的人们也能够品尝一下我们韩国的美食，现在有不少人光顾我的小店，我还收了一个聪明能干的中国姑娘做徒弟。看到顾客喜欢我亲手制作的食物，心里很高兴，感觉自己已经成为这座城市的一员了。"朴美姬老人告诉记者，现在她会说很多中国话了，和大家交流起来没有语言障碍，而且还学会了打麻将，经常和街坊邻居一起切磋、喝茶聊天，生活得很轻松也很开心。

这几年，朴美姬的儿女们有空就会到成都来看望父母，他们也都很适

第一课

应这里的生活，觉得中国人很懂得享受平淡生活的乐趣，让人羡慕。

传统文化艺术的学习热

　　在到中国旅行的外国人中，还有一些人是抱着学习中国传统艺术和手工艺的目的而来的。美国小伙子杰伊从少年时代就听说"中国功夫甲天下"，曾多次到中国学习武术，他对自己的中国朋友们说，他最大的心愿就是学一些地道的中国功夫，回到美国后开一个私人培训班，把自己的所学传授给那些同样对中国武术着迷的美国人，让更多的人了解中国一些更深层面的东西。

　　日本姑娘滕香来到中国，则是学习书法的。滕香是北京一所大学的留学生，业余时间，她请了书法老师专门修习书法，滕香告诉记者，她的祖父是书法爱好者，在她很小的时候，祖父就刻意培养她，并且告诉她，书法是人类抒发心灵的手段，好的书法作品，可以让别人从中看到你的修养、性情和情绪。"祖父曾经说过，最好的书法在中国，于是我来了，我喜欢现在的生活。"滕香说。

　　与前面两位相比，意大利青年尤诺感兴趣的东西有些"偏门"，偶然听到的一场中国古琴演奏会，让他萌生了学习的念头，于是不远万里来到成都拜师学艺。尤诺说，他不会轻易放弃自己的初衷，而且在中国，他发现了更多想要去学习的东西。"也许我下一步应该去学习变脸，那太神奇了！"尤诺开玩笑地说。

（节选自《青年时讯》海外版2007年6月14日，有改动）

回答问题

1. 本文从哪几个方面谈到外国人的中国情结？
2. 罗琳斯的爱好是什么？
3. 皮埃尔夫妇的爱好是什么？
4. 朴美姬现在做什么生意？
5. 杰伊、滕香、尤诺分别对什么感兴趣？

阅读三（字数：1984；阅读与答题的参考时间：13分钟）

外国人这样游中国

王宁宁　于琨

"我对西湖龙井上瘾了，每天至少要喝两升茶水。"法国人皮埃尔虽是喝着咖啡长大的，自从在北京品过一次绿茶，便对茶叶情有独钟了。每年清明节前，前往苏杭茶园采摘是他必选的旅游项目。青翠欲滴的茶树与婀娜多姿的采茶女相映成趣，在他眼里构成一幅引人入胜的采茶图。每次旅行他都满载而归，带回足够享用一年的特级西湖龙井。按照茶乡习俗，此时采摘的茶叶亦称"明前茶"，是龙井茶中最为珍贵的极品。

在京城，我们遇见了一批像皮埃尔这样的年轻外国人，日新月异的中国吸引他们踏上这片多姿多彩而又神秘的土地，他们又在自己特意设计的旅程中寻觅着精神的家园。

追寻景点背后的浪漫传说

长城，以它的博大雄浑成为古老中国的文化图腾。然而在印度人罗杰士的眼里，它又因为孟姜女的传说而带上了一抹东方式的浪漫……

罗杰士几年前加入印度著名IT公司APTECH后被派往中国工作。像很多旅游者一样，罗杰士喜欢中国历史悠久的古迹景点。当罗杰士第一次从中国朋友那里听说孟姜女寻夫、哭倒长城八百里的故事时，就被深深地感动了。来到北京的当天，他登上了万里长城。蜿蜒起伏的城墙像一条巨龙盘旋在山巅，罗杰士用手轻轻地抚摸着斑驳的砖墙，心情久久难以平静。

在罗杰士的家乡，泰姬陵同样闻名于世。莫卧儿王朝第5代君主沙贾汉为纪念亡妻修建了这座宏伟的陵墓。泰姬陵是一座爱情的丰碑，印度诗人泰戈尔曾用"脸上永恒的泪珠"来比喻它所象征的爱情。罗杰士感慨道："中国的长城，见证了一段同样伟大的爱情。我喜欢这些景点，更喜欢它们背后的浪漫故事，它使我的旅程更有传奇色彩，使我的心灵更加纯洁。"

已过而立之年的皮埃尔在法国便读过《白蛇传》中白娘子与许仙的爱情传说，为之吸引来到了西子湖畔。他首先登上了位于白堤东端的断桥，也是那个爱情故事中主人公的相会之处。他从导游口里得知，断桥之名得于唐

第一课

朝，古时桥上有门，门上有檐，下雪时中间一段的雪都在门檐上，桥上只有两头有雪，远远望去桥像断了一样，所以称做断桥。当游船停靠在雷峰塔下，导游介绍这就是白娘子被法海关押的地方，而百姓为了搭救白娘子，每到雷峰塔下都会抽走一块砖，最终导致雷峰塔的倒塌。现在的西湖雷峰塔是在倒掉的原塔基上建起的，而雷峰夕照被评选为西湖十景之一……

"西湖对我来说，是一首诗，是一个美丽动人的故事。许仙与白娘子在断桥边聚散离合的悲欢故事，不断撩拨着我的情怀，使得西湖更加难以忘怀。"皮埃尔动情地说。

在大自然中排解乡愁

24岁的孙春花来自韩国仁川，2002年来中国人民大学新闻学院读书，已经在中国生活了5年。

出生在海边，吹惯了柔柔的海风，呼吸惯了略带咸味的空气，她第一次去北戴河感觉像是回到了家乡，深深地爱上了那里。无论寒冬酷夏，她都要约三五好友，乘车三四个小时到达目的地。至今她已经去了十几次，"美丽的大海，是百看不厌的。"

从小在城市长大的日本留学生山崎映子，对于内蒙古呼伦贝尔大草原的经历至今记忆犹新。"我从没见过那么蓝的天，那么绿的草，还有那么多的星星。我永远都不会忘记空气中弥漫的淡淡青草香气，每呼吸一口都沁人心脾。"更让她惊奇的是，不少蒙古族青年竟能说一口流利的日语。

"我为中国饮食狂"

"我来中国，不是为了赚钱，而是为了吃到中华美食。"说这话时，28岁的美国人麦克眼睛笑成了一条缝。

一下班他就约几个好友一起去寻找各种特色饮食，在北京刚刚工作一年，几乎吃遍北京所有的特色餐厅，朋友都亲切地称他为"大嘴"。

"全聚德烤鸭历史悠久，我平均每月去一次，服务特别好，刚烤出的鸭子皮酥肉嫩，让我垂涎三尺。但也有一些地方，既便宜又实惠，如鸭王烤鸭、利群烤鸭的顾客特别多，这些都是不错的选择。"他说起来头头是道。

除了烤鸭，麦克格外钟爱火锅，"我喜欢带麻酱的火锅，尤其是民宝火锅、鼎鼎香火锅的麻酱与众不同，味道既香且浓，并且可以根据自己的口味选择搭配腐乳、韭菜花、辣椒油、香菜和香葱，还有另一道配料——

糖蒜！"他几乎尝遍各种火锅店，脑海中已经绘制出了一张北京火锅地图。

"大嘴"还吃到了别的城市：西安的羊肉泡馍、内蒙古的手把羊肉、上海的海棠糕、成都的钟水饺……说起这些，他不禁眉飞色舞。

外国人的建议

增加外国餐饮 身为印度教徒的罗杰士忌食牛肉和猪肉，而适合他的餐馆太少。他建议，北京作为国际性的大都市，应该创办更多的外国餐厅。

降低门票价格 罗杰士认为中国旅游景点的票价普遍偏高："我很喜欢故宫，一有空我就想去转转，如果朋友来了，我也很想领他们都去看看。但是现在门票60元，加上珍宝馆10元，钟表馆10元，共计80元。可能我去过了一次下次就不去了。而对印度本国游人来说，印度的泰姬陵门票也不算贵，白天仅需大约20卢比（合人民币不到10元）。"

（节选自《人民日报》海外版2007年6月2日，有改动）

判断正误

1. 法国人皮埃尔从小就喜欢喝茶。（ ✓ ）
2. 罗杰士来中国专门是为了旅游。（   ）
3. 孟姜女的故事与长城有关。（   ）
4. 《白蛇传》的爱情传说与西湖有关。（   ）
5. 孙春花喜欢北戴河与她的家乡在海边有关。（   ）
6. 山崎映子长期生活在城市里，很喜欢草原的风景。（   ）
7. 麦克只喜欢吃北京的烤鸭与火锅。（   ）
8. 罗杰士认为故宫的门票价格不太贵。（   ）
9. 本文的主要内容是谈外国人喜欢中国的美食。（   ）

第二课

带着差距愉快地生活
——青少年如何培养健全人格

郭韶明

"现代中学生健全人格的特点是什么？我们应该如何努力？""如何培养健全人格的人才，能否⁽¹⁾提供一些细致周密⁽²⁾的措施？"……

4月25日下午，在"心理专家讲座"天津座谈会上，一场名为"培养健全人格，提高适应能力"的专题讲座吸引了天津耀华中学230余名师生及家长⁽³⁾。这次讲座由"心理专家讲座"主讲人、北京大学心理学系王登峰教授主讲。

针对师生提出的问题，王登峰着重⁽⁴⁾强调了一个观点，那就是健全人格的核心是对自己有客观的认识，学会带着不满足、对自己还不够满意中愉快地生活。

对自己的看法不仅符合实际，而且乐于⁽⁵⁾接受

"一个人的成熟，表现为他对自我的看法不仅符合实际，而且乐于⁽⁵⁾接受。"王登峰说。符合实际就是"实际是什么样子，对自己的看法就是什么样子，二者是一致的"；乐于⁽⁵⁾接受则是"我很高兴地告诉你我还有很多的缺点和不足"。这是在青少年阶段很多人内心最痛苦的一件事，因为一方面他们不断地发现自己还有很多做不好的事情，另一方面内心又有一种很强的观念想

21

要抗拒⁽⁶⁾，认为自己不应该是这个样子。

在这种矛盾的心理冲击下，王登峰分析说，用三种不同的态度面对，后果是不一样的。

第一种态度是"接受，彻底改变对自己的看法"。他举例，比如有一个人认为自己绝顶聪明，什么事都可以做好。突然有一次发现自己考试不理想，这个时候第一反应就是接受结果，彻底颠覆⁽⁷⁾从前的自信，从此以后什么都不是了。"为什么有些人遇到一点点挫折会去结束生命，就是因为这一点挫折在他看来使他不完美⁽⁸⁾了，他改变了过去的信念⁽⁹⁾，以致没有办法活下去。"

第二种态度是"否定，即防御⁽¹⁰⁾反应"。比如有的学生把考试没有考好归结⁽¹¹⁾为昨晚没睡好、老师出题难等，这种看法表明了一种态度——我的确没有考好，但是和我自己没有关系。"如果长期如此，这个人对自我的认识就永远停留⁽¹²⁾在很刻板⁽¹³⁾的水平上，能力会受到局限。"

第三种也是最积极的态度是"当发现自己的不足时首先接受，但是调整对自己的看法，而不是彻底改变"。调整和彻底改变的差别在于，调整是指一个人对自己的看法，由原来认为是万能⁽¹⁴⁾的，现在知道自己并非万能⁽¹⁴⁾。"这种调整能够把新出现的问题处理掉，使个人的看法随着经验的增加而进一步深化⁽¹⁵⁾。"

当接受了差距之后，关键在于如何看待

"我知道我笨，但是我不在乎。"这是王登峰带的一个研究生说的话。有一次王登峰工作很忙，这个学生还总是对一个问题反复追问。王登峰有点心急："你怎么这么笨呢！"

学生的回答给了王登峰很多启示⁽¹⁶⁾：在一个名牌大学里，被自己的导师⁽¹⁷⁾当场⁽¹⁸⁾骂了笨，居然还表示不在乎，而且看得出来他不在乎的背后包含着一种自信。后来，王登峰把学生的这句话当做"接受差距"的秘诀⁽¹⁹⁾，告诉了很多人。

当发现自己与别人的差距时，该如何看待。

王登峰认为，应该把差距划分为两大类。

第一类差距是必须要改变的。比如，一个学生发现自己的学习成绩和别人相比有很大的距离，而学习是人生发展的根基⁽²⁰⁾，是必须要改变的。但是，也要允许自己有一个改变的过程，并且需要真正的自信。"每个人遇到困难的

第二课

时候，都需要有这样的心态，相信自己能够达到目标，相信坚持不懈[21]一定会克服困难。"

第二类差距的根源是事情太多无法兼顾[22]。比如，别人的喝水杯子比我的贵，别人知道明星的详细信息但是我不知道……对待这类差距，王登峰说，其实不必强求[23]，能够改变或许更佳，改变不了也无妨[24]。

他强调，当看到自己和周围同学相比有差距时，当自身的状况和期望[25]的状况之间存在差距时，首先要区分这两类，然后有一个明确的态度：当差距必须改变的时候，要相信自己；当差距其实无关紧要的时候，不妨高高兴兴地告诉大家，我的杯子也有自己的特色，很多歌星[26]的名字我都不知道。

"现实生活中谁都不够完美[8]，关键在于要学会的是，即便有不足也会愉快地生活。"

（全文字数：1695）

（节选自《中国青年报》2007年5月3日，略有改动。）

1. 能否		néngfǒu	（动）	用做助动词表示指望能自愿依从的要求 Is it possible...?, Can or cannot? …できますか？ ..할 수 있을까?
2. 周密		zhōumì	（形）	周到细密 meticulous, thorough, attentive to every detail 綿密な 주도면밀하다, 세심하다, 세밀하다, 빈틈없다
3. 家长	家長	jiāzhǎng	（名）	指父母或其他监护人

parent or guardian of a child
家長、保護者
가장

4. 着重　　著重　　zhuózhòng　　（动）　　把重点放在某方面；强调
stress, emphasize, underline, put emphasis on a certain aspect
重点を置く、強調する
강조하다, 힘을 주다, 역점을 두다

5. 乐于　　樂於　　lèyú　　（动）　　乐意
be happy to do sth., take delight in doing
楽しむ、喜んで・・・する
즐겨 하다, 기꺼이 하다

6. 抗拒　　　　　　kàngjù　　（动）　　抵抗并拒绝
resist, defy
拒否する、逆らう
저항하다, 거역하다, 거부하다

7. 颠覆　　顛覆　　diānfù　　（动）　　推翻
overturn, over throw, subvert
覆す
전복하다

8. 完美　　　　　　wánměi　　（形）　　完备美好;没有缺陷
perfect, flawless, consummate
完全無欠である
매우 훌륭하다, 완전하여 결함이 없다

9. 信念　　　　　　xìnniàn　　（名）　　自己认为可以确信的看法
conviction, faith, belief
信念
신념

10. 防御　　防禦　　fángyù　　（动）　　防守抵御
defend, guard, defense

第二课

守る、防御する
방어하다

11. 归结　歸結　guījié　（动）　总括而求得结论
sum up, put in a nutshell
締めくくる
귀결하다

12. 停留　　　　tíngliú　（动）　暂时留在某处,不继续前进
stay for a time, stop, remain
留まる、停留する
(잠시)머물다, 멈추다

13. 刻板　　　　kèbǎn　（形）　比喻处事不灵活,不能随机应变
mechanical, stiff, inflexible
融通の利かない
판에 박힌 듯하다, 융통성이 없다

14. <u>万能</u>　萬能　wànnéng　（形）　无所不能
omnipotent, all-powerful, almighty
万能である
만능이다, 온갖 일에 능하다

15. 深化　　　　shēnhuà　（动）　向更深的程度发展
deepen, intensify
深化する、深化させる
심화하다, 심화시키다

16. 启示　啟示　qǐshì　（名、动）　启发开导,使有所领会
inspiration, revelation; enlighten, inspire, imply, suggest
啓示する、啓示
계시(하다), 시사(하다), 계발(하다)

17. 导师　導師　dǎoshī　（名）　指引路人和在政治、思想、学术或某种知识上的指导者
tutor, advisor, mentor,
指導者

지도 교수, 지도자

18. 当场　　當場　　dāngchǎng　（副）　在事情、事件发生的现场
at the scene, on the spot, extempore, then and there
その場、現場で
당장, 즉석(에서), 현장에서

19. 秘诀　　祕訣　　mìjué　（名）　不公开的能解决问题的窍门、办法
secret of success, knack, trick
秘訣
비결

20. 根基　　　　　　gēnjī　（名）　基础
foundation, basis, family property accumulated over a long time, assets.
基礎
기초, 근원

21. 坚持不懈　堅持不懈　jiānchí bú xiè（成）　坚持到底，一点不松懈
persistent, unremitting, persevering
倦まずたゆまずやり続ける
해이해지지 않고 견지하다

22. 兼顾　　兼顧　　jiāngù　（动）　同时照顾
deal simultaneously with two or more things
同時に配慮する
고루 돌보다

23. 强求　　強求　　qiǎngqiú　（动）　硬要求
impose, force, insist on
無理に要求する、強要する
강요하다, 무리하게 요구하다

24. 无妨　　無妨　　wúfáng　（动）　没有妨碍, 没有关系
there's no harm (in doing sth.) may/might as well
さしつかえない

第二课

			무방하다, 괜찮다
25. 期望	qīwàng	（动）	对人或事物的未来有所等待和希望
			hope, expect
			期待する
			(앞날에 대해)기대하다
26. 歌星	gēxīng	（名）	演唱歌曲的明星
			singing star
			スター
			유명 가수

1. 如何培养健全人格的人才，能否提供一些细致周密的措施？

   "周密"与"严密"：都可用做形容词。都可表示紧密、细致、周到。

   周密：着重指周到、完备、不疏忽。多用于思维、制定及实施计划等方面，常与"考虑"、"分析"、"设计"、"计划"等词搭配。不能重叠。

   严密：着重指严实、紧密、不疏漏。还用做动词，可作带宾谓语。多用于防范、结构、组织、体系等方面，常与"防守"、"封锁"、"注视"等词搭配。可以重叠为AABB式。

   周密考虑/周密分析/周密计划/周密准备/周密安排/周密布置

   严密防范/严密结构/严密组织/严密体系

   ①他们总是目标明确，计划周密，行动有力，因而自然可以不断成功。

   ②我听了他的周密考虑，自然同意他的决定。

   ③宗教有明确的崇拜对象；有一整套教规、制度和仪式；有较严密的组织；又有专门的神职人员。

   ④严厉查禁毒害社会的各类丑恶现象，收缴非法枪支弹药和管制刀具，严密防范抢劫、盗窃犯罪。

2. 为什么有些人遇到一点点挫折会去结束生命，就是因为这一点挫折在他看来使他不完美了，他改变了过去的信念，以致没有办法活下去。

"完美"与"完善"：形容词。都有表示齐全的意思。

完美： 着重于不但完备，而且十分美好。语意比"完善"重。只做形容词，不能带宾语。不仅适用于事物，也可适用于人。

完善： 着重于齐全而良好。兼属动词，在句中可充当带宾语的谓语。一般适用于具体事物。

十分完美/完美无缺

不断完善/进一步完善

① 事业发展与公司环境的完美结合才是最有吸引力的，而薪金的多少是次要的。

② 一个注意塑造内在美和外在美的人，是一个比较完美的人。

③ 少年儿童的眼睛和其他器官一样，非常娇嫩，尚未发育完善，只要稍不注意，就容易生病。

④ 数学就是在解决矛盾中逐渐发展完善起来的。

3. 学生的回答给了王登峰很多**启示**。

"启示"与"启发"：动词。都指开导、指点。

启示： 指直接说出事理，使人了解，提高认识。有时也可用做名词。

启发： 指不直接说出问题的结论，而是说明事例，引导人去联想、思考并领悟。

启示读者/重要的启示

启发学生/善于启发

① 门捷列夫梦见许多化学元素排列成周期形式，启示他完成了元素周期表的排列。

② 生物发光的强度虽然不大，但却给人们研究新光源以重要启示。

③ 在执导过程中，有的导演强制演员按规定表演，有的导演则偏重于启发演员临场发挥。

④ 对幼儿来讲，他们的主导活动是游戏，教师和家长应注重以游戏活动的方式启发儿童的学习兴趣，为幼儿进入小学做好心理上的准备。

第二课

背景知识

在激烈竞争的当今社会，人们难免会遇到挫折、失败和诸多不如意的事情，如何顺利地度过人生的困难时期，拥有健全的人格异常重要。健全人格的核心是对自己有客观的认识，在顺境中不骄傲，不高估自己；在逆境中不自卑，不低估自己；学会带着不满足、在对自己还不够满意中愉快地生活。

练习

一、请在课外阅读两篇最新中文报刊文章，将它们剪贴在你的笔记本上，然后把它们写成摘要，并谈谈自己的看法

二、给下列动词搭配适当的词语

乐于_____　　　　　抗拒_____
颠覆_____　　　　　防御_____
深化_____　　　　　兼顾_____

三、选词填空

> 能否　抗拒　坚持不懈　关怀　乐于　兼顾

1. 应该说解决问题的方案好坏，是_____解决问题的最基础的前提条件。
2. 城市是一个集中的、高收入的市场，城市居民_____接受新鲜事物。
3. 规律具有必然性，具有不可_____的趋势和倾向。
4. 一个天生体质弱的人，通过长期_____的体育锻炼，可以改变自我的体质状况。
5. 加强艾滋病防治工作，_____妇女艾滋病感染者。

6．国家制定政策并提供必要的保障措施，_____国家利益和个人利益、长远利益和短期利益、整体利益和局部利益。

周密　严密

7．昆虫，它们群体的成员，少则千百个，多的可达上百万，成员间分工_____，各司其职。

8．如果是真的话，我希望这个计划是经过_____考虑的。

完美　完善

9．任何一种产品，质量再好，也难保证_____无缺。

10．中国成为世贸组织成员国将极大地促进中国市场经济的_____和向具有透明度方向发展。

启示　启发

11．教师在运用直观教学的同时，必须注意提出_____性的问题，让学生思考，引导学生抽象出事物的本质特征来。

12．他认为，面对过去的人生经历，重要的不是成绩，而是经验、教训和_____。

四、根据课文内容判断正误

1．王登峰是心理学方面的专家。（　　　）

2．对自己的看法能否符合实际并不重要，关键在于要接受自己。（　　　）

3．青少年在承认自己的缺点时不会感到痛苦。（　　　）

4．王登封谈到了人们面对问题时存在的三种态度。（　　　）

五、请按正确的语序将下列各个句子组成完整的一段话

1．A. 调整是指一个人对自己的看法

　　B. 现在知道自己并非万能

　　C. 调整和彻底改变的差别在于

　　D. 由原来认为是万能的

　　正确的语序是：（　　　）（　　　）（　　　）（　　　）

2．A. 可以满足人们对于休闲和全面发展的需要

第二课

B. 大力推动休闲产业的发展

C. 同时又起到刺激消费扩大内需的作用

正确的语序是：（　　）（　　）（　　）

六、根据课文内容选择最合适的答案

1. 王登封对第一种态度感到_____。

   A 满意　　　　B 很满意　　　C 不太满意　　　　D 不满意

2. 王登封_____自己学生说的话。

   A 反对　　　　B 赞赏　　　　C 批评　　　　　　D 不满意

3. 王登封最支持的是第_____种态度。

   A 一　　　　　B 二　　　　　C 三　　　　　　　D 四

4. 第二类差距_____。

   A 应该改变　　B 无法改变　　C 不太重要　　　　D 很重要

七、完形填空

（一）

| 而且　　则　　不仅　　就是 |

"一个人的成熟，表现为他对自我的看法 1_____ 符合实际，2_____ 乐于接受。"王登峰说。符合实际 3_____ "实际是什么样子，对自己的看法就是什么样子，二者是一致的"；乐于接受 4_____ 是"我很高兴地告诉你我还有很多的缺点和不足"。

（二）

| 依然　　因此　　即便　　也不可能　　应当 |

在《教育是一种大智慧》一书中，林格认为，教育必须立足于培养具备健康人格的现代人。有了大智慧，1_____ 孩子是班上最差的，他 2_____ 可以有辉煌的将来；没有大智慧，即便孩子成绩再优秀，将来 3_____ 有大出息。4_____，所有的父母和教师都 5_____ 重新来学习儿童教育这门专业的功课。

八、请用自己的话或原文中的关键句子概括下面几段话的主要内容：

当发现自己与别人的差距时，该如何看待。

王登峰认为，应该把差距划分为两大类。

第一类差距是必须要改变的。比如，一个学生发现自己的学习成绩和别人

相比有很大的距离，而学习是人生发展的根基，是必须要改变的。但是，也要允许自己有一个改变的过程，并且需要真正的自信。"每个人遇到困难的时候，都需要有这样的心态，相信自己能够达到目标，相信坚持不懈一定会克服困难。"

第二类差距的根源是事情太多无法兼顾。比如，别人的喝水杯子比我的贵，别人知道明星的详细信息但是我不知道……对待这类差距，王登峰说，其实不必强求，能够改变或许更佳，改变不了也无妨。

他强调，当看到自己和周围同学相比有差距时，当自身的状况和期望的状况之间存在差距时，首先要区分这两类，然后有一个明确的态度：当差距必须改变的时候，要相信自己；当差距其实无关紧要的时候，不妨高高兴兴地告诉大家，我的杯子也有自己的特色，很多歌星的名字我都不知道。

"现实生活中谁都不够完美，关键在于要学会的是，即便有不足也会愉快地生活。"

九、请尽量用以下词语进行话题讨论

| 能否 | 乐于 | 抗拒 | 停留 | 关怀 | 兼顾 | 无妨 |
| 周密 | 完美 | 启示 | 脚踏实地 | 坚持不懈 |

你和周围人在学习、工作或生活上存在差距时怎么做？为什么？

十、快速阅读：

阅读一（字数：1964；阅读与答题的参考时间：11分钟）

休闲产业

王晓杰

所谓休闲产业，是指与人的休闲生活、休闲行为、休闲需求密切相关的产业领域，特别是以旅游业、文化产业、娱乐业、服务业和体育产业为主构成的经济形态和产业系统。它是一个产业群，已成为国家经济发展的重要的支柱产业。实际上，休闲产业最终会辐射到全部产业的各个领域。伴随着经济、社会的发展，休闲产业的比重将越来越大，其辐射到其他产业的力量也将越来越强。

休闲产业的特点主要有：品种、门类众多，产业形态多种多样，其受众面相当广泛；相当部分的产业属于劳动密集型，并可以为社会提供大量的就业岗位；大部分产业属于服务类型，通过服务促进社会财富的流通与分配；休闲产业要求层次性、个性化的产品服务，因而对从业者的素养和专业技能要求较高，对国家教育事业的发展起到激励作用，推动民族素质的整体提高；创新空间很大，许多项目和产品具有品牌效应和个性特质；资源配置多样化，既有有形物，又有无形物，既有天然物，也有人工物，既有信息符号，也有观念和意义；是社会交际与交流的舞台，通过服务与被服务的关系促进社会关系的融洽。

休闲产业作为一种集资金密集、技术密集和劳动密集等特性于一体的新兴产业，对于刺激消费、扩大就业、拉动经济发展都有着积极的作用。其一，对于刺激消费、扩大内需具有重要作用。随着国民收入的提高和闲暇时间的增加，人们更加重视生活和生命质量以及自身的全面发展，人们会更多地把收入和时间用于旅游、健身、游戏、艺术、影视文化、教育等休闲活动，休闲消费的比重将越来越大。大力推动休闲产业的发展，可以满足人们对于休闲和全面发展的需要，同时又起到刺激消费扩大内需的作用。其二，对于缓解就业压力、维护社会稳定具有重要作用。休闲产业是新型劳动密集型产业。中国是一个劳动力资源十分丰富的国家，存在着大量失业人群，这已成为阻碍中国经济改革与发展的巨大障碍，而大力发展休闲产业则是解决这一问题的现实路径选择。其三，对于优化国民经济产业结构、促进社会经济良性循环具有重要作用。由于产业间的连带关系作用，休闲产业的带动几乎会涉及所有产业。以旅游业为例，休闲产业带动了酒店、航空、铁路、出租车、餐饮、银行、保险、电信、旅游纪念工艺品等相关产业的大发展。

从宏观经济发展的需要来看，中国目前发展休闲产业正逢其时。然而，从整个中国来说，休闲观念和休闲产业还处于"初级阶段"。一方面，政府部门对于迅速发展起来的休闲经济缺乏足够的思想物质准备，甚至对休闲产业发展的重要性认识不够。另一方面，从供需角度来说，休闲产品和休闲设施战略性短缺，需求总体上虽然膨胀，但基本上是被动的或是盲目的需求。与此相关的学术研究缺乏，也加重了思想认识的混乱。根据中国具体国情，笔者认为，当前中国休闲产业的发展应从以下几个方面着手：

——加强政府宏观调控、统筹规划休闲产业发展格局。政府应从国家战略高度统筹休闲产业发展，借鉴发达国家的经验，承担起调控、规划、引导休闲产业发展的责任，推行积极的休闲经济发展策略；制定并实施《国家休闲发展战略规划》，加强与休闲相关的各种设施建设，在北京、上海、广州这些大都市中，打造与CBD相呼应的中央休闲区；放宽准入条件，鼓励企业、民间资本以及外资介入休闲产业的发展。

——积极推动休闲产业的结构调整和产业升级。对北京、上海、广州、深圳的调查数据显示，这些城市的居民有着很强的高消费倾向，但由于高消费休闲娱乐供给不足，阻碍了中国休闲产业结构调整和产业升级，以致整个休闲消费市场停留在低水平竞争的状态下。所以，国家应采用信贷、税收优惠和政府补贴等多种手段，从宏观的角度来推动中国休闲产业的结构调整和产业升级，从根本上拉动中国整体的休闲供给水平。

——着力提升中国休闲企业和服务机构的竞争能力。应特别注意消费需求被激发以后，出境休闲消费过快增长从而对国内休闲市场造成冲击的问题。特别是在中国加入WTO的大背景下，政府应通过政策引导，吸引各种资金，特别是民间资本，在中国各地投资兴建不同档次的休闲设施和项目，留住本国休闲客源，吸引国际休闲客源，以确保国内休闲需求成为拉动中国经济发展的重要因素。

——努力促进中国休闲产业的区域协调发展。由于中国的休闲需求主要在城镇，在目前农村与城镇居民收入水平不断拉大的形势下，政府应更多地将城镇居民的休闲需求引向广大的乡村，通过发展休闲产业来带动农村经济。

（节选自《光明日报》2007年5月22日，略有改动）

回答问题

1. 中国目前的休闲产业主要存在哪些问题？
2. 本文从哪几个方面介绍了休闲产业？请用自己的话概括一下。
3. 从宏观经济发展的需要来看，中国目前发展休闲产业正逢其时。"正逢其时"是指_____。
   A 不合适　　B 正赶上好时候　　C 方向正确　　D 遇到问题

第二课

阅读二（字数：2452；阅读与答题的参考时间：14分钟）

重视幸福指数中的保障因素

柳德才　王小明

尽管"幸福"是国民对自身的生存状态和相关环境的心理感受，我们还是可以用收入、工作、家庭与健康等可细化的指标来表征它。目前，学术界对此已无异议，但我们认为，在确定幸福指标时更为重视保障因素一个适合中国国情的选择。

保障因素是指一个社会中人们所拥有的、可借此规避风险和不确定的因素。具体而言，应包括基本生活条件的保障、基本医疗条件的保障、接受教育的保障等。如基本的生活条件保障是为了国民生存的需要，教育的保障是个人发展的需要，而参与社会生活则是人格尊严的需要。不断满足这些需要才能持续增加人们的幸福感受，提高整个社会的和谐程度。

基本生活条件就是衣食住行。如果一国的居民在这方面没有基本的保障，那么这个国家的幸福水平就会处于很低的程度。就中国目前的状况而言，衣、食与行都得到了极大的改善，人们对此也比较满意。在很多的调查中，这三个领域的满意程度都在不断攀升。与此同时，屡屡上升的房价却成为人们生活中最不满意的因素。高房价给整个社会都带来了沉重的心理负担与经济压力。一旦作为基本生存需要的住房成为市民的包袱，生存的痛苦与为了还贷而增加的工作量所导致的高负荷都将损害人们的身心健康。而且，如果任由房价继续上涨，那么居民的忧虑会加深，经济增长所带来的收入增加的幸福感也会被抵消。

能够享受基本的医疗服务是联合国的倡议和中国政府的承诺。进一步深化医疗卫生领域的改革，解决"看病难、看病贵"的问题对于中国居民幸福水平关系重大。人可以节约和减少其他的消费，但很难降低对医疗的需求。一方面，健康的身体与心理是个人幸福的基本保障；另一方面，更多的新医疗产品和技术拉高了人们对医疗的需求。中国是发展中国家，应该教育国民的是，我们的经济能力无法提供像发达国家那样的医疗服务。不切实际的对高档医疗的需求会加重居民的负担。因此，我们应寻求低成本的治疗方案与推广单病种成本管理制度，将高额的治疗费用降下来。另外一个措施就是增加基本医疗服务单位，增加和改造社区医院的数目和规模。卫生改革关系千家万户的利益，只有不断提高基本的医疗保障水平，才能使居民的感受更加幸福，生活更加安康。

教育是国民发展的需要，接受教育水平的高低也是影响人们幸福程度高低的一个重要因素。如果任由学费继续高涨不停，那么有一部分国民很可能就失去了接受教育的机会，大部分的国民也可能为高学费担忧和烦恼。扩招是给更多的学生上大学的机会，但应严格控制高校新建大楼的费用，限制高档设备的采购。我们是发展中国家办教育，目的是为了更多的国民获得教育的机会，而不是给教师和学生提供更多的享受。那些高档设施只能浪费中国有限的教育经费，既不能提高教育水平，也不能培养有奋斗精神的国民。珍惜和节约使用中国的教育经费，一方面可减轻学生的困难，另外也可多招些学生。另外一个有待改革的问题是教育部所属高校为所在城市的高中生设定一定的录取比例。这个问题应尽早解决。尽管当地的政府为这些高校给予了一定的财政支持，但如果我们考虑到国立大学的教育采购与生活支出为这些城市所创造的国民收入以及增加的工作岗位，那么地方的财政支持就不能成为照顾当地学生的理由。国立大学是为国举才，对全国的高中生应平等对待，这样才能提高居民对教育的满意水平。

在制定与居民生活息息相关的社会政策时吸引居民的参与，能够提高人们对生活状况的认可程度，减轻因改革招致的个人损失对心理的伤害程度。如果在医疗卫生改革的过程中，让市民普遍参与政策的讨论与实施，而不是由少数专家与领导单方面决定，人们对卫生和医疗的满意程度会大大改善。

中国正处在国民经济与社会生活转型的关键时期，正确处理好竞争所带来的不确定性与保障之间的关系，与中国居民的幸福水平关系甚大。

（节选自《光明日报》2007年6月19日，有改动）

第二课

回答问题

1. 在基本生活条件中，人们目前对什么感到满意，对什么很不满意？
2. 如何解决"看病难、看病贵"的问题？
3. 如何更好地使用教育经费？
4. 本文主要从哪几个方面谈幸福指数中的保障因素？
5. 目前，学术界对此已无异议，但我们认为，在确定幸福指标时更为重视保障因素是一个适合中国国情的选择。"异议"是指 _____
   A 不同的做法　　　　B 不同的意见
   C 相同的态度　　　　D 相同的意见

阅读三（字数：1984；阅读与答题的参考时间：13分钟）

教育：应培养具备健康人格的现代人

桂杰

　　青少年教育是一个永远受关注的话题。日前，清华大学出版社推出了知名学者和教育专家林格的两本有关教育的图书《教育是一种大智慧——给父母和教师的76个建议》以及《决定孩子命运的12个习惯——养成教育序列化训练方案》，两本书一推出就受到了教育界的关注，在一些网站，有关跟帖多达几万字。

　　在《教育是一种大智慧》一书中，林格认为，教育必须立足于培养具备健康人格的现代人。有了大智慧，即便孩子是班上最差的，他依然可以有辉煌的将来；没有大智慧，即便孩子成绩再优秀，将来也不可能有大出息。因此，所有的父母和教师都应当重新来学习儿童教育这门专业的功课。

　　而在《决定孩子命运的12个习惯》一书中，他打破以往枯燥的说教，以一种活泼的方式，充分调动学校、家长、孩子三方，在短短21天内培养一个可以使孩子终身受益的好习惯。除了"21天训练方案"外，还有评估方案，配有"主题延伸阅读"等。

教育是一种终极关怀，建立科学的教育观和儿童观的问题不容忽视

　　记者：您在《教育是一种大智慧》中提出的建议，既有教育理念，又有案例分析，还有具有可操作性的建议。其实，教育究竟是智慧，还是技术，历来就有争论。请问，您是怎么看的？

林格： 教育的本质是人的生长，教育学首先是一种人本主义哲学，其研究的对象就是"人的生长、发展及幸福"。从根本上说，教育是一种终极关怀。所以，从这个意义上说，教育是一种智慧，而且是大智慧。之所以说是"大"的智慧，是因为教育实际上是一个广义的概念，是大教育，而不仅仅是局限于"学校教育"或者"家庭教育"。你所说的技术问题，实际上是教育的手段问题，如果理念不正确，技术是没有意义的，所以，我反复强调，建立科学的教育观比掌握任何一种教育技术都重要。

记者： 和许多谈教育的书不同，您特别强调教师需要了解和运用这些教育理念。为什么？

林格： 我觉得，在当前，教师更需要建立科学的教育观。很多家长觉得把教育的任务交给学校就放心了，实际上，很多教师并没有系统地接受过教育观的训练，教师如何提高自己的教育素养，建立科学的教育观和儿童观的问题不容忽视。

善待并协助完善孩子的个性，是打造他们未来核心竞争力的唯一出路

记者： 我注意到，在其中一本书的封底，有这样一段文字：让孩子在接受固定的学校教育的同时，又能保持和发展自己的良好个性，才能使他在将来工作后不只是去"红海"中激烈竞争，而能开创自己的"蓝海"。我想这里面包含了您的很多思考。

林格： 不可否认，"蓝海"理论在打造孩子的核心竞争力方面是具有重要的参考价值的。我有一句话，所有人的成功都是个性的成功。世界上，没有两片完全相同的树叶。善待并协助完善孩子的个性，让孩子成为他自己，是对孩子的未来负责，也是打造他们未来核心竞争力的唯一出路。

我更重视实践和效果，书斋里的教育是没用的教育

记者： 记得您以前曾经写过一些深奥的教育学著作，而这次推出的两本书，我个人感觉，显得有些浅，一看就懂，我想知道，您为什么会选择这种表达方式？

林格： 因为，教育的问题谁都可以说上几句，所以，如何表达真的是一个难题。我之前曾经写了一本很深奥的关于教育原理的书，结果没有人愿意读。我后来重新思考了如何进行教育学方面内容的书面表达，尝试着

第二课

借鉴李泽厚式的描述研究方法，侧重案例分析，而最后把操作性作为落脚点，提出具体建议。我对自己文章的要求有三条：从来没想到；再也忘不了；用起来真有效。我希望能够让读者在领悟这些教育理念之后找到自己的方法。

记者：可以说，《教育是一种大智慧》是您一个时期有关教育研究的一个总结和梳理，那您下一步的思考方向有哪些？

林格：该书是8年来对教育思考、研究的一个总结，尽管还有很多不足，但至少是一个综述，对我来说意义重大。这本书已经从不同的角度上涉及了关乎中国教育命运的六大教育理念系统：养成教育、和谐教育、自我教育、尊重教育、启发教育、生命教育。将来我还会将它进一步深化、系统化。我下一步的思考方向有两个：一是如何跨学科。在心理学、教育学的基础上，借助营养学、神经学、儿科等学科的角度和研究优势，向教育的纵深处探究；二是如何设计一套符合"超前一步"指导思想的儿童发展操作系统，做工具箱的研究。我更重视实践和效果，书斋里的教育是没用的教育。

（节选自《中国教育报》2007年2月26日，有改动）

判断正误

1. 清华大学出版社推出了林格的两本有关教育的著作，这是他第一次写的书。（　　）
2. 林格认为培养健康的人格很重要，学习成绩并不重要。（　　）
3. 林格认为教育是一种智慧，而不是一种简单的技术。（　　）
4. 大教育并不包括"学校教育"或者"家庭教育"。（　　）
5. 林格认为很多教师需要有科学的教育观。（　　）
6. 林格认为完善孩子的个性非常重要。（　　）
7. 林格认为书的内容很重要，如何表达不重要。（　　）
8. 林格认为他的书还有很多不足。（　　）
9. 林格下一步的研究与所出版的书的内容无关。（　　）
10. 本文是林格回答记者的提问，主要讨论青少年教育的问题。（　　）

第三课

换一种说法，你会更有力

郭韶明

谁都能体会到，"我爱你"是句听起来让人感动的话。如果说成"我爱你，但是……"感觉会完全两样，这便是语言的力量。西方把这种引起人们对语言的不同感受的现象，研发成了一门学问：NLP——神经语言程序学，也是有力语言的科学，即研究词语的感觉和导致行动过程的学问。它起步于20世纪20年代，通过对许多研究发现，众多古今名人⁽¹⁾之所以能对人类历史产生影响，都跟一种特质⁽²⁾有关：他们的语言很有力量。

日前，加拿大注册高级神经语言程序学培训师格林·亚力山大（Glenn Alexander）受邀在北京大学举办了一场独特⁽³⁾的讲座。通过他的讲述⁽⁴⁾和举的例子，显示了神经语言程式学的有趣和奇妙⁽⁵⁾。

用好有力量的词汇⁽⁶⁾

格林建议那些习惯说"我试着做到最好（I will try my best）"的人，改说"我将尽力做得更好（I will do my best）"。一字之差，表明了态度，也含有⁽⁷⁾态度对自我暗示⁽⁸⁾的作用。同样，试着把"如果我学过这个，我就可以考出好成绩"，改说成"一旦我学过这个，我就会考出好成绩"也会有更多更强的自我激励效果。因而，格林建议人们适当用"当（或一旦）"来替代⁽⁹⁾"如果"，它将使人的主观能动性发挥更大的作用。

再如，问起过去的事，有人习惯回答"我不记得了"，这种话被头脑"编程"为：需要得到信息，却因当事人的习惯反应语言而被终止[10]，进而导致对"想起来"不抱任何希望。如果改说"我记得……（接着讲述[4]所记得的相应情况）"，情形就会不一样。语言模式就是这样在导致我们的大脑编程和行为方式。身体有吸收编程的能力。

大脑和身体的编程来自两个源头[11]：外部和内部。外部编程，一是来自其他人对你说了什么；二是来自你阅读、观察和听到了什么。格林讲了一段自己的经历：在大连时，他进了一家快餐厅。从一进门起，他就听到了一只曲子[12]来回放，直听到耳朵难受。他难以忍受[13]，于是迅速地吃了走人。这也达到了店主[14]的期望：客人少在此停留。快餐[15]店，不光食物来得快，客人也要流动得快。这就是音乐语言的功效[16]。

内部编程也来自两个方面：一是你的内心对话；二是可以由你写的文章构成。也就是说，你怎么跟自己对话，以及你写出的是怎样的文字。这些对你的身心都产生相应的变化。

定位于结果

如何让脑体编程使我们感到更有力量呢？格林说，定位于结果。

生活中，当人们遇到困难时，往往会把注意力集中到"找问题"上。这会抑制人们潜能[17]的发挥。更有效的做法是把注意力定位在所需要的结果上，聚焦[18]如何解决问题。定位于结果，有以下三点要做：

首先要了解我们拥有什么资源。如果不知道自己拥有什么，就根本无从[19]谈到[20]解决问题的可能。

其次要不断地练习新的语言模式，直至[21]完全掌握。

第三，提问。可能有人认为，提问表明了自己处于一种无知[22]（这种无知[22]的状态是暂时的）状态，但如果你有了问题而不问，那么你就等于把自己置于永远无知[22]的尴尬境地[23]。

重新用语言组合故事

了解、学习NLP，练习新的语言模式，我们就能重新用语言组合故事，得到新的感觉和功效[16]。

例如，在表达个人意见时，用"我想……"就有邀请对方也来思考的意向[24]。英语里的"I think……（我想）"的语言功效[16]，适用于任何语言。

语言编程取决于人的价值观，价值观取决于信念。信念在人的语言编程中

读报纸，学中文

有着根本性的作用。例如，在某些人看来你有着高超[25]的能力，而你却并不这么认为。或许，这是你聚集了周围对你的负面信息，不断地以此跟自己对话的结果。这时，就需要将新的语言输入大脑，新的语言将会为你重组故事。

改变信念被NLP称为"重组"。这跟企业通过"重组"获得生机[26]，跟家庭通过"重组"获得幸福是一个道理。这么看来，NLP还真是很奇妙[5]的。

事实上，在发展中国家，NLP已经被广泛应用于人际[27]沟通，以及个人的潜能[17]开发等方面。由于NLP具有独特[3]的假设前提，因此，NLP在应用上，过程快而效果持续，能有效激发[28]潜能[17]、扩张[29]成就。

（全文字数：1548）

（节选自《中国青年报》2007年5月3日，略有改动。）

词语表

1. 名人		míngrén	（名）	知名人士；杰出的或引人注目的人物；显要人物 famous personage, eminent person 名人 명인, 명사, 유명한 사람
2. 特质	特質	tèzhì	（名）	特有的内在素质 special quality 特質 특질
3. 独特	獨特	dútè	（形）	独一无二的，单独具有的，与众不同的 unique, distinctive 独特である 독특하다, 특수하다

第三课

4. 讲述　講述　jiǎngshù　（动）　把事情和道理讲出来
tell about, narrate, relate
まとまった内容の話を述べる
진술하다, 서술하다, 이야기하다

5. 奇妙　　　　qímiào　（形）　奇特。精彩
wonderful, marvelous, amazing
奇妙である
기묘하다, 신기하다

6. 词汇　詞彙　cíhuì　（名）　一种语言中所有词的总和，也指某一范围内所使用的词的总和
vocabulary
語彙、ボキャブラリー
어휘

7. 含有　　　　hányǒu　（动）　暗指或表示包含的意思
contain, have
含む
함유하다, 포함하고 있다

8. 暗示　　　　ànshì　（动）　不明说，而用含蓄的话或动作使人领会
drop a hint, hint, suggest
暗示する
암시하다

9. 替代　終止　tìdài　（动）　代替
substitute for, replace
取り換える
대신하다, 대체하다

10. 终止　源頭　zhōngzhǐ　（动）　完结；停止
stop, end, cease
終わる、停止する
정지하다, 끝나다

11. <u>源头</u>　　　　yuántóu　（名）　水发源处。比喻事物的本源

读报纸，学中文

					fountainhead, source 水源、本源 수원(水源), 발원지, 근원, 원천
12.	曲子		qǔzi	（名）	歌曲或乐曲 tune, song, melody 歌、楽曲 가곡, 노래, 가락
13.	忍受		rěnshòu	（动）	勉强承受 bear, tolerate, put up with, endure, stand 我慢する 견디어내다, 참다, 이겨내다
14.	<u>店主</u>		diànzhǔ	（名）	零售店的业主 shop owner, storekeeper お店のオーナー (상점의)주인
15.	快餐		kuàicān	（名）	烹饪好了的、能随时供应的饭食 quick meal, snack, fast food ファーストフード 패스트푸드
16.	功效		gōngxiào	（名）	成效，一个行动所获得的预期结果 efficacy, effect 効率 효능, 효과
17.	<u>潜能</u>	潛能	qiánnéng	（名）	潜在的能量或能力 potential 潜在能力 잠재력, 가능성
18.	<u>聚焦</u>		jùjiāo	（名）	使光线或电子束等集中于一点 focus (light or electric beam) 焦点 초점을 모으다

第三课

19. 无从　　無從　　wúcóng　　（副）　　指做某件事没有办法或找不到头绪
　　　　　　　　　　　　　　　　　　　have no way (of doing sth.), not be in a position (to do sth.)
　　　　　　　　　　　　　　　　　　　…すべがない
　　　　　　　　　　　　　　　　　　　..할 길이 없는, 어쩔 도리가 없는

20. 谈到　　談到　　tándào　　（动）　　说到
　　　　　　　　　　　　　　　　　　　speak of, speak about, refer to
　　　　　　　　　　　　　　　　　　　話す
　　　　　　　　　　　　　　　　　　　이야기하다, 언급하다, 말하다

21. 直至　　　　　　zhízhì　　（动）　　直待；一直达到
　　　　　　　　　　　　　　　　　　　till, until, up to
　　　　　　　　　　　　　　　　　　　…になる
　　　　　　　　　　　　　　　　　　　쭉 …에 이르다

22. 无知　　無知　　wúzhī　　（形、名）　不懂情理；缺乏知识
　　　　　　　　　　　　　　　　　　　ignorant, stupid; ignorance
　　　　　　　　　　　　　　　　　　　無知である/無知
　　　　　　　　　　　　　　　　　　　무지하다, 아는 것이 없다

23. 境地　　　　　　jìngdì　　（名）　　所遭遇到的情况
　　　　　　　　　　　　　　　　　　　condition, circumstances state, realm
　　　　　　　　　　　　　　　　　　　境地
　　　　　　　　　　　　　　　　　　　경지, 상황, 입장, 지경, 처지

24. 意向　　　　　　yìxiàng　　（名）　　心之所向；意图
　　　　　　　　　　　　　　　　　　　intention, purpose, inclination
　　　　　　　　　　　　　　　　　　　意図、意向
　　　　　　　　　　　　　　　　　　　의향, 의도, 목적

25. 高超　　　　　　gāochāo　　（形）　　好得超过一般,技术上没有缺陷或粗糙之处（如在建造、译解或表演方面）
　　　　　　　　　　　　　　　　　　　superb, excellent
　　　　　　　　　　　　　　　　　　　ずば抜けた
　　　　　　　　　　　　　　　　　　　우수하다, 출중하다

26. 生机　　生機　　shēngjī　　（名）　　生命的活力
　　　　　　　　　　　　　　　　　　　life, vitality

活力、生气
생기, 활기, 생명력

27. 人际　　人際　　rénjì　　（形）　人与人之间
interpersonal, between people
人と人との間の
사람과 사람 사이의

28. 激发　　激發　　jīfā　　（动）　激动奋发
arouse, stimulate, evoke, excite
発奮させる、奮い立たせる
불러일으키다

29. 扩张　　擴張　　kuòzhāng（动）　扩大范围、势力等
expand, extend, enlarge
拡張する、範囲・勢力などを拡大する
확장하다, 확대하다

1. 他难以 忍受 ，于是迅速地吃了走人。
    "忍受"与"忍耐"：动词。都含有忍住、不表现、不发作的意思。
    忍受：着重于把痛苦、困难、不幸遭遇或不良待遇等勉强承受下来。
    忍耐：着重于把痛苦的感觉或某种情绪抑制住不使表现出来。
    能忍受/善于忍受/忍受痛苦/忍受不幸的遭遇/忍受命运的打击
    能忍耐/善于忍耐/把痛苦忍耐/把思念忍耐/忍耐的习惯/忍耐的性格
    ① 那么大的痛苦她都忍受过来了。
    ② 这么不讲理,我实在忍受不下去了。
    ③ 她用了十二分的忍耐,才把眼泪压制着没有流出来。
    ④ 你忍耐忍耐吧,别老发脾气。

2. 快餐店，不光食物来得快，客人也要流动得快。这就是音乐语言的 功效 。
    "功效"与"功能"：名词。都有效能的意思。

功效： 着重指达到的效率。

功能： 着重指事物或方法所发挥的有利的作用。

功效显著/提高功效

功能良好/功能齐全

① 悠扬清新的乐曲对情绪性高血压患者，有降低血压的功效。

② 他对古代处方注意创新，使中药发挥更大的功效。

③ 音乐功能已有很大的发展，它已在人类社会生活的各个方面发生作用。

④ 有效的管理者善于把组织功能与激励功能很好地结合起来。

3. 在某些人看来你有着高超的能力，而你却并不这么认为。

"高超"与"高明"：形容词。超出一般水平。有时可互换。

高超： 着重指超出一般水平。使用范围比"高明"小。

高明： 着重指见解、技能高人一等。有时单指人聪明。

医术高超/技艺高超/演技高超

手艺高明/见解高明/另请高明

① 《西游记》中的孙悟空就是一个这样的典型，他有顽强的斗争精神，而又绝顶的聪慧，还具有高超的武艺，直接体现了作者的理想。

② 技巧高超的艺术家，能用简练的笔墨，精当地把艺术作品应有的韵味表现出来。

③ 一个高明的作家，正是让自己的形象变成了万千模糊感情的载体，从而使得人们回味无穷。

④ 我的外语是一点也不高明，可是作用却不小。

背景知识

神经语言程序学（Neuro Linguistic Programming，简称NLP）简介。神经——语言程序的概念由理查德·班德勒和约翰·格林德在20世纪70年代早期提出。班德勒和格林德对一些出色的交流者进行了研究，试图分析这些人的独特能力。研究结果表明，交流能力与信息的过滤、传递和接收方式有关，对信息的处理是交流的主要手段。神经——语言程序，顾名思义，"神经"与神经系统、心理与大脑之间的联系有关，

读报纸，学中文

"语言"与我们使用的字、词、句有关，"程序"与模式、规则、条件有关。NLP描述了人是如何被信息处理过程中的模式所控制的，以及在我们的头脑或身体对语言或信息作出反应的过程中是如何存在着模式。神经——包括语言程序本身不是一种能力，而是交流的框架，包括一系列的原则和能力模式。熟悉且掌握神经——语言程序，有助于我们洞悉自身及他人的心智模式，有利于你与他人之间的沟通。认知心理学、认知疗法以及管理学界颇为推崇的圣吉（Peter Senge）提出的改善心理模式，均对人的认知结构给予了足够的关注，不过，NLP对人的心智模式的认识、探讨对于自我心理修炼，或者对他人进行心理训练，都具有重要的意义。我们每个人都有自己的行为模式，我们的输入（体验）、存储和输出（行为）都有模式。NLP的核心内容就是如何研究和利用这些过程，促进沟通，复制卓越和追求卓越。

练 习

一、请在课外阅读两篇最新中文报刊文章，将它们剪贴在你的笔记本上，然后把它们写成摘要，并谈谈自己的看法

二、给下列动词搭配适当的词语

讲述_____   含有_____
替代_____   终止_____
忍受_____   谈到_____
激发_____   扩张_____

三、选词填空

扩张　讲述　暗示　激发　替代　含有　终止

1. 他花了十几分钟详细_____了自己的观点。
2. 植物生长到一定时期就开始开花，花谢以后结出果实，果实里面_____种子。

第三课

3. 有针对性地进行自我_____能够增强人的意志力和情绪的稳定性。

4. 现在，科学家们正在研究提高煤燃烧的效率，减轻对环境的污染，同时研究煤的气化、液化等技术，使它能经济地_____石油。

5. 中世纪基督教会对科学的束缚，使希腊的文明衰落了，但这并不等于说_____了科学的发展。

6. 事业和工作最能_____一个人的创造力和对生活的热情，同时它又能深化一个人的性格。

7. 一些有优势的大中型企业迫切需要_____，希望能通过增加投入发挥更大的规模效益，提高自身的市场竞争力。

忍受　　忍耐

8. 即使在极端患难之中，我们也必须保持_____。
9. 我不能_____噪音。

功效　　功能

10. 很小的一个细胞具有那么多的_____，其组织的复杂也就可想而知了。
11. 朗姆酒热饮具有御寒的_____，因此，国外很流行这么一种饮法。

高超　　高明

12. 浙江某些专门制作点心的厨师烹饪技术_____，从原料的选用到加工、烹饪各个工序均有严格要求。
13. 你要是懂了，那你岂不是比专家还_____？

四、根据课文内容判断正误

1. NLP是一门由中国人发明的一门学问。（　　　）
2. 研究发现，很多名人的语言很有力量。（　　　）
3. 格林在北京大学的讲座很有意思。（　　　）
4. 当我们遇到困难时，应该把注意力集中在"找问题"上。（　　　）

五、请按正确的语序将下列各个句子组成完整的一段话

1. A. 练习新的语言模式
   B. 了解、学习 NLP
   C. 得到新的感觉和功效
   D. 我们就能重新用语言组合故事
   正确的语序是：（   ）（   ）（   ）（   ）

2. A. 就根本无从谈到解决问题的可能
   B. 如果不知道自己拥有什么
   C. 首先要了解我们拥有什么资源
   正确的语序是：（   ）（   ）（   ）

六、根据课文内容选择最合适的答案

1. NLP产生于上个世纪_____。
   A 20年代　　　　　B 30年代　　　　　C 40年代　　　　　D 50年代

2. 格林在建议人们改变习惯说法时，举了_____个语言表达的例子。
   A 一个　　　　　　B 两个　　　　　　C 三个　　　　　　D 四个

3. 格林讲了快餐店的经历，想说明_____。
   A 快餐店生意很好　　　　　　B 快餐店的服务很周到
   C 快餐店的音乐很动人　　　　D 音乐语言的作用

4. 本文作者对格林的观点采取_____的态度。
   A 批评　　　　　　B 赞同　　　　　　C 怀疑　　　　　　D 反对

七、完形填空

（一）

| 进而　　却　　再如　　因 |

　　 1_____，问起过去的事，有人习惯回答"我不记得了"，这种话被头脑"编程"为：需要得到信息，2_____ 3_____当事人的习惯反应语言而被终止，4_____导致对"想起来"不抱任何希望。

（二）

| 或许　　这时　　例如　　以此　　将　　而 |

　　语言编程取决于人的价值观，价值观取决于信念。信念在人的语言编程中有着根本性的作用。1_____，在某些人看来你有着高超的能力，2_____你却

并不这么认为。3_____，这是你聚集了周围对你的负面信息，不断地4_____跟自己对话的结果。5_____，就需要将新的语言输入大脑，新的语言6_____会为你重组故事。

八、请用自己的话或原文中的关键句子概括下面几段话的主要内容

如何让脑体编程使我们感到更有力量呢？格林说，定位于结果。

生活中，当人们遇到困难时，往往会把注意力集中到"找问题"上。这会抑制人们潜能的发挥。更有效的做法是把注意力定位在所需要的结果上，聚焦如何解决问题。定位于结果，有以下三点要做：

首先要了解我们拥有什么资源。如果不知道自己拥有什么，就根本无从谈到解决问题的可能。

其次要不断地练习新的语言模式，直至完全掌握。

第三，提问。可能有人认为，提问表明了自己处于一种无知（这种无知的状态是暂时的）状态，但如果你有了问题而不问，那么你就等于把自己置于永远无知的尴尬境地。

九、请尽量用以下词语进行话题讨论

讲述	含有	替代	终止	忍受
谈到	激发	扩张	潜能	功效

在处理人际关系时，你认为语言表达能力很重要吗？为什么？

十、快速阅读

阅读一（字数：1340；阅读与答题的参考时间：6分钟）

建立亲和力的小技巧

佚 名

古语说："物以类聚，人以群分。"《周易·乾卦》："同声相应，同气相求。"说的都是一样的道理：类似的人彼此之间比较容易相处与亲近。那么，我们就可以尝试用一些方式与他人配合，让他感觉我们是可以亲近与信赖的。

这样的技巧有几个：1.配合别人的感受方式。2.配合别人的兴趣与经历。3.使用"我也"的句子。

1. 建立亲和力技巧之一：配合别人的感受方式

我们有各种不同的方式来感受世界，如视觉、听觉、触觉、味觉、嗅觉。前3种我们用得比较多，所以，我们一般说人有3种主要的感受方式。不同的人，倾向使用哪个感官也是不同的。所以，人可以分成3种：视觉型、听觉型与触觉型。

· 视觉型的人喜欢快节奏，说话很快，思考也很快，喜欢阅读图表，行动力强。

· 听觉型的人喜欢秩序，说话较慢但很有条理，喜欢交谈与聆听，行动力稍次。

· 触觉型的人重视感觉，爱好舒适，说话有时是不看对方的，速度也慢。

知道了这些之后，我们与别人交谈时，就可以观察一下对方是什么型主导的，然后配合他的特性来沟通。如，对那种说话速度极快的人，要强调行动与成果；对那种说话时要分成1、2、3个要点的人，要强调逻辑与条理；对于那种慢吞吞的人，多谈谈你的产品会带来什么感受。

这个技巧需要不断地练习才会更好地掌握。

2. 建立亲和力技巧之二：配合别人的兴趣与经历

戴尔·卡耐基的著作《人性的弱点》被称为世界上销量仅次于《圣经》的超级畅销书。他在书中就提到："我们要对他人真诚地感兴趣，聆听对方的谈话，就对方的兴趣来谈论以及鼓励他人谈论他自己。"

在从事直销的活动中，有一些朋友说自己与准客户无话可说，或没有切入点。这就是因为在这点上没有下足工夫。

我们需要对他人真诚地感兴趣，就像面前这个人是世界上对你最重要的人。

我愿意再强调一次：

我们需要对他人真诚地感兴趣，就像面前这个人是世界上对你最重要的人。

当我们对他人真诚地感兴趣时，我们就会去关注他的一举一动。而他的每一个细节都可能是我们与他交谈的切入点。例如你在公车上看到个人提着束特别的盆栽。你就可以说："哦，您的花真漂亮。它叫什么名字呢？"如果对方愿意说，局面就打开了。这时，你可以做准备，避免谈论自己的欲望，鼓励他人谈论他自己。

第三课

在交谈中你会得到很多的信息,这就是进一步交往的契机了。

3.建立亲和力技巧之三:使用"我也"的句子

如果对方的经历或见解中有你类似的部分,我推荐你使用一个有神奇力量的短语,它就是"我也……"

"啊,您去过泰山啊,我也去过呢!是去年4月的事了。您是几时去的呢?"

"哦,你也认同爱就是要给对方自由,我也这么想的。"

"你同意产品的质量是最重要的对吧?我也这么想,所以您可以比较一下我们的产品与其他同类产品的质量。"

(铭万网 2007年10月15日 08:59)

回答问题

1. 本文第一段的主要内容是什么?
2. 本文将感受世界的方式分成几种?你是属于哪一种?
3. 本文介绍了哪些和别人进行良好交谈的技巧?你认为哪一种最有效?

阅读二(字数:1677;阅读与答题的参考时间:8分钟)

巧用心理暗示解决生活难题

张 磊

生活中你有没有过这样的情况:到超市买东西,回到家一清点,发现有一些是可有可无的,连自己都不知道为何会买这些小东西;我们本来对某个人没有什么印象,等过了一段时间后却觉得他面目可憎;早晨到了办公室,本来精力充沛,心情愉快,过了一会儿却变得烦得要命。

这些都是我们日常生活中常见的现象,我们经常会对这种状况感到莫名其妙,其实从心理学角度来看,一点也不奇怪。因为你受到了周围环境的暗示,不知不觉就产生了与之相应的行为与心情。心理学界对心理暗示研究最多的专业是神经语言程序学(NLP),它的核心思想就是通过改变人的情绪,对心理形成暗示,达到改造人的思想和行为的效果。它的前身,则是略带神秘色彩的"催眠术"。它们的心理内核则都是"心理暗示"。

人都会受到暗示

受暗示性是人的心理特性,它是人在漫长的进化过程中,形成的一种无意识的自我保护能力。当人处于陌生、危险的境地时，人会根据以往形成的经验，捕捉环境中的蛛丝马迹，来迅速作出判断。这种捕捉的过程，也是受暗示的过程。因此，人的受暗示性的高低不能以好坏来判断，它是人的一种本能。

人们为了追求成功和逃避痛苦，会不自觉地使用各种暗示的方法，比如困难临头时，人们会相互安慰："快过去了，快过去了。"从而减少忍耐的痛苦。人们在追求成功时，会设想目标实现时非常美好、激动人心的情景。这个美景就对人构成一种暗示，它为人们提供动力，提高挫折耐受能力，保持积极向上的精神状态。

催眠是心理暗示的一种方法或技术。宗教中的冥想、瑜伽、气功、打坐，都是心理暗示技术。对此，要有科学的态度，正确解释人的受暗示性。

人是如何受到暗示的

我们在生活中无时不在接受着外界的暗示，比如，电视广告对购物心理的暗示作用。广告的影像、声音都具有强烈的暗示性。人们看电视时，都是东看看西看看，是一种无意的行为。在无意中，人们缺乏警觉性，这些广告信息会悄悄地进入人们的潜意识。这些信息反复重播，在人的潜意识中积累下来。当人们购物时，人的意识就受到潜意识中这些广告信息的影响，左右你的购买倾向。比如，当你对两个品牌的东西拿不定主意时，多半会选择那已经进入潜意识中的品牌，所以当我们回到家，再注意到当初的选择时，感到莫名其妙。这就是我们经常会乱买东西的一个原因。

利用人们这种普遍的受暗示的心理特性，许多广告商都会提前为即将上市的商品做广告，因为他们知道，即使目前人们不会马上用到他的商品，但有一天用到的时候，这种暗示就会影响人的购买倾向。

积极利用心理暗示解决生活难题

在生活与工作中，懂得使用积极的暗示，可以让事情更美好。而习惯使用消极的暗示，往往把事情弄糟。比如，有的女孩儿老是觉得"人家不喜欢我"，到头来发现，大家果然不再喜欢她了。因为她老是这样暗示自己，大脑的意识就停留在她那些不好的方面，她的行为就难以逃出这些不好的方面。

还有的人老是觉得自己的工作做不好，能力差，到头来，他真的差

第三课

了,因为这样的暗示令他减少了努力尝试的机会。"一个老暗示自己失败的人,就会失败。"王教授说,"在管理工作中,有的领导善于使用积极的暗示,他通过鼓励和赞美下属做得好的部分,暗示下属把其余部分也做得像好的部分一样,既表达了对下属的肯定,又提出了工作要求,比批评、惩罚、威胁等消极暗示的管理效果强许多。"

心理暗示方法在台湾正被越来越广泛地用于解决儿童心理障碍和行为问题。"3—12岁的孩子最适合用心理暗示技术来治疗心理问题。因为儿童天生好奇,想象力丰富,有能力接受多元价值观念,改变固有观念,不像成人那么有偏见。"张教授说,"用心理暗示技术可以很好地治疗孩子的学习障碍、自卑问题。另外,对治疗像吸手指、咬指甲、尿床、做噩梦、口吃等问题,以及牙痛、手术前的焦虑、肥胖、焦虑、慢性病、皮肤病、癌症等问题都有显著疗效。"

(新华网2007年12月23日17:34)

回答问题

1. 为什么我们身上会出现一些莫名其妙的状况?
2. 如何看待人的受暗示性?
3. 本文举了什么例子来说明我们在生活中容易接受外界的暗示?
4. 心理暗示对生活和工作有什么影响?

阅读三(字数:1985;阅读与答题的参考时间:13分钟)

NLP最佳绩效管理十诫

胡谢骅

第一诫:确立成果——方向大于效率

NLP神经语言程序学比较喜欢采用"成果"这种方式,而不喜欢采用"目的"或"方针"方式来描述我们所想要的结果。所以,在这里,我们将采用这种方式,成果的理念也会比目的或方针来得较为具体和可量化。

成果是一个组织要取得的具体意向。没有明确最终成果的团队其实就是一群无头苍蝇。成果应该与组织的使命一致。成果可以与盈利能力或资本运用回报率（Return on Capital Employed）、市场占有率、产品或服务的质量以及顾客满意度等相联系。目标、目的、方针、成果和计划等，都是解决紧迫问题的不同方式，或者也可能是崭新的创造力。所有这些词都表达出改变情况的理念——从多少有些不尽如人意的现状出发，改善为人们最终所想要的成果。

第二诫：尖峰聚焦——能力集中之道

NLP神经语法程式学非常注重焦点聚焦（Focus）的概念。一个人精力有限很难同时做很多事情，但把你特质里最可贵的地方集中到一起，把它发挥到极致就成功了！如果团队的成员能团结一致，他们就具有改变世界的强大力量。在商业上也是如此，只有当我们的团队内部能协调一致、奋力拼搏时，我们才能像周围的团队一样取得成就。我们发现猎豹、老虎、狮子在攻击猎物时，面对成群的猎物，它们必须选择一个目标集中精力追赶才有可能成功。如果不断更改目标，势必一无所获。

第三诫：三赢法则——你好、我好、大家好

NLP神经语法程式学强调"整体平衡"（Ecology），也就是"三赢"的理念。"Ecology"是生态学、环境适应学里的一个词，是平衡、均衡的意思。

在经营管理中，唯有内外整体都达至平衡，我们才能够使企业稳定地发展。做任何事情若抱持着"三赢"的观念，我们将无往而不利，它不仅可以让我们内外平衡、身心一致，还能广聚资源、集中能力并可持续发展。

第四诫：效果导向——有效果比有道理更重要

很多管理者在实施管理过程中，一味强调做法有道理或者正确而不顾有没有效果，其实这是管理上的误区。如何平衡团队，其根本的做法是建立三赢（你好、我好、大家好）的原则，这样更能发挥团队的智慧。在管理上追求效果，是企业获胜的根本指南。

如果应用NLP理念于管理中，以"效果"为先导，以NLP管理技巧为工具，将会最终实现企业及团队的最大价值化。

第五诫：优先顺序——黄金时间做黄金事

上帝说:凡事必有顺序。他公平地赐给每一个人相同的时间，一天24小时。很多人抱怨时间不够用，却很少去追究为何如此？工作绩效＝工作成

第三课

果+工作品质+时效+成本控制，可知时间管理的能力，至少占工作绩效1/4比重！如何才能有效地运用时间？就是一句话：黄金时间做黄金事！罗马帝国的西泽大帝，在领兵出征时，尽管再累，每天睡觉前，一定思考当天的时间运用。只有时间管理做得好，才有条件谈其他管理。

第六诫：简单是金——向"完美主义者"说NO！

大自然既简单又复杂，像个朴素和蔼而又渊博深沉的哲人，它深藏着自己博大精深的内涵，外表却又显得极为平易随和。天真的稚子也能如鱼得水地嬉戏其中；大字不识的老汉数着粗硬的手指头也能对付。大自然似乎挺简单，但是当你试图去探究它深层奥秘的时候，它又显现出层层缠裹的错综复杂，你会感到它是那么的深不可测，奥秘无穷。生活的感悟告诉人们：在我们的工作和生活中，最艰难的问题往往有最简单的解决方式。把复杂的管理科学化解成简单的生活常识，可以使我们的工作、生活变得简单而有序。

第七诫：心智资源——无形资产比有形资产更重要

在红桧的种子里面，已包含了成为一棵红桧的所有潜能，但要成长为一棵红桧，还需要养分、水及光，而树的本性，早已全在里头了。心智资源属于那些"有效果但暂时还说不出道理"的心灵行为。我相信我们会有更多的机会接触到这些改变人类心智运作的有效观念及方法，充分应用人们的心智资源，通过NLP改善其心智模式，对人类幸福快乐，并获得更丰富生命大有帮助，更进一步拓展人类的幸福快乐与生命的意义。

第八诫：上善若水——像水一样灵活

芦苇就是因为能弯下身，所以才能在狂风肆虐下生存，而榆树就是想一直挺着腰杆，结果为狂风吹打。NLP始终强调：在任何一个系统中，最灵活的部分就是最能影响大局的部分。具体解释为：有选择就是有能力！因此最灵活的人便是最有能力的人。灵活来自减少行使自己的一套信念、价值观系统，而多凭观察去运用环境所提供的其他资源条件。灵活是使事情更快有效果的重要因素，因此，也是人生成功、快乐的重要因素。灵活也是自信的表现。自信越不足，坚持某种模式的态度会越强硬；容许不同的意见和可能性，便是灵活。在一个群体中，固执使人紧张，灵活使人放松。

读报纸，学中文

第九诫：乐在当下——快乐就是生产力

NLP神经语法程式学说：每个人都已经具备使自己成功、快乐的资源。成功的特质几乎都可以在每个人的身上找到，只是没有把这些"成功、快乐的资源"运用得好而已；从小到大我们每个人都有过成功、快乐的经验，也就是说我们都有使自己成功、快乐的能力。相信自己有能力或凡事有可能，是对自己成功、快乐最有效的保证。

快乐就是生产力，一个充满快乐的组织，就是一个能打胜仗的组织。

第十诫：杠杆执行——指导力比执行力更重要

阿基米德的杠杆法则广泛地被人引用："给我一个支点，我可以把地球撬起来。" NLP神经语法程式的前提假设为你的生活和工作带来最佳可能的变化，它主要体现在动机上，而不是在他人行为的结果上。尽管这些前提假设适用于所有的背景，适用于所有的人，但是只有在你选择相信这些前提假设，持续地善用它们，把它们作为你的思维指南和行动指南，它们才能真正为你工作。一个优秀的管理者，应是一个高度关注执行过程、切实指导执行方法的"指导者"。"执行力"离不开"指导力"的支撑。同时"指导力"就是管理者的"执行力"！

（中国安防产品网 2007年6月27日 15:25）

判断正误

1. NLP认为目标比成果更重要。（   ）
2. NLP强调集中精力做事情会有更好的效果。（   ）
3. NLP认为个人的利益不重要。（   ）
4. NLP认为有效果和有道理同样重要。（   ）
5. NLP认为要在重要的时间段做重要的事情。（   ）
6. NLP认为不能把生活简单化。（   ）
7. NLP强调心智资源很重要。（   ）
8. NLP认为灵活是有信心和有能力的体现。（   ）
9. NLP认为不是每个人都有快乐的能力。（   ）
10. NLP认为执行力不重要。（   ）

第四课

 课文

今天的孩子为什么"不会玩"了

彭 冰

5月31日至6月4日,由共青团长春市委主办的第一届中国长春玩具博览会⁽¹⁾,在该市国际会展中心举行。除各色玩具外,会场还设置了多处娱乐区,并安排了趣味⁽²⁾游戏等活动。

"爱玩是孩子的天性,玩具是快乐成长的伙伴。愉快地玩,对孩子健康成长有着深远⁽³⁾的影响。"博览会⁽¹⁾执委会副主任王兴宇说:"我们希望把玩博会办成孩子们'玩的天堂⁽⁴⁾'。"

然而,记者采访时,却遇到了大把大把"不会玩"的孩子。

孩子困惑:不知道玩什么

12岁女孩张胜楠,大眼睛忽闪忽闪,说话像个小大人:"放学⁽⁵⁾后有时间玩吗?能玩什么?我挺爱看电视,电脑也超级⁽⁶⁾爱玩,但家长不让,玩不了什么。"

"平时学习忙,我还上了围棋⁽⁷⁾、绘画⁽⁸⁾、英语3个课外班,每天玩的时间最多一个小时。我喜欢躺在床上,看看书,摆摆玩具,或者打电脑游戏。户外活动很少。"9岁的邹佳航长得很壮⁽⁹⁾,遇见记者时,小家伙⁽¹⁰⁾正四处⁽¹¹⁾找笔填写⁽¹²⁾电脑游戏的抽奖⁽¹³⁾单。几款电脑游戏,显然成为玩博会上最吸引孩子的亮点之一,记者不时⁽¹⁴⁾碰到前来借笔填写⁽¹²⁾抽奖⁽¹³⁾单的小朋友。

家长无可奈何：没人陪孩子玩

赵月宁的妈妈拍拍儿子肩膀(15)，对记者说："家长也是被逼无可奈何，媒体能不能呼吁一下，别让大家都报课外班了？"

陪外孙来逛玩博会的张琪，已经退休，她担忧地说："我教书那个年代，孩子们玩得可疯了，跳皮筋、跳房子、过家家，晚上一直玩到天黑才回家。这些传统游戏，不仅能让孩子们在大自然中快乐地锻炼身体，还能让他们在玩乐(16)中学会理解、沟通与合作。如今玩具多了，科技含量(17)也高了，孩子们玩的东西和玩的方式越来越智能化、私人化，传统游戏很多被淘汰了。孩子们户外集体活动越来越少，体质(18)越来越差，同时因为很少接触外面的小朋友，性格越来越孤僻(19)，缺乏团队精神，时常体现出自私(20)的一面。"

张琪的外孙上小学3年级。胖胖的小家伙(10)在会场没转多一会儿，就一头(21)扎到了电子游戏类产品前，他说："我就喜欢自己在家玩，可妈妈说我太胖，还说我不爱说话，应该和伙伴们多玩、多交际，可同学都挺忙的，跟谁玩呀？"

"以前的家长担心孩子玩得太疯，现在的家长担心孩子不会玩。"刘倚晨的妈妈大有感慨，"如今就一个孩子，不放心她一个人在外边玩，家长又忙，没时间陪。再者(22)，咱小时候，楼下有很多孩子一起玩，现在我们一栋(23)楼100多户，本来没几个孩子，又都上课外班，楼下根本看不见孩子，跟谁玩？"

专家呼吁：让儿童首先"成为儿童"

"孩子不会玩，是一个社会现象。应试教育(24)、升学(25)就业压力、家长的过度担心，种种因素共同导致了这一现实问题。"长春市中小学健康教育研究会副会长王荔君表示，玩，对于孩子的成长，就像维生素(26)一样不能缺少，如果孩子玩的天性受到压制(27)、玩的权利被剥夺，孩子的健康成长势必受到影响。

"现在孩子玩的主流，是独自(28)在家看电视、玩电脑游戏，玩具也以智力型为主，往往动手动脑不运动。长此以往，会引起很多生理和心理问题，如近视(29)、忧郁、神经紧张等。"专家谈道。

"以我的观察，凡是(30)会玩的学生，成绩一般都不差，那些努力学习、不怎么玩的学生，可能会做到功课(31)门门优秀，但朋友很少，进入社会后反

第四课

不如会玩的同学能适应。"吉林省学校心理咨询⁽³²⁾专业委员会副主任、家庭教育研究会理事⁽³³⁾沈健教授认为，玩什么固然重要，但关键还在于培养孩子们达到一种玩的境界⁽³⁴⁾，即学会轻松乐观地面对一切。

"一个真正健康的孩子，应该学得踏实⁽³⁵⁾、玩得开心⁽³⁶⁾。"共青团长春市委书记周贺表示，共青团⁽³⁷⁾在这方面还有很大的工作空间，如在社区引导成立一些譬如⁽³⁸⁾游戏俱乐部之类⁽³⁹⁾的组织等。"让儿童首先'成为儿童'，让儿童按'儿童的方式'愉快地生活、健康地成长，是全社会的责任。"周贺说。

（全文字数：1620）

（节选自《中国青年报》2007年6月9日，略有改动。）

1. 博览会	博覽會	bólǎnhuì	（名）	大型的产品展览会 (international) fair, large-scale exhibition of products 博覧会 박람회
2. 趣味		qùwèi	（名）	使人感到愉快,能引起兴趣的特性 interest, taste, delight, liking 面白み 흥미, 재미
3. 深远	深遠	shēnyuǎn	（形）	影响、意义等深刻而长远 profound and lasting, far reaching, discerning, clairvoyant 影響・意味が大きい (영향, 의의 등이)깊고 크다, 심각하고 거대하다

4. 天堂		tiāntáng	（名）	某些宗教指正直者死后的灵魂居住的美好的地方。也指美好的生活环境 paradise, heaven 天国、楽園 천당
5. 放学	放學	fàng xué	（动）	学校里一天或半天的课程结束后，学生回家 finish classes (for the day); (of a school) have a holiday or vacation 下校する 하교하다
6. 超级	超級	chāojí	（形）	超等,比一般较高等级更高 super, beyond the ordinary とび抜けた 초(超)，뛰어난
7. 围棋	圍棋	wéiqí	（名）	棋类游艺的一种。古代叫"弈"。传为尧作。春秋战国时代即有记载。隋唐时传入日本,近已流传到欧美各国。用黑白棋子,棋盘上有19条交叉线将棋盘分成361个方格,目的是占领较大的地区,并吃掉对方的棋子 Go, (the board game), Weiqi 囲碁 바둑
8. 绘画	繪畫	huìhuà	（动）	作画。用笔等工具，墨、颜料等材料，在纸、纺织物、墙壁等表面上画图或作其他可视的形象 draw, paint;painting, drawing 絵を描く 그림을 그리다
9. 壮	壯	zhuàng	（形）	强壮

第四课

					strong, robust
					たくましい
					튼튼하다, 건장하다
10.	家伙	傢伙	jiāhuo	（名）	指人时含轻蔑或戏谑的意思
					fellow, guy
					あいつ、やつ
					녀석, 자식, 놈
11.	四处	四處	sìchù	（名）	到处；附近各处
					all around, in all directions, everywhere
					いたるところ、あたり一面
					사방, 도처, 여러 곳
12.	填写	填寫	tiánxiě	（动）	在印好的表格、单据等的空白处，按照项目、格式写上应写的文字或数字
					fill in, write
					書き込む
					(일정한 양식에)써넣다, 기입하다
13.	抽奖	抽獎	chōujiǎng	（动）	用抽签等方式确定获奖者
					draw a lottery or raffle
					抽選をする
					추첨하다
14.	不时	不時	bùshí	（副）	时时；经常不断地
					frequently, often, at anytime
					しょっちゅう
					때때로, 이따금, 종종, 늘
15.	肩膀		jiānbǎng	（名）	肩
					shoulder
					肩
					어깨
16.	玩乐	玩樂	wánlè	（名）	自我娱乐或消遣（尤指以轻松活跃

或任性放肆的方式）
amusement, entertaining diversion
気晴らし、暇つぶし
유흥, 유희, 오락

17. 含量　　　　　　hánliàng　（名）特定物质中所包含的某种成分的量
content
含有量
함량

18. 体质　　體質　　tǐzhì　　（名）人体健康状况和对外界的适应能力
physique, constitution
体質
체질, 체력

19. <u>孤僻</u>　　　　　　gūpì　　（形）性情孤独怪异，难与常人相处
unsociable and eccentric
偏屈である
괴팍하다

20. 自私　　　　　　zìsī　　（形）只为自己打算，只图个人的利益
selfish, self-centered
わがままである
이기적이다

21. 一头　　一頭　　yìtóu　（副）径直地；没有偏向地
directly, straightly
いきなり
곧장

22. <u>再者</u>　　　　　　zàizhě　（连）除了前面提列过的以外
moreover, besides, furthermore
それに
더군다나, 게다가

23. 栋　　　棟　　　dòng　（量）房屋一座叫一栋
(measure) used for building, houses
家屋を数える、…棟

64

第四课

동, 채(집채를 세는 말)

24. <u>应试教育</u> 應試教育 yìngshì jiàoyù　　指以考试、升学为目的的教育。它是以升学率的高低来检验学校的教育质量、教师的工作成绩以及学生的学业水平。
exam-oriented education
試験志向の教育
시험 위주의 교육

25. 升学　　升學　　shēngxué　（动）进入比原来高一级的学校或年级学习
advance to a higher grade
進学する
진학하다

26. 维生素　維生素　wéishēngsù（名）人和动物营养、生长所必需的某些少量有机化合物,对机体的新陈代谢、生长、发育、健康有极重要作用。现在发现的有几十种
vitamin
ビタミン
비타민

27. 压制　　壓制　　yāzhì　（动）强力限制
suppress, stifle, inhibit
抑圧する
억압하다, 억제하다

28. 独自　　獨自　　dúzì　（副）只有自己一个人
alone, by oneself
1人で
단독으로, 혼자서, 홀로

29. 近视　　近視　　jìnshì　（名）视力缺陷的一种,看近处的东西清楚,看远处物体模糊
myopia

65

				近视
				근시
30. 凡是		fánshì	（副）	总括所指范围内的一切
				every, any, all
				およそ
				대강, 대체로, 무릇
31. 功课	功課	gōngkè	（名）	学生的课业家庭作业
				schoolwork;homework
				授業、宿題
				학과목, 수업, 학습, 공부
32. 咨询	諮詢	zīxún	（动）	征求意见（多指行政当局向顾问之类的人员或特设的机关征求意见）
				seek counsel or advice from
				諮問する
				자문하다, 상의하다, 의논하다
33. 理事		lǐshì	（名）	理事会的成员
				council member, director, board of directors of an organization
				理事
				이사
34. 境界		jìngjiè	（名）	事物所达到的程度或呈现出的情况
				state, realm, extent reached
				境界
				경지
35. 踏实	踏實	tāshi	（形）	（工作或学习的态度）切实；不浮躁
				(of attitude towards work or study) down-to-earth, steadfast, practical, realistic; with peace of mind
				着実である
				착실하다, 성실하다
36. 开心	開心	kāixīn	（形）	心情愉快舒畅
				feel happy, rejoice

第四课

				愉快である
				유쾌하다, 즐겁다
37. 共青团	共青團	gòngqīngtuán	（名）	"共产主义青年团"的简称
				abbr. for "Communist Youth League"
				共産主義青年団の略称
				'공산주의 청년단'의 준말
38. 譬如		pìrú	（动）	举个例子,打个比方；例如
				for example, for instance, such as
				例える、例をあげる
				예를 들다
39. 之类	之類	zhīlèi	（后缀）	这样的人（们）或物
				such like, this kind of
				…の類
				..와 같은, 이러한

词语例释

1. 愉快地玩，对孩子健康成长有着**深远**的影响。

   "深远"与"长远"：形容词。深长、久远的意思。

   深远：指影响、意义等的长远，强调"深"的一面。

   长远：指时间的久远。

   深远的影响/深远的历史意义/意义深远

   长远规划/长远目标/长远利益

   ① 对后世化学的发展影响最大、最深远的是希腊的一批自然哲学家。
   ② 弗洛伊德在研究个性的动力时，超越了心理现象表面价值，深入到行为的背后，探讨富有深远意义的动机根源。
   ③ 从长远来说，社会矛盾的加深会直接或间接地对经济发展产生负面影响。
   ④ 具有远见的领导人和政治家都应从中日两国的长远利益出发，积极寻求克服困难的办法。

2. 陪外孙来逛玩博会的张琪，已经退休，她**担忧**地说……

"担忧"与"担心"：动词。都可活用为名词。都有不放心的意思，一般常用于可能出现不如意的情况。

担忧： 不仅指放心不下，还有忧虑、发愁的意思，语义较重。一般不带宾语。

担心： 只指放心不下，语义较轻，常带宾语。

为孩子担忧/怎能不令人担忧/替古人担忧/实在叫人担忧

担心下雨/为他的安全担心/让我担心的事情/感到担心/过分担心

① 自然环境从整体上看，还在恶化，前景令人担忧，出路在于控制人口，积累资金，摆脱恶性循环。

② 令人担忧的是，目前汽车行业重复建设、铺摊子的现象还在发展。

③ 大家都担心他的安全。

④ 我们所担心的只是你太自信了。

3. 让儿童首先'成为儿童'，让儿童按'儿童的方式'愉快地生活、健康地成长，是全社会的**责任**。

"责任"与"义务"：都可做名词，都可以指应该做的事。

责任： 着重指分内应做的事情，还有应承担的过失的意思。只能做名词。通常用在本职工作中，也可以是形势要求完成的或上级布置的工作。

义务： 着重指法律规定应做的或在道义上应做的事情。另有"不要报酬"的意思。还兼做非谓形容词。一般用在带有历史的稳定性和社会的普遍性事务中。

责任心/责任感/责任制/责任事故/责任重大/责任明确/承担责任/神圣的责任/追究责任

义务性/义务献血/义务劳动/义务演出/基本义务/应尽的义务/有义务/义务向导/义务辅导

① 生产要注意安全，不能出现责任事故。

② 完成这项任务是我的责任。

③ 权利和义务是矛盾的统一。

④ 人人都有为别人服务的义务，也有接受别人服务的权利。

第四课

背景知识

目前中国大部分儿童不爱参加运动。他们不爱玩、不会玩，更谈不上创造性地玩，超重、肥胖、近视等现象屡见不鲜。闲暇时和节假日，他们热衷于看韩剧捧超女，沉溺于上网络打电玩，偏爱于阅读动漫书、口袋书，出现了性格内向、不善交际、和周围同学相处不和谐等不良倾向。传统游戏如滚铁环、跳皮筋、抽陀螺、丢沙包、跳房子、下对角棋、舞狮子、划龙船、赛龙舟、耍猴拳等集体活动，运动量大，富有情趣，游戏规则又可潜意识地教育学生如何与伙伴相处。因此，有必要让传统游戏回归儿童生活，从而弥补家庭教育和学校教育的不足，矫正学生人际交往的误区，养成良好的健康行为和生活方式，促进学生身心和谐发展。

练习

一、请在课外阅读两篇最新中文报刊文章，将它们剪贴在你的笔记本上，然后把它们写成摘要，并谈谈自己的看法。

二、给下列动词搭配适当的词语：

填写_____　　　　压制_____
咨询_____　　　　缺乏_____

三、选词填空：

> 趣味　超级　填写　压制　咨询　孤僻　譬如

1. 报考研究生的考生可_____相同专业、相近研究方向的两个招生单位，报名后进行体检。
2. 在个性上容易偏执和_____，不利于良好性格的形成。
3. 用词丰富多变也是提高言语_____的有效方式。
4. 一些商场内还新增美容_____室，以便更好地为消费者服务。

5. 利用鲸类体形的优良的流体力学特性，可以大大提高_____油轮和潜艇航速。
6. 词还可以借来借去，_____汉语的词借到日语中去，日语有成千成百的汉语词，英语中也有成千成百的法语词、西班牙语词。
7. 他_____了不同意见。

深远　　长远

8. 企业既需要考虑当前的生产需要，又要考虑_____发展的需要。
9. 罗马人注重实际的性格以及他们的法制观念、权利和义务思想，对基督教伦理的发展，教会体制的形成，都有_____的影响。

担忧　　担心

10. 别_____，仅仅是个小问题。
11. 尤其是当想到赞助还没落实，大家又那么辛苦的时候，一阵阵的_____袭上心来，我慢慢地感觉到事情也许不像我所想象的那么简单。

责任　　义务

12. 他认为帮助别人是他的_____。
13. 公民的权利和_____是密不可分的。

四、根据课文内容判断正误：
1. 玩博会是由孩子们发起主办的。（　　）
2. 很多孩子没有时间玩。（　　）
3. 退休教师张琪认为现在的孩子玩的方式比以前的孩子更好。（　　）
4. 玩对孩子的健康成长非常重要。（　　）

五、请按正确的语序将下列各个句子组成完整的一段话：
1. A. 会场还设置了多处娱乐区
　　B. 除各色玩具外
　　C. 并安排了趣味游戏等活动
　　正确的语序是：（　　）（　　）（　　）

第四课

2. A. 家长又忙
   B. 没时间陪
   C. 如今就一个孩子
   D. 不放心她一个人在外边玩
   正确的语序是：（　　）（　　）（　　）（　　）

六、根据课文内容选择最合适的答案

1. 12岁女孩张胜楠认为_____。
   A 没有好的玩具玩　　　　　B 没有时间玩
   C 玩不重要　　　　　　　　D 玩电脑没意思

2. 9岁的邹佳航_____。
   A 每天玩的时间很多　　　　B 课外班只学了围棋
   C 很少参加户外活动　　　　D 不爱玩电脑游戏

3. 传统游戏不包括_____。
   A 跳皮筋　　　　　　　　　B 跳房子
   C 过家家　　　　　　　　　D 电脑游戏

4. 专家认为，造成孩子不会玩的因素主要有_____个方面。
   A 两　　　　　　　　　　　B 三
   C 四　　　　　　　　　　　D 五

七、完形填空

（一）

可能　不如　凡是　但　都

以我的观察，1_____会玩的学生，成绩一般2_____不差，那些努力学习、不怎么玩的学生，3_____会做到功课门门优秀，4_____朋友很少，进入社会后反5_____会玩的同学能适应。

（二）

但　即　在于　固然

吉林省学校心理咨询专业委员会副主任、家庭教育研究会理事沈健教授认为，玩什么1_____重要，2_____关键还3_____培养孩子们达到一种玩的境界，4_____学会轻松乐观地面对一切。

八、请用自己的话或原文中的关键句子概括下面几段话的主要内容：

陪外孙来逛玩博会的张琪，已经退休，她担忧地说："我教书那个年代，孩子们玩得可疯了，跳皮筋、跳房子、过家家，晚上一直玩到天黑才回家。这些传统游戏，不仅能让孩子们在大自然中快乐地锻炼身体，还能让他们在玩乐中学会理解、沟通与合作。如今玩具多了，科技含量也高了，孩子们玩的东西和玩的方式越来越智能化、私人化，传统游戏很多被淘汰了。孩子们户外集体活动越来越少，体质越来越差，同时因为很少接触外面的小朋友，性格越来越孤僻，缺乏团队精神，时常体现出自私的一面。"

张琪的外孙上小学3年级。胖胖的小家伙在会场没转多一会儿，就一头扎到了电子游戏类产品前，他说："我就喜欢自己在家玩，可妈妈说我太胖，还说我不爱说话，应该和伙伴们多玩、多交际，可同学都挺忙的，跟谁玩呀？"

"以前的家长担心孩子玩得太疯，现在的家长担心孩子不会玩。"刘倚晨的妈妈大有感慨，"如今就一个孩子，不放心她一个人在外边玩，家长又忙，没时间陪。再者，咱小时候，楼下有很多孩子一起玩，现在我们一栋楼100多户，本来没几个孩子，又都上课外班，楼下根本看不见孩子，跟谁玩？"

九、请尽量用以下词语进行话题讨论

| 趣味 | 超级 | 深远 | 压制 | 自私 | 孤僻 |
| 譬如 | 境界 | 扩张 | 开心 | 踏实 | |

目前孩子们在玩的方面存在哪些问题？如何解决这些问题？

十、快速阅读：

阅读一（字数：2013；阅读与答题的参考时间：11分钟）

孩子说：不玩"网游"玩什么？

"网游"渐成部分孩子的"唯一"娱乐

侯大伟

面对电影、体育运动、旅游等传统娱乐样式消费成本日益增高的趋势，价格相对"低廉"的网吧、充满神奇魔幻色彩的虚拟网络世界，正日益成为部分城市中低收入家庭孩子休闲娱乐的首选，有的孩子甚至将此当作唯一"爱好"。专家认为，戒除这些孩子的网瘾，关键是要提供更多的为他们所接受、喜欢并能轻松消费的娱乐样式。

暗访网吧：中低收入家庭孩子居多

越来越多的精明网吧老板，都把一个网吧分成三六九等几个区域：高档区域配有舒适的沙发座椅、性能卓越的电脑主机和豪华液晶显示器，价格从每小时3元到6元不等；中档区域则是高背电脑椅、性能普通的主机和液晶显示器，每小时收费2.5元到4元不等；而低价区域则是廉价的低背电脑椅和纯平显示器，每小时收费1.5元左右。

位于四川大学南门附近的"天使联盟"网吧便是这样一个分区域标价和配置硬件的网吧：100多台电脑分成三大区域摆放，标价和硬件配置各不相同。下午1点到晚上10点左右，正是网吧的黄金时段。日前，记者连续三天以一个普通上网者的身份来这里暗访发现，标价每小时4元的高档上网区域少人问津，标价为每小时2.5元的中档区域和每小时两元钱的低价区域却聚集着这个网吧80%的顾客，他们多以14岁到20岁之间的青少年网络游戏（以下简称"网游"）玩家为主：一些人边打游戏，边兴奋地呼喊着网络游戏中的各种口令。

网络游戏是对电脑硬件配置要求较高的一项电子休闲娱乐产品，对于网游玩家来说，越高的电脑配置越具有吸引力，但是大多数孩子为什么会选择价格便宜、配置略低的上网区域呢？

一个周末下午，记者来到这家网吧的普通上网区，坐在一个十六七岁的男孩边，他正在玩一种叫"反恐精英"的枪战游戏，画面上很多"人"正在持枪混战。记者以请他加入"游戏战队"为由与他交谈起来。

他告诉记者，他姓李，是一名高中生，父亲是环卫工人，母亲下岗在家，由于家境不好，每次来网吧玩的时候，都是找最便宜的地方坐。"他们也都是这样。"小李指着与他同来的两个同学对记者说，"家中富裕的孩子一般不会到网吧里来上网，因为他们大多有自己的电脑，在家玩就行了。"

少年玩家：不玩"网游"，我玩什么？

从下午3点多记者进入网吧，到晚上8点多钟离开，小李和他的两个朋友一直泡在网吧里，尽管由于长时间盯着高辐射的纯平显示器而两只眼睛充血红肿，但小李他们却依然很兴奋，不断地大叫"排弹！排弹！""左边有人！""快冲！"……

看着他们如此痴迷地玩着游戏，记者疑惑地问："你们经常这么玩吗？"

"是啊！怎么啦？"

"不觉得腻啊？不能玩点别的吗？"

"你说我们还能玩什么？相比较看电影、打球游泳、唱歌蹦迪、旅游这些，泡网吧打游戏是最方便、最省钱的一种娱乐了！"

近年来，随着城市化的快速发展，供城市中低收入家庭孩子休闲娱乐的场所日渐减少，尤其是节假日期间，一些地方甚至包括有些学校的篮球场、足球场都要收费，加上这类集体运动往往又缺少组织，于是像小李一样的孩子就逐步走进网吧、走近网络游戏。

专家学者：要为孩子提供更多的休闲场所

四川省社科院社会学研究员、四川省青少年犯罪研究会副会长胡光伟常年致力于研究青少年网瘾与犯罪问题。他认为，许多孩子进入网吧打游戏、聊天，是因为平时可玩的方式很少，适合并能吸引他们休闲娱乐的场所也很少，尤其是对城市中那些中低收入家庭的孩子来说，更是如此。胡光伟说，最关键的原因就是我们给孩子们的娱乐空间与娱乐样式太少了，也就是网络游戏的"同质替代物"太少，除了网络游戏之外，很多休闲娱乐的东西或者对他们缺乏吸引力，或者门槛太高。

不久前，记者在成都召开的"中国动漫游戏年会"上，曾就"网游沉迷"问题采访了时任盛大互动娱乐有限公司总裁的唐骏。

作为我国知名的网络游戏提供商掌舵人，唐骏直言，一款网络游戏若不能吸引玩家不断地去娱乐，这款游戏开发必然是失败的，因为它没有效益。但是出现青少年沉迷网游现象，却不能将责任全部推到网络游戏制造商身上，而首先应该问问除了网游之外，他们还有什么样的娱乐空间；不玩网络游戏时，他们用什么来替代。

胡光伟和唐骏都建议说，要降低网游对青少年的危害性，需在规范网游市场和正确引导青少年形成健康的上网娱乐方式之外，还要同时对他们营造和开放更多适合他们、并能吸引他们的休闲娱乐场所。例如：一些电影院可否考虑为学生提供低票价的电影专场；一些运动场所可否针对学生或未成年人提供优惠活动；能否尝试在各种社区内针对青少年推广各种球类运动或是一些街头极限运动，以吸引他们的关注；博物馆、科技馆等场

第四课

所能否对他们免票等等。

（节选自《经济参考报》2007年3月19日，略有改动）

回答问题

1. 去网吧高档区域的人多吗？为什么会这样？
2. 小李和他的两个朋友为什么痴迷网络游戏？
3. 胡光伟和唐骏认为应如何解决青少年的网瘾问题？

阅读二（字数：2157；阅读与答题的参考时间：12分钟）

六一儿童节：越玩越孤单 玩啥才快乐

王勇　林伟

为了即将到来的六一儿童节，上个周末，海口市民叶先生带儿子到玩具店选购玩具作为送给他的节日礼物。可是，走进玩具店的儿子似乎对货架上的玩具没多大的兴趣，因为很多玩具他大多都玩过。

孩子不兴奋，叶先生也有些沮丧。他独自纳闷："如今的孩子，到底玩什么才会让他们更快乐？是玩具少了，还是孩子不懂玩了？"

对玩具不再感兴趣

30日中午，记者逛了海口市几家商场的玩具销售区，发现玩具的新意越来越少，不再有曾经如变形金刚、四驱车等刚上市时带给人的兴奋，不外乎电动类、遥控类、智力积木类、惯性类、毛绒类等，并且所有玩具都是制成品，孩子拿到手中就能玩，不需要再动手组装、制作、装饰。

玩具已越来越没有新意的说法，得到了玩具销售人员的肯定。一销售员说，电动类、遥控类、智力积木类、惯性类玩具从上世纪80年代陆续出现到现在，已成为目前玩具店销售的主产品。但由于孩子总是喜欢新奇的东西，目前这些玩具越来越难卖。

叶先生认为，孩子对玩具不感兴趣，主要是玩具的玩法少了，从他给自己孩子买的玩具来看，全部是制作好的，孩子看第一眼还比较兴奋，随后便扔在角落里。叶先生说自己小时候玩过很多经典的玩具，如弹弓、铁环、陀螺等，都需要自己亲手制作，对玩具的性能一次次改进，觉得越玩越熟练、越玩越好玩。

电脑游戏让孩子痴迷

海口市某小学五年级学生小翔告诉记者，现在的玩具都不好玩，他唯一喜欢的就是打电脑游戏，"很刺激、很有挑战性"，他多数的周末都是在网吧里度过。

小学教师陈老师告诉记者，现在独生子女多，很难找到很多伙伴玩，而市面上玩具趣味性和操作性弱，很难吸引人，而电脑游戏人物逼真，有画面、有声音、有故事，还有虚拟奖励吸引孩子是必然的。

让经典的传统游戏传下去

上午在海口市人民广场，一群小学生正在上体育课。体育老师告诉记者，课上孩子的自由活动时间，学生们玩的游戏越来越个人化，不再玩捉迷藏、丢沙包、"偷营"等多人参与的群体游戏。

家长林先生认为，很多游戏、玩具本身是需要多人参与才有趣味性，如他本人小时候下象棋，是看伙伴下学会的，现在孩子学象棋要到特长班花钱学习，孩子下象棋根本就找不到乐趣。

海南师范大学社会科学部教授张旭新认为，玩具、游戏的更新换代，与社会发展和生存空间的变化有关，但一些经典游戏、玩具应该传承下来，好的游戏能够让儿童既锻炼身体又开发智力。现在的孩子存在的自私、缺乏团队精神、心理脆弱等问题，与他们从小接触单调的玩具、单独的游戏有一定的关系。

几代人经典的儿时游戏

几乎所有的家长在说到自己儿时的游戏时，总是满脸兴奋，那一瞬笑容把凝集了几十年的快乐都绽放了出来。今天记者分别采访3位不同年代出生的人，看他们儿时的游戏、儿时的快乐，也希望所有家长，把自己儿时的游戏教给自己的孩子。

50年代出生 周先生

最喜欢游戏:滚铁环

周先生说他小时候最喜欢滚铁环，一个铁圈加一根竹棍，竹棍推着铁圈跑，很多小朋友排在操场上，看谁跑得快、跑得时间长。

当时玩的铁环都是自己制作的，用一根铁丝绕成一个半径20—30厘米

第四课

的圆环，大约小手指粗，再削一根细竹棍，在竹棍的顶端用硬铁丝绕一个半闭合的小环，把大圆环套在小圆环里，手持竹棍推着大圆环跑。

由于当时农村比较贫穷，很多小孩没有铁丝，只能用细竹丝代替，小伙伴们对这种游戏乐此不疲，每天上学时一路滚到学校，放学后再滚几公里回来，本来漫长的上学放学路变得又短又有趣。

60年代出生 张女士

最喜欢游戏："攻城"

"攻城"留给张女士的印象最深，这个游戏只要有空地就可以玩。每次很多小朋友聚在一起时，就有人提议玩"攻城"，随后由提议的人把所有的小伙伴分成人数相等的两组。

每组小伙伴划定一个营地，在营地中间有一个通道，通道上放置一些树叶、纸片、石块等物品作为落脚点，每局分两回合，两个营地里的人互为攻防，当进攻方通过营地中间通道时，防守方可以用手、身体推进攻方，进攻方单脚前进，一旦推倒另一只脚必须踩在落脚点上，否则失败出局，当彼此的攻防结束后，双方再清点人数，人数多者胜。

张女士很灵巧，每次被推总是能找到落脚点，小伙伴们很喜欢和她在一个"营地"。慢慢地张女士就成为游戏的组织者，提议、分组、裁判，伙伴都听她的。

70年代出生 林先生

最喜欢游戏：赛陀螺

林先生玩的陀螺都是自己做的，先挑选一根粗细适中的木棍，把木棍截成8—10厘米长，用刀把木棍一段削成锥形，整个锥体要对称、光滑。

再用布绳做一条鞭子，用布绳缠绕陀螺，突然拉动，陀螺就在地上飞速转动，为了保持陀螺继续转动，玩者要不断用鞭子抽打陀螺。

林先生是做陀螺的高手，他能做高的、矮的、彩色的不同样式的陀螺，运转起来既好看速度又快。为了改进陀螺，林先生还在锥体的顶端安装一个铁珠，抽一鞭子，陀螺可以转一分钟。

每当傍晚，林先生就会和小伙伴们找一个光滑的场地，各自把自己的陀螺拿出来，两人一组用自己的陀螺碰撞对方的陀螺，被撞倒为失败。

（节选自《海南日报》2007年5月31日，有改动）

读报纸，学中文

> 回答问题
>
> 1. 为什么现在孩子对玩具不再感兴趣？
> 2. 为什么电脑游戏让孩子痴迷？
> 3. 如何更好地使用教育经费？
> 4. 张旭新教授是怎么看玩具、游戏问题的？
> 5. 本文记者分别采访3位不同年代出生的人，他们分别喜欢什么游戏？这些游戏有什么共同特点？

阅读三（字数：2476；阅读与答题的参考时间：15分钟）

聚焦寒假——寻找快乐假期

编者按： 又是一年寒假来，忙碌了一个学期的孩子离开学校还好吗？他们在做些什么？想些什么？带着关切的目光，本报记者近日兵分几路，走进孩子们中间采访他们的寒假生活。

"写完作业就狂玩儿"

本报实习生张滢北京报道　1月24日傍晚6点，记者走进位于北京市海淀区某小区四层的一个私人托管班——"王老师小饭桌"，几个二年级左右的男孩正紧盯着不足1米远的电视，聚精会神地收看动画片。记者和其中一个男孩打招呼，并问他寒假准备做些什么。男孩双眼没离开电视，很不耐烦地甩过来一句："放寒假嘛，准备一天做完所有作业，剩下时间狂玩儿，打游戏！"这个男孩的父母平时工作非常忙，今年寒假，他又要在托管班度过了。

托管班管理者王女士原来是一位幼儿园教师，病退在家后开起了托管班，本来今年寒假她想好好休息，可家长的"预约"打乱了她的计划。本周五，孩子们所在的小学开始放寒假，有些孩子早就被家长预约"寒假全托"了。"我呢，就是保证他们吃饱，再就是盯着他们写作业。"王女士告诉记者："家长把孩子送到这儿来主要是怕孩子在家不好好写寒假作业，乱跑。我们也是劳逸结合，作业写累了就看看电视。"

在王女士所在的社区，像这样的托管班大大小小有十几个。记者发现，王女士的托管班是由一套一居室改造而成的，孩子们所在的房间不足

第四课

20平方米,只在客厅有一张床给需要临时过夜的孩子睡,其他孩子没有午休的地方。当被问到是否组织孩子们游戏或活动时,王女士说:"孩子们要玩我就让他们自己到楼下去玩,别的活动基本没有。社区有举办运动会什么的,我都会带孩子们参加,但这样的社区活动很少。"

"没有那么多作业真轻松"

本报记者李笑冰哈尔滨报道 2007年的寒假对于哈尔滨市某小学四年级学生木木来说是轻松而快乐的,没有了繁重的家庭作业,取而代之的是20余项社会实践活动和家务劳动,而且有大量的时间可以自己安排。

每年大量的寒假作业都会给学生造成很大压力,并且使学生不得不利用大量的时间来完成作业,从而使参加社会实践和锻炼身体的时间相对减少。今年的寒假,木木再也不用去做那些厚厚的作业了,而只需要完成3篇作文以及几篇日记,其余只要完成老师规定的做一次家务劳动、读几本好书等20余项为养成良好生活习惯和学习习惯而设立的实践活动即可。由于没有了大堆作业的压力,喜爱滑雪的木木报名参加了为期4天的滑雪冬令营。在冬令营中,他不仅可以亲身体验滑雪的乐趣、掌握滑雪的基本技巧,还可以在农村与小动物亲密接触,并且培养自己独立生活的能力,一举数得。

冬令营结束后,木木除了每天在家里看书、看电视以外,还报名参加了游泳班,每天利用2个小时的时间学习游泳,不仅锻炼身体还磨炼出坚强的意志。木木说:"我喜欢这样的寒假,没有了那么多家庭作业,我就可以做自己喜欢做的事,这样的假期真轻松。"

奇奇的寒假生活

本报记者郝文婷呼和浩特报道 "上午去奶奶家做作业,下午去滑冰或在院子里跟小朋友们骑自行车玩儿。"一向喜欢户外活动的奇奇比较满意地述说自己的寒假生活。这个寒假,她的任务除了完成寒假作业,就是做自己想做的事。

奇奇是呼和浩特市某小学四年级的学生,寒假作业除了语、数、英3本《寒假作业》外,还有周记、抄写英语单词、每天10道数学题等。为了让她能有一个轻松的假期,爸爸妈妈专门给她制订了一份寒假作业计划,将作业量分减。

奇奇的爸爸告诉记者,孩子平时上学就很累,所以假期里,他只想让孩子每天能好好睡觉，尽量多给她自由，让她做她想做的事情。"我喜欢看神话故事，刚看完《封神演义》，准备再看一遍。"奇奇说。

"这个寒假我最大的愿望，就是能约几个朋友一起去滑雪。"奇奇向往地说。她还告诉记者，她的同学中，有很多人假期里会去参加各种培训班。"我可不愿意去（上培训班），假期里还要继续去上课，把假期过得那么紧张。"她语气坚决地说，"爸爸妈妈也不强迫我去，让我保证完成寒假作业就可以。"

寒假作业融入生活

本报记者计琳上海报道　锻炼、游戏、读书、看新闻、做作业……上海市闸北区第一中心小学三年级（1）班王天宇的寒假计划丰富多彩。每天锻炼一小时、游戏一小时是王天宇的"必修课"，平时每门课都能拿优的他，只有体育成绩是良。

"我希望自己的体育成绩也能拿优，而且好好运动能让我每天都睡得很香"。王天宇已经制订好了自己每天的运动计划。小区周边的学校假期里都向社会敞开了大门，"我和同学、邻居伙伴可以一起在那里比赛跑步、打球、做游戏，而且晚上还可以邀请爸爸、妈妈一起加入进来。"

寒假作业要按时完成，但是对王天宇来说每天两小时的作业时间不是"负担"，而是一种有趣的"温习"。他告诉记者，老师将许多游戏融入了寒假作业，比如，语文作业里通过涂色游戏来让学生练习造句，数学游戏里用"寻找有数字一到十的歌曲"来完成学生们的数学题。"假期中，学校里还会组织我们开展'寒假生活交流'，如果遇到不会做的题大家就你教我、我教你，互相帮助。"

完成了白天的作业，晚上王天宇会准时守在电视机前看新闻。"有时还会看看书，如果有时间，这个寒假想和爸爸妈妈一起去旅行。"王天宇对记者说。

（节选自《中国教育报》2007年2月1日，有改动）

第四课

判断正误

1. 北京的一个托管班管理者王女士只让孩子们看电视。（　　　）
2. 王女士的托管班所在的地方活动空间很大。（　　　）
3. 哈尔滨市的小学生木木对这个假期的安排很满意。（　　　）
4. 木木假期报名参加了一些运动训练班。（　　　）
5. 呼和浩特的奇奇对自己的寒假生活不太满意。（　　　）
6. 奇奇喜欢看神话故事《封神演义》。（　　　）
7. 奇奇的爸爸妈妈很希望她这个假期参加一些培训班。（　　　）
8. 上海市的小学生王天宇对自己的体育成绩很满意。（　　　）
9. 王天宇的寒假作业很有意思。（　　　）
10. 本文所报道的四个城市的小学生都有寒假作业。（　　　）

第五课

聚焦高考30年的制度变迁[1]

臧铁军

自1977年在邓小平的直接推动下一举[2]恢复高考,至今已过去了30年。在这起伏[3]变化的30年中,高考发生了巨大的变迁[1]。

招生体制改革:由"双轨"到"并轨"

1983年,教育部正式提出实施"定向[4]招生,定向[4]分配"的办法,规定一些院校,按一定比例实行面向农村、矿区[5]等艰苦行业定向[4]招生。这体现了对国家急需人才的基础性行业的政策倾斜[6]。

1984年教育部又规定:可以从参加统一高考的考生中招收少数自费生。由此使不收费的国家计划招生和收费的调节计划招生双轨并存[7]。"双轨制"不仅挖掘[8]了高校的办学[9]潜力,更主要的是为高校办学[9]经费来源开辟了又一渠道,第一次打通了城乡集体所有制[10]单位甚至个体企业委托高校培养人才的途径。

但是,由此出现了两种不同的分数线,使收费和降分在某种形式上挂了钩[11],也导致了某些不正当[12]竞争,甚至利用"双轨"炒[13]批件、批条子[14]、走后门[15]等,严重破坏了招生录取的公平、公正[16]原则。

1994年,全国37所重点院校进行招生收费并轨制试点工作,逐步建立起"学生上学自己缴纳[17]部分培养费用、毕业生多数人自主择[18]业"的机制。1997年,高校招生实现全面并轨。至此[19],我国高校由国家"统招统分"改革为"双轨制",最终实现统一标准、统一政策的并轨招生。

高考招生体制的这一轮改革,是在我国经济体制改革的大背景下进行的。"双轨制"打破了人才培养和分配由国家包起来的格局[20],是计划经济和市场经济并存[7]的经济体制在高校招生问题上的一种体现。招生并轨,人们的价值观在"双轨"过渡[21]中发生了转变,认同了自主择[18]业等新观念,从而在招生体制改革上,逐渐转向[22]与经济体制改革中劳动人事制度的改革相适应,转向[22]与社会主义市场经济的要求相适应。

招生方式改革:从"保送[23]生"到"自主招生"

在恢复高考后的30年间,对全国"统考统招"制度的改革探索始终没有停止过。1984年,我国开始进行保送[23]生试点。

20世纪90年代初,保送[23]生计划人数曾一度[24]扩大。但保送[23]过程中出现了有学生在申报[25]材料上作假、干部和教师子女保送[23]比例过高等现象。这些不正常现象损害了高招的声誉[26]。1998年在5省市试行[27]了保送[23]生综合能力测试。尽管综合能力测试与特殊才能学生的保送[23]在某种意义上有相违背的地方,但结果分析还是得到了包括测量专家等多方面的认可[28]。1999年教育部规定,全国所有保送[23]生都必须参加综合能力测试。此后[29]又下发文件从程序上完善保送[23]工作。

与保送[23]生具有类似性质的改革是高等学校自主招生制度的探索。2003年,教育部在22所著名高校扩大自主选拔[30]录取改革试点。要求各高校经过自主考试与面试初选,入选考生参加全国统考,成绩达到与学校同批次录取控制分数线以上的可以由学校决定录取。招生比例为学校年度本科招生计划的5%。

除了对优秀学生进行的招生探索外,自主招生还在大专层次的高职院校进行了改革试验。这一改革对高考总成绩不高、第一志愿[31]不能被录取、有可能被调配录取到不中意的专业的学生,具有积极的引导作用。2006年,北京和上海在多所高等职业院校实行了学校自主命题[32]的笔试[33]+面试,从而自主确定录取结果,这是真正意义上的自主选拔[30]录取。2007年,高职招生改革的范围继续扩大。

同年[34],上海交大和复旦大学开始在更大比例上进行自主招生。

高考招生方式的改革是大家最为关心的改革之一。多年来在人们的印象中,高考似乎始终未敢变革"大一统"的方式,即便实施了分省命题[32],仍未能摆脱纸笔测验形式和区域内的"大一统"。这主要因为大规模纸笔测验的优势，能够对考生的共性(35)问题进行测量。应该说，进一步扩大多元化选拔(30)、多样化录取是今后高考改革的一个方向。

30年来，高考改革的值得肯定之处还有很多，如考试科目(36)改革……尽管如此，每年高考受到的各式各样(37)批评似乎一直不曾减少，这在某种意义上也说明人们对高考的要求也在逐步提高，亦可视为一种社会的文明和进步。

高考改革有自身的需要和动力，但最终动力，来自教育和社会的变革。

（全文字数：1789）

（节选自《中国青年报》2007年5月20日，略有改动。）

1.	变迁	變遷	biànqiān	（动）	事物的变化转移 change of situation or shift of phases of development; changes 物事の移り変わり 변천
2.	一举	一舉	yìjǔ	（名）	一次行动 one stroke, one fell swoop with one effort, in one action 一つの行動 한 번의 행동
3.	起伏		qǐfú	（动）	比喻感情、关系等起落变化，也指世事兴盛衰落心潮起伏 rise and fall, undulate, fluctuate; (of feelings, relationship, etc.) ups and downs, fluctuation 起伏する 높아졌다 낮아졌다 하다.

第五课

4. 定向　　　　　dìngxiàng　（形）　使转向指定的方向
directional; orient, find the direction
一定方向の、範囲の限られた
일정한 방향을 정하다.

5. 矿区　　礦區　kuàngqū　（名）　采矿的地区
mining area, ore district
鉱石を採掘できるエリア
광산 지역

6. 倾斜　　傾斜　qīngxié　（动）　歪斜；偏斜
incline, slant, lean, tilt, slope; be in favour of, give preferential treatment to, lean to (one side)
傾く
경사지다, 기울어지다

7. 并存　　並存　bìngcún　（动）　同时存在
exist side by side, coexist
同時に存在する、共存する
병존하다, 함께 존재하다

8. 挖掘　　　　　wājué　（动）　向下挖以发掘
excavate, unearth
掘る、掘り起こす
파다, 캐다, 발굴하다

9. 办学　　辦學　bànxué　（动）　兴办学校
run a school
学校を設立する
학교를 설립하다

10. 所有制　　　suǒyǒuzhì　（名）　生产资料占有的形式，它是生产关系的基础，决定生产关系的性质和分配、交换的形式。在不同的历史阶段，有与不同生产力水平相应的所有制形式
ownership, system of ownership

| | | | | | 所有制度 |
| | | | | | 소유제 |

11. 钩　　鉤　　gōu　　（名）　形状弯曲，用于探取、悬挂器物的用品。
hook
ひっかけるかぎ
갈고리

12. 正当　正當　zhèngdàng　（形）　合情合理
proper, appropriate, correct
正当である、まともである
정당하다

13. 炒　　　　　chǎo　　（动）　烹调方法，把食物放在锅里加热并随时翻动使熟，一般先要放少量的油
saute, stir-fry; speculate (in stocks)
炒める
(기름 따위로)볶다

14. 条子　條子　tiáozi　　（名）　记有事情的纸条
brief informal note, a short note, a slip of paper; strip; gold bar
メモ
쪽지, 메모

15. <u>后门</u>　後門　hòumén　（名）　比喻通融、舞弊的途径
back door; secare advantage by influence or pull
裏口、コネ
뒷구멍, 부정한 수단

16. <u>公正</u>　　　gōngzhèng　（形）　公平正直
just, fair, impartial, justness, rightness
公正である
공정하다, 공평하다

17. 缴纳　繳納　jiǎonà　　（动）　向公家交付规定的现金或实物

第五课

pay, hand over
納める
납부하다, 납입하다

18. 择　　擇　　zé　　（动）　挑选
select, choose, pick
選ぶ
선택하다, 고르다, 가리다

19. 至此　　　　zhìcǐ　　（名）　到此时
until now, up to this time, by now
ここまで
이 때에 이르다

20. 格局　　　　géjú　　（名）　局势、态势
pattern, setup, structure
情勢
방식, 짜임새

21. 过渡　　過渡　　guòdù　　（名、动）　事物由一个阶段逐渐发展而转入另一个阶段
(of things) passing from one stage or state to another; transition; ferry a stream
移行する/過渡
과도/ 넘다, 건너다, 과도하다

22. 转向　　轉向　　zhuǎnxiàng　　（动）　转变方向
change directions, turn
転向する、方向転換する
방향을 바꾸다

23. 保送　　　　bǎosòng　　（动）　由国家、机关、学校、团体等保荐去学习
recommend sb. for admission to school, etc
国家機関などが派遣にだして勉強

させる
(국가, 기관, 학교, 단체 등이)보증 추천하여 보내다

24. 一度　　　　yídù　　　（名）曾经，从前
once, for a time, at one time
かつて
한 때, 한동안

25. 申报　申報　shēnbào　（动）向上级或有关部门提出书面报告
report to a higher body
申告する、上申する
(서면상으로)상급 기관이나 관련 기관에 보고하다

26. 声誉　聲譽　shēngyù　（名）名誉；声望
reputation, fame, prestige
名声
명성과 명예

27. 试行　試行　shìxíng　（动）试着实行起来，看看是否可行
try out
試みる
시험삼아 해보다(실시하다)

28. 认可　認可　rènkě　（动）承认，许可
approve, endorse, accept, confirm
認可する、許可する
인가하다, 허가하다, 승낙하다, 허락하다

29. 此后　此後　cǐhòu　（连）从这以后，今后
after this, afterwards, hereafter
それ以降、その後
이후, 이 다음, 금후

30. 选拔　選拔　xuǎnbá　（动）按条件进行挑选
select, choose (talented people)
選抜する

第五课

				선발하다
31.	志愿	志願	zhìyuàn	（名）志气与心愿 aspiration and wish, ideal 志、願望 지원, 희망, 자원
32.	命题	命題	mìngtí	（动）出题目 assign a topic or a subject, set a question テーマを出す 제목을 내다, 출제하다
33.	笔试	筆試	bǐshì	（动）用书面回答问题的方式进行考试 take a written exam 筆記試験 필기시험
34.	同年		tóngnián	（名）相同的年份 same year; of the same age 同い年、同年 같은 해, 그 해
35.	共性		gòngxìng	（名）一般、普遍、概括的性质或状态；统统适用，完全的可应用性 general character, generality, 普遍性、共通性 공통성
36.	科目		kēmù	（名）学校教学中指课程名目 school subject or course, category of subjects 科目 과목
37.	各式各样	各式各樣	gè shì gè yàng	（成）多种多样；具有不同花色品种门类 all sorts or kinds, various 多種多樣 각양각색, 여러 가지

89

读报纸，学中文

词语例释

1. 至此，我国高校由国家"统招统分"**改革**为"双轨制"，最终实现统一标准、统一政策的并轨招生。

    "改革"与"改造"：动词。把事物中不合理的或旧的改变成合理的或新的、适合客观需要的。对象可以是工具、技术、工业、农业、商业等。

    改革： 一般指性质上的部分变革，即废除陈旧的不合理的部分，保留发展合理的部分。对象较窄，只能是客观的一些事物。

    改造： 常指性质上的根本改变或大部分改变。对象较广，可以是有关客观方面的一些事物，也可以是主观方面的一些事物。

    教育改革/制度改革/方法改革/文字改革/土地改革

    改造世界/改造机器/改造房屋/改造山河/改造思想/改造立场/改造世界观/改造旧观念

    ① 中国新时期最鲜明的特点是改革开放。
    ② 体制改革引起了巨大变化，国有企业要有自己的经营决策。
    ③ 生产劳动和教育的早期结合是改造现代社会的最强有力的手段之一。
    ④ 我们工厂改造起旧设备来了。

2. 但保送过程中出现了有学生在申报材料上作假、干部和教师子女保送比例过高等现象。这些不正常现象损害了高招的**声誉**。

    "声誉"与"声望"：名词。名声、名誉的意思，均为褒义。

    声誉： 指在群众中有一定名誉。

    声望： 多指在社会上有较高的名望。

    崇高的声誉/声誉很好/享有极高的声誉

    社会的声望/提高声望/声望很高

    ① 他们努力维护着名牌产品的声誉。
    ② 他的画，作为中外文化交流，早就在国内外有一定的声誉和影响，曾在日本、美国、加拿大展出过。
    ③ 经济收入和福利待遇基本相同的两种职业，它们的社会声望却不相同。
    ④ 一个社会地位高的人，可能在财富、权力、声望乃至出身门第等诸方面

90

第五课

都比社会地位低的人占优势，也可能其中一两项占优势，而在其他方面并不占优势。

3. 除了对优秀学生进行的招生探索外，自主招生还在大专层次的高职院校进行了改革试验。这一改革对高考总成绩不高、第一**志愿**不能被录取、有可能被调配录取到不中意的专业的学生，具有积极的引导作用。

"志愿"与"自愿"：都可表示自己愿意。

志愿： 名词兼动词。还有"志向和愿望"的意思。侧重于强调自己的决心愿望。可做主语、宾语、状语、定语。

自愿： 动词。侧重于表示自己愿意。常做状语、定语、谓语。

志愿者/我的志愿/共同志愿/确定志愿/放弃志愿/达到志愿/志愿加入

两人自愿/来去自愿/自主自愿/自觉自愿/强调自愿/自愿参加/自愿帮助

① 作为运动会志愿人员，他们17个人挑起了新闻中心成绩公报组的繁重工作。

② 最后他根据本人志愿去学了高能物理。

③ 申报这个项目，你是自愿的还是不自愿的？

④ 储蓄机构办理储蓄业务，必须遵循"存款自愿，取款自由，存款有息，为储户保密"的原则。

背景知识

1977年，由于"文化大革命"的冲击而中断了十年的中国高考制度得以恢复。自1977年恢复高考制度以来的30多年里，中国社会一直将有幸能被大学录取的少数人称为"天之骄子"，很多因出身和地位而无法取得推荐上大学资格的普通人，通过高考改变了自己的命运。当年中国有570万人参加高考，录取27万人，比例是21：1。如今这些人已成为中国改革开放最坚定的支持者和参与者。进入21世纪后，随着中国经济的发展以及高校数量的快速增长，当年考大学的高淘汰率已不复存在。中国高等学校自1999年开始大规模扩招新生，当年，全国高校就扩招了45万新生，增长幅度为42%。处在中国改革开放前沿的广东省早在2000年高考录取率就已提高到65%，这意味着100个高中生中，有65个能够接受

读报纸，学中文

高等教育。全国平均录取率从1998年的36%提高到2001年的57%，各地差距也在迅速缩小，国家近年来每年都扩招20%以上。2003年，教育部实行的扩大高校招生自主权的改革，允许北大、清华、北京师范大学等20所著名高校，自主录取5%的新生。这不仅标志着中国高考制度的松动，也是中国促进教育创新和素质教育的历史性突破。更多才华出众的中学生，在分数略低的情况下，也有可能进入理想的高校。为鼓励素质教育，革除"一考定终身"的高考制度的弊端，从2004年高考开始，上海市教委将尝试在高中试行《学生综合素质评价手册》，参考学生成长记录、社会实践和社会公益活动记录、体育与文艺活动记录、综合实践活动记录等其他数据，综合考查后进行录取的做法，供普通高校录取时参考。这些探索，让人们看到了中国高考制度改革的希望。当然，教育制度上要有深刻变革，必须形成高等教育、职业教育等层次清楚、定位明确的教育体系，使高考真正摆脱其身上附带的身份、地位、前途等一系列本不由其承担的东西。

练 习

一、请在课外阅读两篇最新中文报刊文章，将它们剪贴在你的笔记本上，然后把它们写成摘要，并谈谈自己的看法。

二、给下列动词搭配适当的词语：

挖掘_____   炒 _____

缴纳_____   择 _____

转向_____   申报_____

试行_____   选拔_____

三、选词填空：

> 挖掘　缴纳　转向　此后　选拔　认可　各式各样

1. 由于税收带有强制性，企业必须及时足额地_____，否则就会受到

第五课

经济制裁，这样就可以使国家把应该得到的收入及时收入国库。

2. 国外经济发达和技术先进的国家，大多注意破除论资排辈，着重从中青年中＿＿＿＿＿＿＿＿人才。
3. 各地政府应继续推进农业结构调整，＿＿＿＿＿＿＿＿＿＿农业内部增收潜力。
4. 离住家不远的湖边就是菜市，她来到那里看到＿＿＿＿＿＿＿＿＿＿不认识的蔬菜，简直是眼花缭乱了。
5. 法律是由国家制定或＿＿＿＿＿＿＿＿＿＿，并由国家强制力保证实施的行为规则。
6. 顾客选购服装由重价格＿＿＿＿＿＿＿＿＿＿重款式。
7. 在未达到与水温相对应的饱和水汽压以前，海水仍继续蒸发，但＿＿＿＿＿＿所蒸发到空气中的水汽，就凝结成细小水滴而形成蒸汽雾。

| 改革 | 改造 |

8. 人正是依赖于经验和知识的增长，才壮大了＿＿＿＿＿＿＿＿自然的能力。
9. 应通过＿＿＿＿＿＿＿＿建立新的教育体制，为科技、经济、社会的协调发展提供各种类型的合格人才。

| 声誉 | 声望 |

10. 几家久负盛名的丝绸厂不注意提高质量及改进花色品种，中国丝绸在国际市场上的＿＿＿＿＿＿＿＿受到了很大的影响。
11. 他是一个有＿＿＿＿＿＿＿＿的人。

| 志愿 | 自愿 |

12. 爱情基本原则，就是双方＿＿＿＿＿＿＿＿，尊重对方的自由选择。
13. 事实上，个人＿＿＿＿＿＿＿＿和祖国的需要、人民的需要之间的矛盾是经常发生的。

四、根据课文内容判断正误：

1. 中国自1977年恢复高考以来，高考制度变化不大。（　　　）
2. 中国高考招生的"双轨制"的产生有一定的历史合理性。（　　　）

3. 中国高考招生体制的改革与中国经济体制改革无关。（　　　）

4. 近30年来中国高考招生方式发生了多方面的改革。（　　　）

五、请按正确的语序将下列各个句子组成完整的一段话：

1. A. 更主要的是为高校办学经费来源开辟了又一渠道

   B. "双轨制"不仅挖掘了高校的办学潜力

   C. 第一次打通了城乡集体所有制单位甚至个体企业委托高校培养人才的途径

   正确的语序是：（　　　）（　　　）（　　　）

2. A. 自1977年在邓小平的直接推动下一举恢复高考

   B. 高考发生了巨大的变迁

   C. 在这起伏变化的30年中

   D. 至今已过去了30年

   正确的语序是：（　　　）（　　　）（　　　）（　　　）

六、根据课文内容选择最合适的答案

1. 中国高考招生实行"双轨制"是在＿＿＿＿＿＿年开始的。

   A 1977　　　　　B 1983　　　　　C 1984　　　　　D 1994

2. 在实行高考招生"双轨制"的过程中，＿＿＿＿＿＿。

   A 没有不公正的现象　　　　　B 出现一些严重的问题

   C 有利于确保招生的公平　　　D 没有影响高考招生的声誉

3. 保送生改革＿＿＿＿＿＿。

   A 很快就完成　　　　　　　　B 没有出现什么问题

   C 很不成功　　　　　　　　　D 逐步得到完善

4. 作者认为30年的高考改革＿＿＿＿＿＿。

   A 值得肯定　　　　　　　　　B 成就不大

   C 问题很多　　　　　　　　　D 完全失败

七、完形填空

（一）

| 至此　　最终　　逐步　　由 |

1994年，全国37所重点院校进行招生收费并轨制试点工作，__1__建立起"学生上学自己缴纳部分培养费用、毕业生多数人自主择业"的机制。1997

年，高校招生实现全面并轨。2_____，我国高校3_____国家"统招统分"改革为"双轨制"，4_____实现统一标准、统一政策的并轨招生。

（二）

| 但 | 在某种意义上 | 都 | 还是 | 此后 | 尽管 |

1998年在5省市试行了保送生综合能力测试。1_____综合能力测试与特殊才能学生的保送2_____有相违背的地方，3_____结果分析4_____得到了包括测量专家等多方面的认可。1999年教育部规定，全国所有保送生5_____必须参加综合能力测试。6_____又下发文件从程序上完善保送工作。

八、请用自己的话或原文中的关键句子概括下面几段话的主要内容：

与保送生具有类似性质的改革是高等学校自主招生制度的探索。2003年，教育部在22所著名高校扩大自主选拔录取改革试点。要求各高校经过自主考试与面试初选，入选考生参加全国统考，成绩达到与学校同批次录取控制分数线以上的可以由学校决定录取。招生比例为学校年度本科招生计划的5%。

除了对优秀学生进行的招生探索外，自主招生还在大专层次的高职院校进行了改革试验。这一改革对高考总成绩不高、第一志愿不能被录取、有可能被调配录取到不中意的专业的学生，具有积极的引导作用。2006年，北京和上海在多所高等职业院校实行了学校自主命题的笔试+面试，从而自主确定录取结果，这是真正意义上的自主选拔录取。2007年，高职招生改革的范围继续扩大。

九、请尽量用以下词语进行话题讨论

| 变迁 | 起伏 | 正当 | 公正 | 声誉 | 认可 |
| 此后 | 选拔 | 志愿 | 笔试 | 科目 | 共性 |

请比较你的国家在高考招生方面与中国的异同处，各有什么优缺点？

十、快速阅读：

阅读一（字数：1811；阅读与答题的参考时间：10分钟）

高考30年改革脉络：走向更加理性、公平、多元（一）

张晓晶

人们希望选拔人才的渠道更多一些，招生更公平一些，高等教育的发展更理性一些。

一年一度的高考马上又要开场了。今年全国的考生人数首次突破1000万，人们对高考的关注度，如同入夏后的天气，正在迅速升温。

1977年，"文化大革命"十年后我国高校首次恢复招生考试，至今已经30年。自主招生、面试招生、3+X、分省命题等新名词先后走进高考。追寻高考改革30年的脉络，可以清晰地看到，追求更加透明、公平和公正，走向更加科学、合理和多元，是引人注目的几个关键词。

招生：从统一到多元

邢华东，目前是山东省直机关的公务员，30年前，他幸运地成为恢复高考后第一批大学生。"我的命运从此转了一个弯，'知识改变命运'这句话在我身上就是一个最好的注脚。"他对《瞭望》新闻周刊说。

30年前恢复高考后的第一场考试，采取分省命题。从1978年起，国务院决定实行全国统一命题，由省、市、自治区组织考试、评卷。统一的高考制度体现了尽可能的公平公正，为高校选拔优秀学生起到了重要作用，但也存在统得过死、难以体现高校和学生特色、加重应试教育等局限。近年来对高考"一考定终身"的质疑声一直没有停止过。

教育专家李希贵说，考生的特点不一，有的擅长动手，有的擅长思考，一张考卷是考不出能力高低的。社会需要的是多元化、个性化的人才，而现行的高考则以一个标准考查学生。

受访的多位专家认为，现行的以分数为唯一标准的高考指挥棒，放大了应试教育的负面影响。山东省淄博市教育科学研究所副所长魏耕祥说，为了提高高考成绩，许多学校形成了极端的理念，教学管理变成了逼迫师生不惜一切代价拼成绩。比如，提出"为了学校的升学率，要把学生的油全榨出"，"为了提高升学率，非考科目全让路"等，许多学校都将体育、美术、音乐等简化，而不是德、智、体、美、劳五育并举。为了提高升学率，学校竞相延长学生在校学习时间，普遍安排双休日、节假日补课，学生每天十六七个小时泡在题海之中，学习时间之长已经逼近或超过学生身体的承受极限。

"一张再好的试卷也无法考查考生的综合素质。"怎样既保证高考的公平公正，又能提高学生的创新能力，避免学生读死书、死读书？这是近些年来高考改革探索的方向。1999年，广东率先开始实施"3+X"高考科目设置和考试内容改革。2002年，这一改革在全国范围推行。这项改革和后来的高考分省命题改革，都使高考由统一考试走向多元化。

另外，有专家认为，因为各高校的办学目标、办学特色不一致，培养学生的思路也各有特点，不同类别的高校应在选拔方式上适当有所区别。2001年，江苏省3所高校率先实行"自主招生"试点。截至目前，全国已经有53所高校享受5%的招生自主权。

2006年4月初，复旦大学首开面试招生先河，300个名额引来了上海市区1200多学生报名。尽管只是一个小范围的试点，但此举的意义在于，这是高校录取第一次与考分脱钩，考生面对的不是考卷，而是要对其综合素质进行全面评价的考官。但是，由"绝对清晰"的笔试变成"相对模糊"的面试，人们仍关注着招考公平，期盼使制度创新和保障公平达成完美的结合。

去年，济南高三毕业生潘立群搞了一项发明，这项可以让色觉障碍者识别"红绿灯"的创意，获得了国际中学生创新成果大奖。但"创新少年"却因高考分数低而与大学无缘。庆幸的是，在媒体的关注下，潘立群最终被山东大学破格录取。他对《瞭望》新闻周刊说："高考制度对我关上了一扇门，自主招生制度又给我打开了一扇窗，真是没有想到。"

"尽管自主招生还存在这样那样的问题，但是高考大一统的格局已经打破。"山东大学高等教育研究所副主任刘志业说。

李希贵认为，在高等教育进入大众化阶段以后，以选拔少数精英为目的的高考模式必然要发生变化。从长远来看，要建立以统一考试为主、多元化考试和多样化录取相结合的高考与招生制度。

他说，大学是办学主体，招生的主体应该是大学。高考改革的最终方向是实行招考分离，把录取的权力下放给大学。这样，大学才能研究出百花齐放的录取标准，才能带来高中办学的百花齐放。为了公正透明招生，大学要把录取标准提前几年向社会公布，由社会进行监督。

（节选自《瞭望》新闻周刊2007年6月6日，略有改动）

> **回答问题**
>
> 1. 统一的高考制度有什么优缺点？
> 2. 为了提高高考成绩和升学率，很多学校有哪些极端的做法？
> 3. 中国高考招生改革体现了怎样的趋势？

阅读二（字数：2396；阅读与答题的参考时间：13分钟）

高考30年改革脉络：走向更加理性、公平、多元（二）

张晓晶

公平：招生名额的地域分配

近年来"高考移民"现象之所以屡禁不止，主要是因为各地招生分数差异太大。

2006年夏天，中国政法大学本科分省招生计划首次参照各省人口比例确定，尽管变动幅度不太大，仍然被称为"解决高考招生地域不平衡问题的有益尝试"。

"可别小看这一点变化，对于高考招生改革来说，又是一次破冰之旅。"山东省实验中学校长刘堃评价说。

由于北京、上海拥有的全国重点大学数量比其他省份多，重点大学录取名额投放向所在地倾斜，远远超过其他省份。这种现象被专家认为是恢复高考制度以来，影响高考公平的一道硬伤。

刘堃认为，重点院校在招生时向地方倾斜的做法主要是由当前高校的投入模式决定的，自1998年以来，全国有200多所原部属大专院校下划到地方，实行中央和地方共建，以地方为主的管理体制。而教育部保留的38所重点院校虽然都是中央直属，在目前条件下，其对地方的依赖性依然很大。这种财政上的依赖决定了这些院校必须在招生时向所在地倾斜。

也有专家认为，目前国家部属高校招生指标的分配办法带有明显的"计划色彩"。当年适当照顾大城市的优先发展，为大城市优先提供大批高素质人才，是一个比较理想的权宜之计，但是随着和谐社会理念的确立，对沿用的招生地域比例进行调整尤为必要。

第五课

　　山东省教育厅高教处曾宪文认为，高考招生指标的改革是一个极为复杂的过程，要让国民平等地分享优质高教资源，不可能一蹴而就，需要国家主管部门、地方政府和高校三方协调，有一个循序渐进的过程。

　　曾宪文说，应该承认发达地区与欠发达地区在教育水平上确实存在差距，高校招生指标的分配既应该照顾到各地人口总量，也应该考虑到各地教育水平的差异，可以在按人口平均分配的基础上，设计部分权重系数，例如，万人口中知识分子的比例、人口素质、地区经济社会发展水平、现代化程度等，以缩小不同地区之间高考录取率的明显差异。

扩招：从精英教育到大众化

　　今年全国报名考生超过1000万人，计划招生560万，高校录取率近50%，与1999年高校扩招前相比，这几年考大学的压力相对减轻。1999年高校首次扩招时，高等教育毛入学率不到8%，现在，毛入学率已经达到22%。

　　对于学生和家庭而言，感受最深的就是大学收费的提高。济南市民李怀梅有两个儿子，她亲身感受到了学费的"三级跳"：大儿子1993年考上大学，学费一年900多元；二儿子1994年上大学，学费就涨到了2700多元；现在，每年学费要四五千元。

　　教育部部长周济3月8日称，高校扩招的成就还是应该肯定的，高校大规模扩招使我国的高等教育由精英化转入了大众化发展阶段，我国的人力资源、人才资源发生了质变。

　　但是，也有专家和学者坦言，应该看到高等院校的大规模扩张所带来的社会问题同样不容忽视，扩招后的"消化不良"症令人担心。

　　来自教育部的一组数据称：1998年我国高等学校招生人数为108万人，随着1999年全国大规模高校扩招，2006年这一数字变成504万人，2007年达560万人。与此同时，2005年我国高校毕业生340万人，2006年增至413万人，今年达到500万人左右。大学生乃至研究生的就业形势严峻。

　　招生人数的激增，使得我国高等院校原有的办学规模很难应对。为了消化急剧膨胀的生源，高校开始了扩张，目前我国在建和已建的大学城超过50座，多数都是依靠银行贷款建设，许多高校成为银行"债务人"。

　　有专家认为，从1999年扩招开始卷入贷款风潮中的高等院校，2008年前后将陆续迎来还款高峰，有的高校将形成到期难以还本付息的局面。民盟山东省委的一份调研报告显示，山东目前28所省属高校的银行贷款总和已经超过100亿元，个别高校负债高达十几亿元。

"由于贷款久欠不清，致使学校的硬件建设以及教师的培训很难满足扩招需要，缺少优秀的教师，影响了高等教育质量的提高。"山东一位不愿透露姓名的高校副校长不无忧虑地表示。

他说，扩招确实需要高校加大对院校软件和硬件的投入，但也助长了高校"贪大求全"的浮躁风气。一些高校忽视了"特色办学"和"优势专业"，盲目将办学目标锁定在"打造一流学校"上。这种盲目性往往造成高校专业设置、教学定位和培养目标的结构性不平衡。高校教育的很多环节都受到扩招的冲击，最主要的就是师生比例的严重失衡，有的高校师生比高达1∶40，超过合理比例两三倍。

"这就导致教师的教学量过大，教学手段难以到位，教学目的得不到保障。"这位副校长说，很多学校采取大堂上课的方式，无法照顾专业特点，一般专业的教学效果也可想而知。图书和实验设备严重不足，有的新校区没有图书馆，有实验室而缺实验设备，缺乏实习场地和必要的实习条件。高校办学条件的改善滞后于学生规模的扩大，影响了高校教育质量。

受访的专家认为，恢复高考30年，我国高等教育进入了大众化阶段，这是一个国家经济社会发展到一定程度的必然过程。温家宝总理在今年的政府工作报告中明确提出，高等教育要以提高质量为核心，相对稳定招生规模。这表明，在经历了几年的扩招之后，我国高等教育已经由外延式发展转向了内涵式发展的路径。高等院校在短时间内"长高长胖"之后，已经将重点转向了"强筋壮骨"。

邢华东说，"30年前参加高考时，大多数人还有一种懵懵懂懂的茫然。30年后的高考已经成为一种关注度极高的社会工程。高考之变折射了社会之变，希望选拔人才的渠道更多一些，招生更公平一些，高等教育的发展更理性一些。"

（节选自《瞭望》新闻周刊2007年6月6日，略有改动）

第五课

> 回答问题
>
> 1. 为什么中国出现重点院校在招生时向地方倾斜的做法？
> 2. 曾宪文认为高校招生指标的分配应考虑哪些因素？
> 3. 为什么说中国的高等教育已从精英教育到大众化？
> 4. 高校扩招后主要带来了哪些问题？
> 5. 今后中国高等教育的发展趋势是什么？

阅读三（字数：2475；阅读与答题的参考时间：15分钟）

1977—2007，高考改革焦点回眸

臧铁军

1977年夏，刚复出不久的邓小平同志召集知识界人士群策群言，作出恢复高考的历史决定。如今，距离那个非同寻常的夏天已经过去了整整30年。从那时起，高考和高考改革始终处于社会关注的焦点。

考试技术改革从传统考试到现代教育测量

20世纪80年代初，针对高考传统的命题方法和考试方式的缺陷，考试研究的学者在有关部门的支持下，经过调查与论证，提出以现代教育测量理论为指导，吸收标准化考试的理论和经验进行高考改革。

1985年，高考标准化改革由广东省率先试验，当年进行英语、数学两科的标准化考试试点。到1988年，这项改革试验扩大到语文、数学、英语、物理、化学5个学科，英语科则扩大到全国17个省（区），涉及100万考生。经过由点到面的改革实践，1989年，国家教委决定标准化考试在全国推行。

高考标准化的全过程包括：命题标准化、考务管理标准化、试卷评阅标准化、分数的解释和使用标准化。这一改革加强了高考命题的科学性和可控性，减少了考试误差。

在高考走向标准化考试的过程中，我国首次进行了大范围内认知领域的目标分类研究，高考的各个学科逐步建立了认知领域的考试层次目标，对于知识和能力的关系等问题进行了实证性的研究和深入的讨论，这为后来高考命题从知识立意到能力立意的转变奠定了理论基础。

标准化考试的实施实现了在命题过程中对各种指标的预估和把握，并在考后进行统计分析。由于在《考试说明》中对各种指标进行相应的解释和说明，广大中学教师逐步熟悉了表征试卷和试题质量的指标，对于科学掌握测试方法，评估和改进教学起到了很大的推动作用。

高考标准化的改革还包括对各种题型功能和试卷题型比例等多方面问题的实证性研究，规范和稳定了试卷的形式，把光学符号阅读器、计算机等先进技术引入高考评分，使客观题的阅卷快速准确，主观题的评分误差也得到了有效控制，较好地体现了考试的公平性。

如果把今天的高考试卷和20年前的试卷放在一起比较，试题和试卷结构的巨大变化和差异显而易见，而这背后蕴含的实质，是考试理念、命题指导思想和考试科学方法的变化。

高考标准化改革的理论和实践研究在我国考试科学发展道路上具有里程碑意义，为我国高考后20年的改革打下了良好的理论和实践基础。

高考科目改革从"文6理7"到"3+X"

上个世纪80年代，由于一些地方政府和教育行政部门对考试结果使用不当，高考升学率成为评估学校、教师和学生的唯一依据，片面追求升学率现象突出，一些学生偏科严重，高考客观上承担了对高中教育教学有偏颇导向的责任。

为了抑制教学中这种不正常现象，经过多方论证，80年代后期，原国家教委决定建立高中毕业会考制度。高中毕业会考设计的初衷，是水平考试和选拔考试各司其职，让会考承担起评价学生和学校的任务，以此平衡高考指挥棒的巨大力量。

普通高中毕业会考1988年在上海、浙江试点。1989年7月，国家教委决定在全国试行高中会考制度,并在会考的基础上改革高考招生制度。1991年，湖南、云南、海南三省进行在高中会考基础上减少高考科目的改革；1995年全国各省、自治区、直辖市都实行了会考后的高考"3+2"科目组设置方案，即语、数、英三科为必考科目，文史类加考政、史；理工类加考理、化，每科满分原始分150分。

在此之前，高考一直采用文科考6科，理科考7科的形式，只有在高中会考的基础上进行改革，高考才能走出由统一高考制度固化下来的科目组合模式。实践证明，这一改革有利于普通高中全面贯彻教育方针、提高教

第五课

学质量，有利于普通高等学校选拔录取新生。

在"3+2"高考科目改革8年后，1999年广东省率先探索"3+X"高考科目改革方案。语文、数学、外语三门为必考科目，"X"是在政治、历史、地理、物理、化学、生物等科目中选择1—2科。此后，各省陆续实施的"3+X"科目方案是"3+文科综合/理科综合"，少部分省市实施的是"3+大综合（或）+1"方案。

综合测试引入"X"，凸显了综合能力测试因素。命题以能力测试为主导，增加能力型和应用性题目，考查学生相关课程基础知识、基本技能的掌握程度和综合运用所学知识分析、解决实际问题的能力。在"3+X"改革中，各省先后增加了英语听力测试项目，引导英语教学重视听说，不能再教"哑巴英语"。

"3+X"科目改革的实施，在客观上改变了以往全国一张试卷、一种高考模式的状态，多样化的高考模式初露端倪。这一改革对考试内容改革起到了前所未有的推动作用。

目前，新一轮课程改革正在各地进行，广东省等四个省（自治区）于2007年开始实施课程改革后的新高考方案。新一轮高考改革逐步在各省展开，普通高等学校招生考试制度改革将随之得到进一步推进。

（节选自《中国教育报》2007年6月6日第1版，有改动）

判断正误

1. 中国高考标准化改革先是在一个省进行试验。（　　）
2. 到80年代中期，标准化考试已在全国推行。（　　）
3. 中国高考标准化的改革一开始就很完善。（　　）
4. 上个世纪80年代，片面追求升学率现象并不多见。（　　）
5. 高中毕业会考设计的产生，是想改变高考指挥棒的巨大力量。（　　）
6. 在实行高中会考制度以前，中国高考的科目固定不变。（　　）
7. 90年代初，广东省率先进行在高中会考基础上减少高考科目的改革。（　　）

判断正误

8. 高考"3+2"科目组设置方案在20世纪90年代中期得到全面推行。
（　　）

9. 高考"3+2"科目方案与"3+X"科目方案中的所有考试科目都不相同。（　　）

10. 本文作者对中国高考科目改革持批评的态度。（　　）

第一～五课测试题

答题参考时间：100分钟　　　　　分数：_____

一、给下列动词搭配适当的词语：（5分）

赞赏_____　　　擅长_____

抗拒_____　　　防御_____

终止_____　　　忍受_____

压制_____　　　缺乏_____

缴纳_____　　　申报_____

二、选词填空：（10分）

> 讨价还价　　脚踏实地　　此后　　坚持不懈　　譬如　　各式各样

1. 他很快地就与他心爱的姑娘碧姬结婚，_____，他们在加拿大生活了一段时间。
2. 他们十分赞赏那些精于_____，为取得经济利益而施展手法的人。
3. 目前世界上除了用纸印刷的书以外，还有_____的书。
4. 既要尽力而为，加快发展，又要_____，量力而行，积极而稳妥地发展自己。
5. 提起孩子，总会让人想起些什么，_____花朵、生命、笑脸，还有春天。
6. 中国政府继续_____地采取有力措施帮助贫困人口脱贫。

> 含糊　　模糊

7. 那位小姑娘可不_____，边拿货边算账，不出一点差错。

| 忍受　　忍耐 |

8. 如果环境污染超过植物能够＿＿＿＿＿＿＿的限度，就会对植物造成危害。

| 改革　　改造 |

9. 中国加入WTO会加速中国的经济＿＿＿＿＿＿并深化法律法规意识。

| 责任　　义务 |

10. 赡养父母、抚养子女也是共和国法律明文规定公民必须履行的一项＿＿＿＿＿＿。

三、请按正确的语序将下列各个句子组成完整的一段话：（7分）

1. A. 自18岁开始学习抛饼
   B. 迈克出生在印度新德里
   C. 如今已做了10多年
   正确的语序是：（　　）（　　）（　　）

2. A. 就根本无从谈到解决问题的可能
   B. 如果不知道自己拥有什么
   C. 首先要了解我们拥有什么资源
   正确的语序是：（　　）（　　）（　　）

3. A. 调整是指一个人对自己的看法
   B. 现在知道自己并非万能
   C. 调整和彻底改变的差别在于
   D. 由原来认为是万能的
   正确的语序是：（　　）（　　）（　　）（　　）

4. A. 自1977年在邓小平的直接推动下一举恢复高考
   B. 高考发生了巨大的变迁
   C. 在这起伏变化的30年中

D. 至今已过去了30年

正确的语序是：（　　）（　　）（　　）（　　）

四、完形填空：（12分）

（一）

依然　因此　即便　也不可能　应当

在《教育是一种大智慧》一书中，林格认为，教育必须立足于培养具备健康人格的现代人。有了大智慧，1_____孩子是班上最差的，他2_____可以有辉煌的将来；没有大智慧，即便孩子成绩再优秀，将来3_____有大出息。4_____，所有的父母和教师都5_____重新来学习儿童教育这门专业的功课。

（二）

甚至　因为　越来越　就此　看来　却　又或者

这些年来，1_____多的外国人来到中国旅行，2_____其中的有些人，会3_____一次旅行喜欢上了中国，4_____留了下来。在这些外国人眼中，中国或许是神秘而厚重的东方古国，5_____是一个经济迅速发展的现代化国家，在我们6_____已经见惯的自然景致和文化遗迹，对他们7_____有着巨大的吸引力。

五、用自己的话或原文中的关键句子概括下列各段的主要内容，字数不要超过30个：（9分）

1. 如何让脑体编程使我们感到更有力量呢？格林说，定位于结果。

生活中，当人们遇到困难时，往往会把注意力集中到"找问题"上。这会抑制人们潜能的发挥。更有效的做法是把注意力定位在所需要的结果上，聚焦如何解决问题。定位于结果，有以下三点要做：

首先要了解我们拥有什么资源。如果不知道自己拥有什么，就根本无从谈到解决问题的可能。

其次要不断地练习新的语言模式，直至完全掌握。

第三，提问。可能有人认为，提问表明了自己处于一种无知（这种无知的状态是暂时的）状态，但如果你有了问题而不问，那么你就等于把自己置于永远无知的尴尬境地。

读报纸，学中文

2. 陪外孙来逛玩博会的张琪，已经退休，她担忧地说："我教书那个年代，孩子们玩得可疯了，跳皮筋、跳房子、过家家，晚上一直玩到天黑才回家。这些传统游戏，不仅能让孩子们在大自然中快乐地锻炼身体，还能让他们在玩乐中学会理解、沟通与合作。如今玩具多了，科技含量也高了，孩子们玩的东西和玩的方式越来越智能化、私人化，传统游戏很多被淘汰了。孩子们户外集体活动越来越少，体质越来越差，同时因为很少接触外面的小朋友，性格越来越孤僻，缺乏团队精神，时常体现出自私的一面。"

张琪的外孙上小学3年级。胖胖的小家伙在会场没转多一会儿，就一头扎到了电子游戏类产品前，他说："我就喜欢自己在家玩，可妈妈说我太胖，还说我不爱说话，应该和伙伴们多玩、多交际，可同学都挺忙的，跟谁玩呀？"

"以前的家长担心孩子玩得太疯，现在的家长担心孩子不会玩。"刘倚晨的妈妈大有感慨："如今就一个孩子，不放心她一个人在外边玩，家长又忙，没时间陪。再者，咱小时候，楼下有很多孩子一起玩，现在我们一栋楼100多户，本来没几个孩子，又都上课外班，楼下根本看不见孩子，跟谁玩？"

3. 与保送生具有类似性质的改革是高等学校自主招生制度的探索。2003年，教育部在 22 所著名高校扩大自主选拔录取改革试点。要求各高校经过自主考试与面试初选，入选考生参加全国统考，成绩达到与学校同批次录取控制分数线以上的可以由学校决定录取。招生比例为学校年度本科招生计划的5%。

除了对优秀学生进行的招生探索外，自主招生还在大专层次的高职院校进行了改革试验。这一改革对高考总成绩不高、第一志愿不能被录取、有可能被

第一～五课测试题

调配录取到不中意的专业的学生，具有积极的引导作用。2006年，北京和上海在多所高等职业院校实行了学校自主命题的笔试+面试，从而自主确定录取结果，这是真正意义上的自主选拔录取。2007年，高职招生改革的范围继续扩大。

六、话题写作：请尽量用所提供的词语围绕下面的话题写段250—300字的短文（10分）

惊喜　顾虑　自豪　意料　谈到　能否
谦虚　无妨　讲述　好多　关怀　趣味

你最喜欢去什么地方旅游？为什么？

七、阅读：（47分）

阅读一：（17分）

父母怎样教育孩子会更轻松

孩子通常都管不住自己，能管好自己的人也不是孩子。但如果你想有一个轻松育儿生活，不妨试试下面的方法，让孩子自己管住自己。

每次小朋友玩耍完毕，家中就铺满了一整地的玩具，台面乱七八糟，椅子不知移到何方。

结果只好辛苦父母要为其收拾。那么，有什么方法可以教育孩子学习自我管理呢？我在这里介绍一种方法——五常法。

五常法是日本人推崇的一种品质管理技术，当中包括：常组织（Structurize）、常整顿（Systematise）、常清洁（Sanitize）、常规范（Standardize）及常自律（Self-discipline）五项。当运用到孩子身上时，则可从小培养他们良好的生活习惯及自理能力，再发展到行为自律。小朋友从实际的生活中，了解到自己的事是自己做，再加上父母的鼓励，令小朋友更有信心独立自理。

1. 常组织

  扔掉不需要的物品（例如一年没有用过的物品），并将保存的物品分层管理，要点在于集中存放及尽量减低存量。

  好处：训练小朋友的观察能力，常常检查家居物品是否卫生及完整，并限制物品数量，够用即可。

  实行方法：五常法强调"一就是最好"，建议小朋友只有一个放置玩具的架、一个鞋架及一格饰物格等。让小朋友们自己筛选哪些玩具需要，哪些是不需要的。父母要和孩子们商量拥有物品的数量，让小朋友从小学会取舍，将不需要的物品转送别人。

2. 常整顿

  首先决定物品的"名"及"家"，以致能在短时间内取得或放好物品，提高效率。

  好处：做个富有责任感的小朋友，晓得将物品分类，令物品有"名"及"家"，用完放回原处。

  实行方法："五常法"让小朋友学习一个分类的概念，每件物品都有个家，并贴上卷标，让小朋友自行将物品放回原处。譬如书本放在架子的最上层并贴上卷标,而玩具放在胶盒内,鞋子则放在鞋架内,让小朋友在30秒内找到对象。

3. 常清洁

小朋友要保持个人清洁,也有责任去负责保持清洁。使其树立"我不会使东西变脏",而且"我会马上清理东西"的观念。

好处:每天清洁身体及衣服,保持健康卫生的生活习惯。

实行方法:为了让小朋友知道自己面部、手部是否清洁,衣服、鞋袜是否整齐,父母可特别将镜子挂在适合小朋友的高度上,帮助他进行自我检查。此外,父母可鼓励小朋友分担家务,吃完东西要收拾餐具及桌椅,以及定时收拾书桌。

4. 常规范

经过父母与孩子沟通后,利用透明度、视觉管理及园林式环境,为孩子提供规范化的环境,减少错误并且提高办事效率。

好处:建立小朋友的自信心,乐意与人沟通,能自订或与父母合作制订生活标准,遇到事情知道如何解决、怎样寻求帮助。

实行方法:父母可利用透明胶盒贮存物品,增强物品处理的透明度。父母亦可让小朋友在房门外,挂上图画及文字,告知父母"我在做什么?",增强彼此沟通,同时让小朋友感到被尊重。在家中放置小盆栽,让小朋友学习照顾,更可营造一个和谐环境。为了减少孩子出错,父母可在家中危险的地方挂上"不准进入"的标志,让孩子识别,免生危险。

5. 常自律

持续地、自律地执行上述"四常",养成遵守规章制度的习惯。当父母了解到小朋友的长处与短处,再按情况作出适当的奖赏,让小朋友从他律(以成人的赞赏作为标准)、纪律,发展成为自律。

好处:做个自尊感强的孩子,懂得自我管理生活。

实行方法:当孩子在收拾或清洁上负责任,就会得到一个印,取得若干数量后,孩子可以实现自己的梦想。父母亦可与孩子一起调校闹钟,让孩子学习自己起床。小朋友可每天观看工作清单,学习"今天的事今天做"。

在实施"五常法"的过程中,父母必须首先了解五常法,并以身作则。父母必须在教导上有共识。如果小朋友做错事,父母必须要有共同处事的原则。其实小朋友不知道自己正在运用"五常法",但当他们发现自己弄干净桌面或

读报纸，学中文

把椅子移好后，会获得成人赞赏时，他们自然地会继续做，小朋友就不知不觉地学习了，而且可以不断增强信心。当然，若小朋友做错就需要罚。父母必须按小朋友的能力去制订标准，而非按成人的要求，过高过低都不宜。

（39健康网社区 2008年3月10日14:54）

（一）判断正误，正确的打√，错的打×：（14分）
  1. 小孩一般不太会管理自己。（   ）
  2. "五常法"一开始就是运用于幼儿教育的。（   ）
  3. 小朋友自己知道扔掉不需要的东西。（   ）
  4. 小朋友要学会分类和放好东西。（   ）
  5. 父母可以让小朋友干些家务活。（   ）
  6. 家中放置小盆栽是为了让室内空气更好。（   ）
  7. 实施"五常法"主要由孩子独立完成。（   ）

（二）回答问题：（3分）
  在实施"五常法"时，父母应怎么做？

阅读二：（17分）

57%的孩子在家"偶尔"挨打　专家：6种情况不可打

宗 书

在天津市家庭教育研究会的一项调查中，有26.4%的父母认同"孩子有错时，打他也是为了孩子好"的说法，46.4%表示"不太同意但也有同意的成分"，只有27.2%明确表示"很不同意"。全国"中小学生人身伤害基本情况调查"结果表明：有3.6%的孩子在家里"经常"挨打，"偶尔"挨打的高达57.3%。

孩子，我为什么打你

排除家庭暴力的成分，更多家长认为自己打孩子是出于一种爱之愈深，痛之愈切的态度而偶尔为之的，打孩子的时候觉得理所当然，打过孩子之后又觉得愧疚不已，又爱又恨让人矛盾。

第一～五课测试题

以下情况，千万不可打孩子

一、孩子犯错误是因为父母事先没有告诉孩子不能这样做，或者父母没有把话讲清楚。

二、孩子所犯的错误，父母自己也在犯。爸爸妈妈自己都不知道该怎么做，没有很好地以身作则时，不要急着去打孩子。等自己改正了这方面的错误，清楚地知道遇到这种事情该怎么做时，再去惩罚也不迟。

三、父母在暴怒之下不能打孩子。因为这时打孩子往往只是发泄自己的愤怒，惩罚时往往会失去分寸，会忽视孩子犯错误的原因，也很难给孩子讲清楚为什么要打他，很容易失手打伤孩子。应等自己怒气平息了，头脑清醒了，再实施惩罚。

四、孩子生理与心理具有特殊情况。如：行为亢奋有神经障碍的孩子、十分敏感的孩子、曾受过情感伤害的孩子。

五、孩子不到3岁。

根据心理学家埃里克森提出的人格发展阶段理论，3岁的孩子处于游戏期阶段，孩子的自主感十分强烈，同时孩子的良心、道德感也有了发展，自我统一性开始出现。而3岁前的孩子，这一切都没有出现，或者只是刚刚发展。即使是有的孩子过于顽皮，体罚他的时间也只能提前到1岁半，对于1岁半以内的婴儿是绝对不能进行体罚的。因为在这一年龄段，孩子的活动主要是满足生理上的需要，主要是一系列因为吃、喝、拉、撒、睡带来的条件反射，是无意识的。在这一阶段体罚孩子，会导致孩子身心不健康。

六、6岁以后的孩子应尽量避免体罚，12岁以后的孩子不能打。

6岁以后，多数孩子已经进入学校了，独立自主意识有了较好的发展，自尊心越来越强，开始努力地做事情，渴望着凭借自己的能力、勤奋，不断带来各种成就。他们强烈感到自己是一个独立的、独特的个体。这时体罚容易伤害孩子的自尊心，使他丧失成长所必需的成功体验，影响人格的健康发展，养成消极、自卑的人格；他会感到体罚是对自己人格的严重践踏，产生强烈的抵触心理，一些孩子甚至还会产生某种报复与逆反心理；而且，随着知识的增多，他们会清楚知道父母的这种做法违反了《未成年人保护法》，是一种错误行为，因而会对父母产生不良印象，并进而对父母产生抵触情绪。

打孩子的危害

许多打孩子的父母抱有这样的认识：孩子是父母的，打自己的孩子是家庭内部的事，"外人"没有权力干涉；打人犯法，但跟打自己的孩子是两回事。打孩子是为了孩子好……之所以有些父母会这样想，最根本的原因是在他们眼里，孩子不是一个独立的人，而是大人的附属物，所谓"为了孩子好"，并没有考虑孩子的感受。动辄打孩子除了可能造成孩子身体上的伤害外，还有其他危害：

伤害孩子的自尊心。孩子虽然幼小，但随着年龄的增长，一个重要的心理特征是自尊心越来越强，打孩子是对孩子自尊心的严重损伤。有的孩子越打越"皮"，从逆反、对抗发展到破罐破摔、自暴自弃。

迫使孩子说谎。有的孩子慑于父母的压力，表面服输，内心不服，来个"好汉不吃眼前亏"，学会了见风使舵、看人脸色行事的不良性格。

报复父母。一位母亲一怒之下打了孩子一巴掌，想不到他竟抓起一只短凳朝她扔来，险些砸在她的头上。他还狠狠地说，"走着瞧吧，过几年再算账！"

容易使孩子形成暴躁的性格。家长对孩子动辄打骂，总会潜移默化地影响到孩子，经常挨打不仅容易使孩子产生暴躁的性格，也易致使孩子产生攻击倾向。当孩子与他人相处不尽如人意的时候，当遇到某些不良刺激的时候，很容易产生攻击行为。有的孩子离家出走、浪迹社会、最终走上犯罪道路与父母的打骂不无关系。

父母丧失在孩子心目中的威信。有个5岁的孩子挨了父亲的打之后，指着父亲说："你有什么本事？就会欺负小孩！"父亲说："我打孩子反而让他瞧不起我，当时真有点无地自容的感觉。"

应对：当孩子无理吵闹时

面对孩子的无理吵闹，尤其是3岁之前的孩子，父母往往是最头疼的，既要管住孩子，又不能体罚他们。怎么办？

冷处理。当孩子无理吵闹时，不去搭理他，更不要给孩子以积极刺激，避免孩子在自己吵闹和大人满足要求之间建立条件反射。

自然后果法。对于喜欢乱碰东西的孩子，在不造成肉体伤害的情况下，可以让他碰一碰煮热的食物，让他直接体会到其中的危害。

用生气的表情告诉孩子他的行为不对。你可以把自己的愤怒写到脸上去，这一阶段的孩子，已经学会看大人的脸色行事。看到大人的愤怒表情，很多孩子会停止自己的错误行为。

讲明道理。给孩子讲明一些简单的道理，说清楚这样做会给他带来的直接伤害。

（大洋网报2008年3月14日15∶22，有改动）

（一）判断正误，正确的打√，错的打×：（14分）
1．调查中，大多数父母坚决反对打孩子。（　　　）
2．调查发现，有超过一半的孩子在家中被打过。（　　　）
3．很多家长打过孩子后并不后悔。（　　　）
4．父母在非常生气时不能打孩子。（　　　）
5．对于3岁半以内的孩子是绝对不能进行体罚的。（　　　）
6．孩子上幼儿园后要尽量避免体罚。（　　　）
7．当孩子无理吵闹时，大人不应尽快满足孩子的要求。（　　　）

（二）回答问题：（3分）
打孩子有哪些危害？请简要概括一下。

阅读三：（13分）

大学生求职必知五大突破点

据相关信息表明，我国高校毕业人数将再创历史新高，而就业率，只能保持70%的水平。在如此严峻的就业环境下，初出茅庐的应届大学毕业生想要轻而易举实现就业并不容易。近日，笔者针对应届大学毕业生求职问题采访了部分人力资源工作者，总结出五点，只要应届毕业大学生能突破，实现就业不会有太大问题。

突破点一：细节决定成败

随着社会的纵深发展，企业对人才的考察已非停留在专业、技能、经验的需求，同时考虑人才的性格、合群、创新能力，注重细微功夫。可有些求职者不能真正领会"勿以恶小而为之，勿以善小而不为"的古训，导致求职败北。奥泰斯电子有限公司的王元元在接受采访时说："员工接听电话时，如果讲话不小心，就有可能丢掉客户。"而类似的现象，在企业发展中屡见不鲜。为减少企业管理的失败成本，选择人才时注意细节考察，当然顺理成章了。

突破点二：突出自己的优势

应届生与社会人士相比，自有其不足之处，但未必所有环节都居人之下。如果在求职过程能将自己的性格特征、专业优势、鲜明亮点表现出来，或许能让用人单位耳目一新，"万花丛中一点红"，被录用的可能性就会增加。卓越典范企管顾问公司陈志嵘在谈到自己的招聘经验时说："相当多的应届生，因不擅总结自己的优点、不能发现自己的长处，导致求职失败者比比皆是。"相关资料统计表明，应届生因为不能突出自己的优势特长而失败的比率超过77%，不能不说是个沉痛的教训。

突破点三：乐意从基层干起

许多从事人力资源管理工作的HR表示，他们的企业并不是不需要招聘应届大学毕业生，而希望通过输入新鲜血液的方式改变后备人才不足的困境。可因招聘到的绝大多数应届大学毕业生不愿到基层接受必需的锻炼，使得企业在百般无奈之下忍痛割爱，找些学历、专业、悟性并不如应届大学毕业生的初高中生做学徒或培训干部。我国高校教材编写专家邹金宏表示："万丈高楼平地起。如果应届大学毕业生不愿到基层接受锻炼，会有哪家企业敢冒风险，将项目交给一个几乎没有驾驭风险能力的新手呢？"如果应届生要想成为企业的顶梁柱，在社会这所大学中，还需到基层去吃苦。

突破点四：拥有感恩的心

企业使用应届生是需付出一定代价的。可有些应届大学毕业生进入企业后，往往因为一些琐事闹别扭，甚至与企业分道扬镳，签订的劳动合约有如一张白纸。为人得讲诚信，可现在有些大学生，似乎视诚信如粪土。没有上班之前信誓旦旦，而上班之后往往心猿意马，没把心思用在企业里，倒更多关注哪里会有更适合自己发展的地方，时刻准备跳槽。一港资企业的老板陆先生说："不要埋怨我们不聘用应届生，而是对他们的心态抱怀疑态度。如果拥有一颗感恩的心，真正同企业生死与共，在日趋激烈的社会环境中，难道我们有人才不要不成？！"

突破点五：自信创造奇迹

自信是创造奇迹的灵丹妙药。可一些应届生在求职时，往往因为自己缺乏实际操作经验就无法在所应聘的工作岗位前表现十足的信心，导致企业不得不拒之门外。但有一点想告诉涉世不深的求职朋友，企业一旦确定招聘没有社会经验的应届生，就已在其培训计划与资源配置方面做了相应的安排。

第一～五课测试题

"万事俱备,只欠雄心。用你的信心去征服即可!"HR经理何静波如是说。

(奥一网 2008年2月27日08:53,有改动)

(一)判断正误,正确的打√,错的打×:(10分)
 1. 目前中国的大学毕业生找到满意的工作并不容易。(　　)
 2. 本文不赞同企业在选择人才时注意细节考察的做法。(　　)
 3. 毕业生因不擅长突出自己的优势而导致求职失败的很多。(　　)
 4. 很多大学毕业生乐意从基层做起。(　　)
 5. 一些大学毕业生不讲诚信,导致一些企业不愿聘用应届生。(　　)

(二)回答问题:(3分)
在求职中应届生为什么需要自信?

第六课

就业岗位少，毕业人数多，许多人求职困难

大学生就业如何攻克⁽¹⁾难关⁽²⁾

张晓晶

技能型人才走俏⁽³⁾ 普通人才愁嫁

临近⁽⁴⁾毕业，今年的高校应届毕业生就业压力更是大于⁽⁵⁾往年⁽⁶⁾。来自就业市场的种种信息表明，技能型人才很受企业欢迎，而部分没有专长⁽⁷⁾的大学生迟迟找不到工作。

在近日举行的济南市专业技能人才招聘会上，拥有一技之长⁽⁸⁾的技能型人才受到众多企业的欢迎。春节过后⁽⁹⁾，一些社会信誉较高的技工⁽¹⁰⁾学校普遍出现了招工热。

企业最缺的是什么类型的人才？最近，山东人才网对企业展开了一项调查，将近⁽¹¹⁾一半的受调查企业认为，目前企业最缺也最难招的就是专业技术人才。从山东人才网近期⁽¹²⁾的招聘情况看，几乎所有行业的专业技术人才都供不应求⁽¹³⁾。

企业在人才需求上已由理论型转向技术型、技能型，人才市场上甚至一度出现了高工资难求专业技术人才的现象，技术性职业岗位仍处于不饱和⁽¹⁴⁾状态。

与技能型人才走俏⁽³⁾相比，一些没有专长⁽⁷⁾的普通本科毕业生就业难问题尤其突出。山东一所省属院校财会⁽¹⁵⁾专业的应届毕业生刘彭对记者说："这两年财会⁽¹⁵⁾专业的毕业生太多,很难找到满意的工作。"

大学生要想攻克⁽¹⁾难关⁽²⁾还需提高能力

近几年,技校⁽¹⁶⁾生走俏⁽³⁾与大学生就业难形成了鲜明对比,部分大学生在多次求职失败之后,选择了到技校⁽¹⁶⁾再学习,而且这种情况呈⁽¹⁷⁾逐渐增多之势。

曾到山东冶金⁽¹⁸⁾技术学院再学习的李达声,如今已是山东一家大型钢铁集团的班组长⁽¹⁹⁾。他对记者说:"我是不得已⁽²⁰⁾才进技校⁽¹⁶⁾的,但没想到就业出路好得多。"

山东冶金⁽¹⁸⁾技术学院招生就业办公室主任罗振强说,从2002年以来,到技校⁽¹⁶⁾再学习的大学生多起来,而且呈⁽¹⁷⁾逐年⁽²¹⁾增多的趋势。这些学生大多⁽²²⁾是高职毕业生,因为大学阶段学习理论知识多,动手实践能力差,找工作都遇到了困难,而培养动手能力正是高级技工⁽¹⁰⁾学校的专长⁽⁷⁾。这些学生来了以后都是从零开始,由于理论基础好,成绩都不错,就业形势也很好。

不少用人单位反映,高校培养的学生不是社会迫切需求的复合⁽²³⁾型、实用型人才。高校教学内容和专业设置不符合社会的实际需求,是造成这种现象的一个原因。

说起当前的就业难,山东一位高校副校长有些忧虑⁽²⁴⁾地对记者说:"高校扩招⁽²⁵⁾后,学校的硬件⁽²⁶⁾建设以及教师的培训很难满足扩招⁽²⁵⁾需要,缺少优秀的教师,高等教育质量怎么提高?"

据高教界人士介绍,有的高校市场灵敏⁽²⁷⁾性不够,专业划分过细,专业无特色,教育无特点,学生无专长⁽⁷⁾,专业不能适应市场变化,结构性矛盾突出,导致学生一毕业就失业。

"造成大学生就业难的原因很多,但是如果不能尽快填补⁽²⁸⁾教育与市场之间的裂缝⁽²⁹⁾,提高高等教育质量,大学生乃至研究生就业的严峻⁽³⁰⁾形势也许一时难以缓解。"这位副校长说。

大学生创业⁽³¹⁾:路在何方

随着近几年大学毕业生人数的剧增,"大学生创业⁽³¹⁾"又成为一个常见⁽³²⁾词汇。据了解,在国外,大学生创业⁽³¹⁾已经成为一种风气,而在我国，还没有形成一个大学生自主创业⁽³¹⁾的良好氛围。

厦门大学学生创业⁽³¹⁾指导老师木志荣介绍说，我国大学生创业⁽³¹⁾能力不足与高等教育体制有关，不少学生创新意识不足，普遍缺乏一种创新精神和冒险精神。加上过于⁽³³⁾注重学习的过程和形式，而忽略⁽³⁴⁾了学习的目的，因而走出校园自主创业⁽³¹⁾的不多。

近年来，很多地方政府为大学生创业⁽³¹⁾提供了不少帮助，但大学生创业⁽³¹⁾仍面临一些现实困难。去年9月，济南市多部门联合推出担保⁽³⁵⁾措施，毕业大学生只要持失业证，并从事家政服务、打字复印等19项微利行业，就可以为他们提供信用担保⁽³⁵⁾，大学毕业生就可以申请到最多为3万元的贷款。这一措施推出以来，领取这一项贷款的大学毕业生却很少。

山东一所高校毕业的李栋曾经咨询过创业⁽³¹⁾贷款，最后也选择了放弃申请。他说，申请贷款必须持失业证，还要履行⁽³⁶⁾相关的各种手续，才能给予担保⁽³⁵⁾。"申请手续太麻烦，而且3万元贷款太少。希望国家推出一些更加切实有效、操作性更强的政策来激励大学生进行自主创业⁽³¹⁾，同时通过创业⁽³¹⁾前指导等措施帮助大学生顺利创业⁽³¹⁾。"

（全文字数：1789）

（节选自《中国青年报》2007年5月14日，略有改动）

词语表

1.	攻克		gōngkè	（动）	战胜 capture, take, seize 攻略する 점령하다, 정복하다, 함락시키다
2.	难关	難關	nánguān	（名）	比喻不容易克服的困难或不易度过的时期 difficulty, crisis, knotty problem, barrier

第六课

				難関
				난관, 곤란
3. 走俏		zǒuqiào	（动）	畅销；受欢迎
				sell well, be in great demand, be highly marketable
				よく売れる
				잘 팔리다, 인기가 좋다
4. 临近	臨近	línjìn	（动）	在空间上、时间上紧接或靠近
				near, close to, close on, approaching
				近づく
				(시간, 거리상)접근하다, 근접하다
5. 大于	大於	dàyú	（动）	比……大
				be more than, be bigger than
				…より大きい
				..보다 크다
6. 往年		wǎngnián	（名）	以往的年头；从前
				before, former years; in former years,
				in previous years
				以前
				왕년, 옛날
7. 专长	專長	zhuāncháng	（名）	独到的学识、技艺；专业本领；特殊才能
				specialty, special skill or knowledge
				專門知識、專門技術
				특수 기능, 전문 기술, 특기
8. 一技之长	一技之長	yí jì zhī cháng	（成）	在某一特定方面（如某种手工业）有专门的技能、特长
				professional skill or speciality, proficiency in a particular line (or field)
				一芸に秀でる
				장기, 뛰어난 재주

读报纸，学中文

9. 过后　　過後　　guòhòu　　（名）往后；后来
   afterwards, later, at a later time
   その後
   이후, 이 다음, 그 후, 그 뒤

10. 技工　　　　　　jìgōng　　（名）指有专长的技术工人
    skilled worker, technician
    技術者
    기능공, 기술자

11. 将近　　將近　　jiāngjìn　　（副）将要接近某数字或情况
    close to, nearby, almost
    ～に近い、ほぼ～
    거의

12. 近期　　　　　　jìnqī　　（名）近来的一段时期
    in the near future
    近日
    가까운 기일(시기, 장래)

13. 供不应求　供不應求　gōng bú yìng qiú　（成）要者太多，供给不足以适应需求
    demand exceeds supply, supply falls short of demand, in short supply
    供給が需要に追いつかない
    공급이 수요를 따르지 못하다

14. 饱和　　飽和　　bǎohé　　（动）在一定温度和压强下，溶液中所含溶质达到最高限度，比喻事物达到最大限度
    saturate, fill to cap a city
    飽和する
    포화(飽和)상태에 이르다

15. 财会　　財會　　cáikuài　　（名）财务和会计
    finance and accounting
    財務会計
    재무와 회계

第六课

16. <u>技</u>校　　　　jìxiào　　　　　　　技术学校或技工学校的简称
　　　　　　　　　　　　　　　　　　　technical school
　　　　　　　　　　　　　　　　　　　技術学校、または技術工学校の略称
　　　　　　　　　　　　　　　　　　　'기술학교'의 준말

17. 呈　　　　　　　chéng　　　（动）　显现
　　　　　　　　　　　　　　　　　　　assume (a form), take (certain form or shape), display or appear (in certain color or state)
　　　　　　　　　　　　　　　　　　　呈する、現す
　　　　　　　　　　　　　　　　　　　나타내다, 드러내다

18. 冶金　　　　　　yějīn　　　（名）　冶炼金属
　　　　　　　　　　　　　　　　　　　metallurgy
　　　　　　　　　　　　　　　　　　　冶金
　　　　　　　　　　　　　　　　　　　야금, 제련

19. 组长　　組長　　zǔzhǎng　（名）　指小组的领导、负责人
　　　　　　　　　　　　　　　　　　　group leader, head of section
　　　　　　　　　　　　　　　　　　　グループのリーダー
　　　　　　　　　　　　　　　　　　　조장

20. 不得已　　　　　bùdéyǐ　　　　　　无可奈何；不能不如此
　　　　　　　　　　　　　　　　　　　have no alternative but to, act against one's will, have to, be forced to
　　　　　　　　　　　　　　　　　　　やむをえない
　　　　　　　　　　　　　　　　　　　부득이하다, 마지못하다, 할 수 없이

21. 逐年　　　　　　zhúnián　　（副）　一年年；一年接一年
　　　　　　　　　　　　　　　　　　　year by year, year after year
　　　　　　　　　　　　　　　　　　　年毎に
　　　　　　　　　　　　　　　　　　　해마다, 매년

22. 大多　　　　　　dàduō　　　（副）　大多数，占很大比例
　　　　　　　　　　　　　　　　　　　most, the greater part, many
　　　　　　　　　　　　　　　　　　　たくさんの
　　　　　　　　　　　　　　　　　　　대부분, 거의 다

23. 复合　　複合　　fùhé　　　（动）　合在一起；结合起来

composite compound, complex
複合する
복합하다

24. 忧虑　憂慮　yōulǜ　（动）　忧愁思虑
be worried, be anxious, be concerned
心配する
우려하다, 걱정하다

25. <u>扩招</u>　擴招　kuòzhāo　（动）　扩大招收
expand the enrollment
拡大募集する
모집을 확대하다, 확대 모집하다

26. 硬件　　　yìngjiàn　（名）　通常是指计算机系统中有形的装置和设备的总称
hardware; mechanical equipment
ハードウェア
하드웨어, 기계설비

27. 灵敏　靈敏　língmǐn　（形）　头脑机敏
sensitive, keen, agile, acute
敏感である
반응이 빠르다, 예민하다, 민감하다

28. 填补　填補　tiánbǔ　（动）　补足空缺或缺欠
fill (a vacancy, gap, etc.), step into the breach
足りないところを埋める
메우다, 보충하다

29. <u>裂缝</u>　裂縫　lièfèng　（名）　一条细长的开口, 细隙缝
crack, rip, rift, crevice, fissure
割れ目
(갈라진)금, 균열, 틈

30. 严峻　嚴峻　yánjùn　（形）　严厉, 严格或苛刻
stern, severe, rigorous, serious, grave
厳しい

第六课

				가혹하다
31. 创业	創業	chuàngyè	（动）	创办事业 start an undertaking, do pioneering work 創業する 창업하다, 사업을 시작하다
32. 常见	常見	chángjiàn	（形）	在正常实践或事态发展中发生的 commonly seen, common どこにでもある 자주 보다, 흔히 있다
33. 过于	過於	guòyú	（副）	过分，格外地，过分地 too much, excessively, unduly あまりにも 지나치게, 너무
34. 忽略		hūlüè	（动）	疏忽，不在意；没注意到 ignore, neglect, overlook 見落とす 소홀히 하다, 등한히 하다
35. 担保	擔保	dānbǎo	（动）	表示负责,保证做到或保证不出问题 be responsible for, assure, guarantee, vouch for 担保にする 보증하다, 담보하다
36. 履行		lǚxíng	（动）	实行职责 perform, fulfill, implement, carry out 履行する 이행하다, 실행하다, 실천하다

1. **临近**毕业，今年的高校应届毕业生就业压力更是大于往年。

"临近"与"邻近"：都可以用做动词，都有接近的意思。

<u>临近：</u>一般指地区接近，有时还表示时间接近。没有名词用法。

<u>邻近：</u>一般指位置接近。还有名词用法，表示"附近"的意思。

临近海边/临近考试/春天临近/临近半夜

跟中国邻近/邻近的人家/邻近的小店

① 临近半夜她才回到学校。

② 强风区临近时，气压迅速下降，一般每小时下降3毫巴左右。

③ 邻近东盟的南宁多年来与泰国保持着良好的经贸合作关系。

④ 在中国一些沿海省份，乡镇企业能够获得高度发展，同它们邻近工商业发达的城市关系很大。

2. 造成大学生就业难的原因很多，但是如果不能尽快填补教育与市场之间的裂缝，提高高等教育质量，大学生乃至研究生就业的**严峻**形势也许一时难以缓解。

"严峻"与"严格"：形容词。对人很严。

<u>严峻：</u>着重指人的外貌神情严肃而厉害的程度。一般只能用于别人。常和"态度"、"脸色"、"表情"、"目光"等名词以及"考验"、"责问"等动词搭配。

<u>严格：</u>着重指在执行、遵守制度或掌握标准时非常认真，一点不马虎。可用于自己，也可用于别人。常和"要求"、"执行"、"遵守"、"控制"等动词搭配。还兼属动词，表示"使严格"。

态度严峻/脸色严峻/严峻考验/严峻责问/严峻目光/严峻表情

严格要求/严格执行/严格掌握/严格一些/严格遵守/严格训练/严格检查/严格纪律

① 形势紧急，他的脸色很严峻。

② 中国野生动物保护形势严峻。

③ 他在工作上严格要求自己。

④ 针对暴露出来的问题，认真建立、健全和严格执行各项管理制度，落实防范措施。

3. 加上过于注重学习的过程和形式，而**忽略**了学习的目的，因而走出校园自主创业的不多。

第六课

"忽略"与"疏忽":动词。都指没注意到。

忽略: 一般指没注意到,而且多指全面思考中的疏漏。不能用做形容词,也没有粗心大意的意思。

疏忽: 侧重在因粗心大意、不细致而没有注意到。兼属形容词,还有粗心大意的意思。

不能忽略/忽略不计/可别忽略

很疏忽/太疏忽了/偶一疏忽/不能疏忽

① 我们不能只追求数量,而忽略质量。

② 在认知过程中,个人尽管可以获得多种信息,但最终决定他形成印象的却是最初信息,其余信息则被忽略。

③ 这件事十分重要,一点儿也疏忽不得。

④ 幼儿由于生理发展的限制以及经验不足,他们还不善于控制自己的注意力,倘若再加上教育上的疏忽失当,幼儿容易出现注意力分散现象。

背景知识

大学生的就业难。当前的中国社会,一方面,大量大学毕业生就业难,另一方面,部分企业招工难,这种尴尬的局面近几年一再上演。与以前相比,当前我国高等教育的矛盾已经从"入口"转移到"出口",从入学难转移到就业难。如何破解大学生就业难题?不少人认为,大学毕业生就业一年比一年难与当前高等教育模式以及高校扩招等都有关系,而想最终解决就业难,除了整个社会一起努力增加就业机会外,还得靠高校自身提高人才的培养质量。要解决人才市场的结构性不平衡,关键是在入口时就把好关,以市场为导向培养人才。政府要进行宏观调控,定时发布产业需求信息;高校应与相关部门和企业联合"办学",学校在专业课程设置、招生规模大小等方面与企业进行协商。学校还应帮助大学生缩短社会适应期,提高就业能力,加强就业指导。

读报纸，学中文

练习

一、请在课外阅读两篇最新中文报刊文章，将它们剪贴在你的笔记本上，然后把它们写成摘要，并谈谈自己的看法

二、给下列动词搭配适当的词语

攻克_____   临近_____
忧虑_____   扩招_____
填补_____   忽略_____
担保_____   履行_____

三、选词填空：

| 攻克　填补　担保　履行　不得已　一技之长　供不应求 |

1. 法律规定的公民义务不得拒不_____，否则，要受到法律的追究。
2. 职业课程强调技能性，使学生毕业后有_____，教学科目包括木工、机械维修、印刷等等。
3. 他为了集中精力_____先天性痴呆症的课题，辞去了所有的社会职务。
4. 一些新的工业部门，如航天工业、汽车制造工业、电子工业、核能工业、石油化学工业等等，都从无到有、从小到大发展起来，_____了我国工业的许多空缺。
5. 物美价廉的商品通常是_____，而质次价高的商品则通常供过于求。
6. 我愿意_____他能完成这个任务。
7. 他是一位很优秀的运动员，但因伤_____退出国家队。

| 临近　邻近 |

8. 周围有饭店、餐厅、菜市场，又_____火车站，实际上有五个通

128

行路口。

9. 毕竟是春天_____了，天气没那么冷了。

严峻　严格

10. 时代的飞速前进，生活的巨大变化，使戏曲艺术面临着_____的考验。

11. 要_____要求自己，不能这么放松下去。

忽略　疏忽

12. 写字要求是严格的，汉字的结构是复杂的，稍有_____就会出错。

13. 观察必须注意细节，_____了细节的观察往往印象模糊。

四、根据课文内容判断正误

1. 今年的就业压力很大，各种专业的大学毕业生都很难找到工作。（　　）
2. 高校扩招后影响了高等教育质量的提高。（　　）
3. 越来越多的大学生选择了到技校再学习。（　　）
4. 目前在中国已经形成了大学生自主创业的良好氛围。（　　）

五、请按正确的语序将下列各个句子组成完整的一段话

1. A. 而部分没有专长的大学生迟迟找不到工作
   B. 技能型人才很受企业欢迎
   C. 来自就业市场的种种信息表明
   正确的语序是：（　　）（　　）（　　）

2. A. 高校培养的学生不是社会迫切需求的复合型、实用型人才
   B. 不少用人单位反映
   C. 是造成这种现象的一个原因
   D. 高校教学内容和专业设置不符合社会的实际需求
   正确的语序是：（　　）（　　）（　　）（　　）

六、根据课文内容选择最合适的答案

1. 目前中国企业最缺的是_____的人才。

  A 专业技术型   B 知识型
  C 高学历   D 工作经验丰富
2. 近几年，技校生_____。
  A 很难就业   B 很受欢迎
  C 培养质量不高   D 工作能力不强
3. 不少用人单位反映，高校培养的学生_____。
  A 质量很高   B 能力很强
  C 不符合社会的迫切需求   D 责任心不够
4. 目前申请创业贷款的大学生_____。
  A 很多   B 很少
  C 没有   D 过多

七、完形填空

（一）

| 而且 | 而 | 因为 | 也 |

  山东冶金技术学院招生就业办公室主任罗振强说，从2002年以来，到技校再学习的大学生多起来，1_____呈逐年增多的趋势。这些学生大多是高职毕业生，2_____大学阶段学习理论知识多，动手实践能力差，找工作都遇到了困难，3_____培养动手能力正是高级技工学校的专长。这些学生来了以后都是从零开始，由于理论基础好，成绩都不错，就业形势4_____很好。

（二）

| 但是 | 乃至 | 原因 | 如果 |

  "造成大学生就业难的1_____很多，2_____ 3_____不能尽快填补教育与市场之间的裂缝，提高高等教育质量，大学生4_____研究生就业的严峻形势也许一时难以缓解。"这位副校长说。

八、请用自己的话或原文中的关键句子概括下面几段话的主要内容

  随着近几年大学毕业生人数的剧增，"大学生创业"又成为一个常见词汇。据了解，在国外，大学生创业已经成为一种风气，而在我国，还没有形成一个大学生自主创业的良好氛围。

  厦门大学学生创业指导老师木志荣介绍说，我国大学生创业能力不足与高等教育体制有关，不少学生创新意识不足，普遍缺乏一种创新精神和冒险精

神。加上过于注重学习的过程和形式，而忽略了学习的目的，因而走出校园自主创业的不多。

　　近年来，很多地方政府为大学生创业提供了不少帮助，但大学生创业仍面临一些现实困难。去年9月，济南市多部门联合推出担保措施，毕业大学生只要持失业证，并从事家政服务、打字复印等19项微利行业，就可以为他们提供信用担保，大学毕业生就可以申请到最多为3万元的贷款。这一措施推出以来，领取这一项贷款的大学毕业生却很少。

　　山东一所高校毕业的李栋曾经咨询过创业贷款，最后也选择了放弃申请。他说，申请贷款必须持失业证，还要履行相关的各种手续，才能给予担保。"申请手续太麻烦，而且3万元贷款太少。希望国家推出一些更加切实有效、操作性更强的政策来激励大学生进行自主创业，同时通过创业前指导等措施帮助大学生顺利创业。"

九、请尽量用以下词语进行话题讨论

> 攻克　临近　才干　进取　不得已　一技之长
> 供不应求　专长　灵敏　创业　忧虑

你认为大学生怎样做才能更好地就业？

十、快速阅读

　　阅读一（字数：1374；阅读与答题的参考时间：7分钟）

缺乏自信　　低估自己　　错失就业良机

有些大学生求职心茫然

狄多华　实习生　朱海燕　马俊刚

　　"希望月薪"、"最低月薪"，在填写求职人员登记表这两项内容时，兰州商学院2001届毕业生张民材踌躇良久。

　　在"希望月薪"一栏里填上"2500元"后，他迟疑了片刻，又用笔将其重重地划掉。张民材准备应聘的是江苏延申生物科技股份有限公司销售经理一职。

　　4月下旬的一天，甘肃省历史上一场最大规模的由14省区市"组团"的招聘会在省博物馆举行。

"填高了，怕用人单位觉得我不认可他们的薪酬标准；填低了，又怕用人单位觉得我不自信。"张民材左右为难。

同样挤在人群里的徐小文是兰州工业专科学校计算机专业的毕业生。在招聘会现场，徐小文从1楼艰难地挤到3楼。他在一个个招聘单位的展位前走过，最终是无精打采地被人群从3楼挤了下来。

"都不敢去应聘了！"徐小文黯然地对记者说，"没有信心了。"西北师范大学知行学院的许红更是感叹道："'人为刀俎，我为鱼肉'，只能任人宰割，自信心已经被无数场招聘会磨得差不多了。"许红的说法博得同行应聘者的赞同。

在为期两天的招聘会中，30多家用人单位纷纷表示："现在的大学生对自己不自信，薪资期望值较低。"他们相继表示，只要大学生的薪资要求与能力相当，招聘方是会考虑接受的。

多年从事招聘工作的上海新光保全物业管理有限公司人事总监张先生坦言："不少大学生不仅对去应聘的企业所处行业背景认识不足，对自己的认识也远远不够，不知道自己对社会的价值有多大。"

"先找个工作，至于工资，公司可以看着定。"不少大学生这样表述。

甘肃某单位负责招聘工作的杨先生在询问一个已有签约意向的大学生"对月薪有怎样的期望"时，对方开出的价码是1500元。"这个工资标准，我们完全可以满足，但那个学生在说完之后却显得极度不自信，马上又补充说自己提的可能有点儿高了。他的不自信，影响到我们对他的信心。"这个学生最终没能被录取。

"说话结结巴巴，连个完整的自我介绍都不能完成。"NCI新华保险甘肃分公司的行业总监王英对现在大学生的不自信表现出极大的不满。她举例说，在公司面试时，增加了一个互动环节，要求大学生到前台做游戏。可是，那么多应聘者，鲜有人敢站出来表演一个节目。公司在表示了对敢站出来的应聘者会优先录用后，才有几个人上台。"现在是'全民营销'的时代，大学生对自己都没有信心，不能自如表达，我们如何放心？"

兰州商学院招生就业工作处副处长王文回应说，现在就业压力大使得学生的自信心遭受严重打击，但学生的不自信又会影响企业对学生的正确估量和评价。"企业和学生之间缺少沟通和磨合。学生在不断提高自身能力以适应企业需求的同时，首先要肯定自己，把自己摆在一个正确的位置上，不管压力有多大，首先应正确看待自我价值。"

王文建议：政府可以考虑设立某些政策性的法规，保护大学生的利益，比如让企业给大学毕业生的薪酬设立一个浮动幅度，使之规范化。"农民工的工资需要保证，大学生的工资同样需要保证，大学生应该'才有所值'。"

（节选自《中国青年报》新闻周刊2007年5月14日，略有改动）

回答问题

1. 毕业生张民材和徐小文在找工作时都表现出什么问题？
2. 用人单位认为现在的大学生主要存在哪些问题？
3. 兰州商学院招生就业工作处副处长王文主张如何解决学生求职中出现的问题？

阅读二（字数：2020；阅读与答题的参考时间：12分钟）

大学生就业意识创新：教育何为？

张志祥　高潮

■虽然我们不能说创新意识就是创新能力本身，但我们却能肯定地说，创新意识薄弱的大学生绝不会有很强的创新能力。

■虽然教育不是大学生就业难的唯一原因，但大学生就业意识的创新迫切需要教育思维的超越。

当下，大学生就业难的话题，再次成为人们和社会关注的焦点和热点。长期以来，大学生都被看做是"天之骄子"，在这种氛围下成长起来的大学生对自己的定位也很高，体现在就业过程中，"有业不就"的现象并不少见。在城乡选择方面偏好大中城市，在地区选择上偏好东部发达地区；在就业部门与单位选择上，偏好政府机关、事业单位、垄断行业；在对就业与择业的认识上，存在"一步到位，终生不变"的观念，把初次择业看得过重等仍然是大学生不够理性的就业观念。虽然教育不是大学生就业难的唯一原因，但大学生就业意识的创新迫切需要教育思维的超越。

随着我国高等教育由精英型向大众型迈进，以及社会对大学生需求的调整，就业竞争的加剧，大学生也必须调整自己的就业观念。在大学生供给日益增多的背景下，严峻的就业压力会迫使学生放弃那些阻碍他们就业的观念。基层的广阔天地，蕴藏着无数的机会，大学生应该将就业的姿态放低，将人生的目标抬高，把到基层就业视为创业起步、成才的开始，用所学知识为基层的群众服务，通过了解国情民意，积累才干，才能成功捕捉机遇。创新需要长期的积累和准备，有积累才会捕捉机遇，机遇总是偏爱有准备的头脑。

一些有识之士认为：当下，学校教育追求分数至上，用人单位则看重能力，人才标准出现错位，这是造成大学生就业难的一个重要原因。更有人指出，在目前我国的高等教育中，对于知识、技能教授得多，但对大学生进行独立创业意识的培养非常少，如何培养学生的创业意识，是目前大学教育急需解决的一个重要问题。在现实的教育中，由于传统教育理论与实际工作者在个体认识上存在的陈腐陋见、对模式化教育认同的思维枷锁，因"囚徒困境"的思想顾虑而不敢尝试的教育行为，都羁绊了创新教育的实践与发展。在现实生活中，太多的习惯思维、求同思维在很大程度上左右了青年学生的思想，阻碍了他们的个性发展。

那么，针对大学生就业意识的创新，我们的高等教育应该做些什么？

首先，要超越"一切在教"的教育误识。教育是由"教"和"育"两个字构成的，遗憾的是，无论是教师还是家长关注更多的是"教"即"传授"，而忽视了"育"即"培育"。其实，家长、教师的作用更在于"育"。尽管学校教学的模式一样，但学生走出校门时其实人人都有不同的品性，这就是因为"育"字在起作用。所以，开放的课堂教学，最佳的创意情景，注重培育，才能激发学生的创造性思维，调动学生思维的积极性，表现自己的创造能力。创新意识不仅须"教"，还须发挥"育"字的功能。

其次，要超越"一块铁板"的教育思维。可以说，我们的教育在很大程度上是在选择适合"教育"的受教育者，而不是在创造一种适合受教育者的教育。我们的教育是以学生"听话、乖巧、规矩、顺从以及好管理"为褒义的评价准则。以所谓的"调皮、好问、找茬、挑刺"为贬义的评价准则。归根结底，我们的教育在很大程度上仍是一种模式化的教育，即模式化的学校、模式化的班级、模式化的教育者、模式化的内容、模式化的语言、模式化的方法，培养出来的只能是模式化的学生，而这样的"模式学生"又怎能适应多姿多彩的现实与未来世界！又怎么能具有创新意识和创新精神呢？

第三，要超越"一蹴而就"的教育思路。当下"速成化"的创新教育、"数量化"的创新教育、"口号化"的创新教育、"非人性化"的创新教育等等，异化了创新教育形式。许多学校追求的是能够很快带来好处的"高效率"、"可计算性"、"可预测性"和"可控制性"的"麦当劳化"了的创新教育，而不是实实在在的创新教育的过程。靠某些美好的愿望和冲动，除了取得一些以值得怀疑的数字表达出来的成绩以外，并没有真正使学生的创新意识、创新精神与创新能力取得长足的进步。

创新教育需要实效而不是时效，更不是失效。如果不从根本上改革我们的教育体制是无济于事的。因此，教育要对接市场需求，根据市场对人才的需求，适时调整课程设置和培养方案。在注重培养学生的专业知识的同时，也要加强对学生就业技能的培训，引导大学生树立正确的就业观。既要重视少数高、精、尖人才的培养，更要加强培养宽口径、厚基础、强能力、高素质的复合型、实用型人才。同时，高校和政府有关部门应共同完善人才市场体系，加强毕业生就业形势预测分析，进一步落实促进大学生就业的各项政策措施，为大学生就业消除体制性壁垒。为毕业生提供充分详细的就业信息和就业指导，为大学生就业做好服务。

（节选自《中国青年报》新闻周刊2007年5月27日，略有改动）

回答问题：
1. 大学生应该改变哪些就业观念？
2. 当前的教育在学生就业方面存在哪些问题？
3. 为什么本文认为"育"比"教"更重要？
4. 为什么说当前的教育是模式化的教育？
5. 本文是怎么评价当前许多学校的创新教育的？

阅读三（字数：2475；阅读与答题的参考时间：15分钟）

招聘单位中民营企业占据半壁江山，但仅有少数大学生愿意去民企就业，更多的人宁愿选择岗位有限、竞争激烈的国家机关和企事业单位——

读报纸，学中文

大学生就业遭遇"供需结构"难题

李益众

日前，由西南财经大学"中国高等教育供需追踪评估系统"项目组，与中国零点调查公司合作开展的《中国企事业对大学毕业生求职与工作能力需求调查》（以下简称"西财·零点调查"）已经完成。该调查采用电子问卷的方式进行，中国内地的3972个企事业单位完成了问卷。

调查发现，大学生都只想去国有企事业单位，不愿意到民营企业。而现实情况是，民营企业占了愿意招聘毕业生企业总量的46%，国家机关、国有和集体企事业单位只占22.3%。与此同时，因职业技能不达标失去工作的大学生比例高达29.4%，即每3名毕业生中，就有1人因工作能力缺乏而痛失工作。

民企伸出"橄榄枝" 多数学生"不感冒"

一般认为，民营企业技术含量低，不会大量招聘大学毕业生。"西财·零点调查"显示，民营企业占了愿意招聘应届大学毕业生企业数量的46%，撑起了大学毕业生雇主方的半壁江山，而国家机关、国有和集体企事业单位只占了22.3%，不到民营企业的一半。

与此形成鲜明对比的是，当前我国大学毕业生中绝大多数都以能够进入国家机关、国有企业、外资企业和各种大型机构为第一就业选择。相关机构进行的大学生就业意愿调查显示，有35.4%愿意去党政机关，18.9%选择去国有事业单位、17.8%选择教学科研、13.6%选择国有企业、15%选择外资企业，而只有1.3%选择去私营企业。这种供需结构的巨大差异必然造成就业困难。

一般人认为，许多单位都不愿招应届毕业生。而"西财·零点调查"揭示，81%的单位表示会招聘应届大学毕业生，只有7%的企业明确表示不会招收应届或毕业一年内的大学毕业生。所以，不能把就业难归因于企事业单位不要应届大学毕业生。

广大私营企业、中小型企业对毕业生需求的突出特点是技能需求"刚性"，在工作中不会留给大学生成长时间。他们本着即招即用的原则，力求以最快的速度实现效益最大化。这也给刚出校门的大学生需要成长空间设置了难题。

用人单位重能力 三成学生难符合

"西财·零点调查"显示，2006年，在已就业的大学生当中，有13.2%因不能满足企业对其工作技能的要求而遭辞退。如果算上因自觉能力不足而主动离职的人数，这个比例高达29.4%，即每3名毕业生中就有1人因工作能力缺乏而痛失工作。在外资、合资和股份制与民营企业中，离职率更高。

西南财经大学商务数据挖掘中心王伯庆博士认为，应届大学生在各类型企业中的离职率远高于政府机关和事业单位，表明我国应届大学生存在一个突出的问题，就是对市场适应能力的不足，在学校所学非企业所需，以至形成职业技能缺乏，不能在职场中站稳脚跟。

"西财·零点调查"显示，越是热门的工作，对学习与交流能力的需求越高，在招聘市场上颇为火爆的国家机关和事业单位、外资企业、国有企业，认为此项能力非常重要的比例都接近90%。大学生要想获得一份心仪的工作，学习与交流能力，成为必须跨过的第一道门槛。

四川师范大学的大三学生李文倩说，一些优秀学生，往往因为与人沟通合作的能力，被用人单位看好。他说："我们身边有部分同学陷于个人狭小天地，以自我为中心。有些同学则恰恰相反，身兼数职，整日疲于应付各种事务，参加各种活动。"

从调查数据来看，约73.8%的企业在对员工工作技能进行评估的过程中，会把基本技能和专业技能放在同一水平上，进行平等对待。

基础岗位缺口大　热门行业挤破头

一家著名零售企业的人力资源经理称，一个大型零售商开设新店，一般情况下至少需要500名管理人员和基层员工，人才缺口十分明显。从供需情况来看，大学毕业生远远不能满足基础性岗位的需求。

调查显示，制造类企业对大学生人才需求在各行业中位居首位，占到总职位需求的27.1%，紧随其后的是服务业，占到总职位需求的21.5%。招聘市场上颇为热门的金融、房地产、通讯、电力等行业，招聘职位总和只占总招聘量的14.2%。高校研究型的人才培养模式不符合传统行业需求。

但是，多数大学生并不愿意到基础性岗位就业。四川某高校法学专业2005届毕业生小蒙说："我至少是个本科生啊，总不可能像打工仔那样，干体力活；也不可能像专科生那样，干技术活或者是到处推销、站柜台吧。"

小蒙曾被一家保险公司看中，在培训中表现突出，领导很喜欢她。小蒙却炒了保险公司的鱿鱼，她告诉记者："他们本来说的是招业务管理人员，结果却让我们直接做业务员。我一个本科生，才不会去干那么丢人现眼的事情。"

读报纸，学中文

小蒙渴望进入国家机关，至少是事业单位，那样才稳定。有编制、铁饭碗，有医疗等相关保险，这是小蒙和她的父母最关心的问题。

可是在市场岗位需求分布上，销售类人才、计算机与数学类人才需求量巨大，二者之和接近总量的50%。在具体职位小类分布上显示出明显的低层次化：销售岗位需求多是销售代表和售货员；计算机与数学类岗位需求集中在计算机专职操作员。这些职位的特点是工作覆盖面广，实践多理论少，需要掌握多项技能。

（节选自《中国教育报》2007年5月17日，有改动）

判断正误

1. 调查发现，不在少数的大学生愿意到民营企业就业。（   ）
2. 调查显示，民营企业对应届大学毕业生的需求量远远超过国家机关、国有和集体企事业单位。（   ）
3. 调查显示，大学毕业生最愿意去的是党政机关。（   ）
4. 调查发现，许多单位都不想招应届毕业生。（   ）
5. 2006年，在已就业的大学生当中，因能力不足遭企业辞退的将近1/3。（   ）
6. 大学生要想成功就业，学习与交流能力异常重要。（   ）
7. 在基础性岗位方面，大学毕业生是供不应求。（   ）
8. 调查显示，制造类企业和服务业对大学生人才需求占到总职位需求的一半。（   ）
9. 2005届毕业生小蒙没有去保险公司就业。（   ）
10. 招聘市场上热门行业的招聘需求量很大。（   ）

第七课

毕婚族：为何毕业证结婚证一起领？

李姜颖

去年 7 月，阳光格外⁽¹⁾好，上海市浦东区民政局里排队登记结婚的人也比平常要多，杨洁和金海在队伍里格外⁽¹⁾引人注目，他们显得格外⁽¹⁾年轻，一个星期前他们刚刚拿到上海财经大学的毕业证……

近年来有不少大学生选择了一毕业就结婚，形成了新兴⁽²⁾的"毕婚族"。"毕婚族"究竟为何急于⁽³⁾结婚？

结婚未尝不是一种坚持

校园里纯洁⁽⁴⁾美好的感情，往往都是因为缺了坚持而失去，成为永久⁽⁵⁾的遗憾。但是，当爱情面对外界⁽⁶⁾的种种压力，是放弃还是坚持，确实是对校园爱情的一次重大考验⁽⁷⁾。有人说，它像是一场赌博，你赌⁽⁸⁾上了你的爱情、青春和前途，却无法得知最终能否赢得幸福。

"你是女孩子，你愿意用大把的青春岁月⁽⁹⁾为别人做嫁衣裳⁽¹⁰⁾吗？"一个网友说出了很多"毕婚族"女孩子的担忧。

"我觉得既然决定要珍惜这段感情，为什么不能先结婚，再一起奋斗呢？这样的婚姻不是更可靠，更坚固⁽¹¹⁾吗？"结婚已经 5 年的王曼感慨地说。

干得好不如嫁得好

"毕婚族"中许多女生把结婚当"出路"，这种有目的的婚姻也得到了很多家长的认可，他们甚至做主安排子女的婚姻，为孩子设计一条看似不用吃苦⁽¹²⁾且美满⁽¹³⁾幸福的道路。

"曾以为有了爱情就够了。当她对我说,她不愿再回到那个小城市生活,毕业后会嫁给一个北京人时,我才明白自己付出的感情是多么幼稚[14]可笑。"毕业后女友要嫁他人的李刚痛苦地说。

家庭过度的爱让孩子毫无顾忌

新疆大学的黎慕元和女朋友大二时就在一起了。等快毕业时,家里人让他们毕业就结婚。"我本来不想这么早就结婚,干什么这么早就让婚姻绑[15]住自己。但家里觉得难得找到这么门当户对的,一心[16]就想让我们尽早[17]结婚,我没办法就答应了。"小黎很无所谓地说着结婚的事。

在采访中发现,现在很多大学生都在矛盾中成长着,一方面希望远离父母的约束,过自由的生活;一方面又无法离开父母的保护,独自面对挫折、承担责任。

婚后的"问题生活"

经济烦恼

"结婚后我们最愁的是钱不够花,没办法就只好伸手[18]向家里要。现在才真正理解不当家[19]不知柴米贵啊。"中国公安大学毕业刚结婚不久的陈建设皱[20]着眉头[21]说。

如同陈建设一样为经济问题烦恼的年轻人还有很多。

生活能力

美娜从小就是家里的公主,家务活儿基本就没让她插过手。可这样的公主偏偏[22]早早嫁给了一个同样什么活儿都不干的"王子"张宾。他们的家里除了每星期小时工来的那一两天是整洁[23]的以外,就似乎再没有干净过。原本感情很好的两个人,成天[24]为了谁该干家务活儿而吵架[25]。

据不少"毕婚族"反映,婚后的生活能力问题,往往会直接影响整个家庭的和睦[26],成为家庭纠纷[27]的根源。

婚姻稳定性

"本以为和心爱[28]的人共同生活是世界上最幸福的事情,但婚后才知道'婚姻是爱情的坟墓[29]'这句话并没有错。"沈雪缩在沙发里,一脸失望。"现在的他宁愿和朋友一起喝酒吃饭,也不愿意陪我。如果能让我重新选择一次,我宁愿一辈子都做他的女朋友,也不当他的老婆[30]。"

调查中还发现,过早走入婚姻的大学生们一般都难以一下接受从"未

第七课

婚"到"已婚"的转变。不愿整天⁽³¹⁾只在单位和家之间徘徊⁽³²⁾，使他们在婚后更喜欢参加社交和聚会。这种无法适应的角色转变让"毕婚族"的婚姻"中途⁽³³⁾死亡"的可能性大大增加。

鞋好不好，只有脚知道

中国青年政治学院的李庚副研究员指出，不管社会怎么发达，人的情感还应该是最纯洁⁽⁴⁾的。希望当代⁽³⁴⁾大学生以认真负责的态度对待婚姻，不仅如此，还要去经营自己的婚姻。

中国青年政治学院院长陆士桢教授也谈了同样的观点："两个人之间更多的是去理解对方，彼此尊重对方，世界上美满⁽¹³⁾的婚姻都是以这个为基础的。"个性谁都会有，和谐⁽³⁵⁾就是不同的音一起奏⁽³⁶⁾，生活其实也一样，既要体现出个性，又不要伤害别人。"

中国青年政治学院的周少贤老师分析了三种"毕婚族"的心态：

一部分"毕婚族"是因为感觉彼此之间的感情已经到了可以结婚的程度，而且其他现实条件也比较成熟，这是一种比较理想的状态；

有些青年人是出于对婚姻的渴望和好奇，有些学生节假日会在外面租⁽³⁷⁾一个房子，短期感受一下家庭生活，就说明了对这种生活的向往；

还有少部分学生存在比较功利⁽³⁸⁾的心态，尤以女生更普遍，毕业后，把婚姻作为一种依靠，依靠对方减少压力。

周少贤分析说，一个成熟的婚姻需要双方有处理婚姻的能力，双方要有比较稳定的感情基础，能够用合适的沟通模式来处理差距和分歧⁽³⁹⁾。

（全文字数：1737）

（节选自《中国青年报》2007年5月20日，略有改动）

1. 格外	géwài	（副）	超出常规常态之外 especially, particularly, all the more; additionally とりわけ、ことのほか

141

读报纸，学中文

각별히, 특별히, 유달리

2. 新兴　新興　xīnxīng　（形）　新近建立的；处在生长或发展时期的
new and developing, rising, burgeoning, up and coming
新興の
신흥의, 새로 일어난

3. 急于　急於　jíyú　（动）　想要马上实现
anxious (to do sht.), eager, impatient
急いで…する
급히 서둘러 ..를 하려하다, ..에 급급하다

4. 纯洁　純潔　chúnjié　（形）　纯粹洁白；没有污点
pure, clean and honest
純潔である
순결하다, 티 없이 깨끗하다

5. 永久　　　yǒngjiǔ　（形）　历时长久；永远
permanent, perpetual, everlasting, forever, abiding
永久に、永遠に
영구한, 영원한

6. 外界　　　wàijiè　（名）　某个物体以外的空间或某个范围以外的社会
outside, space outside an object, outside community, the outside world
外界
외계, 외부

7. 考验　考驗　kǎoyàn　（动）　考查验证
put sb.to the test, test, try
試練を与える
시험하다, 시련을 주다, 검증하다

8. 赌　　賭　dǔ　（动）　用财物作注比输赢。泛指比胜负；争输赢。

142

第七课

					bet, gamble
					賭けをする
					도박하다, 내기하다
9.	岁月	歲月	suìyuè	（名）	年月日子；时间
					years, time
					歳月
					세월
10.	衣裳		yīshang	（名）	衣服的通称
					clothing, clothes, vesture
					衣装、衣服
					옷, 의복
11.	坚固	堅固	jiāngù	（形）	牢固，不易毁坏
					firm, solid, sturdy, strong
					丈夫である
					견고하다, 튼튼하다
12.	吃苦		chīkǔ	（动）	遭受痛苦、苦难，经受艰苦
					bear hardships, suffer
					苦労する
					고통을 당하다, 고생하다
13.	美满	美滿	měimǎn	（形）	感到幸福、愉快；美好圆满
					happy, perfectly satisfactory, harmonious
					幸せである、満足である
					아름답고 원만하다
14.	幼稚		yòuzhì	（形）	年纪小。头脑简单
					childish, puerile, naive
					幼稚である
					나이가 어리다, 유치하다, 미숙하다
15.	绑	綁	bǎng	（动）	用绳、带等缠绕或捆扎。
					tie, bind or fasten together
					縛る
					(끈, 줄 따위로)감다, 묶다

16.	一心		yìxīn	（副）	全心全意地；专心
					wholeheartedly, heart and soul;of one mind
					ひたすらに
					한마음, 한뜻, 전심
17.	尽早	儘早	jǐnzǎo	（副）	尽可能地提前
					as soon as possible
					出来る限り早く
					되도록 일찍, 조속히
18.	伸手		shēnshǒu	（动）	伸出手
					stretch or hold out one's hand,ask for help;put one's hand to, apply oneself to
					手を伸ばす
					손을 내밀다
19.	当家	當家	dāngjiā	（动）	本义为主持家政。又比喻在一定范围内起主要作用
					manage household affairs, run a house; have the final say, take the leading part
					一家をとりしきる
					집안일을 맡아 처리하다, 주요한 작용을 일으키다
20.	皱	皺	zhòu	（名、动）	皮肤因松弛而起的纹路。起皱纹
					(of a person) wrinkle, shrivel; furrow, rimple,
					しわ/しわがよる、しわをよせる
					주름/ 찡그리다, 찌푸리다, 구기다
21.	眉头	眉頭	méitóu	（名）	两眉及附近的地方
					brows, space between the eyebrows
					眉間
					미간

22.	偏偏		piānpiān	（副）	用在动词前面，表示动作、行为或事情的发生，跟愿望、预料或常理相反，含有"凑巧"、"恰恰"的意思 unfortunately, just, (sth. hapens) contrary to expectations あいにく、どうしても 마침, 공교롭게, 뜻밖에
23.	整洁	整潔	zhěngjié	（形）	整齐清洁 clean and tidy, neat, trim きれいに整っている 단정하고 깨끗하다, 말끔하다
24.	成天		chéngtiān	（副）	整天 all day long, all the time 一日中 종일, 온종일
25.	吵架		chǎojià	（动）	剧烈地争吵 quarrel vehemently, argue vehemently, have a row, affray 言い争う 다투다, 말다툼하다
26.	和睦		hémù	（形）	相处融洽友好 harmony, concord, amity 睦まじい 화목하다
27.	纠纷	糾紛	jiūfēn	（动）	争执不下的事情 dispute, issue, knot 紛争する、争う 분규하다, 옥신각신하다
28.	心爱	心愛	xīn'ài	（形）	忠诚喜爱 beloved, treasured, dear to one's heart 心から気に入る

					진심으로 사랑하다, 애지중지하다
29.	坟墓	墳墓	fénmù	（名）	安葬死者的墓与坟头
					grave, tomb, sepulcher
					お墓
					무덤
30.	老婆		lǎopo	（名）	丈夫称妻子
					wife
					女房、奥さん
					마누라, 처
31.	整天		zhěngtiān	（名）	全天
					the whole day, all day long
					一日中
					전일, 하루 종일
32.	徘徊		páihuái	（动）	在一个地方来回地走
					walk up and down, pace back and forth
					徘徊する
					배회하다, 왔다 갔다 하다
33.	中途		zhōngtú	（名）	半路;进程中间
					halfway, midway
					途中、中途
					중도, 도중
34.	当代	當代	dāngdài	（名）	目前这个时代
					present age, contemporary time or era, of the day
					現代、当代
					당대, 그 시대
35.	和谐	和諧	héxié	（形）	和睦协调
					harmonious, having the parts agreeably related; harmony
					調和がよく取れた
					잘 어울리다, 조화롭다, 정답다, 화

第七课

36. 奏	zòu	（动）	목하다 演奏 play, perform, produce 演奏する 연주하다
37. 租	zū	（动）	租用 rent, hire, charter 借りる 임차하다, 세내다, 빌리다
38. 功利	gōnglì	（名）	功名利禄。多含贬义 rank, fame, and riches, official position and material gain 功利 공적과 이익
39. <u>分歧</u>	fēnqí	（名）	（思想、意见、记载等）不一致；有差别 difference (of opinion, position), discrepancy, disagreement 相違、食い違い (의견 따위의)불일치, 상이

词语例释

1. 去年 7 月，阳光**格外**的好，上海市浦东区民政局里排队登记结婚的人也比平常要多……

    "格外"与"分外"：副词。不同寻常或额外、本分之外。

    <u>格外：</u> 表示超过寻常。额外、另外。

    <u>分外：</u> 超过平常；特别。表程度的副词, 意与"特别"相近。本分以外, 多

147

指非自己分内的事情,如同名词。

格外亲近/格外奖赏

分外激动/分外悲伤/分外工作

① 星期天,城中公园里的游人格外多。

② 初春的早晨使人格外清爽。

③ 每逢周日下午,店堂里分外热闹。

④ 她早起照照镜子,面颊已消瘦多了,两只眼睛显得分外大。

2. "我觉得既然决定要珍惜这段感情,为什么不能先结婚,再一起奋斗呢?这样的婚姻不是更可靠,更**坚固**吗?"结婚已经5年的王曼感慨地说。

坚固、坚实:形容词。都有结实、不易破坏的意思。

坚固: 结合紧密、牢固、结实,不易破坏。使用对象常指土木工程、木石用品等,主要用于具体事物。

坚实: 牢固结实;健壮。在使用范围上,可用来形容事物,也可形容人的身体、步伐等。

结构坚固/坚固的阵地/异常坚固

坚实有力/坚实的体魄/脚步更坚实

① 钢比铁更坚固。

② 花岗岩的质地坚硬,抗压力大,是一种坚固、美观的建筑材料。

③ 这两年以版画课为主,为他以后的创作生涯打下了坚实的基础。

④ 当前,治理经济环境,遏制过高的通货膨胀率特别需要农业基础坚实。

3. "毕婚族"中许多女生把结婚当"出路",这种有目的的婚姻也得到了很多家长的认可,他们甚至做主安排子女的婚姻,为孩子设计一条看似不用吃苦且**美满**幸福的道路。

"美满"与"圆满":形容词。都含有满意的意思。

美满: 着重指人们的生活美好、圆满。

圆满: 着重于没有欠缺、漏洞,让人满意。多指会议、会谈进行顺利或问题的答复、陈述的理由等令人满意。运用范围比"美满"广。

生活美满/婚姻美满/美满幸福

会议圆满结束/圆满的答案/圆满的结果/圆满的答复/协商圆满成功/改革方案很圆满

第七课

① 在具备了一定的专业知识、工作能力、生活经验和物质条件后再结婚生孩子，不仅工作能得心应手，也为建立美满和谐家庭、抚养教育子女奠定了基础。

② 大自然待人不薄，它不但给人以美景，而且也给人以良好的田地矿山，住在这儿的人应该有美满的生活。

③ 我国向太平洋海域发射运载火箭获得圆满成功，标志着我国运载火箭的技术达到了一个新的水平。

④ 他们勤奋敬业，夜以继日，做到了精心设计、精心创作、精心施工，圆满完成了任务。

背景知识

　　大学生中出现"毕婚族"。近年来有不少大学生选择了一毕业就结婚，被称为是新兴的"毕婚族"。"毕婚族"中许多女生把结婚当"出路"，缓解将面临的就业压力。这种有目的的婚姻也得到了很多家长的认可，他们甚至做主安排子女的婚姻。但调查发现，"毕婚族"的婚姻大多不够稳定，"中途死亡"的几率很高。目前的"毕婚族"主要存在的问题有四个方面：

　　1. 经济不独立——"毕婚族"大多没有经济基础，父母或婚姻的另一方成为他们的经济依靠。

　　2. 生活能力差——校园生活与家居生活差别较大，"毕婚族"短期内难以适应家庭生活，家务劳动会成为婚姻不和谐的诱因。

　　3. 难以协调各种关系——涉世之初，大学生很难协调好社会人际关系。而"毕婚族"还要协调家庭关系，无疑又是一个难题。

　　4. 难以实现角色的转变——"毕婚族"面临的角色转变有两个："学生"向"工作者"的转变；"孩子"向"为人妻、为人夫"的转变。心理适应期短，他们难以很快承担责任。

　　一些专家建议，大学生对待婚姻应该慎重，要去了解一下真实婚姻的状况，应学会在自我独立、心理独立的基础上更好地照顾自己。

读报纸，学中文

练 习

一、请在课外阅读两篇最新中文报刊文章，将它们剪贴在你的笔记本上，然后把它们写成摘要，并谈谈自己的看法

二、给下列动词搭配适当的词语

考验_____　　　　　　赌_____

绑_____　　　　　　皱_____

租_____　　　　　　登记_____

三、选词填空

> 急于　考验　幼稚　偏偏　和谐　功利　分歧

1. 他并不是那样_____浅薄的人。
2. 马斯洛认为人在维持肉体生命的需要满足之后，还会进一步产生归属需要和_____需要，以达到某种精神上的满足和安慰。
3. 在他获得详情之前，他没有_____作出决定。
4. 按弗洛伊德的看法，健康的人格状态是一种本我、自我、超我三者_____统一的结果。
5. 有些新产品鉴定后，还需要经过一定范围和一定时间的使用_____，广泛听取用户意见，进一步发现缺陷，进行改进。
6. 汽车早不坏迟不坏，怎么_____这时候坏了？
7. 我们知道，两个人在一起生活，当然要比一个人生活复杂一些，如果又是两个性格不同、爱好不同的人在一起生活，在日常生活中就难免要发生一些_____和争论。

> 格外　　分外

8. 这两位从未见过面的老朋友，在这次邀请赛中相遇，一见如故，_____亲切。
9. 他情不自禁地笑出声音，今天他心里_____高兴，因为他多年的付出

第七课

终于有了回报。

> 坚固　　坚实

10. 在钢筋混凝土建筑物中，钢筋和混凝土的热膨胀也要相同，不然，建筑物就不可能_____。
11. 野外实习是培养独立工作能力的必由之路，需要从一开始就养成良好的习惯，为以后实际工作打下_____的基础。

> 美满　　圆满

12. 相信你能_____地完成任务。
13. 爸爸和妈妈是大学的同班同学，恋爱结婚后又一同留校教学，生活十分_____。

四、根据课文内容判断正误

1. "毕婚族"在大学毕业生中并不多见。（　　）
2. 很多"毕婚族"的女孩子对未来的婚姻充满忧虑。（　　）
3. 很多家长支持自己的女儿把结婚当做"出路"。（　　）
4. 陈建设婚后并不担心家庭的经济开支。（　　）

五、请按正确的语序将下列各个句子组成完整的一段话

1. A. 一部分"毕婚族"是因为感觉彼此之间的感情已经到了可以结婚的程度
   B. 这是一种比较理想的状态
   C. 而且其他现实条件也比较成熟
   正确的语序是：（　　）（　　）（　　）

2. A. 她不愿再回到那个小城市生活_____。
   B. 我才明白自己付出的感情是多么幼稚可笑
   C. 毕业后会嫁给一个北京人时
   D. 当她对我说
   正确的语序是：（　　）（　　）（　　）（　　）

六、根据课文内容选择最合适的答案

1. 王曼对自己的选择_____。
   A 感到后悔　　　　B 不感到后悔　　　　C 很不满意　　　　D 很无奈
2. 李刚对女友的选择感到很_____。
   A 高兴　　　　　　B 生气　　　　　　　C 痛苦　　　　　　D 无所谓
3. 黎慕元_____毕业时就和女友结婚。
   A 不太想　　　　　B 很想　　　　　　　C 反对　　　　　　D 愿意
4. 沈雪对自己的婚后生活_____。
   A 很满意　　　　　B 不太满意　　　　　C 感到幸福　　　　D 很不满

七、完形填空

（一）

| 但是　　还是　　因为　　能否 |

校园里纯洁美好的感情，往往都是1_____缺了坚持而失去，成为永久的遗憾。2_____，当爱情面对外界的种种压力，是放弃3_____坚持，确实是对校园爱情的一次重大考验。有人说，它像是一场赌博，你赌上了你的爱情、青春和前途，却无法得知最终4_____赢得幸福。

（二）

| 都　　如果　　也　　宁愿 |

现在的他1_____和朋友一起喝酒吃饭，也不愿意陪我。2_____能让我重新选择一次，我宁愿一辈子3_____做他的女朋友，4_____不当他的老婆。

八、请用自己的话或原文中的关键句子概括下面几段话的主要内容：

1. 美娜从小就是家里的公主，家务活儿基本就没让她插过手。可这样的公主偏偏早早嫁给了一个同样什么活儿都不干的"王子"张宾。他们的家里除了每星期小时工来的那一两天是整洁的以外，就似乎再没有干净过。原本感情很好的两个人，成天为了谁该干家务活儿而吵架。

   据不少"毕婚族"反映，婚后的生活能力问题，往往会直接影响整个家庭的和睦，成为家庭纠纷的根源。

2. 中国青年政治学院的李庚副研究员指出，不管社会怎么发达，人的情

第七课

感还应该是最纯洁的。希望当代大学生以认真负责的态度对待婚姻，不仅如此，还要去经营自己的婚姻。

中国青年政治学院院长陆士桢教授也谈了同样的观点："两个人之间更多的是去理解对方，彼此尊重对方，世界上美满的婚姻都是以这个为基础的。""个性谁都会有，和谐就是不同的音一起奏，生活其实也一样，既要体现出个性，又不要伤害别人。"

九、请尽量用以下词语进行话题讨论

| 格外 | 纯洁 | 考验 | 美满 | 当家 | 偏偏 |
| 和睦 | 纠纷 | 分歧 | 急于 | 功利 | 外界 |

你赞同"毕婚族"的做法吗？为什么？

十、快速阅读：

阅读一（字数：1809；阅读与答题的参考时间：9分钟）

八零年代：婚姻新"族群"（一）

樊金戈

结婚是件美好而浪漫的事，可这温馨一片的情调随着多元化的生活而变得更加多样，严肃的婚姻和自由的单身并存，诞生了毕婚族、恐婚族、闪婚族、不婚族等，这些名词，搁在前几年还是新鲜名词，而今大家却早已是耳熟能详了，同样也得到社会的认同。不少都市青年乐于体验和探索多种婚姻形式，他们认为在都市的生活，首先是更加的个性化，个性进一步从潜抑到张扬；另一方面，多元化的思想已深入人心，人们更加注重自我的情感体验，"婚姻只是两个人之间的事"也会成为一种社会共识。

"毕婚族"：未脱离"襁褓"应慎待婚姻

今年1月至3月，上海卢湾区民政局婚姻科就受理了81位24周岁以下本科学历新婚者的结婚申请，而最近两年里，22周岁到24周岁的本科学历者，前去办理结婚登记的逐年增多，2005年该科共受理了809份申请，而2006年，这个数字上升到了1221份，增长幅度超过50%。大学生一毕业就结婚，被称为时髦的"毕婚族"。"毕婚族"的兴起，引起了人们的关注，一毕业就结婚，是逃避父母管束，还是真正的爱情使然？

一项随机调查表明，80%的大学生认为"毕婚"现象能理解，但90%的男生表示自己不会考虑毕业就结婚，经济基础和工作情况是主要顾虑。而30%的女生表示，如条件允许，自己会选择结婚，并认为在强大的就业压力下，"毕婚"也是女生的一条"出路"。"毕婚族"和其他同龄人相比，大多有良好的感情基础，渴望过稳定舒适的生活。但他们步入婚姻的同时，往往在心理上没有做好从一名大学毕业生转变为一位已婚人士的准备。因此，经济上过分依赖父母，缺乏家庭责任感，成了不少"毕婚族"眼下面临的困扰。社会学家指出，过早结婚会给年轻人带来许多负面影响。如在心理上不能接受角色转换，就有可能影响家庭和睦，引发一些家庭矛盾。

　　社会学家认为，刚毕业就结婚，有可能会消磨年轻人的事业进取心，使他们不想离开父母的襁褓，经济上难以"断奶"，永远做一对在长辈庇护下的雏鸟。同时"毕婚族"生活能力差，校园生活与家居生活差别较大，短期内难以适应家庭生活，家务劳动会成为婚姻不和谐的诱因。而且他们一时难以实现角色的转变，难以协调各种关系。涉世之初，"毕婚族"面临的角色转变有两个："学生"向"工作者"的转变；"孩子"向"为人妻、为人夫"的转变，心理适应期短，他们难以很快承担责任，无疑又是一个难题。很显然，"毕婚族"有大量潜在的问题。专家提醒大学毕业生，慎重对待婚姻，最好是在拥有一定社会阅历，自身经济条件得到改善，心理也趋向成熟稳定后再考虑结婚。

"恐婚族"：队伍正逐渐扩大

　　婚姻是人们所向往的事，但都市许多青年人的姻缘却被蒙上了一层"灰色"——害怕婚姻的人群在中国都市中并不是少数，而且他们的态度也越来越坚决；他们不是没有遇到爱情，而是对于"围城"的恐惧让他们在婚姻的殿堂外"望而却步"。他们被形象地称为"都市恐婚族"。

　　"恐婚族"恐惧婚姻的原因多种多样，有的害怕"围城"里面"柴米油盐酱醋茶"式的平淡生活会消磨掉婚前的浪漫，有的在面对日益高涨的"房价"和"婚价"时害怕不能保障对方的幸福，还有的则是对自己完全没有信心，觉得没有办法维持一段长久的关系，结婚是害人害己。"恐婚族"的共性就是多思多虑，想得比较多，提前预支了很多未来才会产生的焦虑。事实上，恐婚也是一种社会心理疾病。

　　恐婚症，这种很有代表性的现代社会心理疾病的原因是现在的年轻人多是独生子女，一直以来都是习惯接受别人的关怀，自己并不擅长照

第七课

顾别人和承担一些责任。当他们想到建立一个家庭需要夫妻共同承担责任和义务，还要处理好与另一方家人的关系，面临新环境和新关系，听到周围的人讲一些婚姻生活负面的东西时，就会产生一种焦虑和紧张的情绪，这种社会氛围使尚未走入婚姻的人们感到一种无形的压力。对婚后生活的过多考虑在面临婚姻时的表现形式就是对结婚的恐惧和逃避，很多人因此推迟结婚，甚至宁愿独身，也不愿意"受罪"。"恐婚族"的出现不仅引起人们对于这群人自身心理健康的担忧，更让人们对于整个社会大环境产生了担忧，因为由于工作及生活压力大而产生焦虑，是年轻人恐婚的最直接原因。

（节选自《青年时讯》新闻周刊2007年4月12日，略有改动）

回答问题

1. 大学生们是怎么看"毕婚"这一现象的？
2. 专家们是怎么看"毕婚族"的？
3. "恐婚族"的共同特点有哪些？

阅读二（字数：1767；阅读与答题的参考时间：9分钟）

八零年代：婚姻新"族群"（二）

樊金戈

都市"不婚族"：无奈还是时尚

如果说"恐婚族"迟早在某天终会走进婚姻的殿堂的话，那么"不婚族"则彻底与婚姻无缘了。不婚主义是个新名词，如果时光往回走几年，这个名词可能很少人听到，更谈不上流传。然而这几年，你走在大街上，待在办公室，或穿梭于小胡同，都会偶尔听到这个原本陌生的词汇。婚姻是人生中一个重要的过程，但是为什么会有越来越多的都市人宁愿承受社会的非议，而选择不结婚呢？

常言道：男大当婚，女大当嫁。然而，在一些经济相对发达的大城市，一些具有较高的学历、有较好的职业和较为稳定的收入，年龄大多数在35

至40岁之间的自由派们，在他们该结婚的时候，却对婚姻说起了"不"。

一份人口普查的数据表明，中国单身人群正日渐扩大：1982年中国的单身户是174万户，到了1990年有800多万人没有婚配；1990年前后，北京的单身男女在20万以上，而现在北京和上海两地都已经有百万之众。这些适龄男女不愿结婚，是害怕那些婚姻带来的繁重家务活、生养孩子的义务、照顾对方和老人的责任，有的则是怕结婚后感情不能长久，给自己带来伤害，有的对自身或对方不够完美过分担忧，有的害怕感情还不成熟时结婚以后会不幸福……总之，人们对婚姻缺乏信心的现象越来越普遍，都声称自己有"婚姻恐惧症"。

如果说以往的单身危机大多是客观因素造成的，是在没有找到合适伴侣的情况下产生的，那么这一次的单身危机则反映出社会变迁中人们观念的变化：单身危机背后的社会逻辑很简单，生存压力和观念的变化导致了人们婚恋观的变化。

"闪婚族"：爱情也可以多快好省吗

"闪婚"，顾名思义，就是"闪电般地结婚"。闪婚一族的宣言是：2秒钟可以爱上一个人，2分钟可以谈一场恋爱，2小时可以确定终身伴侣。爱，已成为缔结现代婚姻最大的理由，再加上这是个讲究"速度"的时代，于是"闪婚"有了存在的土壤。

上海电视台有则报道，一对认识仅13个小时就喜结连理的情侣，在黄浦江边举行盛大婚礼。新郎说："我对婚姻并非一时冲动。"新娘说："如果我没有把握，不会这么做。"而前来参加婚礼的大部分来宾对闪电结婚持怀疑态度。婚姻专家将造成闪婚的原因归纳为4个方面：大龄、年轻人的个性特点、利益驱动、贪图一时的浪漫。谈及闪婚者的结婚心理，与现代人的孤独感有关，许多青年男女闲暇的时候往往感到孤独郁闷，遇到一个心仪的对象，生怕被别人抢走。对这些人来说，闪婚就是为了躲闪个人生活周围的孤独寂寞，用结婚的形式来填补某种真空地带，加之现代人的婚姻观念比较开放，以及周围人对闪婚的宽容，使得一些年轻人选择闪婚。

事实上，闪婚中的当事人普遍缺乏责任心。没有责任心这个最起码的婚姻基础，仅仅建立在短时间男女倾慕基础上的两情相悦，究竟又能持续到多久？何况，属于揠苗助长催熟的婚姻果实，表面上看不错，实际上自缔结婚姻的那天起就已经潜伏着危机。这样的危机，多数连夫妻间微不足

第七课

道的小事也经不起磨砺。

北京西城法院立案庭对离婚案件的收案情况调查发现，高离婚率主要集中在年轻闪婚族和再婚人群中，曾有一对年轻夫妇到西城法院起诉离婚时说，他们经人介绍还不到两个月就结婚了，当时只是觉得两人身上有相互吸引的东西，就想马上和对方生活在一起。但是婚后没多久，女的发现男的不但懒，而且烟酒两不误，花钱也大手大脚。而男的对女的看法却是爱唠叨、心眼小、脾气坏。慢慢的两人越来越看不对眼，最终离婚收场。北京西城法院立案庭张月珍法官说，年轻人冲动型结婚又离婚的，年龄大多集中在25岁上下，认识时间短，而就是这些人婚离得也快，她接待过的结婚时间最短的仅有3天。"年轻人不了解爱情和婚姻的区别，头一热就结了婚，真正在一起之后忽然发现彼此的缺点，又不懂得包容。而他们起诉离婚时常用的理由就是：性格不合、感情基础差。"

由于在迈向婚姻的"链条"上缺失了恋爱这一环，没有感情基础的婚姻就像瓷器一样，虽然"看上去很美"，却往往脆弱得不堪一击。

（节选自《青年时讯》新闻周刊2007年4月12日，略有改动）

回答问题

1. "不婚族"与"恐婚族"有什么不同？
2. 为什么会出现"不婚族"？
3. 什么是"闪婚族"？
4. 为什么会出现"闪婚族"？
5. 本文是怎么评价"闪婚族"的？

阅读三（字数：2253；阅读与答题的参考时间：14分钟）

毕业后闪电结婚 "毕婚族"品酸酸甜甜

孙欣欣

据《锦州日报》报道：大学毕业还不到一年，小张就收到了两名大学同学发来的结婚请柬。这让小张觉得有些不可思议：同学们的动作怎么都这么快啊！一直都只是听说火车在提速，现在怎么连结婚也"提速"了。其实，像小张的同学这样，毕业不久就结婚的大有人在，被人们称为"毕婚族"。

选择结婚：逃避压力的避风港

"毕婚族"出现的原因有很多：有的是两个人爱情已经修成正果；有的是双方的家长极力坚持；有的则是为了逃避就业和工作的压力。

王倩在她大学毕业那年的冬天就和自己相恋近3年的男友结婚了。王倩和男朋友是大学同学，两个人都是学校读书社的成员。社里常常搞活动，两个人就日久生情了。虽然偶尔也会吵架，但两个人的感情越来越深。在上大学的时候，双方的家长就见过面，两个人的事情基本就定下来了，打算等他们毕业，工作一两年后就让他们结婚。

王倩的男朋友不但学习好，而且工作能力强，是系里的风云人物。在大四上学期时，就被一家公司相中，就等他毕业之后签约，而且待遇很好。同寝室的姐妹们都很羡慕王倩，都说她有眼光，找了一个这么好的男朋友，将来就是找不到工作也不用愁。男朋友也常说，你就专心做我的太太吧，我养你。王倩其实很不愿意听到这种话，她觉得自己虽然没有男朋友那么优秀，但有自己的优势，也可以找个好工作有一番作为，总不至于要靠别人生活。

快毕业了，大家都开始找工作了，室友找来工作了两年的学姐做"战前指导"。大家围着学姐问了很多问题，也聊到了工作以后的事情，学姐说得最多的就是压力大。"听了学姐的话，我的积极性受到了严重的打击。走进社会完全和我想象的是两回事，不但有人会排挤你，想要获得升职的机会，就要比男生多努力几倍才可以。也许是我太悲观了，光是想想我就觉得自己没有办法承受。想想同学们的话，还是早点把自己嫁了的好，就算找不到好工作，或是受不了辞职了，也还有个依靠。"

结婚成家：仍在父母的庇护之下

"毕婚族"在毕业不久就结婚了，缺少生活经验，不懂得照顾自己，让父母对他们更不放心。也正因为如此，很多事情都是由父母包办下来。对于他们来说，结婚前后所不同的地方，只是多了一张结婚证书，多了两个疼爱他们的人。

杨威，大学毕业5个月后就和女朋友结婚了。两个人都是刚刚参加工作，所以从买房子到装修再到最后举行婚礼都是依靠双方的父母。为了方便照顾他们，所以他们的房子就选在离两家老人都近的地方。结婚已经快一年了，两个人从来没在家里做过一顿饭。每天早上起床洗漱后，就到父

第七课

母家吃早餐，然后去上班。下班后，还是到父母家吃。家里的冰箱里有的只是些水果和饮料，结婚时买的锅碗什么都没动过。白天要上班，晚上在父母家吃完饭才回来，待在自己家里的时间有限，他们的房子还像刚装修完一样"一尘不染"。

两个人在念书的时候，钱用光了就向家里要，花钱从来没有个算计。虽然都是在父母家吃饭，可是每个月还没到月底，两个人的工资就花光了。自己挣钱了，而且结婚了，再向家里要钱，总觉得不好意思。但向父母要，总好过向朋友借。于是，父母每个月除了要照顾他们的饮食起居外，还要补贴点生活费，和他们念书的时候没什么两样。

缺少准备：婚后生活矛盾频发

在大学毕业后，就步入婚姻的殿堂，虽然有父母的帮助，但大多数的"毕婚族"对于婚后该如何生活缺乏认识，也缺少必要的心理准备。在面临生活中那些琐碎的事情，以及工作上的压力时，往往会以争吵收场。

宋杨和她的男朋友毕业不久就结婚了。两个人在一起生活与谈恋爱的时候可不一样，总有些磕磕碰碰。不同的生活习惯让两个人争吵不断。刷牙洗脸之后，宋杨都习惯把牙刷牙膏毛巾这些东西放得整整齐齐。可是她老公却喜欢随手乱放，有时毛巾直接扔在客厅的沙发上。因为这样的事，两人不知道吵了多少次。两个人都是刚参加工作，心理上还没完成从校园步入社会的转变，对社会上的一切还处在适应阶段；又是独生子女，不太懂得谦让，一吵起来就谁也不让谁，常常要惊动双方的父母才罢休。

"我从来没想过结婚后会是这样。虽然不用每天为柴米油盐发愁，可是那些零零碎碎的事总是惹人心烦。看见他，火就压不住，他也是一样，两个人就像吃了火药似的。别说什么浪漫了，想要过得平静点都难。"两个人的不断争吵，让双方的家长都觉得是不是不应该让他们这么早结婚，两个人好像对什么是婚姻还没弄清楚。一吵架就说要离婚，把离婚看得像当初谈恋爱分手那么简单。

"毕婚"是好是坏，就像买鞋一样，只有穿在了自己脚上，才知道是否合适。（文中人物均为化名）

（节选自《新华每日电讯》2007年6月1日，有改动）

读报纸，学中文

判断正误

1. 小张很难理解同学的快速结婚。（   ）
2. 王倩打算一毕业就和男朋友结婚。（   ）
3. 听了学姐的介绍后，王倩的想法有了很大的变化。（   ）
4. "毕婚族"往往因为工作太忙，所以他们的很多事情由父母代办。（   ）
5. 杨威结婚后和妻子很少在自己的家中吃饭。（   ）
6. 杨威的房子常常打扫，所以像刚装修完一样"一尘不染"。（   ）
7. 杨威婚后每个月自己的工资不够用。（   ）
8. 大多数"毕婚族"不太会处理家庭生活中的矛盾。（   ）
9. 宋杨和丈夫因为彼此的生活习惯不同而常常吵架。（   ）
10. 本文作者对"毕婚"现象持反对的态度。（   ）

第八课

职业女性为何害怕成功

郭韶明

林怡在一家公司工作。最近，她又一次得到提升，同事们开始用"女强人"来形容她。林怡发现自己确实比以前更果断⁽¹⁾厉害，她开始犹豫："该不该继续这样厉害下去？"

与成就绝缘⁽²⁾源于人们的偏见

据说不少职业女性有类似的担忧，于是她们回避⁽³⁾那些具有挑战性的工作，认为这样就可以和"成就"绝缘⁽²⁾。其实，这种心态的形成更多地源于人们的偏见。

首先，人们常常认为女性事业上的成功是因为"性别优势"。男人得到提升，可以是因为他的才干⁽⁴⁾，而女人小有成就，那就是"女人在工作中具有天然⁽⁵⁾优势"。在一家广告公司工作的方焕然就有这样的烦恼：由于上司是个中年⁽⁶⁾男性⁽⁷⁾，对她又有意无意⁽⁸⁾表示过好感，所以她的每一次提升都被诽谤⁽⁹⁾为"与领导关系特殊"。尽管她能力也很突出，但同事的眼光似乎都盯在她漂亮的外表⁽¹⁰⁾上。

其次，人们往往认为女人一旦在事业上取得很大成功，必然以牺牲家庭为代价⁽¹¹⁾；"女强人"就是缺乏女性特点的中性人，她们霸道⁽¹²⁾，不会做家务；男人们不相信一位女经理也可以是一位慈爱⁽¹³⁾的妈妈……

甚至有男人公然⁽¹⁴⁾说，"智慧的妻子不应在事业上超过丈夫。"男人们似乎都不肯承认，如同妻子可以在后方⁽¹⁵⁾支援丈夫一样，他们也可以放下担子⁽¹⁶⁾支援妻子的事业。

于是，就诞生了虽毕业于名牌大学，却退在男人背后的"家庭模范⁽¹⁷⁾"；出现了为了避免被人诽谤⁽⁹⁾，而把晋升⁽¹⁸⁾机会让给男同事的"伟大女性"；更造就了为特意⁽¹⁹⁾保持女人味儿，而宁愿事业一般的"牺牲先锋⁽²⁰⁾"……为避免成为人们眼中的"第三性"，不少女人宁愿远离成功。

更加乐意充当家庭角色

29岁的刘静目前最大的苦恼⁽²¹⁾就是，尽快在"家庭"和"工作"二者之间作个选择。丈夫作为一家大公司的高层，极力⁽²²⁾劝说⁽²³⁾她辞职⁽²⁴⁾，他自己薪水⁽²⁵⁾足以支撑家庭一切开支。刘静后来接受了丈夫的建议。

另一位女士王旭也刚刚拒绝了一家时尚的杂志社的高薪聘请。35岁的她去年才做母亲，她说，"从个人发展来看，在时尚的杂志做好一些，也更能上一个新的台阶⁽²⁶⁾。但是，生活中的变化短期内不宜⁽²⁷⁾过多。" 王旭说自己身体一直不太好，目前她在一家机关报社⁽²⁸⁾做编辑，能够好好休息，同时照顾一下家里。而一旦去了杂志社，那种节奏与压力可能必须全力以赴⁽²⁹⁾才能胜任。但从现在就开始透支身体，持续的压力会使身体状况越来越差。"这是我最担心的。孩子4岁以前处于敏感⁽³⁰⁾期，需要从妈妈这儿获得力量。"她郑重⁽³¹⁾地说。她补充道，这次跳槽对她而言确实是个很好的机遇，但是如果担心以后没有这样的机会而强求去抓住它，搞得很疲倦⁽³²⁾，她觉得未必妥当⁽³³⁾。"孩子和健康是重要的生活事件，为他们而失去一些机会，是无法避免，也是无法抵抗⁽³⁴⁾的。"

纯粹的家庭和纯粹的事业都是极端⁽³⁵⁾

现代社会中，事业型女人正变得越来越多。事业的成就感以及随之而来的压力迫使⁽³⁶⁾她们要选择事业，就难以承担好自己的家庭角色。很多人困惑：两者究竟该如何选择？

专家陆小娅建议，"女性生活应该是多元的，纯粹的事业和纯粹的家庭都是极端⁽³⁵⁾。"她举例，大学里一个要好⁽³⁷⁾的朋友，做了一辈子全职太太。女儿大学毕业后不久她就生病去世⁽³⁸⁾了。其实她的一辈子有很多自己的东西没有得到满足。"孩子小的时候，可以让自己很忙碌⁽³⁹⁾充实，但想要重新回来工作时会很难。"陆小娅强调。

对500名城市已婚，并有孩子的女性进行研究发现，工作一年以上的

第八课

女性比没有工作的女性身体更健康,其生病的总次数⁽⁴⁰⁾也更少。

研究还表明,母亲外出⁽⁴¹⁾工作对女儿具有积极的影响。通常女儿会更崇敬⁽⁴²⁾在外工作的母亲。

事业成功未必是"恶"之根源

专家陆小娅就是一个对工作和生活安排十分合理的人。她说自己总是习惯"挖坑⁽⁴³⁾",找了一大堆事情,搞得自己每天忙个不停⁽⁴⁴⁾,但她有自己的原则——工作不带到家里来。

很多成功女性还说起这样的烦恼:在她们事业强大的压力下,丈夫的自我价值感越来越低,开始借各种名义攻击妻子在事业上的进取⁽⁴⁵⁾。全球职业规划师认证培训师杨开发现,那些表面上因为事业太强而婚姻出现问题的女性,很可能是沟通中出现了问题,使对方觉得你不可爱、不温柔。其实男性⁽⁷⁾很希望有"被需要"、"被依靠"的感觉,而不是女性处处⁽⁴⁶⁾都独立。

(全文字数:1803)

(节选自《中国青年报》2007年6月3日,略有改动)

词语表

1.	果断	果斷	guǒduàn	(形)	有决断,不犹豫 resolute, decisive, firm 断固として 과단성 있다
2.	绝缘	絕緣	juéyuán	(动)	跟外界或某一事物隔绝,不发生接触;隔绝电流,使不能过 insulation, be cut off or isolated from 接触を絶つ 절연하다, 인연을 끊다
3.	回避	迴避	huíbì	(动)	设法躲避

					avoid, sidestep, evade, dodge, withdraw
					回避する
					회피하다, 피하다
4.	才干	才幹	cáigàn	（名）	才能；办事的能力
					ability, competence, caliber
					才能
					재능, 수완, 재간, 일하는 능력
5.	天然		tiānrán	（形）	自然赋予的；生来就有的；自然生成的；自然形成的
					natural
					天然の
					천연의, 천성적인
6.	中年		zhōngnián	（名）	人生的一个时期，一般指40—65岁，也有指35—55岁
					middle age, mid-life
					中年
					중년
7.	男性		nánxìng	（名）	人类两性之一，以骨骼粗大、音调浑厚和具胡须、喉结、阴茎及能产生精子的睾丸为特征
					male sex, man
					男性
					남성
8.	无意	無意	wúyì	（动）	没有做某件事的愿望
					have no intention (of doing sth.), not intend to, not be inclined to; inadvertently, unwittingly, accidentally
					しようという気持ちがない
					.. 할 생각이 없다, 원하지 않다

第八课

9. 诽谤　誹謗　fěibàng　（动）　说人坏话，诋毁和破坏他人名誉
slander, defame, do sb. down, libel, asperse, backbite
誹謗中傷する
비방하다

10. 外表　　　　wàibiǎo　（名）　外部形象
outward appearance, surface
外観、外見
겉모양, 표면, 외모, 외관

11. 代价　代價　dàijià　（名）　为得到某种东西或实现某个目标而付出的钱物、精力等
price, cost (of doing sth.), at the expense of sth.
代価、代償
대가

12. 霸道　　　　bàdào　（形）　做事专横
domineering, overbearing, high-handed, unreasonable
横暴である
횡포하다, 포악하다

13. 慈爱　慈愛　cí'ài　（形）　温柔仁慈的爱和体恤
kindliness, loving-kindness
慈しみ深い
자애

14. 公然　　　　gōngrán　（副）　明目张胆，毫无顾忌
openly, undisguisedly, overtly, brazenly
公然と、おおっぴらに
공공연히

15. 后方　後方　hòufāng　（名）　战时，前线和敌占区以外的全部国土。有时也指军队的后方地域和所设的机构

rear, area far from the battlefront; behind, back

後方

후방, 뒤

16. 担子　擔子　dànzi　（名）　难以负担的、令人吃力的责任

burden to bear, responsibility to shoulder

重荷、責任

짐, 부담, 책임

17. 模范　模範　mófàn　（名）　被认为是值得仿效的人或物；同类中最完美的事物

model, fine example, pexemplary erson or thing, paragon exemplar, paradigm

模範

모범

18. 晋升　晉升　jìnshēng　（动）　职位上升；晋职

promote to higher office

昇進する

승진하다, 승진시키다

19. 特意　　　tèyì　（副）　表示专为某件事；特地

for a special purpose, specially

わざわざ

특별히, 일부러

20. 先锋　先鋒　xiānfēng　（名）　战时率领先头部队迎敌的将领；泛指起先导作用者

vanguard, pioneer

先鋒

선봉(부대), 솔선자

21. 苦恼　苦惱　kǔnǎo　（形）　痛苦烦恼

distressed, worried, vexed

苦悩の

第八课

괴롭다

22. 极力　極力　jílì　（副）　用尽一切力量；想尽一切办法
doing one's utmost, sparing no effort
出来る限り
있는 힘을 다하여, 극력

23. 劝说　勸說　quànshuō　（动）　用言语打动
persuade, advise, talk sb. around, talk sb. into, reason with sb. prevail on sb.
説得する
타이르다, 설득하다, 충고하다, 권고하다, 권유하다

24. 辞职　辭職　cízhí　（动）　辞去所担任的职务
resign, give up one's job or office (by formal notification)
辞める、辞職する
사직하다

25. 薪水　　　xīnshui　（名）　工资
salary, pay, wages, emolument
給料
급료, 봉급

26. 台阶　臺階　táijiē　（名）　供人上下行走的构筑物，因一阶一阶的，故称为台阶。比喻避免因僵持而受窘的途径或机会
staircase, flight of steps, sidestep; chance to extricate sb. from embarrassment or predicament
階段、逃げ道
층계, 여지, 물러날 길, 퇴로

27. 不宜　　　bùyí　（副）　不适合，不适宜
not suitable, inadvisable, inappropriate
…に適しない

读报纸，学中文

..하는 것은 좋지 않다, ..하기에 적당치 않다

28. 报社　　報社　　bàoshè　　（名）　编辑、出版报纸的机构
press, newspaper office
新聞社
신문사

29. 全力以赴　　　　　quánlì yǐ fù　（成）　把全部力量都用上。
go all out, spare no effort, put one's best leg forward, pull out all stops
全力で対処する
전력을 다하여 일에 임하다, 전력투구하다

30. 敏感　　　　　　mǐngǎn　　（形）　感觉敏锐；对外界事物反应很快
sensitive, susceptible
敏感である
민감하다, 감수성이 예민하다

31. 郑重　　鄭重　　zhèngzhòng　（形）　严肃认真
serious, solemn, earnest
厳粛である、慎重だ
정중하다, 신중하다, 심각하다, 중대하다

32. 疲倦　　　　　　píjuàn　　（形）　劳累困倦
tired and sleepy, be spent, fatigue, weary
疲れた、だるい
지치다, 나른해지다

33. 妥当　　妥當　　tuǒdang　　（形）　稳妥适当地
appropriate, suitable, proper
妥当な
알맞다, 온당하다, 적당하다, 타당하다

第八课

34. 抵抗　　　　　　dǐkàng　　（动）　用力量制止对方的进攻
　　　　　　　　　　　　　　　　　　resist, stand up to
　　　　　　　　　　　　　　　　　　抵抗する
　　　　　　　　　　　　　　　　　　저항하다, 대항하다

35. 极端　　極端　　jíduān　　（名）　事物发展所达顶点
　　　　　　　　　　　　　　　　　　extreme, excessiveness
　　　　　　　　　　　　　　　　　　極端
　　　　　　　　　　　　　　　　　　극단

36. 迫使　　　　　　pòshǐ　　（动）　用某种强迫的力量或行动促使
　　　　　　　　　　　　　　　　　　force, compel
　　　　　　　　　　　　　　　　　　無理矢理…させる
　　　　　　　　　　　　　　　　　　강제하다, 강요하다

37. 要好　　　　　　yàohǎo　　（形）　指感情融洽；也指对人表示好感，
　　　　　　　　　　　　　　　　　　愿意亲近
　　　　　　　　　　　　　　　　　　be on good terms, be close friends
　　　　　　　　　　　　　　　　　　仲が良い、親しい
　　　　　　　　　　　　　　　　　　사이가 좋다, 친밀하다, 가깝게 지내다

38. 去世　　　　　　qùshì　　（动）　（成年人）死去；逝世
　　　　　　　　　　　　　　　　　　die, pass away
　　　　　　　　　　　　　　　　　　亡くなる、死ぬ
　　　　　　　　　　　　　　　　　　(성인이)세상을 떠나다, 사망하다

39. 忙碌　　　　　　mánglù　　（形）　忙着做各种事情
　　　　　　　　　　　　　　　　　　be busy, bustle about, engrossed in work
　　　　　　　　　　　　　　　　　　忙しい
　　　　　　　　　　　　　　　　　　바쁘다, 분망하다

40. 次数　　次數　　cìshù　　（名）　同一个动作或事件重复出现的回数
　　　　　　　　　　　　　　　　　　frequency, number of times or occurrences
　　　　　　　　　　　　　　　　　　回数

读报纸，学中文

41.	外出	wàichū	（动）	횟수 到外面去，特指因事到外地 go out (esp. go out of town on business), egress 外出する、よその土地へ遠出する 외출하다
42.	崇敬	chóngjìng	（动）	推崇敬仰 esteem, respect, revere 崇める、尊敬する 숭배하고 존경하다
43.	坑	kēng	（名）	地面上凹下去的地方 hole, pit 穴 구멍, 구덩이, 움푹하게 패인 곳
44.	不停	bùtíng	（副）	不断 incessant, keep on 止まらない 끊임없이
45.	进取　進取	jìnqǔ	（动）	努力上进，力图有所作为 keep forging ahead, be enterprising 向上を目指す 진취하다, 향상하려 노력하다
46.	处处　處處	chùchù	（副）	在各个地方。在各个方面 everywhere, in all respects, all aspects いたるところに 도처에, 어디든지, 각 방면에

词语例释

1. 林怡发现自己确实比以前更果断厉害，她开始犹豫："该不该继续这样厉害下去？"

第八课

"**果断**"与"**武断**":形容词。对某些问题作出迅速决断。

果断: 褒义,指有决断,不犹豫。

武断: 贬义,指只凭主观判断。有时指随意以权势判断曲直。

办事果断/裁决果断

说话太武断

① 他灵机一动,果断地作出了一个决定。

② 她办事果断,能对较复杂的问题当机立断。

③ 他下判断时,常常缺乏有说服力的根据,因而不能不让人感到有些武断。

④ 我们尽可以将那些不怎么讲道理、武断的言论划出学术讨论的范畴之外去。

2. 于是,就诞生了虽毕业于名牌大学,却退在男人背后的"家庭**模范**"……

"**模范**"与"**榜样**":名词。都指值得学习的人或事。

模范: 褒义词,不能用于坏的方面。一般不受形容词修饰,可直接受动词或动宾词组限制。

榜样: 中性词,可用于好的方面,也可用于坏的方面。可受"好"、"光辉"等形容词修饰,一般不能直接修饰名词,不能做状语。

英雄模范/模范丈夫/模范事迹/模范行动

树立榜样/做出榜样/榜样的力量

① 他过去曾被评为劳动模范。

② 他首先从干部的模范作用抓起,从自己做起。

③ 这种认真负责、一丝不苟、精益求精的工作精神,永远是我们学习的榜样。

④ 父母是子女的第一任老师,家庭是孩子成长的摇篮,父母的劳动态度、兴趣、爱好、习惯以及个性特征等,一举一动、一言一行都是孩子们模仿的榜样。

3. "这是我最担心的。孩子 4 岁以前处于敏感期,需要从妈妈这儿获得力量。"她**郑重**地说。

"**郑重**"与"**慎重**":形容词。都表示严肃认真。

郑重: 词义指人从言语、行为上表现出来的正经严肃的态度。使用范围较宽,搭配词语可以是表庄重行为的"宣告"、"宣布"等,也可以是表示具体动作的"说"、"交"、"放"等。

读报纸，学中文

慎重： 其意义除了指人的外部态度外，还指思想上的谨慎、小心。使用范围较窄，搭配词义一般是表示较为庄重行为的"处理"、"研究"等。

郑重宣布/郑重声明/郑重放在/郑重递给/郑重的神色/非常郑重/特别郑重/以示郑重

慎重处理/慎重研究/不太慎重/办事慎重/十分慎重/慎重的态度/变得慎重起来

① 画展结束后，展品彩墨连环画长卷《藏茶传》为巴黎东方博物馆郑重收藏。

② 以条约为名称出现的，一般是比较郑重的，往往涉及政治性问题或经济问题。

③ 我们对这个问题一定要慎重考虑，不要草率行事。

④ 积极而慎重地运用外资，可以加快我国技术改造的步伐，提高我国国民经济的技术水平和管理水平，特别是加强国民经济中一些薄弱环节的建设。

背景知识

职业女性为何害怕成功？生活中有不少成功的女性在被问到成功经验时，都会不自觉地感叹：不容易。事实上，在现实中女性要取得成功，比男人要困难许多。这种现象早在上世纪就被发现，1968年美国心理学家M. 霍纳成功揭示了女性害怕成功的心理现象。害怕成功是指个人对其行为获得成功结果感到恐惧。霍纳在她的研究中发现，65%的女性显示出对成功的恐惧，而只有9%的男性显示出对成功的恐惧。在对中国女大学生的研究中也发现，女大学生中普遍存在着这样的心理趋向。尽管女性追求成功的动机与男性没有两样，但由于逃避成功的动机高，导致其成就动机远低于男性。

是什么引起如此巨大的性别差异呢？因为不少女性害怕成功会使自己成为众矢之的，引起人际关系过分敏感或疏离；或者认为成就可能造成家庭不幸福、夫妻关系不协调；女学生则担心在未来的学习中能否继续保持领先地位；职业女性则怀疑能否取得事业成功。对成年女性来

第八课

说，对家庭和事业的恐惧是最主要的部分。她们既渴望取得成功，又害怕成功。于是，有一些女性选择彻底否认自己的成就动机，甘愿扮演一名传统的女性角色；有一些人则处在想放弃又不甘心放弃的自我冲突中；还有一些人选择做一个成功女性，却又摆脱不了对成功的恐惧，变得敏感而易被激怒，成为男性眼中的"冷美人"。

要减少对成功不必要的担心与恐惧，最好的办法就是正确认识这一心理现象，要增加自信心，经常自我鼓励，暗示自己"我能行"。由于社会以及环境的影响，女性在遇到困难时总倾向于将原因归结在自己身上，认为自己没有做好。比如遇到家庭问题时，很多女性容易把原因归结为自身，而男性则倾向于归结在外部因素上面。女人要改变这种习惯，多暗示自己：这并不是只发生在女性身上，男的也有份儿。

练 习

一、请在课外阅读两篇最新中文报刊文章，将它们剪贴在你的笔记本上，然后把它们写成摘要，并谈谈自己的看法

二、给下列动词搭配适当的词语

回避_____ 诽谤_____

劝说_____ 抵抗_____

迫使_____ 崇敬_____

三、选词填空

> 回避　无意　公然　敏感　妥当　疲倦　全力以赴

1. 非常_____的科学家十分注意大自然透露出的信息，一有线索便跟踪追捕，不放过任何一个微小的自然现象。
2. 记者在采访中，往往会出现自己心情与当时谈话气氛不符的情况，如

读报纸，学中文

出现紧张、急躁、厌烦、_____等情绪，这就需要对自己的情绪进行调节。

3. 对于紧张源，既不能事先完全消除，又不能全部_____掉，那么最好是面对它们，使它们得到妥善处理。

4. 把上级负责人个人的意见就当做上级的决定、指示，这是不_____的。

5. 项羽设下"鸿门宴"招待刘邦，企图加害于他。刘邦为了表白自己_____同项羽争夺天下，就冒死赴宴。

6. 他做什么都是全神贯注，_____，使生命的活力发挥到极点。

7. 有的持枪凶犯，横行不法，拦路抢劫，_____威胁行人的生命，将行人携带的钱物洗劫一空。

果断　　武断

8. 有的领导者工作起来大胆泼辣，但又主观_____、粗暴、专断独行。

9. 他的专业知识扎实，知识面广，处理问题也比较_____。

模范　　榜样

10. 她说，要提高护理工作的社会地位，必须依靠自身的努力，护理工作者要以自己的_____行为，为护士这一神圣的形象增添光彩。

11. 一部分人先富起来，树立了_____，必然带动大家都迈上通向富裕的道路。

郑重　　慎重

12. 在主要依靠内部积累的前提下，积极而_____地运用外资，也是解决我国建设资金不足的一个可行的和必要的途径和办法。

13. 维吾尔人对于食物是有一种庄严的敬意的，日常最忌浪费食物，如确实某种食物霉坏或污染不能再吃，绝不能顺手一倒完事，而要_____地掩埋干净。

第八课

四、根据课文内容判断正误

1. 林怡对自己的处事方式很自信。（　　）
2. 方焕然认为周围的同事很理解她。（　　）
3. 很多男人不愿意妻子在事业上超过自己。（　　）
4. 刘静后来放弃工作，退回到家庭中。（　　）

五、请按正确的语序将下列各个句子组成完整的一段话

1. A. 如同妻子可以在后方支援丈夫一样
   B. 男人们似乎都不肯承认
   C. 他们也可以放下担子支援妻子的事业
   正确的语序是：（　　）（　　）（　　）

2. A. 在她们事业强大的压力下
   B. 开始借各种名义攻击妻子在事业上的进取
   C. 很多成功女性说起这样的烦恼
   D. 丈夫的自我价值感越来越低
   正确的语序是：（　　）（　　）（　　）（　　）

六、根据课文内容选择最合适的答案

1. 本文作者_____职业女性回避具有挑战性的工作。
   A 赞同　　　　B 反对　　　　C 不理解　　　　D 欣赏

2. 为避免成为人们眼中的"第三性"，不少女人宁愿远离成功。作者对这种现象是持_____的态度。
   A 批评　　　　B 支持　　　　C 厌恶　　　　D 无所谓

3. 王旭放弃一家杂志社的高薪聘请，是因为_____。
   A 担心自己的能力不够　　　　　　B 丈夫不支持
   C 更喜欢现有的工作　　　　　　　D 孩子和健康的缘故

4. 专家陆小娅在处理工作和家庭方面_____。
   A 很成功　　　B 走向极端　　　C 不太合理　　　D 很苦恼

七、完形填空

（一）

| 其实　　于是　　就　　据说 |

1____不少职业女性有类似的担忧，2____她们回避那些具有挑战性的工

作，认为这样3＿＿＿＿可以和"成就"绝缘。4＿＿＿＿，这种心态的形成更多地源于人们的偏见。

（二）

| 所以 | 尽管 | 由于 | 但 |

在一家广告公司工作的方焕然就有这样的烦恼：1＿＿＿＿上司是个中年男性，对她又有意无意表示过好感，2＿＿＿＿她的每一次提升都被诽谤为"与领导关系特殊"。3＿＿＿＿她能力也很突出，4＿＿＿＿同事的眼光似乎都盯在她漂亮的外表上。

八、请用自己的话或原文中的关键句子概括下面几段话的主要内容

现代社会中，事业型女人正变得越来越多。事业的成就感以及随之而来的压力迫使她们要选择事业，就难以承担好自己的家庭角色。很多人困惑：两者究竟该如何选择？

专家陆小娅建议，"女性生活应该是多元的，纯粹的事业和纯粹的家庭都是极端。"她举例，大学里一个要好的朋友，做了一辈子全职太太。女儿大学毕业后不久她就生病去世了。其实她的一辈子有很多自己的东西没有得到满足。"孩子小的时候，可以让自己很忙碌充实，但想要重新回来工作时会很难。"陆小娅强调。

对500名城市已婚，并有孩子的女性进行的研究发现，工作一年以上的女性比没有工作的女性身体更健康，其生病的总次数也更少。

研究还表明，母亲外出工作对女儿具有积极的影响。通常女儿会更崇敬在外工作的母亲。

九、请尽量用以下词语进行话题讨论

| 果断 | 回避 | 才干 | 代价 | 苦恼 | 极力 |
| 敏感 | 疲倦 | 极端 | 迫使 | 忙碌 | 进取 |

你认为职业女性应如何处理工作与家庭的关系？

十、快速阅读

阅读一（字数：1315；阅读与答题的参考时间：7分钟）

第八课

上海白领女性向往家庭温暖

崔欣爽 丁秀伟

白领女性最大的困惑是什么？婚恋、生育、子女教育、心理压力，还是职业发展？一项针对上海白领女性群体需求状况的调查表明：上海白领职场压力太大，职业前景不明朗，女性最为向往的还是家的温暖。

日前，上海市委宣传部、市妇联等有关部门组成调研组围绕"白领女性群体需求状况"，深入到卢湾、静安、浦东新区等区和张江高科技园区、金融工委和市人事局等单位，对白领女性的需求、工作、生活和困惑进行了初步调查。

女白领职业发展迷雾重重

调查发现，白领女性具有强烈的自我实现感，现实的压力和自我的追求使她们成为"拼命一族"。在职业生涯中，不同年龄层次的白领女性面对着不同的困惑和迷茫。

初入职场的白领女性对自己的职业抱有很高的期望值，因此一些白领女性盲目地应付忙碌的日常工作而表现出一种浮躁感，感觉稍有好的机会就跳槽。而35岁的白领女性却被称做"三无产品"，无自由（有家庭拖累）、无青春、无资历（金字塔顶端需要更深的资历），她们缺乏职业安全感，担心被社会淘汰。超过35岁的白领女性开始遭遇职场"天花板"，越来越多年轻人的快速成长，越来越快的工作节奏也让职场前辈们倍感压力，力不从心。

巨大心理压力排解难

上海是精英云集的"高压所"，强大的经济实力和丰富的信息资源以及国际化大都市的地位使身处其中的人不由自主地感受到压力。

如何承受、宣泄和排解来自职场、家庭和经济等方面的巨大压力，上海可锐咨询管理有限公司最新调查数据显示，有25.35%的上海白领表示没有缓解心理压力的方法。在上海市妇联的调查中，有的白领女性表示通过向家人及朋友倾诉来缓解压力，有的通过运动、唱歌、旅游来释放心理压力，还有相当一部分白领女性则将压力自我消化，通过循环地暴饮暴食、疯狂购物等途径来排解压力、释放自己。

一项问卷调查显示，在30~40岁的白领女性中，27%存在着不同程度的更年期现象。上海妇女疾病康复专业委员会专家在今年长三角女性乳腺

读报纸，学中文

健康调查新闻发布会上讲到，工作压力大促使女性患乳腺疾病的几率提高30%。

家庭是理想中的归宿

"家人幸福、身体健康、做个职业经理人"，太多的职场压力让上海白领女性几乎有了共同的心愿，还有一些白领女性渴望提前退休，回归家庭。

然而这个似乎没有什么追求的想法也不那么容易实现，大家普遍反映"三高"（高学历、高职位、高收入）白领女性择偶比找工作更难。大家普遍反映，现在白领女性"剩女"多，而合适的男孩子寥寥。

上海市妇联与巾帼园婚介所的关于《高学历女性择偶难原因的调查与分析》显示，不是因为性别比例的失调，而是传统的"男高女低"的择偶观，使白领男女之间出现了非自然的比例失调。而白领女性在接受完高等教育之后自身也面临一些尴尬：奔30甚至超过30、恋爱中的强势姿态、对婚恋的现实主义追求以及社交圈越来越小等种种原因，造成白领女性择偶难的现状。

即便如此，家庭依然是白领女性理想中的归宿，很多女性表示，可以为家庭牺牲工作；回家相夫教子也是个不错的选择。

（节选自《中国妇女报》2007年4月11日，略有改动）

回答问题

1. 不同年龄层次的白领女性各有怎样的职业感受？
2. 上海白领女性是如何排解心理压力的？
3. 为什么会存在白领女性择偶难的现象？

阅读二（字数：2056；阅读与答题的参考时间：11分钟）

请解下女人腰上的"围裙"

史玉根

在最新的人教版小学语文教材中，成年女性人物大部分都是以奶奶或母亲的形象在家庭生活中或教育子女场合中出现，且大多处于配角的地位。

第八课

妇女问题专家、行动援助中国办公室妇女权益协调员冯媛女士认为："这会对学生的成长产生误导。"

"妈妈系着围裙给孩子喂饭。"这样一幅在许多中国人看来正好表现母亲勤劳形象的插图，最近被韩国教育部从小学课本里取下，换成"不系围裙的妈妈和家人一起吃饭"的新插图。韩国教育部官员说，老图"已过时，且曲解了女性形象"。同时修改的还有另外5幅类似的插图，新插图描绘了父亲刷碗以及在婚礼上新郎新娘相互鞠躬的场景，以"倡导男女平等观念"。

韩国政府部门的这一举措受到中国女界人士的关注。妇女问题专家、行动援助中国办公室妇女权益协调员冯媛女士说："从小学教科书开始，不再强调妇女的家庭主妇形象，突破性别角色的陈规定型，倡导男女平等观念，动作虽然小，意义重大。韩国政府这一做法值得我们深思和借鉴。"

女人总比男人弱吗

"在你们语文课本里有没有女人形象？"记者在北京市昌平区某居民区随机采访了两名正在读二年级的男女小学生。

他们异口同声地回答："有。"

记者问："她们都是些什么人呀？"

他们回答："奶奶、妈妈。"

记者又问："和爷爷、父亲比，谁更了不起？"

男生想了想说："爷爷、父亲更了不起。爷爷比奶奶懂得多，爷爷教张衡看星星，奶奶却说他傻，后来张衡成了天文学家。父亲比母亲聪明，父亲会教女儿画画，母亲只会夸自己的孩子。爷爷、父亲都是政治家、科学家，母亲只会在家里做事。"

女生迟疑了一会儿说："奶奶、母亲勤劳、慈祥，冬天母亲怕奶奶冷，给她晒棉被……"

课本里的女人竟然都比男人弱，真是这样的情况吗？记者查阅后发现，这两个学生所使用的课本是义务教育课程标准小学语文实验教科书（由课程教材研究所教材研究开发中心编写，人民教育出版社，2002年第一次出版）。

那么，最新的人教版小学语文教材情况又如何？记者花了整整一天时间，在人民教育出版社的官方网站上阅读了最新出版的小学语文教材，发现老问题依然存在。

记者粗略统计，课文中有名有姓的成人男性人物共50余人次，他们均为各领域的成功或伟大的人物。而成年女性人物除了宋庆龄、新凤霞等极少的几个，几乎都是以奶奶或母亲的形象在家庭生活中或教育子女场合中出现，而且大多处于配角的地位，其知识和智慧也明显低于爷爷或父亲；文成公主虽然是个例外，但也是作为和亲的主角，缺乏主体身份和意义。

在第5册《"精彩极了"和"糟糕透了"》一课中，记者真看到了一幅"系着围裙的妈妈"的插图。这篇课文讲述的是作者童年时，父亲和母亲对他作品的截然不同的评价，这两种评价对他产生的巨大影响，以及作者从这两种评价中感悟到的爱。虽然作者并没有贬低母亲的意思，但插图透出的信息却是：刚刚做完晚饭、系着花围裙的母亲只是一名家庭主妇，而刚刚回家、穿着风衣、表情威严的父亲，显然是一家之主。儿子低着头听着父亲训斥。母亲虽然在为儿子辩护，但显然没有太多的发言权。

此外，现代知识女性和职业女性在新人教版的小学教材里出现的频率也很低。

重要的是转变陈旧观念

"很正常吧，这么多年我们就是这样教学生的，即使有，也不会有什么影响吧。"在北京市一所小学里，记者问一位小学语文老师是否发现语文课本里有男尊女卑的内容，会不会对孩子的成长造成影响，她给予了否定回答。

真不会产生影响吗？冯媛的语气很肯定："毫无疑问，小学课本透出的男尊女卑、男强女弱、'男主外、女主内'等男女不平等观念，会对学生的成长产生误导。远的不说，现在许多学生在中学阶段对异性、对自身的认知和态度，就表现出这点。"一位多年担任高中班主任的老师告诉记者，现在许多女生越到高年级，学习成绩就越赶不上男生，她们并不一定比男生笨，而是自己认为天资就比男生差，不敢和男生竞争，还认为学得再好将来也是当家庭主妇，还不如找一个好丈夫。"这种看法的产生虽然有多方面原因，但小学、学校、教师、课本对学生的影响至深至远。"冯媛说。

她认为，课本文字和图画传递出来的信息、老师自己的性别观念和对男女生自觉不自觉的不同态度，以及家长和社会的其他影响，都让孩子处

第八课

在男主女辅、男尊女卑的氛围里。不光是小学教材，在许多影视作品、媒体报道、广告宣传、网络内容等载体中也存在性别陈见和性别歧视现象。这既反映了人们陈陈相因的性别观念，也暴露出政府有关部门在这方面缺乏作为。

如何减少直至消除这种陈规定型，冯媛认为，像韩国教育部修改小学课本插图那样，政府部门和有关机构的作为是必要的。

"性别公平理念，应当从小孩子开始。过程可能漫长，但我们必须一步步走，只有这样才能真正促进我们社会的公正、平等与和谐。"冯媛对此充满期待。

（节选自《中国妇女报》2007年4月9日，略有改动）

回答问题

1. 韩国教育部对小学课本中的哪些插图进行调整？
2. 现有的小学语文教材中的女人形象普遍存在什么问题？
3. 小学语文教材中有关性别的陈旧观念会对孩子成长造成什么影响？
4. 冯媛主张如何改变有关性别的陈旧观念？

阅读三（字数：2549；阅读与答题的参考时间：15分钟）

关注职业女性的亚健康

赵之心

一个女人，在一生中变换着不同的角色。作为一个现代职业女性，在做好母亲、妻子的同时，还要努力做好自己的工作。现如今，女性的压力空前，常常无暇顾及自己的身体。专家呼吁，现代女性更应看重自己的健康。

现代职业女性心声：做女人有点累！

王女士是一名中学教师，她说："作为一名老师，我肩头担负着重担。就目前而言，中学的课程比较繁重，教师的压力不比学生小，学生可以只关心学习，可是作为一名教师，我在关心他们学习的同时，还要关心他们的生活、心理等各个方面。我是一个妻子，也是一个母亲，在学校我经常帮学生缓解心理和思想上的压力，可是我自身上的压力谁能来帮我减轻呢？很多时候，面对诸多的问题，我感到筋疲力尽。"

纪女士是海南一著名网站的新闻编辑，她告诉记者，做这行当四年多来，她一直觉得自己的体力和精力在不断透支。"我每天都要编辑大量的稿件，同时还要采写稿件、做策划、搞专题等，经常回到家中还要加班到很晚。"她说："我结婚三年，一直不敢要小孩，一方面是怕要了孩子后会影响工作，另一方面也怕有了孩子却无暇去照顾。工作和生活中的困扰，经常让我情绪低落、夜深不能入睡。"

尽管现在男女平等，大多数女人在生活中还是会遇到事业和家庭相抵触的问题。当面对这些问题的时候，让很多女性感到筋疲力尽。永远忙不完的工作、复杂的人际关系、烦恼的婚姻、烦琐的家务——面对生活，许多现代女性最深的感受是"活得好累！"。

关注职业女性亚健康状态

随着人们生活水平的提高，生活节奏也在加快，女性的健康问题受到了广泛的关注。"亚健康"这个词在各种报纸杂志上出现的频率也越来越高，亚健康引起了众多女性尤其是职业女性的关注。近年来，在广州、长沙等一些城市的调查也显示，70%职业女性存在亚健康问题。

据介绍，亚健康状态是指界于人体健康与疾病之间的临界状态。导致女性亚健康状态的原因非常复杂，一般多是社会环境、传统观念、家庭及生活行为方式的变化对女性的精神心理及机体适应能力所造成的严重冲击，造成女性生理功能低下，呈现亚健康状态。

女性亚健康状态多表现为身体与精神上的不适，像神疲乏力、四肢倦怠、腰膝酸软、头晕失眠、畏寒肢冷、心绪不宁、气短汗多、月经不调、性欲减退等，而到医院进行化验、X线、B超、CT等多种检查均无任何阳性结果。

据海南现代女子医院的医生介绍，在问诊中，她们均遇到不少女性说自己经常失眠、多梦、不易入睡或白天打瞌睡、记忆明显减退、皮肤干燥、情绪极不稳定，这些都是亚健康状态的表现。一般来讲，从事记者、律师、医生、经理、秘书、管理人员等职业的女性出现亚健康状态的比例都比较高，因为这些人主要以脑力劳动为主，承受压力大，生活目标比较高，所以容易产生紧张、挫折感，也容易成为亚健康人群。

第八课

　　专家指出，女性要想走出"亚健康"，必须从生活、饮食、心理等各方面综合来进行调整。在生活上，要有规律，不要经常熬夜，要保证充足的睡眠；在饮食上，要注意不要暴饮暴食、偏食、挑食；此外，还要进行心理调整与适当运动。一般来说，最好每周至少有三次不低于30分钟的身体锻炼，如每天散步3000米左右，上下楼梯等，都是经济实用的好方法；而轻松的心态同样有助于存在亚健康的女性走出阴影。同时，在适当的时间和朋友聚会，通过聊天等交流方式来排解内心的压力和不快也是极其重要的。

珍爱自己　关心健康

　　据报道，一项针对两万多名上海市民的抽样调查数据显示：在1.3万名被访女性中，近五年内参加过体检的比例只有47%；27%的女性有挑食、偏食、节食或无规律的饮食习惯；57%的女性常常处于被动吸烟的状态；29%的女性从不参与任何体育锻炼。中国女企业家协会发布的《中国女企业家基本情况调查》显示：女企业家日均工作17小时，80%以上的女企业家睡眠时间在七小时以下，超过44%的女企业家没有娱乐和锻炼时间。

　　近日，一组数据让人瞠目结舌。上海市疾病预防控制中心癌症监测数据显示，上海市区女性的癌症发病率比20年前上升了近一倍，每100名上海女性中就有一人是癌症患者，远高于我国其他城市。

　　专家指出，生活方式的改变，环境类雌激素的影响是导致女性肿瘤发病率升高的主要原因。只要注意在日常生活中改变不良行为和生活方式，许多癌症都是可以避免和预防的。现在都市女性所谓的"时尚"生活缓解生活压力，如网上聊通宵、喝酒、吸烟、作息时间日夜颠倒等等都是极不健康的生活方式，长此以往，为身体健康埋下隐患。

　　据海南现代女子医院医务科科长叶琳介绍，大多数女性朋友为了让自己更漂亮，喜欢化妆，在此要提醒的是，如果化妆品使用不当的话，同样对身体健康有害。"在现实生活中，不少女性神经系统受到慢性损伤导致记忆力下降，越来越多的年轻女性患乳腺增生，很大一部分与女性使用化妆品不当有关。因为有些化妆品含雌激素，雌激素会导致乳腺增生。还有些化妆品中含铅、汞等重金属比较高，这些重金属会导致慢性中毒，甚至损伤神经系统。因此，女性朋友使用化妆品要慎重。"叶琳说。

　　此外，专家提醒广大女性，一定要珍爱自己，关心健康。要忌烟、

读报纸，学中文

酒，调整自己的心理健康，饮食和生活要有规律，少吃含有激素的东西，多吃水果蔬菜和纤维素。每月定期做检查，每年要到医院进行一次体检。年轻女性乳房没有肿块，少做放射性的检查。

（节选自《经济参考报》2007年3月16日，有改动）

判断正误

1. 现代职业女性往往面临多重角色的挑战。（   ）
2. 中学教师王女士不需要别人来帮助她缓解压力。（   ）
3. 纪女士婚后不要小孩，是因为她不喜欢小孩。（   ）
4. 调查显示，大部分职业女性存在亚健康问题。（   ）
5. 导致女性亚健康状态的原因非常复杂，症状不明显、难以发现。（   ）
6. 女性要想走出"亚健康"，应重点从心理方面来进行调整。（   ）
7. 调查显示，大部分女企业家工作时间过多，休息过少。（   ）
8. 上海女性中癌症患者的比例远比中国其他城市高。（   ）
9. 现在都市女性所谓的"时尚"生活对女性的健康影响不大。（   ）
10. 水果蔬菜和纤维素有益于女性的健康。（   ）

第九课

中国民众给中美关系打高分

最新的民意⁽¹⁾调查显示：约有半数⁽²⁾的中国城市居民乐观地认为中美关系将在未来一段时间内继续改善。这个调查数据比两年前的调查结果跳跃⁽³⁾性地上升了 20 个百分点，大大出乎专家们的意料。近两年来，中美之间的经贸摩擦⁽⁴⁾频繁发生，而同一调查表明，台湾问题仍是最多中国民众认为将会影响中美关系的最主要因素。约 70% 的中国民众认为中美之间将可能因台湾问题爆发⁽⁵⁾冲突。这是 2007 年《环球时报》"中美关系民意⁽¹⁾调查"的结果中最突出的两点。已经连续做了三年的这一调查反映出，中国民众对中美关系的基本看法是稳定和乐观的。

对中美关系改善持乐观态度者增长了20%

同样是在春季⁽⁶⁾的某几天，同样是在北京、上海、广州、重庆、武汉这 5 个城市进行调查，3 次民调具有非常强的连续性和可比性。

今年，对中美关系非常满意、满意、一般满意的人加起来占总数⁽⁷⁾的 74.7%，去年是 79.8%，前年是 70.9%。

认为美国对中国而言是一个竞争对手的人，连续3年都占受调查者的半数⁽²⁾左右；认为美国是中国合作对象的人，前年在总数⁽⁷⁾中占 1/4，今年上升到占1/3。

对美国人的好感率今年是 76.5%，和去年相差⁽⁸⁾无几。

数据变化最大的是对未来几年中美关系发展的看法，持乐观态度的人明显增加。前年、去年的调查结果,对中美关系继续改善持乐观看法的人占30%左右,今年的结果猛然[9]上升了近20个百分点,达到了半数[2],同时,还有约三成的人认为会保持现状[10]。

美日强化军事关系引起不满

美日加强军事关系引起了很多中国人的不满,今年的调查中把这一项列为对美最不满的,占了调查人数的17.1%,比前年提高了10个百分点。

对美国在经贸问题上施加压力表示最不满的人占总数[7]的16.1%。但值得注意的是与此相关的另一组调查数据:今年,在回答发展中美关系对中国起了什么作用的问题时,选择"加快中国经济发展"的受调查者占总数[7]的44.1%,而前年、去年的数字分别是61.9%、66.6%,前后[11]比较,从超过六成下降到明显少于半数[2],中国民众还是感觉到了美中经贸摩擦[4]对中国经济的影响。

对美国实力看得很清楚

认为美国文化对中国的影响好坏[12]都有的接近六成。有机会愿意到美国留学[13]或移民[14]美国的人都超过半数[2],但其中的大多数人表示要看有什么条件。

变化比较大的是对美国未来实力的看法,在大约三成的人表示美国的地位变化难以判断的同时,认为美国会继续强盛[15],长期保持唯一超级大国地位的人今年只占总数[7]的16%,而前年的数字是28.2%。中国民众认为美国未来的实力和地位将会下降的人在明显增多。

中国人喜欢哪个美国政治人物?调查的结果相当有意思:今年喜欢现任美国总统布什的人最多,前两年的调查,喜欢前任美国总统克林顿的中国人最多。今年列出的名单[16]中换掉了克林顿,结果布什排到了首位。可以看出,中国民众看美国对外政策等国家行为的时候很理性[17],而在看美国人,包括美国政治家的时候则很感性[18],他们似乎更看他作为一个普通人有没有可爱之处,而不是比较他所做事情的利弊[19]轻重。

期望值低导致乐观

北京大学国际关系学院的学者余万里说,从连续三年的民调结果来看,中国民众对于中美关系的现状[10]和未来是基本满意和相当乐观的,看好的民众占了绝大多数。

现阶段中国在中美关系上追求的目标其实就是稳定,这种目标的追求从

第九课

现状⁽¹⁰⁾来看实际上已经达到了，既然如此，民众自然比较满意，心态也比较放松⁽²⁰⁾。余万里说，从民众的角度看，只要美国少做或不做伤害中国人自尊和有损中国核心利益的事情，就可以给美国打高分了。从某种意义上看，中国民众在现实中悟⁽²¹⁾到了当前大国相处⁽²²⁾之道的基本特点，就是既竞争又合作，既相互需要又存在摩擦⁽⁴⁾和防范⁽²³⁾，那种敌⁽²⁴⁾友清晰⁽²⁵⁾分明⁽²⁶⁾的国际关系时代已经成为过去，中国人已经开始习惯这种复杂的大国关系了。

明年是美国的大选年，但中国问题显然不在美国当前最紧急⁽²⁷⁾的外交议程⁽²⁸⁾内，恰恰⁽²⁹⁾是美国面临的一些亟待解决的问题，还需要中国的帮助，所以无论谁上台⁽³⁰⁾，都需要稳定的中美关系。

更为重要的是，中国民众在自己的生活中看到了国家的良好发展，产生了充分的自信，这种自信才是乐观看待中美关系最重要的支撑点。

中国人更关注美国在台海问题上扮演的角色

那么，为什么中国民众中认为中美可能因为台湾问题发生冲突的人数会大量增加呢？余万里认为，与其⁽³¹⁾说这是中国人对中美关系的担心，倒不如看做⁽³²⁾是中国民众对"台独"势力可能把台海局势⁽³³⁾推向危机的强烈担忧。倪峰说，民调结果通常是民众最近记忆的反映，接二连三⁽³⁴⁾的"渐进⁽³⁵⁾台独"对内地民众的心理冲击也相当大，民间气愤⁽³⁶⁾的情绪在增长，加上他们认为台海万一⁽³⁷⁾爆发⁽⁵⁾剧烈⁽³⁸⁾冲突，美国会站在台湾一边，所以才会有现在这样的民调结果。

（全文字数：2084）

（节选自《环球时报》2007年3月30日，略有改动）

1. 民意	mínyì	（名）	人民群众的共同的、普遍的思想或意愿 public opinion, will of the people, popular will

					世論
					민의, 여론
2.	半数	半數	bànshù	（名）	总数的一半
					half (the number)
					半数
					절반
3.	跳跃	跳躍	tiàoyuè	（动）	两脚用力离开原地向上或向前跳
					jump, leap, hop (for joy)
					ジャンプする
					도약하다, 뛰어오르다
4.	摩擦		mócā	（动）	观点相反者之间的冲突
					rub, chafe, friction, clash (between two parties)
					摩擦する、軋轢がおこる
					마찰하다
5.	爆发	爆發	bàofā	（动）	突然发作;突然发生
					(of a volcano) erupt;break out, (of force, emotion, event, etc.) erupt, break out
					爆発する、勃発する
					폭발하다
6.	春季		chūnjì	（名）	一年的第一季,中国习惯指立春到立夏的三个月时间,也指农历"正、二、三"三个月
					spring, spring season, springtime, springtide
					春、春季
					봄철
7.	总数	總數	zǒngshù	（名）	总计的数目
					total, sum total
					総数
					총수

第九课

8. 相差　　　　　xiāngchà　　（动）　彼此差别；数量上不同
differ
相違する
서로 차이가 나다, 서로 다르다

9. 猛然　　　　　měngrán　　（副）　突然,忽然
suddenly, abruptly
突然
뜻밖에, 갑자기, 돌연히

10. 现状　現狀　xiànzhuàng　（名）　当前的状况
current situation, present conditions, status quo
現狀
현상태, 현재 상황

11. 前后　前後　qiánhòu　　（名）　早于或迟于某一特定时间的一段时期
from beginning to end (in time) altogether, around; front and rear
前後、始めから終わりまでの時間
전후

12. 好坏　好壞　hǎohuài　　（名）　好的和坏的
good and bad
良し悪し
좋고 나쁨

13. 留学　留學　liúxué　　（动）　到外国学习或研究
study abroad, go abroad for further study
留学する
유학하다

14. 移民　　　　yímín　　（动、名）往他地迁移居民。迁移的人
migrate, emigrate or immigrate; settler, migrant, emigrant
移民する、移民
이민자/ 이민하다

15.	强盛	強盛	qiángshèng	（形）	强大兴盛
					strong and prosperous
					勢いが盛んだ、強大な
					강대하고 번성하다, 강성하다
16.	名单	名單	míngdān	（名）	专列人之姓名的册子或单子
					name list, roster, roll
					名簿
					명단
17.	<u>理性</u>		lǐxìng	（名）	一个人用以认识、理解、思考和决断的能力
					reason, rationality, rational faculty, intellect
					理性
					이성
18.	<u>感性</u>		gǎnxìng	（名）	指属于感觉，知觉等心理活动的（跟"理性"相对）
					perception, geist
					感性
					감성
19.	利弊		lìbì	（名）	指正、反两个方面,也即好的方面与坏的方面
					pros and cons, advantages and disadvantages
					利害、有利な面と不利な面
					이로움과 폐단
20.	放松	放鬆	fàngsōng	（动）	控制或注意力由紧变松而松驰,松懈
					relax, slacken, loosen
					リラックスする、気を抜く
					늦추다, 느슨하게 하다
21.	悟		wù	（动）	理解,明白
					realize, awaken
					悟る、理解する

第九课

				이해하다, 각성하다, 깨닫다
22. 相处	相處	xiāngchǔ	（动）	共同生活；相互交往 get along (with one another) 一緒に暮らす、付き合う 함께 살다, 함께 지내다
23. 防范	防範	fángfàn	（动）	戒备；防备 be on guard, keep a lookout 用心する 방비하다, 경비하다
24. 敌	敵	dí	（名）	敌人 enemy 敵 적
25. 清晰		qīngxī	（形）	清楚 clear, distinct, explicit; be keenly aware はっきりした、明瞭だ 뚜렷하다, 분명하다, 명석하다
26. 分明		fēnmíng	（形）	简单明了地 clear, obvious, distinct 明らかな、はっきりした、明らかである 뚜렷하다, 명확하다, 분명하다, 확실하다
27. 紧急	緊急	jǐnjí	（形）	需要立即行动，不容拖延 urgent, pressing, exigent, critical 緊急の 긴급하다, 절박하다, 긴박하다
28. 议程	議程	yìchéng	（名）	会议上议案讨论的程序；议事日程 agenda, program 議事プログラム、日程 의사 일정

29.	恰恰		qiàqià	（副）	正好；正
					coincidentally, exactly, just, precisely
					ぴったり、ちょうど
					꼭, 바로, 마침
30.	上台	上臺	shàngtái	（动）	比喻出任官职或开始掌权（多含贬义）
					mount the platform, appear on the stage, take the podium; come (or rise) to power, assume power
					舞台に出る、政権を握る
					요직에 나가다, 정권을 잡다
31.	与其	與其	yǔqí	（连）	在比较两件事的利害得失而决定取舍时，表示放弃或不赞成的一件
					rather than, better than
					…よりむしろ
					..하기 보다는, ..하느니
32.	看做		kànzuǒ	（动）	当做
					regard as, consider, look upon as
					見なす
					..로 간주하다, ..라고 생각하다
33.	局势	局勢	júshì	（名）	原指棋局的形势,泛指（政治、军事等）一个时期内的发展情况
					situation, state (of affairs), political or military situation
					情勢、局面
					정세, 형세, 상태
34.	接二连三	接二連三	jiē èr lián sān	（成）	陆陆续续的接踵而来
					one after another, in quick succession, in a row, repeatedly, continuously
					次から次へ
					연이어, 연달아, 잇따라, 연속적으로

第九课

35. 渐进　漸進　jiànjìn　（动）　逐步前进、发展
advance gradually, progress step by step
漸進する、少しずつ発展する
점진하다, 점차 전진 발전하다

36. 气愤　氣憤　qìfèn　（形）　生气；愤恨
indignant, furious, angry
怒る、憤慨する
분개하다, 분노하다, 성내다, 화나다

37. 万一　萬一　wànyī　（连）　表示可能性极小的假定
in case, if by any chance, one in ten thousand
万が一
만일

38. 剧烈　劇烈　jùliè　（形）　激烈;猛烈;强烈
violent, fierce, strenuous, intense, acute
激烈、猛烈、強烈、激しい
극렬하다, 격렬하다

1. 约70%的中国民众认为中美之间将可能因台湾问题<u>爆发</u>冲突。
"爆发"与"暴发"：动词。都可表示突然发生。
<u>爆发</u>：爆发的主体往往有较长时间的矛盾积累过程，是力量集聚到一定程度的发作。中性词。
<u>暴发</u>：着重指发生的突然而猛烈。用于一般对象时是中性词，用于人则含贬义。
爆发经济危机/爆发起义/火山爆发/矛盾爆发
洪水暴发/暴发成为百万富翁

① 全场顿时爆发起欢呼声。

② 冷战和两极格局结束以来，国际关系发生了一些积极变化，同时也爆发了许多地区冲突和错综复杂的矛盾。

③ 任意砍伐树木，破坏植被，会引起山洪暴发。

④ 有些暴发户穷得只剩下钱了。

2. 从某种意义上看，中国民众在现实中悟到了当前大国相处之道的基本特点，就是既竞争又合作，既相互需要又存在摩擦和防范，那种敌友**清晰**分明的国际关系时代已经成为过去，中国人已经开始习惯这种复杂的大国关系了。

"清晰"与"清楚"：形容词。都指清爽不模糊，容易分辨。

清晰： 明晰清楚。注意指事物看得清，分辨得清。

清楚： 指事物、神志感觉有条理。有时用做动词，有知道、了解的意思。

清晰可见/清晰可辨/语言清晰

清清楚楚/清楚明白/神志清楚

① 模糊性不是含糊，艺术形象总是最具体可感、最鲜明清晰的。

② 一个人的思想有时还可以是混乱的、模糊的、自相矛盾的，而观点总要求是比较清晰、比较一贯的。

③ 这是既有联系又有区别的两个问题，这点必须弄清楚。

④ 事情还没调查清楚，他就下起结论来了。

3. 民调结果通常是民众最近记忆的反映，接二连三的"渐进台独"对内地民众的心理冲击也相当大，民间气愤的情绪在增长，加上他们认为台海万一爆发**剧烈**冲突，美国会站在台湾一边，所以才会有现在这样的民调结果。

"剧烈"与"激烈"：形容词。都含有势猛、厉害的意思。

剧烈： 猛烈。可用于人的活动或肉体上、精神上的痛苦，也可用于事物的变化和社会变革。

激烈： 词义的侧重点是动作快速紧张；多用来形容激昂热烈的言论、情绪或紧张激化的竞赛、斗争等。

剧烈的毒性/剧烈的动荡/气候变化剧烈

措辞激烈/激烈的较量/激烈地表示反对

① 精神分裂症的发生与剧烈的精神创伤和神经过程强烈矛盾有密切关系。

② 种子贮藏期间的温度要求比较稳定，如经常剧烈变化，也会降低甚至完全丧失发芽能力。
③ 当今世界，新科技革命迅猛发展，世界范围的科技竞争日益激烈。
④ 随着全国经济的发展，劳动工资水平逐渐提高，国际竞争日趋激烈，低工资成本战略必然逐渐由高技术战略所取代。

背景知识

中美建交与中美关系。1972年2月，美国总统尼克松应周恩来总理的邀请访华，中美交往的大门重新打开。尼克松访华期间，中美双方于1972年2月28日在上海发表了《中美联合公报》（"上海公报"）。1975年12月，美国总统福特应邀访华。1978年12月16日，中美两国发表了《中美建交联合公报》。1979年1月1日，中美两国正式建立大使级外交关系，美国宣布断绝同台湾的所谓"外交关系"，并于年内撤走驻台美军，终止美台《共同防御条约》（即"断交、废约、撤军"）。1982年8月17日，两国政府发表《中美联合公报》（"八·一七公报"）。中美三个联合公报（即"上海公报"、《中美建交公报》和"八·一七公报"），成为中美关系发展的指导性文件。

多数观察家认为，中美关系十分复杂。长期、全局来看，既非敌人又非伙伴；短期、局部来看，敌对与合作并存。但是毫无疑问的，中美关系是决定21世纪世界发展方向的主要因素之一。中美关系始终在变化发展着。特别是在苏联解体后，美国最大的敌人消失，中国失去了其制衡的作用，美国成为世界上唯一的超级大国，主导世界的发展。一些美国人对实行社会主义制度的中国不信任，认为中国将会成为东亚的霸权国家，挑战美国在全球的领导地位。同时，也有中国人认为，美国有意削弱、分裂中国，美国通过对台军售、导弹防御系统等方法来确保中国不会对美国构成威胁，并有强烈的反美情绪。虽然两国之间有很多分歧，两国关系还是有许多保持稳定的因素。中美两国是主要的贸易合作伙伴，在反对恐怖主义、防止核扩散方面有着共同的利益。虽然冷战的结束使两国失去了共同的目标，反恐战争的开始则令恐怖主义成为两国

读报纸，学中文

的新敌人，一定意义上起到了改善两国关系的作用。在21世纪的头几十年内，中国依然无法挑战美国的独霸地位。中国所面临的挑战与困难，更多的来自于内部，而不是美国，所以中国依然希望与美国保持稳定的关系。

练 习

一、请在课外阅读两篇最新中文报刊文章，将它们剪贴在你的笔记本上，然后把它们写成摘要，并谈谈自己的看法

二、给下列动词搭配适当的词语

爆发_____　　　　　放松_____
防范_____　　　　　看做_____

三、选词填空

> 接二连三　猛然　强盛　利弊　分明　紧急　万一

1. 西方心理学家将领导者的工作作风分为几种不同的类型，并分析了各种工作作风类型的_____。
2. 一个稳定、发展和_____的中国，不会对任何国家造成威胁，只会对亚太地区和世界的和平与发展作出更大的贡献。
3. 昆明是四季不_____的城市，那里的春天有时也刮秋风。
4. 批评者必须确保自己的批评准确无误，实事求是，_____。出了差错，必须如实、及时更正，有时也应作自我批评并且对批评后果采取相应补救措施。
5. 科研成果_____，荣誉称号随之而来。
6. 特别是在_____关头，任何犹豫不决都会使事业担更大风险。
7. 突然，最近处的一座火山又_____爆发，炽热的熔岩喷泉似地涌出。

第九课

> 爆发　　暴发

8. 如今沿村子一带正在赶修堤岸，预防那_____的夏雨和山洪。
9. 顿时，整个会场_____出雷鸣般的掌声。

> 清晰　　清楚

10. 他改变主意的原因不_____。
11. 这时我们所注意的事物的印象，就_____地出现在我们的脑中了。

> 剧烈　　激烈

12. 如果谁不关注自身经营的效益，谁就会在_____的竞争面前站不稳脚跟，谁就会被淘汰。
13. 患高度近视的人，少做或不做跳水等_____活动，以免得视网膜脱离症。

四、根据课文内容判断正误
1. 对中美关系持乐观态度的民众的比例与两年前的调查结果相似。
　　（　　）
2. 大多数中国民众认为影响中美关系的最主要因素是台湾问题。
　　（　　）
3. 调查中，将近半数的中国人对美日加强军事关系表示了强烈的不满。
　　（　　）
4. 调查结果显示，大部分中国人对美国人充满好感。（　　）

五、请按正确的语序将下列各个句子组成完整的一段话
1. A. 看好的民众占了绝大多数
   B. 中国民众对于中美关系的现状和未来是基本满意和相当乐观的
   C. 从连续三年的民调结果来看
   正确的语序是：（　　）（　　）（　　）

2. A. 在大约三成的人表示美国的地位变化难以判断的同时
   B. 变化比较大的是对美国未来实力的看法
   C. 而前年的数字是 28.2 %
   D. 认为美国会继续强盛，长期保持唯一超级大国地位的人今年只占总数的16%
   正确的语序是：（   ）（   ）（   ）（   ）

六、根据课文内容选择最合适的答案

1. 今年，对中美关系感到满意的民众约为_____%。
   A 65　　　　　B 70　　　　　C 75　　　　　D 80
2. 今年，在回答发展中美关系对中国起了什么作用的问题时，选择"加快中国经济发展"的受调查者的比例比去年_____。
   A 减少了一点　　　　　B 减少了很多
   C 增长了一点　　　　　D 增长了很多
3. 今年认为美国会继续强盛、长期保持唯一超级大国地位的受调查者的比例比前年_____。
   A 增长了一点　　　　　B 增长了很多
   C 降低了一点　　　　　D 降低了不少
4. 大多数中国民众认为中美之间将可能因为_____问题爆发冲突。
   A 台湾　　　　　B 经济贸易
   C 文化　　　　　D 观念

七、完形填空

（一）

| 来看　只要　也　就　其实　既然如此 |

现阶段中国在中美关系上追求的目标 1_____ 就是稳定，这种目标的追求从现状 2_____ 实际上已经达到了，3_____，民众自然比较满意，心态 4_____ 比较放松。余万里说，从民众的角度看，5_____ 美国少做或不做伤害中国人自尊和有损中国核心利益的事情，6_____ 可以给美国打高分了。

（二）

| 恰恰　无论　还　但　都 |

明年是美国的大选年，1_____ 中国问题显然不在美国当前最紧急的外交议

程内，2_____是美国面临的一些亟待解决的问题，3_____需要中国的帮助，所以4_____谁上台，5_____需要稳定的中美关系。

八、请用自己的话或原文中的关键句子概括下面几段话的主要内容：

1. 中国人喜欢哪个美国政治人物？调查的结果相当有意思：今年喜欢现任美国总统布什的人最多，前两年的调查，喜欢前任美国总统克林顿的中国人最多。今年列出的名单中换掉了克林顿，结果布什排到了首位。可以看出，中国民众看美国对外政策等国家行为的时候很理性，而在看美国人，包括美国政治家的时候则很感性，他们似乎更看他作为一个普通人有没有可爱之处，而不是比较他所做事情的利弊轻重。

2. 那么，为什么中国民众中认为中美可能因为台湾问题发生冲突的人数会大量增加呢？余万里认为，与其说这是中国人对中美关系的担心，倒不如看做是中国民众对"台独"势力可能把台海局势推向危机的强烈担忧。倪峰说，民调结果通常是民众最近记忆的反映，接二连三的"渐进台独"对大陆民众的心理冲击也相当大，民间气愤的情绪在增长，加上他们认为台海万一爆发剧烈冲突，美国会站在台湾一边，所以才会有现在这样的民调结果。

九、请尽量用以下词语进行话题讨论

| 摩擦 | 爆发 | 现状 | 相差 | 猛然 | 利弊 |
| 感性 | 理性 | 清晰 | 紧急 | 强盛 | 相处 |

你是如何评价中美两国目前与未来的关系的？

十、快速阅读：

阅读一（字数：1677；阅读与答题的参考时间：8分钟）

影响中美关系的主要因素

刘建飞

展望未来，在可预见的时间内，影响中美关系的因素中，积极方面的作用趋强，消极方面的作用趋弱，中美关系前景看好。

美国全球战略演变趋势

影响中美关系发展的最主要因素是美国对华战略，因为就中国对美战略来讲，在相当长的时间内是不会改变的，只要中国在致力于现代化建设和改革开放，中国就需要维持一个良好的中美关系，而现代化建设和改革开放则是一个长期的事业。

美国对华战略从属于其全球战略。不过，不同时期，美国政府的侧重点不同，从而导致对华政策的波动。克林顿政府比较强调扩展经济和对付非传统安全，所以将中国定位为"战略伙伴"；而第一任布什政府初期，比较强调传统安全，因此将中国定位为"战略竞争者"。"9·11"后，美国将反恐、防止大规模杀伤性武器扩散、打击极端伊斯兰势力作为全球战略的核心任务，同时地区安全也成为美国关注的重要对象，于是对华政策中寻求合作的一面上升，将美中关系定位为"建设性合作关系"。

可以预计，美国全球战略在10—20年内不会发生根本性的变化。美国认为自己处在"长期化的反恐战争中"。目前反恐战争打了5年，而恐怖主义的威胁并没有解除。此外，防止核武器及生化武器扩散的形势随着伊核和朝核问题僵局而趋于复杂化。伊拉克、伊核、朝核、基地组织是美国目前面临的四大难题，要解决这些难题需要时日。

中国的发展及美国的认知

在美国的对华战略认知中，仍存在着将中国的发展视为威胁，进行防范的一面，但另一方面，中国的发展也使得美国在国际舞台上更加看重中国的作用和双方合作的必要性。中国的既定方针是"坚定不移地走和平发展道路，永远不称霸"。中国不会挑战美国的地位，更不会威胁美国的安全；中国也不会挑战现有的国际秩序，更不会搞对外扩张。中国坚持"以合作谋和平，以合作促发展，以合作解争端"，这会不断证明：中国的发展有利于世界的和平、稳定、发展与和谐，而不是相反。在这个过程中，美国对华战略认知也有可能更为客观。

台湾问题

台湾问题一直与中美关系密不可分，而且是唯一有可能导致中美军事冲突的因素。但从各自的战略出发，在维护台海局势稳定上，中美有共同利益。而"台独"则是这种共同利益的挑战者和破坏者。只要中美双方合作，及时沟通情况，不给"台独"势力钻空子的机会，台湾问题就会处在可控的程度内。

美国保守势力的消长

美国保守势力，特别是新保守主义势力和"教条式"的现实主义者，一直主张美国要及早遏制中国。如果他们的力量在美国政坛做大，肯定不

第九课

利于中美关系发展。但是从近期美国政治生态变化，特别是2006年中期选举的情况来看，美国保守主义势力的影响减弱，特别是新保守主义，其对外政策越来越受到美国主流的质疑。而且，从布什政府的对华政策演变来看，在"9·11"之后，尽管总体对外政策受新保守主义的影响较大，但对华政策却基本上受务实派和自由派的影响。

大国关系

冷战后的大国关系出现了新的景象。大国关系的主旋律是寻求合作、双赢。大国之间各种称谓的"战略伙伴关系"的建立就是最好的证明。大国之间的利益关系错综复杂，已经不再截然对立，非敌即友。大国之间，既有竞争的一面，更有合作的一面。中美关系也是在这样的大国关系框架内。在相当长时间内，相信中美双方都不会有突破这种大国关系框架的意愿和动力。

国际安全形势

冷战后，国际安全形势趋于复杂，非传统安全威胁呈上升趋势。恐怖主义、大规模杀伤性武器扩散、能源安全、金融安全、传染病、环境恶化等威胁越来越严重，危害着全人类的共同利益。应对这些威胁，是全人类的共同事情，各国需要通力合作，特别是大国之间。中美在这方面有着巨大的共同利益和广阔的合作空间。

世界大趋势

经济全球化、世界多极化是世界大趋势。这种大趋势有利于中美关系发展。在全球化、多极化时代，各国之间的相互依赖性增强，共同利益增多。这有利于促进大国之间的合作，而不是对抗与冲突。

（节选自《学习时报》2007年1月16日，略有改动）

回答问题

1. 近些年美国政府对华战略发生怎样的变化？
2. 美国目前在国际问题上面临哪些难题？
3. 中美之间目前是怎样的大国关系？
4. 冷战后，哪些威胁越来越严重？

阅读二（字数：2124；阅读与答题的参考时间：11分钟）

中美关系正常化35周年 已成为利益相关者

王靓

1967年10月，准备竞选美国总统的理查德·尼克松在著名的《外交》杂志上发表《越战之后的亚洲》一文，文中写道："从长远来看，我们简直经不起永远让中国留在国际大家庭之外，来助长她的狂热，增进她的仇恨，威胁她的邻国。在这个小小的星球上，容不得使十亿最有才华的人民生活在愤怒的孤立状态之中。"

四年多后，1972年2月28日，尼克松以美国总统身份结束首次访华。当天，中美在上海发表首个联合公报，宣布谋求中美关系正常化。

35年后的今天，中美关系尽管小有波折，仍然坚定前行。

最具戏剧性与震撼力

"我们没有理由成为敌人，我们哪一方都不企图取得对方的领土，我们哪一方都不企图支配对方。"在签署《中美联合公报》（又称《上海公报》）的酒会上，尼克松说。他还引用毛泽东诗词形容开启新篇章的美中关系："多少事，从来急，天地转，光阴迫，一万年太久，只争朝夕。"

中美两国关系走向正常化的方式是非常奇特的。美国还没有与中国建交，而美国总统亲自访问北京。但尼克松与毛泽东、周恩来等新中国第一代领导人一起，正是用这种奇特的方式，共同打破中美两国关系的"坚冰"。中美领导人通过会谈发表公报，达成战略谅解而结束中美对抗局面，使美苏冷战对抗的世界格局发生根本变化。

与改革开放同步

35年来，中美关系如同一艘巨轮航行在波涛汹涌的大海上，速度时快时慢，却始终向前航行。

卡特总统执政期间，美国政府接受了中国提出的建交三原则，即在台湾问题上"断交、撤军、废约"，中美建交的障碍得以排除。在上海公报发表将近七年以后，两国于1978年12月16日发表建交公报。1979年1月1日，中美正式建交。同年1月，中国改革开放的总设计师邓小平访问美

第九课

国。他在公开讲话中指出:"我们两国社会制度不同,意识形态不同。但是,两国政府都意识到,两国人民的利益和世界和平的利益要求我们从国际形势的全局,用长远的战略观点来看待两国关系。"

中美关系正常化是与中国的改革开放同步启动的,而中国的改革开放为推动中美关系的发展增添了强大动力。1980年代,随着中国对外开放的扩大,中美两国关系得到较全面的发展。

高层互访丰富内涵

随着中国国力的增强,中国国际地位在1990年代初日益提高。1993年11月和1995年10月,中国国家主席江泽民两次会晤美国总统克林顿。在中美元首会晤的推动下,两国关系终于逐步走出低谷,开始向好的方向发展。尽管其间发生过中国使馆遭炸和撞机事件,但中美关系仍然向前。

1997、1998年,中美两国领导人实现成功互访,为两国关系发展注入新活力。1999年11月,中美就中国加入世界贸易组织达成协议。2000年,美国国会通过了对华永久正常贸易关系法案。2001年年底布什总统正式宣布给予中国永久正常贸易关系地位,消除了困扰两国关系十多年的一大障碍。

如果说,35年前的中美关系仅仅限于对抗苏联威胁而结成的战略合作伙伴关系,今天的中美关系已远远超越了对付共同敌人的范围,从战略安全与政治外交扩及到了政治经济、财政金融、科技文化的全方位合作,从亚洲地区扩展到中亚、中东、非洲、欧洲以至于整个世界。

成为利益相关者

尽管"中国威胁论"在美国朝野仍有相当市场,但是作为美国官方对华政策,强调共同利益与加强相互合作的层面是主要的。现在,白宫与国务院对中国的定性称谓既非"战略合作伙伴"也非"战略竞争关系",而是中性的"负责任的利益相关者"。

在去年胡锦涛主席成功访美时,中美双方就全面推进21世纪中美建设性合作关系达成新的重要共识,确定中美既是利益攸关方又是建设性合作者。这为中美关系的长远发展指明了方向。

重大国际问题加强合作

中美既寻求当前合作又着眼于未来的防范,但作为合作基础,都力求不挑战对方的重大战略利益。中美两国的贸易额从1979年建交时的20亿美

读报纸，学中文

元增长为现在的2000多亿美元，不到30年增加了100倍。中国的廉价商品已成为美国保持低度通胀、减少财政赤字与美国家庭开支的重要因素，美国的资金、科技与市场是中国经济增长、大量劳力就业的重要依托。而且，两国除了最高领导人之间的交流，其他形式和层次的交流也日益频繁，已进行了首次战略经济对话和三次战略对话，今年还将举行第二轮战略经济对话和第四轮战略对话。

中美在重大国际问题上的合作也更加紧密、有效，其中围绕"朝核危机"的协调与合作最引人注目。2月13日达成协议的朝核问题第五轮六方会谈就是一次成功例证，美国国务卿赖斯也特别感谢中方扮演了重要角色。

正如当年为尼克松"破冰之旅"开路的白宫重臣基辛格说的，"我了解我们美国领导人，他们也不希望冷战。我们两国关系将会继续建立在合作而不是对抗的基础上，因此，中美关系除了向好的方向发展外，不可能向别的方向发展。"

（节选自《东方早报》2007年3月1日，略有改动）

回答问题

1. 为什么说中美两国关系走向正常化的方式是非常奇特的？
2. 在哪一年中美正式建交？当时的美国总统是谁？
3. 中美关系与35年前相比，发生怎样的重大变化？
4. 中美两国的经贸往来对各自的经济发展有什么好处？

阅读三（字数：2549；阅读与答题的参考时间：15分钟）

中美专家指点25年后世界格局

查晓刚　张春　宋琤　整理

前言

新自由制度主义国际关系理论宗师罗伯特·基欧汉教授最近应上海国际关系学会和《文汇报》的邀请来到上海国际问题研究所，与上海国际关系学会副会长、上海国际问题研究所副所长杨洁勉进行了一场精彩的对

第九课

话，两位专家就25年后的国际体系进行了前瞻性的展望。这场高端对话也拉开了纪念上海国际关系学会成立50周年系列学术活动的帷幕。

对话者名片

杨洁勉（上海国际关系学会副会长、上海国际问题研究所副所长）

作为国内著名的美国问题和中美关系研究专家之一，杨洁勉享有"国务院特殊津贴"，并主持过多项国家重大社科项目、外交部课题、国台办课题等。在长期的理论研究中，他著有《后冷战时期的中美关系：分析与探索》等多部专著，多次荣获上海社科优秀专著和论文奖。

罗伯特·基欧汉（美国普林斯顿大学教授，前美国国际学会会长）

作为当代最重要的国际关系理论家之一，罗伯特·基欧汉建立了较为系统的以国际制度理论为核心的世界政治理论体系，使新自由制度主义成为与新现实主义并驾齐驱的西方主流理论。基欧汉整整40年的学术研究都在探索一个基本课题，那就是国际制度的作用及其与权力政治的关系。对这个问题的不懈探索使他成为新自由制度主义的理论宗师。

世界将是单极、两极还是多极的？

当前，国际体系正处于转型时期，从冷战时期的两极体系向后冷战时期的多极体系过渡，这个转型期将是长期的，可能要到2020—2030年才能完成。 ——杨洁勉

世界是单极、两极还是多极，那会因议题而不同。如果从不同的角度看，你会看到不同的单极、两极和多极的画面。 ——基欧汉

●**杨**：中国学者大多认为，当前，国际体系正处于转型时期，从冷战时期的两极体系向后冷战时期的多极体系过渡，这个转型期将是长期的，从1989年柏林墙倒塌算起，可能要到2020—2030年才能完成。

我个人认为，转型时期的国际体系有以下主要特点：第一，这一转型是和平的，没有重大战争。当然，由于是和平的，因此需要时间；第二，行为体的多元化和多样化，世界政治中的问题也变得日益复杂和多样化。第三，转型时期的国家更注重规则的设定。第四，新兴的发展中大国和资源富集国家的作用日益上升。第五，文化与价值观的因素变得日益重要。

●●**基**：世界是单极、两极还是多极，那会因议题而有所不同。在军事力量方面，目前的世界就是美国单极。但如果考察政治影响的话，就不是单极了，美国在伊拉克的军事力量并未强化美国的政治影响。如果转向

经济领域，欧盟与美国至少是并驾齐驱的。如果你看经济的动力，世界在期望中国成为第二大经济体。因此，如果从不同角度看，你会看到不同的单极、两极和多极的画面。

世界政治转型时期最好的、最有希望的类比是1870—1945年间的长时期的从英国主导向美国主导的转型。这75年时间的转型也很长，也是和平的，尽管有两次世界大战，但并非是由崛起大国所导致的。因此必然可以从中学到很多东西。

25年后的世界将是什么样子？

我对未来谨慎地乐观，认为建构中的国际体系的主要面是积极的。
——杨洁勉

有四个方面的问题不容乐观，但所有这些问题的解决都需要多边主义的方法。 ——基欧汉

●杨：在讨论完历史和当前之后，我们将目光转向未来。到2020或2030年，国际体系或你说的世界政治将会变成什么样？我对未来谨慎地乐观，认为建构中的国际体系的主要面是积极的，我认为到2020—2030年的国际体系将有四个特点。

第一，主要行为体的多极性。主要行为体不是现在的单一大国，还包括印度、南非、巴西等发展中国家，还有诸如南方共同市场、非盟等发展中国家集团。此外，还有因公民社会的发展而推到前台的非政府组织。第二，互动的多样性。国际体系中各种行为体的互动更加多样，如国家行为体之间、非国家行为体之间、国家行为体与非国家行为体之间。目前，国家行为体与非国家行为体之间的互动机制很缺乏。我们还没有在价值观、战略、政策等上面做准备。第三，议题的综合性。国际体系正常运作需要面对的议题不再是传统的安全、军事问题，而是从传统安全到公共卫生的人类社会的全方位问题。第四，决策的复杂性。国际体系将要努力解决应对各类问题而造成的决策瓶颈问题。我认为这些都是到2020—2030年最大的挑战。

●●基：非常充满希望的评估。的确，我们的领导人们对未来所作的准备并不充分。我们已经有了很大的进步，已经学到了很多如何处理各种问题、危机的知识，知道如何避免冲突实现繁荣。但是还有四个方面的问题，它们可能会中断你所描述的乐观前景。第一，巨大的公共卫生问题。

第九课

第二，大规模杀伤性武器的扩散。第三，气候变化。第四，激进的恐怖主义势力的发展。现在所有这些问题我们都必须思考，到2020年时它们都将是我们的挑战，而且所有的问题都需要多边主义的方法。

中国将扮演什么角色？

中国不想挑战美国这个当今大国的地位。中国只是想与美国和其他国家共同通过和平的方式实现合作共赢。 ——杨洁勉

过去20年里世界上最积极的事莫过于中国的和平崛起。中国并没有狭隘地界定其国家利益。要给予中国在国际体系中发出更大声音的机会，这是个极重要的任务。 ——基欧汉

●杨：我同意你的补充。中国对国际体系的基本立场经历了一个从局外人到构建者的过程。在过去近30年中，中国得益于全球化和改革开放。现在，中国并不想挑战美国这个守成大国的地位。中国只是想与美国和其他国家共同通过和平方式实现合作共赢。中国试图在国家利益、地区利益和全球利益之间作平衡，也试图在长远和近期利益之间作出平衡。

●●基：对我来说，过去20年里世界上最积极的事莫过于中国的和平崛起。现在的问题是：中国对多边机制有多大兴趣，中国应在多大程度上参与多边机制？我认为最核心的问题是，大国应当也可以正确界定其国家利益。令人高兴的是，中国并没有狭隘地界定其国家利益，不存在文化相对主义。

在美国，有关如何界定美国国家利益仍存在着争论。当前的布什政府对于多边主义持反对态度，他们根本上是单边主义的；他们不喜欢联合国、害怕联合国限制美国的权势。目前的美国缺乏类似冷战时期的战略性共识，问题在于如何界定美国的国家利益。

另一个问题，要给予中国在国际体系中发出更大的声音的机会。很明显的，中国已经日益强大。如果替代性的方法是不给予中国发表其声音的机会，那是错误的。但美国领导人也必须向美国公众解释，为什么应当给予中国更大的发言机会；而且我们是自愿给予中国的，而不是中国强迫美国这样做的。这是个极重要的任务。

（节选自《文汇报》2007年1月11日，有改动）

读报纸，学中文

判断正误

1. 杨洁勉认为当前的国际体系正从冷战时期的两极体系向后冷战时期的多极体系过渡。（   ）
2. 基欧汉认为在政治影响方面，目前的世界是美国单极。（   ）
3. 在对当前国际体系的判断上，基欧汉与杨洁勉的看法一致。（   ）
4. 杨洁勉对到2020或2030年的国际体系的发展形势持很乐观的态度。（   ）
5. 杨洁勉认为到2020或2030年的国际体系中的主要行为体将是多极的。（   ）
6. 杨洁勉对目前国家行为体与非国家行为体之间的互动机制感到很满意。（   ）
7. 杨洁勉认为到2020或2030年国际体系正常运作需要面对的议题将发生重大改变。（   ）
8. 基欧汉对未来的国际体系的发展形势持不太乐观的态度。（   ）
9. 杨洁勉认为中国的崛起会对美国当今的大国地位构成挑战。（   ）
10. 基欧汉对中国的和平崛起持赞赏的态度。（   ）

第十课

中日两国是搬不开的邻居

冯昭奎

在变化的国际形势下,我们如何同邻国⁽¹⁾日本相处?对此,笔者提出以下6点看法。

历史问题不是中日的全部

解决历史问题需要智慧,既要认真解决历史问题,又要积极发展中日关系,而且后者更重要,更带有全局⁽²⁾性,不宜将作为一个思想认识问题的历史问题看做是发展两国关系的"前提"或"入口⁽³⁾"。历史问题不是中日关系的全部,不能仅仅因为历史认识而影响和耽误了其他更多的、拖延⁽⁴⁾不得的紧急问题的解决,进而影响中日关系的全局⁽²⁾。

不能听任中日陷入⁽⁵⁾"民族主义刺激民族主义"的恶性⁽⁶⁾循环

"矛盾无处不在",即使中日关系处于良好状态,中日之间也存在矛盾,不宜采取"肯定一切"的态度;即使中日关系处于不好的状态,中日之间也存在合作,不宜采取"否定一切"的态度。总之,中日关系就是一个不断解决矛盾、又不断产生新的矛盾的过程。

高涨⁽⁷⁾的民族主义情绪的对立⁽⁸⁾,可能导致中日矛盾更加激烈。我们不能听任中日陷入⁽⁵⁾"民族主义刺激民族主义"的恶性⁽⁶⁾循环。

在推进东亚共同体的过程中，中日不应该也不必要争夺（9）什么"主导权"，世界上最成功的经济共同体——欧盟就不是"一国主导"的。在中美不对抗（10）的前提下，日美关系也就不成为中国的对立（8）面；日本同美国紧密合作并不妨碍（11）中日之间也可以存在共同的战略利益。我们需要发展中美关系与发展中日关系并存的局面。

不要主观地高估（12）或贬低（13）日本

政治是经济的集中表现。日本成为"经济大国"的现实必然要反映到政治上来，对于日本希望在国际事务中发挥更大作用的要求可以表示理解。当然，我们期待日本不要远离战后以来的和平发展道路，与此同时（14）也需认识到中日关系是中国同一个现实的日本的关系，而不是同一个我们所期待的、理想的日本的关系。

对日本战后的和平发展不仅应该给予肯定，而且应借鉴（15）其有益经验。日本是追赶（16）欧美、实现工业化的最大成功者，对于仍处于追赶（16）发达国家和工业化的发展道路中的中国来说，战后日本发展的经验与教训仍值得我们重视和借鉴（15）。应坚持客观地、科学地评估日本在经济等方面的实力，不要主观地、带有情绪地高估（12）或贬低（13）日本。

中日合作应从国家利益出发

中日经贸关系的发展是经济全球化重要一环。工业化与信息化是中日合作推向新高度的两个重大领域。共同对付日益上升的、比传统威胁更具破坏性、扩散（17）性、危险性的非传统威胁（如恐怖（18）主义、环境破坏），必将成为连接21世纪中日关系的"战略基础"。日本在节能（19）、环保方面的先进技术和管理经验对于正在大力落实"科学发展观"的中国来说具有十分重要的意义。

对日外交不是远交近攻（20）

中日两国在外交思维上需要明确选定"近交"抛弃（21）"近攻（20）"（"近交"的榜样看欧洲，"近攻（20）"的坏样看中东）。

在东海海底资源开发问题上，中日双方都应该坚持"搁置争议，共同开发"，如果为了这个问题发生冲突，那就如同两个婴儿（22）争夺（9）桌上的一杯牛奶，其结果只能是把牛奶杯打翻。

我们既要反对所谓"中国威胁论"，也需主动意识到自身的发展和崛

第十课

起⁽²³⁾对周围邻国⁽¹⁾的影响,对此我们应该确立⁽²⁴⁾令人信赖⁽²⁵⁾的、体现"和谐中国"的"国家形象战略"。

应继续推进中日间各个层次的外交,特别是"民间外交,应大力加强被称之为"人心⁽²⁶⁾、人情⁽²⁷⁾的交流"的文化和学术交流,并通过各种交流扩大对方国家在本国的存在感和接近感。

参拜问题,坚持"区分论"

中国明确反对日本领导人参拜靖国神社,这是因为在过去日本对华及亚洲各国发动侵略战争问题上,我们坚持"区分论",反对"不加区分论"。

然而,前首相小泉作为一国的代表年年参拜供奉⁽²⁸⁾有甲级战犯(军国主义⁽²⁹⁾者的代表)的靖国神社,颠覆了"区分论",助长⁽³⁰⁾了"不加区分论",刺激了民族主义情绪的高涨⁽⁷⁾。

中国坚持"与邻⁽³¹⁾为善,以邻⁽³¹⁾为伴⁽³²⁾",同样需要日本以善相报,不要误解中方诚意⁽³³⁾;只有当中日双方都做到"与邻⁽³¹⁾为善,以邻⁽³¹⁾为伴⁽³²⁾",中日关系才能真正达到"为善为伴⁽³²⁾"的境界。值得注意的是,在去年10月安倍首相访华后发表的公报⁽³⁴⁾中,中日双方首次在两国关系上使用了"战略"的说法。

中日两国是搬不开的邻居,邻居间和睦相处、相互帮助,避免成天吵架,这显然是两国民众的普遍的、朴素的愿望。我们坚信⁽³⁵⁾改善和发展中日关系才真正代表和体现了中国的主流民意。

(全文字数:1819)

(节选自《环球时报》2007年1月25日,略有改动)

1. 邻国　　鄰國　　línguó　　(名)　　领土邻接的国家
　　　　　　　　　　　　　　　　　neighboring country
　　　　　　　　　　　　　　　　　隣国
　　　　　　　　　　　　　　　　　이웃 나라

2.	全局		quánjú	（名）	整个局面
					overall situation, situation as a whole, picture of the whole
					全局面
					전체의 국면, 대세
3.	入口		rùkǒu	（名）	进入的地方
					entrance, entry
					入り口
					입구
4.	拖延		tuōyán	（动）	延长时间,不及时办理
					delay, put off, postpone, procrastinate
					遅らせる、引き延ばす
					끌다, 연기하다, 지연하다, 늦추다, 연장하다
5.	陷入		xiànrù	（动）	落在（不利的境地）
					sink into, get caught up in, land in (a predicament), fall into
					陥る
					(불리한 상황에)빠지다
6.	恶性	惡性	èxìng	（形）	能产生严重后果的
					malignant, pernicious, vicious
					悪質、悪性の
					악성의, 악질적인
7.	高涨	高漲	gāozhǎng	（动）	事物的水平、规模上升得很快
					rise, surge up, run high
					高まる、高揚する
					뛰어오르다, 급증하다
8.	对立	對立	duìlì	（动、名）	两种事物或一种事物中的两个方面之间的相互抵消、抑制、中和或其他的相反作用
					oppose, set sth. against, be antago-

第十课

nistic to, contradiction, antagonism, conflict, clash
対立する/対立
대립(하다)

9. 争夺　争奪　zhēngduó　（名）竞争抢夺
fight or contend, scramble for, enter into rivalry with sb. over sth.
争う、争奪する
쟁탈하다, 다투다, 싸워 빼앗다

10. 对抗　對抗　duìkàng　（动）双方对立相持不下
resist, oppose
対抗する
대항하다, 반항하다

11. 妨碍　妨礙　fáng'ài　（动）事情不能顺利进行，使过程或进展变得缓慢或困难
hinder, hamper, obstruct
妨げる、妨害する
지장을 주다, 방해하다, 저해하다

12. 高估　　　gāogū　（动）过高地估计
overrate, overestimate
過大評価する
높이 평가하다

13. 贬低　貶低　biǎndī　（动）故意降低应有的评价
belittle, depreciate, play down, debase, detract
おとしめる
낮게 평가하다, 얕잡아보다

14. 与此同时　與此同時　yǔ cǐ tóngshí　（成）与这同一时间
at the same time, meanwhile
同時に
이와 동시에, 아울러

15. 借鉴　借鑑　jièjiàn　（动）把别的人或事当镜子，对照自己，

213

以便吸取经验或教训
draw lessons from, draw on the experience of, use for reference
教訓を得る、参考にする
참고로 하다, 거울로 삼다

16. 追赶　追趕　zhuīgǎn　（动）　加快速度赶（走在前面的人、动物或其他事物）
chase or run after, pursue; accelerate one's pace in order to catch up, run after
追いかける
뒤쫓다, 쫓아가다, 따라잡다

17. 扩散　擴散　kuòsàn　（动）　向外扩展分散
spread, diffuse, proliferate, scatter about
拡散する
확산하다, 만연하다

18. 恐怖　　　kǒngbù　（形、名）　（由于生命受到威胁而引起的）恐惧
fearful, horrible; terror, horror, dread (caused by threat)
恐怖、恐ろしい
공포, 테러

19. 节能　節能　jiénéng　（动）　在能源的利用上节约、不浪费
save energy, energy conservation
エネルギーを節約する、省エネする
에너지를 절약하다

20. 攻　　　gōng　（动）　攻打
assault, attack
攻める
공격하다

21. 抛弃　拋棄　pāoqì　（动）　扔掉不要；丢弃
desert, abandon, cast away
放棄する、見捨てる

第十课

방치하다, 내버리다

22. 婴儿　嬰兒　yīng'ér　（名）初生的幼儿。一周岁内的儿童
infant, baby, babyhood, bambino
赤ちゃん、赤ん坊
영아, 젖먹이, 갓난애

23. <u>崛起</u>　　　juéqǐ　（动）兴起
rise abruptly, suddenly appear on the horizon; rise (as a political force)
起こる、勃興する
들고 일어나다, 궐기하다

24. 确立　確立　quèlì　（动）牢固地建立或树立
set up, establish, fix, build up
確立する
확립하다

25. 信赖　信賴　xìnlài　（动）信任，依赖
trust, count on, have faith in, confide
信頼する
신뢰하다

26. 人心　　　rénxīn　（名）指人的感情、愿望等
people, public feeling; human heart, the will of the people
人心
인심

27. 人情　　　rénqíng　（名）人的感情；人之常情
human feelings, relationship
人情
인정

28. <u>供奉</u>　　　gòngfèng　（动）祭祀神佛、祖先
present, make offerings to, offer sacrifices to; person who waited upon an emperor with a certain skill
神仏を祭る

215

바치다, 공양하다, 모시다

29. <u>军国主义</u> 軍國主義 jūnguó zhǔyì （名）实行军事独裁，强迫人民接受军事训练，向人民灌输侵略思想，使政治、经济、文化为侵略战争服务的反动政权
militarism
軍国主義
군국주의

30. 助长 助長 zhùzhǎng （名）帮助成长；促使增长
encourage, foster, abet
助長させる、増長させる
조장하다

31. 邻 鄰 lín （名）住处接近的人家
neighbour
隣
이웃

32. 伴 bàn （名）同伴
companion, partner
仲間、パートナー
동료, 동반자, 벗

33. 诚意 誠意 chéngyì （名）诚恳的心意；使其意念发于精诚，不欺人，也不自欺
sincerity, good faith
誠意
성의, 진심

34. 公报 公報 gōngbào （名）简明或提炼的公告或通知，其内容多为人们十分关注的问题，并由权威部门所发布
public service announcement (PSA), communique;bulletin
公報
성명, 관보

第十课

35. 坚信　　坚信　　jiānxìn　　（动）　　坚决相信
firmly believe
確信する
굳게 믿다

词语例释

1. 在中美不对抗的前提下，日美关系也就不成为中国的对立面；日本同美国紧密合作并不**妨碍**中日之间也可以存在共同的战略利益。

   "妨碍"与"妨害"：动词。贬义词。带来不便和害处。

   妨碍：使事情不能顺利进行；阻碍。强调带来的不便，对事情的阻碍作用。

   妨害：有害于。强调因某件事带来的害处。

   妨碍交通/妨碍工作/妨碍学习/妨碍事情顺利进行

   妨害身体/妨害健康/妨害治安/妨害进步/妨害团结

   ① 如果企业没有选择生产要素的权力，不能自行筹集资金并决定资金投向，就会妨碍企业之间开展竞争。

   ② 谣言是没有事实根据的，让谣言左右自己的言行，不仅会白白浪费我们宝贵的时间和精力，而且会扰乱思想，妨碍社会秩序的安定。

   ③ 明明知道吸烟妨害健康，但他却下不了戒烟的决心。

   ④ 民事诉讼法是阐述民事诉讼任务和基本原则、民事案件的管辖、民事审判程序，以及对妨害民事诉讼行为的强制措施等的主要内容。

2. 中日两国在外交思维上需要明确选定"近交"**抛弃**"近攻"（"近交"的榜样看欧洲，"近攻"的坏样看中东）。

   "抛弃"与"遗弃"：动词。都有放弃的意思。

   抛弃：适用范围较广，既可用于具体事物，又可用于抽象事物。

   遗弃：适用范围较窄，一般指具体事物。此外它还有对本应赡养或抚养的亲属抛开不管的意思。

   抛弃陋习/抛弃陈腐观念/抛弃错误想法

被遗弃/敌人遗弃的武器

① 如果抛弃了一切文学遗产，完全从头开始，那就不可能有文学的发展，当然也谈不上什么革新和创造。

② 要使人们相信真理，抛弃偏见，不是一件简单的事，为此甚至还要作出某种牺牲。

③ 遗弃婴儿是一种犯罪行为。

④ 男女平等，尊老爱幼，反对虐待遗弃老人和子女，这样就能使每个家庭成员心情舒畅，精力充沛地工作和学习，为社会作出贡献。

3. 我们既要反对所谓"中国威胁论"，也需主动意识到自身的发展和崛起对周围邻国的影响，对此我们应该确立令人**信赖**的、体现"和谐中国"的"国家形象战略"。

"信赖"与"相信"：动词。都表示不怀疑。

信赖： 除表示不怀疑外，还含有可以依靠、仰仗的意思。语意较"相信"重。适用对象大多是别人或组织及其思想、行为，偶尔是事物，使用范围较窄。做带宾谓语时，宾语只能是名词性词语。能做修饰成分，能活用为名词做相应的句子成分。

相信： 其适用对象可以是人或组织及其思想、行为，也可以是事物，可以对自己，也可以对别人，使用范围较广。做带宾谓语时，宾语可以是非名词性词语。一般不做修饰成分，也不能活用为名词。

十分信赖/值得信赖/赢得大家的信赖/信赖的目光/大家的信赖

相信组织/相信群众/相信自己/不相信

① 如果父母给婴儿以爱抚和有规律的照料，婴儿将会产生基本信赖的情感。

② 他用自己的行动赢得了大家的信赖。

③ 科学家们相信总有一天我们能随便用一种语言来对计算机说话，甚至和它交谈。

④ 我相信他们的实验是有价值的。

第十课

背景知识

中日关系。1972年9月25日至30日，日本首相田中角荣访问中国。9月29日在北京签署《中日联合声明》，实现了两国邦交正常化。1973年1月，两国互设大使馆，中国在大阪、福冈、札幌、长崎，日本在上海、广州、沈阳和香港分别开设总领事馆。1978年8月12日，两国缔结《中日和平友好条约》，以法律形式确认了《中日联合声明》的各项原则，为中日关系的全面发展奠定了政治基础。同年10月邓小平副总理访日，双方互换《中日和平友好条约》批准书。1998年11月，江泽民主席对日本进行国事访问，这是中国国家元首首次正式访日，双方共同发表了《中日联合宣言》，为两国在新世纪发展友好合作关系确立了行动指南。2006年10月，日本首相安倍晋三对中国进行正式访问。两国发表联合新闻公报，双方同意，努力构筑基于共同战略利益的互惠关系。2007年4月，温家宝总理对日本进行正式访问，双方发表了《中日联合新闻公报》，就构筑"基于共同战略利益的互惠关系"达成了共识。

中日关系的理想目标是最大限度地实现共同利益，最低目标是防止相互戒备导致相互对抗。近、中期最有可能的局面是，中日关系将在合作与摩擦中曲折、渐进地向前发展。中日发展友好合作的共同利益是不言而喻的，特别是两国经贸关系和民间交往已有相当深厚的基础。但也应看到，中日经济相互依赖日益加深的同时，政治摩擦和感情冲突时有存在。中日间潜在政治摩擦因素有如下几类：日本否认或美化对华侵略历史的问题，日美同盟威胁中国安全的问题，围绕钓鱼岛及其周边海域权益的争端问题，以及在经贸和经济合作领域的摩擦问题。

鉴于中日关系的复杂性，两国在推动相互关系时，宜以经济促政治与安全合作，以民促官，以官带民；应继续发扬"求大同，存小异"的精神，按先易后难、循序渐进的方式逐步加强相互间各项合作。以地区合作促进双边合作，是推动中日关系的又一途径。中日应在亚太、东亚、东北亚三个层次加强合作，在积极参与各类地区合作机制中加强政策协调。其中，近年来启动的东盟与中日韩框架和中日韩三国对话，是中日携手推动地区合作的良好开始。

读报纸，学中文

练 习

一、请在课外阅读两篇最新中文报刊文章，将它们剪贴在你的笔记本上，然后把它们写成摘要，并谈谈自己的看法。

二、给下列动词搭配适当的词语：

拖延＿＿＿＿＿＿　　　　陷入＿＿＿＿＿＿
争夺＿＿＿＿＿＿　　　　妨碍＿＿＿＿＿＿
借鉴＿＿＿＿＿＿　　　　追赶＿＿＿＿＿＿
抛弃＿＿＿＿＿＿　　　　确立＿＿＿＿＿＿

三、选词填空：

> 拖延　陷入　对抗　贬低　与此同时　崛起　坚信

1. 耐力有助于＿＿＿＿疲劳，延缓疲劳的出现。
2. 他们无限期地＿＿＿＿着时间。
3. 十多年来，我国农村面貌发生了举世瞩目的变化，特别是乡镇企业的＿＿＿＿和商品经济的发展，使农村经济发生了历史性的进步。
4. 赌博，是一种吸引人犯罪的道德败坏行为，不少人由于赌博而＿＿＿＿贫困或走上偷盗、抢劫等犯罪道路。
5. 儿童通过道德认识产生道德信念，＿＿＿＿会伴随有某种内心体验，这就是道德感。
6. 她＿＿＿＿时间是属于青年人的，未来必将胜过现在。
7. 我们不应回避他的错误和缺点，但也不能＿＿＿＿他的功绩。

> 妨碍　妨害

8. 暴力干涉不仅＿＿＿＿他人的婚姻自由，而且还直接侵害被干涉者的人身权利，往往造成被害人伤残、自杀等严重后果，其社会危害性比非暴力干涉的要大。

第十课

9. 对变化场地不适应、器材的不习惯、气温、风力，甚至观众多少都会使运动员心理产生紧张，_____注意力的集中。

抛弃　　遗弃

10. 借口情况变化而全盘否定历史、_____传统，是错误的。
11. 许多物种经过水陆的极大变迁、自然界的_____或培养、气候的长期有利或不利影响而变成不同于它们以前的形态。

信赖　　相信

12. 我_____你身上的这些坏毛病你都抛弃得了。
13. 只有具有_____情感的儿童才敢于希望，因为他们不必为他们的需要能否得到满足而发愁，以致被局限在眼前的事物上。

四、根据课文内容判断正误：

1. 如何看待历史问题是发展中日两国关系的前提。（　　）
2. 中日关系，既有合作，也有矛盾。（　　）
3. 日本同美国紧密合作并不影响中日之间发展良好关系。（　　）
4. 中日关系就是中国和一个所期待的日本的关系。（　　）

五、请按正确的语序将下列各个句子组成完整的一段话：

1. A. 不能仅仅因为历史认识而影响和耽误了其他更多的、拖延不得的紧急问题的解决
   B. 历史问题不是中日关系的全部
   C. 进而影响中日关系的全局
   正确的语序是：（　　）（　　）（　　）

2. A. 避免成天吵架
   B. 邻居间和睦相处、相互帮助
   C. 中日两国是搬不开的邻居
   D. 这显然是两国民众的普遍的、朴素的愿望
   正确的语序是：（　　）（　　）（　　）（　　）

六、根据课文内容选择最合适的答案

1. 发展中日关系，应_____民族主义的情绪。
   A 反对　　　　B 利用　　　　C 控制　　　　D 激化

2. 在推进东亚共同体的过程中，中日应_____"一国主导"的局面。
   A 避免　　　　B 支持　　　　C 形成　　　　D 改变

3. 对日本战后的和平发展应予以_____。
   A 批评　　　　B 反对　　　　C 肯定　　　　D 抛弃

4. 中国_____日本前首相小泉作为一国的代表年年参拜靖国神社。
   A 不反对　　　B 不支持　　　C 赞成　　　　D 明确反对

七、完形填空

（一）

| 更　　又要　　不宜　　既要　　而且 |

解决历史问题需要智慧，1_____认真解决历史问题，2_____积极发展中日关系，3_____后者更重要，4_____带有全局性，5_____将作为一个思想认识问题的历史问题看做是发展两国关系的"前提"或"入口"。

（二）

| 对于　　不仅　　值得　　来说　　而且 |

对日本战后的和平发展1_____应该给予肯定，2_____应借鉴其有益经验。日本是追赶欧美、实现工业化的最大成功者，3_____仍处于追赶发达国家和工业化的发展道路中的中国4_____，战后日本发展的经验与教训仍5_____我们重视和借鉴。

八、请用自己的话或原文中的关键句子概括下面几段话的主要内容：

1. 中日两国在外交思维上需要明确选定"近交"抛弃"近攻"（"近交"的榜样看欧洲，"近攻"的坏样看中东）。

在东海海底资源开发问题上，中日双方都应该坚持"搁置争议，共同开发"，如果为了这个问题发生冲突，那就如同两个婴儿争夺桌上的一杯牛奶，其结果只能是把牛奶杯打翻。

我们既要反对所谓"中国威胁论"，也需主动意识到自身的发展和崛起对

第十课

周围邻国的影响，对此我们应该确立令人信赖的、体现"和谐中国"的"国家形象战略"。

应继续推进中日间各个层次的外交，特别是"民间外交，应大力加强被称之为"人心、人情的交流"的文化和学术交流，并通过各种交流扩大对方国家在本国的存在感和接近感。

2. 中国明确反对日本领导人参拜靖国神社，这是因为在过去日本对华及亚洲各国发动侵略战争问题上，我们坚持"区分论"，反对"不加区分论"。

然而，前首相小泉作为一国的代表年年参拜供奉有甲级战犯（军国主义者的代表）的靖国神社，颠覆了"区分论"，助长了"不加区分论"，刺激了民族主义情绪的高涨。

中国坚持"与邻为善，以邻为伴"，同样需要日本以善相报，不要误解中方诚意；只有当中日双方都做到"与邻为善，以邻为伴"，中日关系才能真正达到"为善为伴"的境界。值得注意的是，在去年10月安倍首相访华后发表的公报中，中日双方首次在两国关系上使用了"战略"的说法。

中日两国是搬不开的邻居，邻居间和睦相处、相互帮助，避免成天吵架，这显然是两国民众的普遍的、朴素的愿望。我们坚信改善和发展中日关系才真正代表和体现了中国的主流民意。

九、请尽量用以下词语进行话题讨论

| 全局 | 陷入 | 恶性 | 对立 | 妨碍 | 借鉴 |
| 抛弃 | 确立 | 信赖 | 诚意 | 坚信 | 与此同时 |

你是如何评价中日两国目前的关系的？你认为中日两国怎样做才能发展良好的关系？

十、快速阅读：

阅读一（字数：1512；阅读与答题的参考时间：7分钟）

"融冰之旅"推动中日战略互惠

（本报综合报道）"如果说安倍晋三首相去年10月对中国的访问是一次破冰之旅，那么我希望我的这次访问能够成为一次融冰之旅，为友谊与合作而来是我这次访问日本的目的。"这是4月12日国务院总理温家宝在日本国会所作的题目为《为了友谊与合作》的演讲中所说的。温总理在演

讲中说，为了友谊与合作，需要总结和记取不幸岁月的历史教训。他说，中日两国人民长达2000多年的友好交往，曾被近代那一段惨痛、不幸的历史所阻断。日本发动的侵华战争，使中国人民遭受了深重灾难，人员伤亡惨重，财产损失巨大，给中国人民心灵造成的创伤难以用语言来形容。那场战争也给日本人民带来了巨大苦难和创痛，对此上了年纪的人们至今记忆犹新。温总理说，沉思历史，我们更加深刻地体会到：中日和平友好，关乎两个国家的命运和人民的福祉。温总理说，中国老一辈领导人曾多次指出：那场侵略战争的责任，应该由极少数军国主义分子承担，广大日本人民也是战争受害者，中国人民要同日本人民友好相处。

温总理表示，中日两国存在着日益增长的共同利益，面临着需要共同应对的重大课题。基于这样的客观事实，两国领导人就构筑战略互惠关系达成了共识，我们的目标就是顺应潮流和民心，把中日关系推向新的历史阶段，实现和平共处、世代友好、互利合作、共同发展。11日，温家宝总理与日本首相安倍晋三举行会谈，并发表联合新闻公报，确认中日战略互惠关系。在富有争议的东海问题上，两国领导人同意将在今年秋季就共同开发的具体方案提出报告。中日两国领导人还达成共识，作为最终划界前的临时性安排，在不损害双方关于海洋法诸问题立场的前提下，根据互惠原则进行共同开发。联合新闻公报还指出，双方确认在认真致力于解决全球性环境问题的同时，就重点开展黄渤海区域和长江流域等重要水域水污染防治、建设循环型社会、防止大气污染、应对气候变化、防止海洋漂浮垃圾、防治酸雨及沙尘暴等合作达成一致。双方还一致同意重点推进节能环保商务示范项目，加强两国在节能、煤炭、核能等能源领域以及亚洲地区节能多边框架内的合作。

美国《华尔街日报》文章认为，温家宝总理对日本的正式访问是继日本首相安倍去年踏上对中国的"破冰之旅"后的又一次具有历史意义的"融冰之旅"。虽然"破冰"需要胆略，但是"融冰"更强调实质性的成果，需要开创一个全新的富有建设性的合作战略。在经济全球化不断推进的今天，中日两国的经济和金融合作关系对双方来讲尤其具有重大的战略意义。因此，在中日邦交正常化35周年和"七七"卢沟桥事变70周年之际，能否抓住双方首脑互访契机，使两国关系摆脱政"冷"经"热"的制约格局，是推动中日经济关系发展所面临的一个重大挑战。文章指出，事

第十课

实上，中日两国的经济合作存在很大的空间和发展的必要性。这是因为中日双方不仅面临着共同的具有挑战性的问题，而且各自需要解决的制约经济发展的瓶颈问题也可以通过广范围的合作来加以克服。

有专家指出，温总理的此次访问，向日本领导人和国民传递这样一个信息："发展中日友好合作关系，顺应时代潮流，符合人民愿望。中国人民希望同日本人民一道，携手共进，改善和发展两国关系"。而日本的有识之士也同样热切地表达了这样的愿望。中日两国通过良性互动丰富"战略互惠"关系的内涵，进一步通过经贸合作夯实两国关系的基础，从战略高度看待中日关系的现在和未来，将事关两国关系的和谐以及东亚的繁荣与稳定。

（节选自《学习时报》2007年4月16日，略有改动）

回答问题

1. 国务院总理温家宝是怎样评价两国的交往史？
2. 中日两国就环境治理方面达成哪些共识？
3. 美国《华尔街日报》是怎样评价温家宝总理的此次访问的？
4. 专家是怎么看温家宝总理的此次访问的？

阅读二（字数：2224；阅读与答题的参考时间：11分钟）

"融冰之旅"，融中日关系之"冰"

李诗佳　熊争艳

温家宝总理的对话与微笑，心与心的交流，得到日本社会积极回应

11日至13日，温家宝总理对日本进行了历史性的访问。这是时隔7年中国总理对日本的首次访问，也是中日打破政治僵局之后的"融冰之旅"。

在日本50多个小时近30场活动的旋风式访问中，温家宝会晤日本天皇、首相和各政党团体负责人，在日本国会发表情理交融的演讲，启动中日经济高层对话机制。他还广泛接触日本民众，出席两国体育文化年开幕式，与普通农民一起栽西红柿苗，和日本大学生打棒球。

读报纸，学中文

"'融冰之旅'的目标已基本实现"

春雨是此次历史性访问的最好见证。

温家宝11日抵达东京羽田机场，正赶上难得的春雨。冒雨走下舷梯，温家宝与前来迎接的人员亲切握手。在随后与安倍首相的会谈中，他借用"好雨知时节"来表达自己的心情，安倍首相引用京都岚山周恩来总理诗碑上的"一线阳光穿云出"的词句回应温总理。

接下来的会谈也正如两位领导人的心情一样：友好、坦诚、认真、务实。

双方在会谈中确认了中日战略互惠关系的内涵，就这一关系的基本精神和基本内涵达成一致的认识。这一宏观性、全面性、长远性的框架为发展中日关系指明了确切的方向。

双方还拟订了改善中日关系具体的行动计划，让人看到了中日落实战略互惠关系切实可行的实际步骤。会谈后发表的《中日联合新闻公报》用大篇幅阐述了这一关系的基本精神、基本内涵和行动计划。其中具体政策可大体概括为"启动一个机制"，即中日经济高层对话机制，"推进六个领域"，即节能、环保、金融、能源、信息通信、高新技术合作，"加强两个层面"，即投资和经济合作。

在12日日本经济界人士举行的午餐会上，温家宝说："我原来希望此访成为'融冰之旅'，现在看起来，这一目标已基本实现。"日本参议院议长扇千景也表示："中日关系的'冰'已融化。"

"中日友好最终有利于两国人民"

一夜春雨，樱花盛开的东京12日变得格外明艳动人。樱花是日本的国花，每年只在4月初开放一次，只有7天的花期。今年日本的樱花却比往年开得晚。在温家宝和安倍共同启动中日经济高层战略对话机制之后，安倍首相幽默地说："为了迎接你，樱花都憋着不开，等你来了才开。"

中日经济高层战略对话机制的启动具有历史意义，标志着中日经济合作机制提升到更高层次，对提高两国经济合作水平，拓展两国经济合作领域将发挥积极作用。

双方将利用对话机制交流两国经济发展战略和宏观经济政策，协调跨部门经济合作，加强在重大地区及国际经济问题上的政策沟通。

温家宝总理访日期间曾表示深感责任之重大。他说，应该珍惜来之不易的中日关系的转折，扩大中日政治、经济、文化的合作基础。"因为，中日世代友好最终有利于两国人民。"他说。

心与心的交流

在演讲结束之后，当天温总理即打电话给他年近九旬的老母亲。老人家说："你讲得很好，是用心说的。"温总理访日的这一细节打动了安倍首相和所有的日本民众。

在繁华的东京和静幽的京都，温家宝广泛接触日本民众。"平易近人"、"知识渊博"是很多日本人对他的评价。通过温总理，日本民众加深了对中国和中国文化的了解。

在京都岚山，温总理通过缅怀周恩来总理诗碑，鼓励中日两国人民友谊代代相传；在京都迎宾馆，他接受日本茶道大师里千家千宗室献茶；在农户长浜家，他与日本普通农民一起盘腿坐着品尝豆饭，畅谈农经；在立命馆大学，他与日本学生畅谈理想，分享学习经验；在棒球场，他和日本大学生一起，打出了一个个好球。

即使是在晨练的时候，温总理也不忘与当地民众进行交流。12日清晨，他身穿深蓝色运动服，来到东京代代木公园。他虚心向日本老妇人学习日本健身体操，也教她们打中国的太极拳。

中日两国人民的交流源远流长。正是这种心与心的交流，构成了中日关系中的重要基础。在出席中日文化体育交流年中方开幕式时，中日两国总理都表示，希望人文交流成为增进双方人民感情的重要方式。

风在呼啸山不动摇

中日关系的发展经历了风雨和曲折。"尽管风在呼啸，山却不会移动。"温家宝总理用这句日本的谚语，阐述出中日友好的牢固根基，也昭示着中日关系未来的美好发展。

温家宝总理在访问中多次强调，中国政府和人民历来坚持向前看，一贯主张以史为鉴、面向未来。强调以史为鉴，不是要延续仇恨，而是为了更好地开辟未来。我们衷心希望，日方以实际行动体现有关表态和承诺。

温家宝总理和安倍首相也同意加快东海问题谈判进程，争取早日找到双方都能接受的解决方案，使东海成为"和平、友好、合作之海"。

新加坡《联合早报》报道说，温家宝访日涵盖了政治、经济、文化、社会等多层面。温家宝尝试用他的脚步、对话与微笑，化解日本各界对中日关系发展前景的种种顾虑,而日本方面也积极回应,这些都反映出两国改善与近邻关系的热切心情。

"和风化细雨,樱花吐艳迎朋友,冬去春来早。"这是温家宝总理在访日期间自己创作的日式"俳句"。这既是对他这次成功访日的总结,也为经霜历寒、春光初现的新世纪中日交往添上了浓墨重彩的一笔。

(节选自《新华每日电讯》2007年4月16日,略有改动)

回答问题

1. 温家宝总理在访问日本期间主要有哪些活动?
2. 改善中日关系的行动计划主要有哪些?
3. 启动中日经济高层战略对话机制有什么作用?
4. 新加坡《联合早报》是怎样评价温家宝访问日本的?

阅读三(字数:2549;阅读与答题的参考时间:15分钟)

中日关系:已见阳光

王少普

应日本首相安倍晋三的邀请,中国国务院总理温家宝11日开始对日本进行为期3天的正式访问。这是中国总理7年来首次访日。这次被称为"融冰之旅"的访问使曾因参拜靖国神社问题陷入困境的中日关系,虽还有雨雾,但已见阳光,人们期待着艳阳天。——编者

中日战略互惠关系

问:在温总理访日前,他和安倍都提到了要确立中日战略互惠关系的内涵并扩大这种互惠关系。中日的战略互惠具体指的到底是什么?

去年10月,安倍首相访华时,向中国提出,希望两国能建立"战略互惠关系",中国接受了这一提法。但应该说,当时这一提法只明确了基本方向,其内涵的规定性未得到充分讨论和确认。所以,温家宝总理此次访日的第一任务,就是和安倍首相就中日"战略互惠关系"的内涵达成共识。

中日战略互惠关系内涵的确定,为中日关系稳定而顺利地向新阶段转

第十课

变指明了方向，奠定了基础，预示着中日关系美好而广阔的发展前景。

完善经贸合作机制　促进民间长期交流

问：温总理此次访日的重点议题是什么？日本自民党干事长中川秀直在访华前表示，日方期待在这次访问中双方能够就共同开发东海油气田问题取得某种程度的进展。您如何看待日方的这个表态。目前看来，中日两国在哪些议题上共同点比较多，哪些议题上分歧比较多？

温家宝总理此次访日，除和安倍首相就中日战略互惠关系的内涵达成共识外，在其他预定课题上，如完善经贸合作机制，促进两国在教育、文化以及青少年之间的长期交流等方面，也取得了重要突破。

中日经贸关系自中日建交以来，获得了稳定而快速的发展，如今已成为中日关系最重要的基石之一。

由于中日在经贸领域，存在广泛而深入的共同利益，摩擦虽有，但不具有严重对立性质，中日关系向"战略互惠关系"的转变，首先从这一领域开始。

温总理此次访日，与安倍首相一起，启动了中日经济高层对话机制；确定发表《关于进一步加强环境保护合作的联合声明》、发表《关于加强两国在能源领域合作的联合声明》，以规定和指导在能源、环保方面的具体合作。这一系列重要措施，使中日经贸合作机制的完善，呈现出扎实而又积极的发展势头。

中日在教育、文化方面的交流，源远流长。日本早在隋唐时，便开始向中国成批派遣留学生，其中不少人回国后，成为学界领袖，文化精英。明治维新后，中国大批青年求学东瀛，归国后，有相当数量的人，成长为国之栋梁、一代风流。

1972年，中日恢复邦交正常化以来，两国教育、文化方面的交流，无论规模还是深度都在不断发展，中日互派留学生达到25万人以上。但是，与两国关系发展的现实要求与未来期望相比，还存在相当大的距离。

现在，中日教育都进入重要的转变时期。日本的大学在伴随科技进步的浪潮，谋求提高教育质量，但因为少子老龄化社会的出现，生源减少。而中国经济的迅速发展，需要大批人才，不少青年希望出国留学。这使两国在教育领域的互补性扩大。如两国政府能在制度、经费等方面给以恰当支持，中日在教育领域的合作，有望出现新的局面。

同时，教育合作，又是关系中日关系未来的战略性措施，未来是青年的，只有加强了青年之间的交流与相知，中日关系才可能保持长期稳定与友好。

此次温总理访日时，日方宣布将根据"21世纪东亚青少年大交流计划"，在今后5年大规模邀请中国高中生访日，中方对此表示欢迎。双方并就双向实施两国青少年大规模交流计划达成了一致。温总理还特地抽时间去京都最大的棒球场参观，并与日本青年学生打棒球。而日本方面则选派了深受中国青少年喜爱的日本歌手酒井法子、乒乓球运动员福原爱，担任对华亲善大使。这些具有重要意义的活动，将推动中日两国教育、文化与青年间的长期交流，出现新的热潮。

当然，除上述课题以外，中日间还存在许多需要加以讨论与解决的问题。例如，共同开发东海油气田问题，就是一个众所注目的问题。这个问题涉及国际关系、海洋法、海洋地质学等众多专业领域。

去年1月，两国在这一问题上，达成了"搁置争议，共同开发"的共识，但在具体方案上，仍然存在原则分歧。日本自民党干事长中川秀直曾表示，日方期待在温总理访日时，双方能够就共同开发东海油气田问题取得某种程度的进展。如果将这种期待，理解为实质性的进展，就目前情况而言，还难以变为事实。

如果这种期待，包括认识的接近，那么可以说，此次在东海问题上，还是取得了进展，因为双方确认了"作为最终划界前的临时性安排，在不损害双方关于海洋法诸问题立场的前提下，根据互惠原则进行共同开发"的原则。在这一原则下，涉及主权的划界问题被暂缓解决，双方目前需要做的是确定共同开发范围与方法。这使问题变得相对容易。

显然，由温总理访日而加速改善的中日关系，无论在氛围上，还是基础条件上，对于东海问题的解决，发挥了促进作用。

变动因素需要警惕　融化坚冰仍需时日

问：今年是卢沟桥事变70周年，也是中日邦交正常化35周年，因此是历史问题比较敏感的一年。温总理访日后，中日关系是否会出现"政热经热交流热"的高潮？暗藏在这股高潮中的"流冰"有哪些？近期中日关系的大方向如何？

温总理此次访日成功，是否也可以预测，中日关系已经雨过雾散，进

第十课

入"艳阳天"了呢?

不能!中日关系在小泉内阁时期形成僵局,有偶然,也有必然因素,偶然因素可以随小泉的离去而离去,必然因素是不会的。例如日本右翼势力的存在、中日缺乏安全互信,以及领土争端、联合国改革等具体问题上的重要分歧,都可能在一定条件下导致中日关系发生变动。这是需要人们警惕的。

但是,坚冰毕竟已经打开,融冰也已经开始,从长远角度看,没有任何力量能阻挡中日两国人民争取友谊与合作的努力。

(节选自《新民晚报》2007年4月13日,有改动)

判断正误

1. 建立中日"战略互惠关系",首先是由中方提出的。(   )
2. 中日战略互惠关系内涵的确定对发展中日关系意义重大。(   )
3. 中日经贸关系自中日正式建交以来发展快速稳定,没有矛盾。(   )
4. 中日关系向"战略互惠关系"转变,首先从文化领域开始。(   )
5. 中日在教育、文化方面的交流历史很长。(   )
6. 中日两国在教育领域有很大的互补性。(   )
7. 日方宣布在今后5年将大规模邀请中国中小学生访日。(   )
8. 担任对华亲善大使的日本歌手酒井法子、乒乓球运动员福原爱在中国青少年中很有影响。(   )
9. 此次东海油气田问题得到根本解决。(   )
10. 中日关系得到改善,但将来还有可能发生变动。(   )

第六～十课测试题

答题参考时间：100分钟　　　　　　　分数：＿＿＿＿＿＿＿＿

一、给下列动词搭配适当的词语：（5分）

攻克＿＿＿＿＿＿　　　　　　履行＿＿＿＿＿＿

考验＿＿＿＿＿＿　　　　　　登记＿＿＿＿＿＿

回避＿＿＿＿＿＿　　　　　　诽谤＿＿＿＿＿＿

防范＿＿＿＿＿＿　　　　　　爆发＿＿＿＿＿＿

拖延＿＿＿＿＿＿　　　　　　借鉴＿＿＿＿＿＿

二、选词填空：（10分）

> 一技之长　　供不应求　　偏偏　　全力以赴　　接二连三　　万一

1. 越不想的东西，却＿＿＿＿＿＿找上门来要他接受。
2. 公司在客户中信誉很高，产品＿＿＿＿＿＿。
3. 苏童的小说＿＿＿＿＿＿被影视导演看中，改拍成电影电视剧。
4. 初来时他们热情很高，竭力想把自己的＿＿＿＿＿＿贡献出来。
5. 幸亏我去得及时，＿＿＿＿＿＿迟一个礼拜动身，我将增加另一个遗憾。
6. 为了让广大旅客安全乘车过好春节，铁路部门＿＿＿＿＿＿，及时输送旅客。

> 忽略　　疏忽

7. 绝不能因为眼前的微利，而＿＿＿＿＿＿了这些有关国家、民族发展的大问题。

> 美满　　圆满

8. 婚姻法的实施，为广大青年和人民建立＿＿＿＿＿＿幸福的婚姻家庭提供了保障。

第六～十课测试题

| 郑重 | 慎重 |

9. 在化学品充满市场的情况下，专家们建议选购家用化学品要_____。

| 剧烈 | 激烈 |

10. 饭后_____运动，会使胃肠血液供应减少，严重影响消化。

三、请按正确的语序将下列各个句子组成完整的一段话：（7分）

1. A. 而部分没有专长的大学生迟迟找不到工作
   B. 技能型人才很受企业欢迎
   C. 来自就业市场的种种信息表明
   正确的语序是：（   ）（   ）（   ）

2. A. 一部分"毕婚族"是因为感觉彼此之间的感情已经到了可以结婚的程度
   B. 这是一种比较理想的状态
   C. 而且其他现实条件也比较成熟
   正确的语序是：（   ）（   ）（   ）

3. A. 在大约三成的人表示美国的地位变化难以判断的同时
   B. 变化比较大的是对美国未来实力的看法
   C. 而前年的数字是28.2％
   D. 认为美国会继续强盛，长期保持唯一超级大国地位的人今年只占总数的16％
   正确的语序是：（   ）（   ）（   ）（   ）

4. A. 避免成天吵架
   B. 邻居间和睦相处、相互帮助
   C. 中日两国是搬不开的邻居
   D. 这显然是两国民众的普遍的、朴素的愿望
   正确的语序是：（   ）（   ）（   ）（   ）

读报纸，学中文

四、完形填空：（11分）

（一）

> 来看　只要　也　就　其实　既然如此

现阶段中国在中美关系上追求的目标 1＿＿＿＿就是稳定，这种目标的追求从现状 2＿＿＿＿实际上已经达到了，3＿＿＿＿，民众自然比较满意，心态 4＿＿＿＿比较放松。余万里说，从民众的角度看，5＿＿＿＿美国少做或不做伤害中国人自尊和有损中国核心利益的事情，6＿＿＿＿可以给美国打高分了。

（二）

> 更　又要　不宜　既要　或　而且

解决历史问题需要智慧，1＿＿＿＿认真解决历史问题，2＿＿＿＿积极发展中日关系，3＿＿＿＿后者更重要，4＿＿＿＿带有全局性，5＿＿＿＿将作为一个思想认识问题的历史问题看做是发展两国关系的"前提"6＿＿＿＿"入口"。

五、用自己的话或原文中的关键句子概括下列各段的主要内容，字数在30个左右：（9分）

1. 随着近几年大学毕业生人数的剧增，"大学生创业"又成为一个常见词汇。据了解，在国外，大学生创业已经成为一种风气，而在中国，还没有形成一个大学生自主创业的良好氛围。

   厦门大学学生创业指导老师木志荣介绍说，我国大学生创业能力不足与高等教育体制有关，不少学生创新意识不足，普遍缺乏一种创新精神和冒险精神。加上过于注重学习的过程和形式，而忽略了学习的目的，因而走出校园自主创业的不多。

   近年来，很多地方政府为大学生创业提供了不少帮助，但大学生创业仍面临一些现实困难。去年9月，济南市多部门联合推出担保措施，毕业大学生只要持失业证，并从事家政服务、打字复印等19项微利行业，就可以为他们提供信用担保，大学毕业生就可以申请到最多为3万元的贷款。这一措施推出以来，领取这一项贷款的大学毕业生却很少。

第六～十课测试题

山东一所高校毕业的李栋曾经咨询过创业贷款，最后也选择了放弃申请。他说，申请贷款必须持失业证，还要履行相关的各种手续，才能给予担保。"申请手续太麻烦，而且3万元贷款太少。希望国家推出一些更加切实有效、操作性更强的政策来激励大学生进行自主创业，同时通过创业前指导等措施帮助大学生顺利创业。"

2. 美娜从小就是家里的公主，家务活儿基本就没让她插过手。可这样的公主偏偏早早嫁给了一个同样什么活儿都不干的"王子"张宾。他们的家里除了每星期小时工来的那一两天是整洁的以外，就似乎再没有干净过。原本感情很好的两个人，成天为了谁该干家务活儿而吵架。

据不少"毕婚族"反映，婚后的生活能力问题，往往会直接影响整个家庭的和睦，成为家庭纠纷的根源。

3. 中日两国在外交思维上需要明确选定"近交"抛弃"近攻"（"近交"的榜样看欧洲，"近攻"的坏样看中东）。

在东海海底资源开发问题上，中日双方都应该坚持"搁置争议，共同开发"，如果为了这个问题发生冲突，那就如同两个婴儿争夺桌上的一杯牛奶，其结果只能是把牛奶杯打翻。

我们既要反对所谓"中国威胁论"，也需主动意识到自身的发展和崛起对周围邻国的影响，对此我们应该确立令人信赖的、体现"和谐中国"的"国家形象战略"。

应继续推进中日间各个层次的外交，特别是"民间外交，应大力加强被称之为"人心、人情的交流"的文化和学术交流,并通过各种交流扩大对方国家在本国的存在感和接近感。

六、话题写作:请尽量用所提供的词语围绕下面的话题写段250—300字的短文(10分)

| 格外 | 临近 | 忽略 | 外界 | 不得已 | 现状 | 清晰 |
| 专长 | 灵敏 | 创业 | 忧虑 | 诚意 | 坚信 | 信赖 |

你认为当前大学生怎样做才能更好地就业?

第六～十课测试题

七、阅读：（48分）

阅读一：（17分）

前程无忧发布"三八"节职业女性调查报告

于大为

43%的女性期望职业上有大的发展，但是几乎同等数量的女性希望自己有时间照顾家庭。这种截然相反的取向让约三分之一（31%）的女性对自己目前的职业状况感到满意，不打算为升职加薪花更大精力。

七成女性对自己工作现状不满，超过半数女性认为自己两年内工作不会有大的起色。在国际妇女节到来之际，职业女性并不轻松，前程无忧日前的一项调查显示了这些职业女性的困惑。

25岁：收入重要，自由更重要

在受访的200位不足25岁的职业女性中，尽管73%的人工作年资不足三年，但是却有61%的人有在三家以上企业服务的经历。对于这些经济条件和教育程度优于父母的80后女性，她们不愿再像她们的父母一样"以工作为唯一的奋斗目标和人生乐趣，当企业裁员或者辞退她们时却束手无策"。

"现阶段，你最主要的目标是什么？"前程无忧此次的调查发现，尽管把职业成就放在首位的人数是最多的，但是也有相当的人把感情置于事业之先。由于不少职业女性在事业有成后却找不到合适的感情归宿，所以近年来"先结婚，后工作"的观点在职业女性中有一定的市场。另有34%的女性更愿意把时间和精力花在自己的兴趣爱好上，或者结交志同道合的朋友和参加社团活动，或者从事捐助、义卖或志愿者等社会活动。

在这个年龄段，超过九成的女性对自己的职业现状不满。76%的人认为自己的工作"缺乏表现和发挥的机会"，55%的人觉得现在的工作不符合自己的性格和生活方式，52%的人抱怨工作压力太大，32%的人不满工作占用自己的私人时间。

年轻的80后职业女性无疑对金钱有强烈的欲望。几乎所有的受访女性都认为理想的工作应该有优厚的薪酬福利，75%的女性认为理想的工作应该是有意思有趣味的。与此同时，这个年龄段对工作时间和工作场地的自由度十分看重，对融洽的人际关系十分在意，希望工作和生活能够泾渭分明。

前程无忧职业顾问分析，25岁内的职业女性正处在职业的积累期，她们有很强的学习能力和可塑性，但是她们中大多数没有明确的职业目标，不以工作为重，也没有打算在一家企业长期服务。她们以自己的目标为先，追求工作的愉悦和人际关系的和谐，在工作和生活的关系上，更侧重生活的快乐和享受。有数据显示，80后的就业人群已经占到总就业人群的20%，所以如何管理和培养这一人群对企业的长期关注非常关键。

企业的管理者在某种程度要担当"家长"的角色，一步步带她们进入职业状态，同时关怀她们的心理，及时奖励。创造一个愉悦的工作环境已成为挽留此中优秀人才的一个必要条件。

30岁：多重角色，转型困难

在企业组织中，26~30岁成为承上启下的关键一代。受访的200位26—30岁的职业女性中有68%的人已婚，45%的人已育。她们中的大多数以"职业升级"或"职业转型"为首要目标。生活中的多重角色让她们要么为更高的职业目标拼搏，要么打算放慢工作节奏，转变职业方向。

一位受访的制药公司销售经理表示，多年在销售岗位打拼，长期承受工作压力，在获得较高的收入回报后，向公司提出转岗做企业内部管理职位未果，遂辞职，再找工作时除了"销售"职位机会外，没有获得其他的职位青睐。

前程无忧的调查显示，43%的女性期望职业上有大的发展，但是几乎同等数量的女性希望自己有时间照顾家庭。这种截然相反的取向让约三分之一（31%）的女性对自己目前的职业状况感到满意，不打算为升职加薪花更大精力。

但是积累了一定的经验资历，又有良好的身体条件的她们，能管理也能执行，这正是企业所需。所以想放慢工作节奏，由紧转松，由外转内这一愿望并不容易实现。

另一方面，这一年龄段的职业女性想"职业升级"也有自己的瓶颈。有64%的女性认为自己的职业发展在两年内不会有很大的起色。三成左右的女性将此归咎于"对女性的偏见和男女不平等"，32%的人认为"男性在企业中担任了更核心的职责"，19%的人认为"家庭和其他事情分散了自己的工作注意力"，22%的人认为"自己的主观意愿不强"。

前程无忧职业顾问认为，女性在26—30岁的职业表现奠定了整个职业生涯的基调。小有成就的职业女性的确不应该轻言放弃或者转型。很难想象，在若干年的平庸表现后，职业女性在30岁后会有特别辉煌的职业成就。由于性别的差异，女性更注重局部和细节，在全局视野和企业策略参与上相对男性有所逊色，这成为这个年龄段女性"职业升级"的最大困难。

前程无忧建议，无论侧重职业发展还是照顾家人，26—30岁的职业女性都需要合理安排工作和生活的时间和精力，保证不能"全力以赴"，至少"尽力而为"。企业的管理者也应该关注这一时期女性的特点，允许她们适度调整自己的工作目标，帮助她们适应和胜任多重角色，以让她们能有更大的职业进取心，用好自己的经验和技能，也为年轻人提供好的示范。

35岁：工作是生活的必需，享受工作就是享受生活

受访的200位31—35岁的职业女性是最愿意把时间和精力花费在工作上的人群。这一代人无疑有着更高的忠诚度和更好的职业习惯，成熟的职业技能和处世态度也让她们在职业表现上更有胜算。

受访的职业女性中有58%的人在企业中担当管理职责，但是有51%的人希望自己的职业有更大的成就。由于企业普遍招聘录用35岁以下的女性，35岁以后女性跳槽求职的选择非常有限，也迫使31—35岁的职业女性为自己的职业未来谋划。所以这个年龄段职业女性最善于在工作中体现自己的才干和价值，希望借此发现机会或者得到猎头青睐。也有36%的女性对自己的职业状况感到满意，职业稳定是这部分人群的首要目标。调查发现，31—35岁职业女性的经济能力增强，对工作和生活的把握度提高，更追求通过职业成就获得物质和精神享受。如果她们现有的工作不能带来享受，创业会是她们的另一个主要方向。

前程无忧职业顾问认为，31—35岁的职业女性已逐渐进入职业的收获期，核心的问题是如何延长这一时期。31—35岁的职业女性在技术和知识掌握上不能保持领先，但是在为人处事方面、在管理协调方面、在经验人脉上有自己独特的优势，而这也是管理类职位的基本要求。另一方面，31—35岁的职业女性应该进行必要的培训进修，更新自己的知识和眼界，突出和扩大自己的专长，巩固自己的职业优势。

（《第一财经日报》2008年3月07日，有改动）

读报纸，学中文

（一）判断正误，正确的打√，错的打×：（14分）
1. 半数女性目前对自己的工作现状感到满意。（　　）
2. 80后女性对工作的态度与她们的父母辈想法完全不同。（　　）
3. 近年来很少有职业女性赞成"先结婚，后工作"的观点。（　　）
4. 绝大多数80后职业女性对自己的职业现状不满。（　　）
5. 26—30岁的职业女性大多数期望职业上有大的发展。（　　）
6. 31—35岁的职业女性不愿意对工作很投入。（　　）
7. 31—35岁的职业女性更具有符合管理类职位要求的优势。（　　）

（二）回答问题：（3分）
26—30岁女性"职业升级"的最大困难是什么？

阅读二：（17分）

大学生求职遭遇困惑

新学期开始了，大四毕业生们也到了求职的最后冲刺阶段，记者采访发现，随着政府对基层就业观念的引导和大学生就业观念的不断理性化，不少毕业生将就业目标城市移向中山、惠州等二线城市，但与此同时，他们内心也非常矛盾：虽然二线城市就业机会多，人才容易脱颖而出，但二线城市的软硬件配套措施尚不完善，社会机遇也不同于中心城市，这使得不少大学生犹豫矛盾，担心青春的激情在二线城市的平淡生活中被消磨殆尽！

矛盾：求职我该去哪里？

据《信息时报》报道，找工已有一个学期的大学生小欧仍处在矛盾、彷徨之中，历史专业的她从一开始找工就频频受挫，投了很多简历，却都如石投大海，一点回音都没有，"在大城市我的竞争力比较弱，我一直在考虑是否应该到二线城市去发展。"

小欧说自己经常留意惠州、中山、佛山等二线城市的招聘信息，向一些合适的职位投简历，还收到不少单位的面试通知，但她总是犹豫着到底该不该去，推掉了不少面试机会。"很矛盾很痛苦，在大城市我竞争不过身边的强人，但我怕自己的激情在二线城市的平淡中慢慢被磨灭。"

记者采访多名毕业生发现，不少毕业生都有这样的烦恼，他们既深知大城市竞争的惨烈，但又不甘于二线城市的平淡，担心自己年轻的激情与闯劲在那会被磨光。

"我从乡下来到城市读大学，父母对我寄托了很大的希望，都希望我将来能在城里找份好工作，出人头地。"来自中山大学的小苏说，他的一个表哥在惠州工作，每天下班后回到宿舍不是上网就是睡觉，一点娱乐活动也没有，那里消息相对闭塞，接触外界信息也不多。

"毕业时表哥说先到那工作两年，等有了一定工作经验再到广州这些大城市找好一点的工作，可如今两年多了，他再也没提过要离开那，他说自己已不想'动'了，是什么样就什么样了，我怕自己到了哪里也变成这样。"小苏说，自己想留在广州工作，想着工作几年就买房将父母接到身边来享福。

记者在中大逸仙时空上看到学生发起了关于毕业到基层工作的话题，不少学生纷纷回帖发表了自己的看法，有学生提出回家工作并不意味着落后或没资本，无论在哪，只要有心就有奋斗的空间；也有学生认为回小城市应该是很久以后的事，小城市的生活环境很休闲，但前提是要有足够资本才能感受到，所以，在大城市奋斗，等有点积蓄后再"告老还乡"也不迟。

二线城市成了家长满意的选择

小邓是广东商学院大四的学生，她对自己择业的目标城市非常明确——惠州。从大四上学期开始小邓就开始关注惠州的企业和事业单位的招聘信息，去年年末她就报考了惠州的公务员。小邓说："广州深圳人才已趋饱和，像惠州、中山那样的城市才是我们这一代人的城市。"

从小就跟父母在广州定居的小邓，大学毕业后为何会选择离开广州到惠州工作呢？原来这其中不仅有她个人的意愿，也有父母的希望。

"在大都市里奔波劳碌却不能带给我物质和精神上的享受，所以我想到生活步伐舒缓的城市去经营自己的生活。"小邓自信到惠州后她能找一份"中意"的工作，"父母退休后，只要他们愿意，我就接他们到惠州安享晚年，那座城市也蛮适合老年人生活的。"

小邓的父母也很赞成她的决定。他们认为惠州这几年发展很快，就像前些年正在发展的广州和深圳，再过几年，惠州这座城市的软硬件配套措施肯定会完善起来的，现在那边物价、房价都较低，他们建议小邓先到那工作，站稳脚跟，买几套房子，将来也可作投资之用。"我们认为孩子到那边去，会比在广州发展得好。"

读报纸，学中文

高校老师诊脉：要有长远眼光看问题

  昨日，记者就此采访了广州多所高校的就业指导中心负责人。广州大学就业指导中心罗福先表示，二线城市生活比较悠闲是客观条件，但并不代表生活平淡，没有发展机遇，信息也不一定比中心城市闭塞。最重要的是学生的个人想法和自己的规划，若学生用这些空余时间来充电，提升自己，或是学一门技术，这就是一个绝好的时机，任何问题都有两面性，在学生眼里，现在的缺点或许会变成一个好的条件。

  对于不少同学觉得二线城市没什么娱乐生活，城市配套设施尚不完善，罗福先呼吁大学生要用发展的眼光看待问题，学生不应该以其现貌去评价一个城市的未来，一些二线城市的发展很快，如东莞，在几年前的城市配套设施也不太完善，但经过几年的发展，现已处于产业升级的阶段，正在朝着高科技城市发展，像惠州、中山、佛山等一些城市现在也都处于快速发展阶段，相信再过几年，一切都会逐渐完善的。

（广东频道 2008年3月5日 14:40，有改动）

（一）判断正误，正确的打√，错的打×：（14分）
  1. 很多大学毕业生很乐意去二线城市就业。（　）
  2. 历史专业的小欧开始找工作时很不顺利。（　）
  3. 中山大学的小苏不太想毕业后在广州工作。（　）
  4. 关于毕业到基层工作的话题，学生们的看法并不一致。（　）
  5. 广东商学院大四的学生小邓很愿意在惠州找工作。（　）
  6. 罗福先不太鼓励毕业生去二线城市发展。（　）
  7. 一些二线城市的发展前景不错。（　）

（二）回答问题：（3分）
  小邓的父母为什么很赞成她的决定？

阅读三：（14分）

独家专访基辛格：中美关系是解决国际事务的关键

焦晓阳

2月24日，美国前国务卿基辛格博士在北京接受了《中国日报》记者专访。

中国日报网环球在线消息：35年前，当亨利·基辛格担任美国国务卿时，华盛顿和北京缓和关系的动因看起来很简单——跨越意识形态的障碍以应对共同的威胁。但世界从那之后已经发生了天翻地覆的变化。冷战早就成为历史，如今的两国领导人已是另一代人。但是这位85岁的美国外交政策专家认为，中美合作依然是解决许多国际事务的关键所在。

朝鲜问题进展取决于中美合作

美国前国务卿基辛格博士2月24日在北京接受《中国日报》记者专访时表示，美中两国应当在朝鲜半岛无核化等重要问题上进行协作。"朝鲜问题的进展取决于美中的密切合作，因为我们知道，这关系到美国的安全和福祉……我认为我们必须继续六方会谈，从而拿出解决（朝鲜）核问题的方案。"

对美国纽约爱乐乐团本周首次访问朝鲜的行动，基辛格表示了支持。很多人将其与1973年9月费城管弦乐队访华之旅相提并论，那是西方古典音乐数十年中第一次在中国大陆奏响。相似的是，纽约爱乐乐团也是自朝鲜民主主义人民共和国成立后，第一支访问该国的美国交响乐团。

中美关系不会大起大伏

目前美国2008年总统大选预选正在进行，共和、民主两党的竞选人也经常拿中国话题来说事，这些不确定因素是否会影响中美之间未来的合作呢？基辛格认为这种担忧是多虑了。

"在政治竞选中，他们说了许多事情，但最终不会成真，"基辛格说，"自美中关系正常化以来，美国先后有7届总统上任，不管他们在竞选中说了什么，最终都要回归到发展双方关系的主旋律上来。"

基辛格相信，中美关系将继续向前发展，虽然未必总是一帆风顺但总体态势一定是积极的，有点像股市长期走势图，但"不会出现那些大起大伏"。

读报纸，学中文

对避免台海危机有信心

台湾问题事关中国的主权和领土完整，是中方的最大关切，也是中美关系中最敏感、最核心的议题。基辛格表示，他相信中美双方将会围绕这一问题继续合作，以避免出现在台海问题上"摊牌"的局面。"我认为北京和华盛顿将保持合作，对台北切实施加压力……我相信我们将避免台海危机的出现，"基辛格说。

正在北京访问的美国国务卿赖斯26日也重申，美国反对台湾举行"入联公投"。她表示，希望看到台湾问题能够得到和平解决，鼓励有关当事方进行对话，这些都是在美方明确的"一个中国原则"之下。任何一方都不应单方面改变现状，这是美方的一贯立场。

盛赞中国当代领导人

多年来关心和支持中美关系发展的基辛格博士与新中国成立后几代领导人都有过会面，对他们也很熟悉。他相信，当今中国领导人有能力解决各种复杂事务。

"每一代（领导人）都有自己的个性。邓小平以其远见卓识和巨大勇气引领中国走上改革之路，堪称一代伟人。每一代（领导人）也都作出了巨大的贡献。如今这一代人都接受了大学教育，比第一代领导人拥有更丰富的技术知识。他们在驾驭复杂局面方面具有相当高的智慧和技巧。"

基辛格博士访问中国已经有50多次，上周他应中国人民外交学会的邀请再次来华访问。中国社会取得的巨大进步令基辛格感到印象深刻。"我在中国人民身上看到了巨大的活力，我与之交谈过的人都干劲十足，忙着学习或干番事业。我相信中国有巨大的发展能力，中国人拥有大量的机会。"

从政生涯最重要的成就

1971年7月，基辛格作为尼克松总统特使访华，为中美关系大门的开启作出了历史性贡献。30多年前，中美之间外交、经贸往来联系几乎为零；如今，中美关系成为世界上最重要的大国关系之一。回想当年，基辛格依然为当初的"破冰之旅"感到骄傲。

"我将其视做我在政府服务期间做的最重要的、同时也是产生了最好的永久性影响的一件事，"基辛格说。

（《中国日报》2008年2月27日，有改动）

第六～十课测试题

（一）判断正误，正确的打√，错的打×：（10分）

1. 亨利·基辛格在担任美国国务卿期间，中美关系出现好转。（   ）
2. 基辛格认为中美合作有助于许多国际事务的解决。（   ）
3. 对美国费城管弦乐队首次访问朝鲜的行动，基辛格表示了赞赏。（   ）
4. 基辛格认为美国的政治竞选对中美关系影响很大。（   ）
5. 基辛格对邓小平的评价很高。（   ）

（二）回答问题：（4分）

基辛格博士是如何看台湾问题的？

第十一课

联合国报告称,气温升高、海平面⁽¹⁾上升将持续数百年

全球变暖让世界担忧

尚未迟 任彦 李宏伟 谢坚

世界对全球变暖的关注到了一个前所未有⁽²⁾的高峰。近年来,地球升温、海平面⁽¹⁾上升都是不可否认的事实。联合国秘书长潘基文指出,全球变暖对人类的威胁和战争相当,并可能留给后代⁽³⁾沉重的负担。

世界的关注到了历史最高峰

从去年全球出现罕见⁽⁴⁾的暖冬以来,世界对全球变暖的关注持续升温。这段时间,各种报告和预测接连⁽⁵⁾不断。仅仅几天前,美国一家国家实验室公布了一项最新科学研究报告。报告说,因为全球变暖,世界主要粮食作物⁽⁶⁾的产量自1981年以来逐渐下降,每年造成的损失达50亿美元。

印度气象研究所长期气候预测专家拉吉瓦在接受采访时说:"最近几年,印度气候变化日趋极端,我们认为这与全球变暖有关。"如印度最近几年传染⁽⁷⁾疾病的蚊子⁽⁸⁾数目⁽⁹⁾一年比一年多,直接威胁到人们的生命健康。2005年,百年不遇的大洪水⁽¹⁰⁾几乎把孟买完全淹没⁽¹¹⁾;2006年,常年干旱⁽¹²⁾的印度西部拉贾斯坦邦连降暴雨⁽¹³⁾。印度英迪拉·甘地发展研究所的最新报告说,全球变暖首先可能直接导致洪水⁽¹⁰⁾多发、农作物⁽¹⁴⁾生长季节变化,从而严重影响印度农业的发展。同时,气候变暖带来的海平面⁽¹⁾上升将使海岸⁽¹⁵⁾线很长的印度深受其苦。

在俄罗斯第二大城市、靠近⁽¹⁶⁾芬兰湾⁽¹⁷⁾的圣彼得堡市去年12月出现了10.7℃的高温，也创下圣彼得堡市历年⁽¹⁸⁾12月份⁽¹⁹⁾的最高温度。人们担心，长期的高温，会不会抬高芬兰湾⁽¹⁷⁾的水位，进而把这个号称⁽²⁰⁾"北方威尼斯"的城市的众多古迹给毁⁽²¹⁾了。

在各种研究报告中，最权威、影响最大的莫过于联合国政府间气候变化专门委员会于今年2月在巴黎发布⁽²²⁾的报告了。报告指出，在过去的100多年，海平面⁽¹⁾的上升速度比过去两千年的平均速度快10倍，到本世纪末，海平面⁽¹⁾会升高18至58厘米。报告还表示，全球变暖的确导致了风暴⁽²³⁾程度的加强。

"祈祷⁽²⁴⁾大海不要把我们淹没⁽¹¹⁾"

阿拉丁住在印度西孟加拉邦莫舒尼岛上，这个岛周围的海平面⁽¹⁾正以每年3.14毫米的速度上升。阿拉丁说："晚上我们只能祈祷⁽²⁴⁾，希望大海不要把我们淹没⁽¹¹⁾。"而南太平洋的岛屿国家图瓦卢则面临消失的危险。这个仅有1万多人口的国家，领土⁽²⁵⁾最高点仅海拔⁽²⁶⁾4.5米，一次大规模的潮汐就可能淹没⁽¹¹⁾它。英国一位记者甚至预测，到2050年，上海可能被海水淹没⁽¹¹⁾。

发达国家同样面临着海平面⁽¹⁾上升的威胁。美联社3月7日的文章说，现在英国海边的房子很难出售⁽²⁷⁾，即使价格很低。在美国，加利福尼亚正做好面对沙滩⁽²⁸⁾被侵蚀⁽²⁹⁾、海滨⁽³⁰⁾住宅⁽³¹⁾被淹没⁽¹¹⁾的准备。海平面⁽¹⁾上升加上风暴⁽²³⁾变强也可能淹没⁽¹¹⁾纽约的许多低矮社区。

美国的反应

全球温室⁽³²⁾气体⁽³³⁾排放⁽³⁴⁾量中，大约有1/5来自美国，美国却没有加入控制温室⁽³²⁾气体⁽³³⁾排放⁽³⁴⁾的《京都议定书》，理由是议定书⁽³⁵⁾给美国经济发展带来过重负担。分析人士指出，布什拒绝批准这个给工业化国家定下温室⁽³²⁾气体⁽³³⁾减排目标的国际公约⁽³⁶⁾，深层原因是布什与石油等能源公司关系密切，布什上台与天然气⁽³⁷⁾等产业的利益集体对他的支持有关。

不过，英国《经济学家》杂志今年1月的文章称，美国已经醒了。文章写道："布什先生可能还在缓慢地移动脚步，但美国已经在迅速地变绿。"向来⁽³⁸⁾强调环保的民主党在去年国会⁽³⁹⁾选举中获胜后，国会⁽³⁹⁾在环境问题上态度出现了戏剧性的转变。一个标志性的事件是，坚决支持缓解气候变暖的参议员巴巴拉·伯克斯取代⁽⁴⁰⁾了把全球变暖说成"对美国人民的最大欺骗"的詹姆斯·因霍夫，成为参议院⁽⁴¹⁾环境及公共工程委员会的主席。众议院⁽⁴²⁾已经通过了一项法律，将取消石油生产享有⁽⁴³⁾的优惠政策。

关系到人类未来命运

也有一些科学家认为，全球变暖对人类构成的威胁被夸⁽⁴⁴⁾大了。如英国的气象专家克里斯·科利耶就认为，现在就提出灾难性气候的蔓延⁽⁴⁵⁾还为时过早，人们的很多担心都没有必要。

但大多数科学家认为，气候变化已不是一个对某些自然灾害能否准确预报⁽⁴⁶⁾的问题，而是一个关系到人类未来命运的全球性挑战。因气候变化造成的各种问题已不容⁽⁴⁷⁾忽视，人类必须从现在做起，任何国家都没有借口逃避⁽⁴⁸⁾责任。

（全文字数：1737）

（节选自《环球时报》2007年3月23日，略有改动）

1. 平面	píngmiàn	（名）	这样一种面，面上任意两点的连线整个落在此面上；一种二维零曲率广延;这样一种面，它与同它相似的面的任何交线是一条直线 plane 平面 평면
2. 前所未有	qián suǒ wèi yǒu	（成）	未有先例的 unprecedented, never existed in history 前代未聞の 선례가 없다, 공전의

第十一课

3.	后代	後代	hòudài	（名）	某一时代以后的时代；后代的人，也指个人的子孙 later periods (in history), later ages or generations, descendants, posterity 後世 후대
4.	罕见	罕見	hǎnjiàn	（形）	很少发生或出现的；时间或空间相隔很长的；稀少 seldom seen, rare, rarely seen 滅多にない、稀である 보기 드물다, 희한하다
5.	接连	接連	jiēlián	（副）	连续不断地 in a row, in succession, repeatedly 連続して、続けて 연이어, 잇달아, 연속하여
6.	作物		zuòwù	（名）	农作物的简称。大面积栽种或大面积收获,供盈利或口粮用的植物 crop 作物 작물
7.	传染	傳染	chuánrǎn	（动）	把病原体或疾病传给（个体或器官） infect, be contagious, contaminate 伝染する 전염하다, 감염하다, 옮다
8.	蚊子		wénzi	（名）	各种蚊科的双翅蚊，具有比较窄的腹部，有一个细长坚硬的口喙和窄狭的翅，翅沿外缘有成排缘毛并且在翅傍有鳞片，雌性口喙内有一组针状的器官,可用来穿刺动物表皮吸食血液，卵产于静水表面，幼虫（孑孓）和蛹都生长在水里

					mosquito
					蚊
					모기
9.	数目	數目	shùmù	（名）	事物的个数
					number, amount
					数
					수, 숫자, 수량
10.	洪水		hóngshuǐ	（名）	水体上涨或泛滥，盖没了平常不在水下的陆地
					flood, floodwater
					洪水
					홍수
11.	淹没		yānmò	（动）	被水覆盖或洪水泛滥
					submerge, flood, inundate, drown
					水没する
					침몰하다, 물에 잠기다, 익사하다
12.	干旱	乾旱	gānhàn	（名）	没有降水或降水太少，使土壤天气干燥
					drought, arid, dry
					乾燥
					가뭄
13.	暴雨		bàoyǔ	（名）	泛指大而急的雨
					torrential rain, cloudburst, rainstorm
					暴雨
					폭우
14.	农作物	農作物	nóngzuòwù	（名）	能大批长成或大面积收获,供盈利或口粮用的植物（例如谷物、蔬菜、棉花、亚麻等）
					crop, cultivated plants or agricultural produce
					農作物

第十一课

농작물

15. 海岸　　　　　hǎi'àn　　（名）　海滨或滨海的陆地边界
seacoast, coast, beach, shore
海岸
해안

16. 靠近　　　　　kàojìn　　（动）　相距不远，尤指地点、时间或程度
be nearby, be close to; draw near, approach
近づく、接近する
가까이 다가가다, 접근하다

17. 湾　　灣　　　wān　　　（名）　河水弯曲处；海湾
bend of a river or stream; bay, gulf
湾
물굽이, 만

18. 历年　歷年　　lìnián　　（名）　过去多少年
over the years; calendar year
長年
과거 여러 해, 예년, 매년

19. 月份　　　　　yuèfèn　　（名）　指某一个月
month
月
월분

20. 号称　號稱　　hàochēng　（动）　以某名著称
be known as, claim to be
…として有名である、知られている
..라고 불려지다, ..로 유명하다

21. 毁　　　　　　huǐ　　　（动）　破坏；糟蹋
damage, demolish, ruin, lay waste to
破壊する
부수다, 파괴하다, 훼손하다, 망가뜨리다

22.	发布	發布	fābù	（动）	宣布，发表
					issue (orders, instructions, news, etc.), release, announce
					宣布する、発表する
					선포하다，발포하다
23.	风暴	風暴	fēngbào	（名）	伴有雨雪的大风
					windstorm, storm, tempest
					暴風、嵐
					폭풍，폭풍우
24.	<u>祈祷</u>	祈禱	qídǎo	（动）	向神祝告求福
					pray, say one's prayers
					祈祷する
					기도하다，빌다
25.	<u>领土</u>	領土	lǐngtǔ	（名）	包括一国的陆地、河流、湖泊、内海、领海以及它们的底床、底土和上空（领空）
					territory, domain, land princedom
					領土
					영토
26.	海拔		hǎibá	（名）	超出海平面的高度
					height above sea-level, elevation
					海抜
					해발
27.	出售		chūshòu	（动）	卖出去
					offer for sale, sell, vend
					売る
					팔다，매각하다
28.	沙滩	沙灘	shātān	（名）	由于沙子淤积形成的沿水边的陆地或水中高出水面的平地
					sandbeach, seabeach
					砂浜
					사주，모래톱，백사장

第十一课

29. 侵蚀　侵蝕　qīnshí　（动）　逐渐侵害使受消耗或损害
corrode, erode, eat into
侵食する
침식하다

30. 海滨　海濱　hǎibīn　（名）　与海邻接的陆地
seashore, seaside, beach, strand
海浜
해안, 해변

31. 住宅　　　zhùzhái　（名）　住房；宅院
residence, domicile
住宅
주택

32. <u>温室</u>　溫室　wēnshì　（名）　有防寒、加温和透光等设施，供冬季培育喜温植物的房子
greenhouse, hothouse, conservatory
温室
온실

33. 气体　氣體　qìtǐ　（名）　没有一定形状和体积，可以流动的物质
gas
気体
기체

34. <u>排放</u>　　　páifàng　（动）　排泄放出
discharge, drain off, exhaust (gas/etc.)
放出する
배출하다

35. 议定书　議定書　yìdìngshū　（名）　一种国际文件,是缔约国关于个别问题所取得的协议,通常是正式条约的修正或补充;国际会议上经过各方签字的会议记录
protocol

253

議定書
의정서

36. 公约　公約　gōngyuē　（名）　两个以上国家商量涉及他们共同事务的规定（如有关邮资、版权或战争行动等）
convention, pact(ie, international agreement)
公約
공약

37. 天然气　天然氣　tiānránqì　（名）　产生于地表之下的低分子量键烷烃的可燃气体混合
natural gas
天然ガス
천연가스

38. <u>向来</u>　向來　xiànglái　（副）　一贯如此
always, all along
一貫して
본래부터, 종래, 여태까지, 줄곧

39. 国会　國會　guóhuì　（名）　全国性的议会
Parliament (UK), Congress (US)
国会
국회

40. 取代　　　qǔdài　（动）　推翻他人或排斥同类，以便自己顶替其位置
replace, substitute, supersede, take over, take the place of, supplant
取って代わる
자리를 빼앗아 대신 들어서다, 대치하다

41. 参议院　參議院　cānyìyuàn　（名）　某些资本主义国家两院制议会的上议院
senate

第十一课

42. 众议院　眾議院　hòngyìyuàn　（名）　某些国家或州的议会的下院
参議院
참의원(상원)
House of Representatives
衆議院
중의원(하원)

43. 享有　　　　　　xiǎngyǒu　（动）　在社会上或某个领域内博得
enjoy (rights, privileges, etc.)
享有する
향유하다

44. 夸　　誇　　　　kuā　（动）　夸大，赞扬
exaggerate, overstate, boast; praise
誇張する、大げさに言う
과장하다, 허풍치다

45. 蔓延　　　　　　mànyán　（动）　向四周扩展延伸
spread out, extend, sprawl
蔓延する
만연하다, 퍼지다, 줄줄이 이어지다

46. 预报　預報　　　yùbào　（动）　先报告,预先告知
forecast, predict
予報する
예보하다

47. 不容　　　　　　bùróng　（动）　不许;不让
not tolerate, not allow, not brook, not admit
…を許さない
용납(허용)하지 않다

48. 逃避　　　　　　táobì　（动）　逃走避开；躲开不愿意或不敢接触的事
evade, escape, shirk, run away from, elude
逃避する
도피하다

读报纸，学中文

词语例释

1. 在美国，加利福尼亚正做好面对沙滩被**侵蚀**、海滨住宅被淹没的准备。

   "侵蚀"与"侵害"：动词。都有"侵入、破坏"的意思。

   侵蚀： 多指思想、意识、病菌和自然力等逐渐腐蚀而变坏。

   侵害： 指逐渐侵入而伤害。多用于具体事物。

   侵蚀公款/侵蚀人体

   侵害植物/侵害集体

   ① 缺少森林植被会使土壤侵蚀加剧。

   ② 在俭朴成为自觉行动和习惯以后，就能增强抵制不良风气侵蚀的能力。

   ③ 联合国宪章禁止在国际关系中使用威胁和武力、侵害他国领土完整。

   ④ 核桃、桃、李和杏的内核坚如硬石，能保护种子不受侵害。

2. 但大多数科学家认为，气候变化已不是一个对某些自然灾害能否准确**预报**的问题，而是一个关系到人类未来命运的全球性挑战。

   "预报"与"预告"：动词。预先告诉。

   预报： 预先报告。多用于天文、气象方面。

   预告： 事先通告。多用于戏剧演出、图书出版等。

   预报节目/预报信息/预报得很准确

   预告新书/预告戏剧演出/预告出版近况

   ① 据气象台预报，近期将有一股冷空气南下。

   ② 在人类能够控制火山活动之前，加强预报是防止火山灾害的唯一办法。

   ③ 看了报纸上刊登的新书预告，我马上到书店预定了这套丛书。

   ④ 意大利鞋业，十分重视设计新款式、新品种，通常每半年预告一次将要流行的皮鞋款式。

3. 因气候变化造成的各种问题已不容忽视，人类必须从现在做起，任何国家都没有借口**逃避**责任。

   "逃避"与"躲避"：动词。都有避开的意思。

   逃避： 多数情况下带贬义。

256

第十一课

躲避： 中性词，不带褒贬色彩。

逃避考试/逃避检查/逃避现实

躲避危险/躲避逼人的目光/无法躲避

① 不能把解决问题当做是一种负担而逃避，而应该要本着挑战性的态度积极去解决。

② 如果部属认为是被迫来解决问题，那就是一种负担了，那么人人就会逃避，而不去认真地解决问题。

③ 具有自卑心理的大学生常采用回避与别人交往的方法来避免别人看出自己的缺陷和不足。

④ 要把自己的忧虑反应看成是一种必然的现象，既无须回避也无须夸张。

背景知识

　　全球变暖。全球变暖是指全球气温升高。近100多年来，全球平均气温经历了冷－暖－冷－暖两次波动，总的看为上升趋势。进入20世纪80年代后，全球气温明显上升。全球变暖的后果，会使全球降水量重新分配，冰川和冻土消融，海平面上升等，既危害自然生态系统的平衡，更威胁人类的食物供应和居住环境。出现全球变暖趋势的具体原因是，人们焚烧化石矿物以生成能量或砍伐森林并将其焚烧时产生的二氧化碳进入了地球的大气层。全球变暖的原因很多，概括以后有以下几点：

　　1.人口剧增因素。这么多的人口，每年仅自身排放的二氧化碳就将是一惊人的数字，其结果就将直接导制大气中二氧化碳的含量不断地增加，这样形成的二氧化碳"温室效应"将直接影响着地球表面气候变化。

　　2.大气环境污染因素。目前，环境污染的日趋严重已构成一全球性重大问题，同时也是导致全球变暖的主要因素之一。

　　3.海洋生态环境恶化因素。目前，海平面的变化是呈不断地上升趋势，根据有关专家的预测到下个世纪中叶，海平面可能升高50cm。如不采取及时措施，将直接导致淡水资源的破坏和污染等不良后果。

4. 土地遭侵蚀、沙化等破坏因素。

5. 森林资源锐减因素。在世界范围内，由于受自然或人为的因素而造成森林面积正在大幅度地锐减。

6. 酸雨危害因素。酸雨给生态环境所带来的影响已越来越受到全世界的关注。酸雨能毁坏森林，酸化湖泊，危及生物等。目前，世界上酸雨多集中在欧洲和北美洲，多数酸雨发生在发达国家，一些发展中国家，酸雨也在迅速发生、发展。

7. 物种加速绝灭因素。地球上的生物是人类的一项宝贵资源，而生物的多样性是人类赖以生存和发展的基础。但是目前地球上的生物物种正在以前所未有的速度消失。

8. 水污染因素。据全球环境监测系统水质监测项目表明，全球大约有10%的监测河水受到污染，本世纪以来，人类的用水量正在急剧地增加，同时水污染规模也正在不断地扩大，这就形成了新鲜淡水的供与需的一对矛盾。由此可见，水污染的处理将是非常地迫切和重要。

9. 有毒废料污染因素。不断增长的有毒化学品不仅对人类的生存构成严重的威胁，而且对地球表面的生态环境也将带来危害。

政府间气候变化问题小组根据气候模型预测，到2100年为止，全球气温估计将上升大约1.4—5.8摄氏度（2.5—10.4华氏度）。根据这一预测，全球气温将出现过去一万年中从未有过的巨大变化，从而给全球环境带来潜在的重大影响。为了阻止全球变暖趋势，1992年联合国专门制订了《联合国气候变化框架公约》，该公约于同年在巴西城市里约热内卢签署生效。依据该公约，发达国家同意在2000年之前将他们释放到大气层的二氧化碳及其他"温室气体"的排放量降至1990年时的水平。另外，这些每年的二氧化碳合计排放量占到全球二氧化碳总排放量60%的国家还同意将相关技术和信息转让给发展中国家。发达国家转让给发展中国家的这些技术和信息有助于后者积极应对气候变化带来的各种挑战。截至2006年11月，已有189个国家正式批准了上述公约。

第十一课

练 习

一、请在课外阅读两篇最新中文报刊文章，将它们剪贴在你的笔记本上，然后把它们写成摘要，并谈谈自己的看法

二、给下列动词搭配适当的词语

传染_____　　　淹没_____

靠近_____　　　发布_____

祈祷_____　　　出售_____

侵蚀_____　　　排放_____

取代_____　　　享有_____

预报_____　　　逃避_____

三、选词填空

前所未有　接连　号称　向来　蔓延　不容　历年

1. 新西兰和澳大利亚_____"花园之国"。

2. 事实上，由于进口的增加，中国贸易形势_____乐观，从而给人民币造成压力。

3. 中国人_____把牛作为吃苦耐劳的象征。

4. 公司只有不断创新，研制出_____的电脑设备才能吸引住客户，赢得市场。

5. 结果显示，没有MBA学位的学生，毕业后_____收入增长率只有MBA毕业生的一半。

6. 艾滋病扩展的速度很快，死亡率极高，目前正向世界各地_____，有人把它称为"当代瘟疫"和"超级癌症"。

7. 在短短一个多小时的用餐时间里，我们_____碰到了几件令人恼火的事。

读报纸，学中文

侵蚀　　侵害

8. 搞好农田水利基本建设的同时，推广农田林网化，降低风沙对土壤的_____。
9. 在日常生活中，对付腐败菌和病菌_____、预防食物中毒的办法，就是要加强食品卫生管理，注意饮食卫生。

预报　　预告

10. 这本书一刊登"新书_____"，读者就纷纷来信、汇款要求购买。
11. 大气变化导致大气压强的变化，所以测量大气压是天气_____的重要依据之一。

逃避　　躲避

12. 作为核武器国家，中国从不_____自己在核裁军方面应尽的责任和义务。
13. 如果管理者_____工作，部属的心就会逐渐疏远。

四、根据课文内容判断正误
1. 目前世界高度关注全球变暖的问题。（　　）
2. 全球变暖对世界主要粮食作物的产量影响很大。（　　）
3. 全球变暖对印度气候影响不大。（　　）
4. 长期的高温，导致水位升高，淹没了圣彼得堡市的众多古迹。（　　）

五、请按正确的语序将下列各个句子组成完整的一段话
1. A. 这段时间，各种报告和预测接连不断
   B. 从去年全球出现罕见的暖冬以来
   C. 世界对全球变暖的关注持续升温
   正确的语序是：（　　）（　　）（　　）

第十一课

2. A. 海平面的上升速度比过去两千年的平均速度快 10 倍

   B. 到本世纪末

   C. 在过去的 100 多年

   D. 海平面会升高 18 至 58 厘米

   正确的语序是：（   ）（   ）（   ）（   ）

六、根据课文内容选择最合适的答案

1. 气候变暖对海边城市影响_____。

   A 不大　　　　　B 很大　　　　　C 很小　　　　D 越来越小

2. 阿拉丁_____海水会淹没他所住的小岛。

   A 很担心　　　　B 不担心　　　　C 不相信　　　D 预言

3. 美国参议员巴巴拉·伯克斯与总统布什在控制温室气体排放方面的立场_____。

   A 完全不同　　　　　　　　　　B 有点不同

   C 完全一致　　　　　　　　　　D 基本相同

4. _____认为全球变暖是人类所面对的重大挑战。

   A 少数科学家　　　　　　　　　B 一些科学家

   C 大多数科学家　　　　　　　　D 所有的科学家都

七、完形填空

（一）

| 导致　　深受其苦　　从而　　首先　　同时 |

印度英迪拉·甘地发展研究所的最新报告说，全球变暖 1_____ 可能直接 2_____ 洪水多发、农作物生长季节变化，3_____ 严重影响印度农业的发展。4_____，气候变暖带来的海平面上升将使海岸线很长的印度 5_____。

（二）

| 因　　必须　　不是　　任何　　而是 |

大多数科学家认为，气候变化已 1_____ 一个对某些自然灾害能否准确预报的问题，2_____ 一个关系到人类未来命运的全球性挑战。3_____ 气候变化造成的各种问题已不容忽视，人类 4_____ 从现在做起，5_____ 国家都没有借口逃避责任。

八、请用自己的话或原文中的关键句子概括下面几段话的主要内容

1. 印度气象研究所长期气候预测专家拉吉瓦在接受采访时说："最近几年，印度气候变化日趋极端，我们认为这与全球变暖有关。"如印度最近几年传染疾病的蚊子数目一年比一年多，直接威胁到人们的生命健康。2005年，百年不遇的大洪水几乎把孟买完全淹没；2006年，常年干旱的印度西部拉贾斯坦邦连降暴雨。印度英迪拉·甘地发展研究所的最新报告说，全球变暖首先可能直接导致洪水多发、农作物生长季节变化，从而严重影响印度农业的发展。同时，气候变暖带来的海平面上升将使海岸线很长的印度深受其苦。

2. 阿拉丁住在印度西孟加拉邦莫舒尼岛上，这个岛周围的海平面正以每年3.14毫米的速度上升。阿拉丁说："晚上我们只能祈祷，希望大海不要把我们淹没。"而南太平洋的岛屿国家图瓦卢则面临消失的危险。这个仅有1万多人口的国家，领土最高点仅海拔4.5米，一次大规模的潮汐就可能淹没它。英国一位记者甚至预测，到2050年，上海可能被海水淹没。

发达国家同样面临着海平面上升的威胁。美联社3月7日的文章说，现在英国海边的房子很难出售，即使价格很低。在美国，加利福尼亚正做好面对沙滩被侵蚀、海滨住宅被淹没的准备。海平面上升加上风暴变强也可能淹没纽约的许多低矮社区。

九、请尽量用以下词语进行话题讨论

| 罕见 | 接连 | 洪水 | 干旱 | 淹没 | 毁 |
| 温室 | 气体 | 排放 | 不容 | 回避 | 前所未有 |

全球变暖有哪些负面影响？你认为人类应怎样做才能控制全球变暖？

十、快速阅读

阅读一（字数：1739；阅读与答题的参考时间：8分钟）

气候变暖将引发全球经济危机

黄继汇

世界经济论坛2007年年会正在达沃斯热火朝天地进行着，与会的经济学家和学者普遍认为，今年世界经济仍将会保持较快的增长；他们同时也

第十一课

对全球气候变暖的影响给予了高度关注。

世界经济论坛发布的报告称，气候变化是21世纪全球面临的最严重挑战之一，由全球变暖造成的自然灾害在今后数年内可能会导致某些地区人口大规模迁移、能源短缺以及经济和政治动荡。专家指出，多国合作减少温室气体排放将是未来数十年内各国政府的一项主要任务。各国政府应该制定新的更严格的标准，控制温室气体的排放，同时市场应该采取措施，支持清洁能源和清洁技术的推广。

气候变暖不容忽视

世界经济论坛日前发布的"2007年全球风险"报告称，由于诸多因素，气候变化无常。同时，气候变化及与之相关的风暴、缺水、海平面上升等问题所造成的影响绝不仅限于环境领域。报告认为，尽管人们的风险意识不断提高，但过去一年中全球面临的主要风险却有加剧的迹象。要想有效应对全球面临的各种复杂风险，除采取相关措施外，还需要进一步完善相关制度。

联合国政府间气候变化问题研究小组日前最新评估报告草案指出，人类若不重视环保，温室效应将加剧，地球平均气温上升。到本世纪末，估计平均气温最多将上升6.3摄氏度。如果人类重视环保，改变依赖石化燃料的大量消费型生活，可将温度上升控制在1摄氏度之内。目前，地球的海陆平均气温约为15摄氏度。

评估报告草案说，在1906年至2005年的100年间，地球平均气温上升了0.56摄氏度至0.92摄氏度，高于2001年评估报告所估算的1901年至2000年的气温升幅0.4摄氏度至0.8摄氏度。专家认为，这是90年代以后，平均气温上升情况加剧的结果。

如果平均气温上升3摄氏度，在亚洲每年将有700多万人面临洪水袭击，全球将有1亿多人面临粮食不足窘境；如果上升4摄氏度，全球就会有30多亿人面临缺水问题，北美地区受热浪侵袭的次数将增加3至8倍，北极海冰将减少35%。

世界银行前经济师尼古拉斯爵士受英国资源大臣委托起草了一份长达700页的研究报告。该报告对全球气候问题作了广泛的经济性分析，报告计算出如果人类任由全球气温继续升高，那么气候变化最终带来的危害有可能相当于每年损失掉全球GDP的20%。

读报纸，学中文

报告指出，气候变化将让全球陷入最严重经济衰退，所耗费的成本将超过两次世界大战的总和，数百万人将因此流离失所。报告告诫采取全球性行动，加大投资力度已是刻不容缓。

气候异常危及欧美经济

一段时间以来的全球变暖已使欧美许多国家的经济受到了影响。去年冬天以来美国气候十分反常，靠寒冷天气赚钱的行业叫苦连天。而阿尔卑斯山一带的不少滑雪胜地，则由于降雪少得可怜，被迫关闭，当地财政大受影响。

美国新泽西州官员表示，自有记录以来，去年是该州第二个最温暖的年份，也是111年来最温暖的一年。新泽西暖冬的天气，让街道上厚重的冬衣几乎绝迹。

美国东部地区气温异常温暖导致取暖用油需求减少，是导致汽油价格下跌的因素之一。由于天气暖和，汽油、燃油及柴油的库存都增加，纽约、伦敦全球两个主要交易所1月油价大幅下跌。

据联合国经济合作组织报道，阿尔卑斯山的很多地区去年的11月是创纪录的最温暖的一个月，初雪比往年晚来了数周，滑雪经营者为此感到忧虑。旅游业是阿尔卑斯山脉各国经济的重要支柱。每年到法国、奥地利、瑞士和德国的游客有6000万到8000万之多，参加"滑雪节"的观光客多达1.6亿。

就对某些国家的影响研究表明，德国位于风险之首，即每提高1摄氏度，滑雪地区滑雪可靠度就会下降60%；奥地利每年冬季旅游业占国民经济的4.5%或旅游收入的一半，所受影响略微大于平均值；法国处于平均值；意大利比平均值略微高一点；瑞士气温每升高1摄氏度，自然雪量减少10%，升高4摄氏度时，滑雪地区滑雪安全度就会下降一半。

（节选自http://www.sina.com.cn 2007年1月28日09:06，略有改动）

回答问题

1. 地球平均气温上升3—4摄氏度会带来哪些影响？
2. 为什么说全球变暖已使欧美许多国家的经济受到了影响？
3. 本文的主要内容是什么？

第十一课

阅读二（字数：2445；阅读与答题的参考时间：12分钟）

全球变暖与我们的生活（一）

罗 勇

温室气体给地球盖上"棉被"

天气是指短时间（几分钟到几天）发生的气象现象，如雷雨、冰雹、台风、寒潮、大风等。气候是指长时期内（月、季、年、数年、数十年和数百年等）天气的平均或统计状况，通常由某一时段的平均值以及距平均值的离差（距平值）表征，主要反映一个地区的冷、暖、干、湿等基本特征。

世界气象组织和联合国环境规划署设立的政府间气候变化专门委员会（IPCC），在第四次评估报告中给出了一系列新的气候变化事实，主要结论包括：过去100年（1906—2005年）全球地表平均温度升高0.74℃；过去50年观测到的大部分全球平均温度的升高，很可能由人类活动引起；与1980—1999年相比，21世纪末全球平均地表温度可能会升高1.1—6.4℃；21世纪高温、热浪以及强降水频率可能增加，热带气旋（台风和飓风）强度可能加强。

同时，20世纪全球海平面上升约0.17米；1961～2003年平均上升速率约1.8毫米/年，1993～2003年平均上升速率约3.1毫米/年。全球大部分地区的积雪退缩，特别是在春季和夏季；近40年北半球积雪逐月退缩（除11～12月外），在上世纪80年代变化明显。

陆地大部分地区，强降水比例在增加；强降水事件的发生频率也在增加，尤其是南方地区，换句话说就是不下雨则已，一下雨就容易下大雨，这样对防灾减灾造成了新的压力；北极海冰面积明显减小，春季海冰厚度减少40%，北半球多年冻土层正在融化。

全球气候变化的原因有两个，一个是自然原因，包括海洋、陆地、火山活动、太阳活动、自然变率等；一个是人为原因，和人类活动有关，包括温室气体、气溶胶、土地利用、城市化等，其中温室气体的排放最受大家关注。

主要温室气体包括二氧化碳、甲烷、氧化亚氮等，每种气体在大气中的生命周期都不一样，例如，二氧化碳一旦排放到大气中，可以生存50—200年。从二氧化碳的生存周期来看，地球现在空气中的二氧化碳，很多都是发达国家从工业革命以来排放到大气中的，现在仍在起作用。

排放温室气体的人类活动有很多，像化石能源燃烧活动、化石能源开采过程、工业生产过程、农业和畜牧业、废弃物处理、土地利用变化，这些都会向大气中排放二氧化碳、甲烷等气体，能够引起全球的气候变化。例如，某地新建火力发电厂，火力发电需要燃烧煤，煤在燃烧的过程中会向大气中排放二氧化碳，可能人为引起气候变化；而退耕还林还草可以增加二氧化碳的吸收，减缓气候变化，一般来说是一种有益的人为气候变化行为。

温室气体能吸收地表长波辐射，使大气变暖，与"温室"作用相似。若无自然的温室气体或"温室效应"，地球表面平均温度是-19℃，而非现在的15℃，是不适合人类生存的。但是大量人类活动排放的二氧化碳、甲烷等温室气体，像给地球盖上了厚厚的"棉被"，因而造成"温室效应"加剧。

极端气候事件趋强趋多

气候变暖会引起一系列的连锁反应，包括极端气候事件趋强趋多；农业生产不稳定性增加；水资源问题日益严峻；重大工程安全运行的风险加大；对人类健康、海平面升高、生物多样性产生影响……

极端气候事件趋强趋多，表现为干旱、高温、暴雨、大风、厄尔尼诺、洪涝、沙尘暴等，据观测近50年来，大部分陆地区域强降水发生频率上升；热昼、热夜、热浪更为频繁；更大范围地区发生强度更强、持续更长的干旱；热带气旋（台风和飓风）强度增大。在未来100年气候继续变暖这样一个背景下，据预估本世纪极端高温和强降水事件发生频率很可能持续上升；热带气旋可能更强。这将使我国极端气象灾害发生的频率、强度和区域分布变得更加复杂和难以把握，所造成的灾害也将更为严重。

气候变暖背景下，少雨干旱地区森林火险等级升高。2006年春季，我国北方少雨干旱，森林火险等级高。2006年5月21日至6月2日，黑龙江、内蒙古等地相继发生森林火灾，是继1987年以来东北地区最为严重的一次森林火灾。

2006年春季共出现了18次沙尘暴，其中强沙尘暴过程5次，为2001年

第十一课

以来最多，北京一夜降尘33万吨。2007年春季我国北方地区遭遇15次沙尘暴，比2006年略有减少。

2007年3月初东北地区出现50年来历史同期最强降雪。局部地区积雪深度超过1米。民航、公路、铁路、电力、教育、设施、农业和居民生活等受到严重影响，直接经济损失超过45亿元。

农业可能是受全球变暖影响最大的部门，由于温度升高，旱涝加剧，水短缺使许多地区作物减产。中国农业将面临三个突出问题：产量波动可能增大；布局和结构将变动，种植制度和作物品种改变；成本和投资将增加，肥料、杀虫剂和除草剂增加。如不采取适应措施，2030年中国种植业产量可能会减少5—10%，三大主要作物产量均以减产为主。

在全球变暖的背景下，近50年来海平面呈上升趋势，速率为1.0—2.5毫米/年。到2050年约上升12—50厘米，珠江、长江、黄河三角洲附近海面上升9—107厘米。沿海经济发达地区受到海平面上升威胁，河口湾生态系统和海岸带经济将受影响。由于70%大城市、一半人口和60%国民经济生产位于海岸带低洼地区，海平面上升后，中国珠江三角洲沿岸一些地区可能淹没。但如采取适当措施可减轻损失。

重大工程安全运行的风险也在加大。未来长江上游强降水可能增加，引起的滑坡、泥石流等突发地质灾害可能对三峡水库形成巨大冲击，危害大坝的安全，对水库调度运用和蓄水发电也将产生不利影响。2050年，青藏高原冬季最低气温升高约3.1—3.4℃左右，夏季最高气温升高约1.8—3.2℃，威胁青藏公路、铁路的安全运营，其中季节冻土的冻胀和多年冻土融化下沉，成为南水北调西线调水工程中两大突出问题。

（节选自《新华日报》2007年6月13日，略有改动）

回答问题

1. 引起全球气候变化的主要原因是什么？为什么？
2. 气候变暖会带来哪些不利影响？
3. 极端气候事件表现为哪些现象？
4. 气候变暖给中国的哪些重大工程带来风险？

阅读三（字数：2547；阅读与答题的参考时间：15分钟）

全球变暖与我们的生活（二）

罗 勇

中国的气候变化及走势

和全球一样，中国气候与环境已经产生并将继续产生重大变化。中国近百年气温的变化比全球更为明显，呈显著上升趋势。2006年为我国1951年以来最暖的一年。全国年平均气温为10.2℃，比常年同期偏高1.1℃，为1951年以来最高值，与1998年持平，也是连续第10年高于常年。2006年全球平均气温较1960—1990年平均偏高0.42℃，为有记录以来的第六暖年。2006冬季全国气温（2006年12月至2007年2月），全国平均气温为-2.4℃，较常年同期（-4.3℃）偏高1.9℃，仅次于1998/1999年冬季的-2.3℃，为历史同期第二高值，从1986/1987年冬季开始，中国已连续经历了21个"暖冬"。

什么叫"暖冬"？暖冬这一名词，是近几年气候变暖而产生的新的气象名词，即某年某一区域整个冬季（全国范围冬季为上年12月到次年2月）的平均气温高于常年值或称气候平均值。暖冬的概念具有严格的科学定义，是否暖冬一定要看整个冬季的全国平均气温是否高于常年值。

在全球变暖的大背景下，南京也概莫能外。

南京的年平均气温变化：2006年全年平均气温17℃，比常年（15.5℃）偏高1.5℃，和2004年持平，为1951年以来最暖的一年。南京的冬季平均气温变化，2006/2007年冬季平均气温5.8℃，比常年（3.6℃）偏高2.2℃，和2002年持平，为1951年以来最暖的冬季。

南京的年降水量变化：进入21世纪以来，除2003年外，均为降水偏少年或者正常年。总的来说，南京最近几年温度偏高，降水量偏少，从气候变化上来说南京是暖干化的变化趋势。

南京梅雨的变化：进入21世纪，入梅日期处于偏晚期，长江中下游流域平均入梅期为6月15日，而南京为6月17日甚至6月23日；出梅偏早于长江流域平均出梅期。梅雨集中期长江中下游是21天，而南京集中期明显偏短，因此梅雨量相对比较少。

未来中国气候会如何变化？据预测，从地表温度变化来看，2020年，全国地表温度会升高0.5到0.7℃；2050年可能升高1.2到2℃；本世纪末会升高2.2到4.2℃。温度变化预测的不确定性，反映出预测的难度较大，同时也与温室气体排放控制的效果有关。

全球变暖VS百姓健康

随着全球气候变暖，受到传染性疾病（疟疾、登革热、黑热病和血吸虫病等）影响的人口数量可能增加。热死亡人数也将增加。例如，2003年夏天，欧洲西部的温度非常高，仅大巴黎地区就死亡2万人左右。

夏季高温导致降温所需能源增加，造成用电紧张。全球变暖将加剧未来我国夏季制冷的电力消费的持续增长趋势，对保障电力供应带来更大压力。

气候变暖对工业的影响并不像对农业的影响那么明显、那么直接。气候变暖对工业生产的影响具有明显的间接性和滞后性，这种影响主要通过农产品原材料、零售业市场需求、能源消耗及劳动者工作效率等因素间接影响工业生产。但气候变暖也可能给企业带来盈利。如2003年，欧洲高温对空调需求增加，对欧洲的空调出口就成为企业的新商机；另外，冷饮、啤酒、防晒霜、墨镜产业；污水处理、脱硫工程、垃圾处理、太阳能、风电等也会得到蓬勃发展。

全球变暖将影响旅游业。中国正按全面建设小康社会的目标调整产业结构，已把旅游列于第三产业中新兴产业的首位，国内旅游需求也进入急剧扩展时期。旅游业是严重依赖自然环境和天气条件的产业，受到气候变化的负面影响仅次于农业。气候变化对不同地区的旅游业的影响不同。

拯救地球从点滴做起

气候变暖远远超出一般意义上的气候问题和环境问题，对我国经济社会发展已经带来十分严峻的现实威胁，对百姓的生活也造成了很大影响。这种威胁仍将持续并不断加剧。人们应该如何应对气候变化？

温室气体的排放来自于工业、交通、公众日常生活，大体各占三分之一。如果人们改变生活方式可以为减缓气候变化起到积极作用。作为公民个人来说，需要积极了解气候变化方面的常识；充分认识和理解应对气候变化中我国所面临的压力；增强在社会经济活动中应对气候变化的意识；有意识地在行业发展、商业活动以及日常生活中关注气候变化。具体而言，可以从以下几方面入手，从点滴做起。

　　开慢车。放慢车速，每小时80公里比每小时110公里可节省燃料25%，既省钱又减少温室气体排放。把空调温度调高一些，夏天空调温度过低会加大用电量，26℃是个比较好的范围。国务院办公厅2007年6月1日出台了《关于严格执行公共建筑空调温度控制标准的通知》，规定夏季空调温度不得低于26℃，冬季不得高于20℃。

　　市民可以快速冲澡替代慢悠悠的泡澡，以节约用水。当你准备给家电更新换代的时候选择节能家电。使用塑料食品容器，密封食物容器可以重复使用，三明治袋子和塑料包装纸就不行。应购买节能型日光灯泡，它们的使用寿命是一般灯泡的8倍，而且耗电很少。

　　建议尽量用自行车代替汽车，既减少温室气体排放，又可以作为健身的方法。有专家介绍骑车健身法，如有氧骑车法，以中速骑车前行，对心肺功能和减肥有特效；力量骑车法，即根据不同的条件用力骑行，如上坡、下坡，以提高双腿的力量或耐力，还可有效预防大腿骨骼疾患的产生等。

　　同时，市民应尽量用低磷酸盐的洗衣液和洗衣粉，磷酸盐流入供水系统会刺激水藻生长，降低水的含氧量，导致植物和鱼类的死亡；拒绝塑料购物袋，至少做到重复利用，当然最好是用布袋；喝自来水或过滤水，不喝瓶装水。不用时关掉电视机和音响，不要让它们处于待机状态；在真正必要的时候才冲厕所；充分利用太阳能，太阳能电池板也能产生相当大的能量；经常清洁冰箱背面，因为布满灰尘的线圈要多消耗30%的能量。

　　另外，短途旅行尽量不坐飞机，飞机产生的人均二氧化碳是火车的3倍，坐火车是比较环保的出行方式；带个陶瓷或金属杯子到办公室，不要用聚丙乙烯的杯子；尽量减少豪华包装造成的浪费。上述这些措施可以节省时间和金钱，也挽救了地球。

（节选自《新华日报》2007年6月13日，略有改动）

第十一课

判断正误

1. 中国（仅陆地地区）近百年气温的变化与全球变化差不多。（　　）
2. 2006年全球平均气温为有记录以来的最高年份。（　　）
3. "暖冬"是一个很早就已产生的概念。（　　）
4. 南京最近几年的温度与降水量变化不大。（　　）
5. 气候变暖对农业的影响大大超过对工业的影响。（　　）
6. 气候变暖可以给一些企业发展带来良好的机遇。（　　）
7. 全球变暖对旅游业的影响还没有对工业影响那么大。（　　）
8. 温室气体的排放与公众的日常生活关系密切。（　　）
9. 为了节能，空调气温夏天应调高些，冬天应调低些。（　　）
10. 为了环保，旅行应尽量坐火车，不坐飞机。（　　）

第十二课

自杀⁽¹⁾增多破坏社会和谐 竞争加剧造成心态失常⁽²⁾

心理疾病折磨全球十亿人

全球有10亿人受到不同程度的心理疾病的折磨——世界卫生组织近日公布的这一数据远远超出了先前⁽³⁾的估计。各种迹象⁽⁴⁾表明,经济全球化的同时,人们的心理健康问题也在全球化。

● 韩国:超过日本的自杀⁽¹⁾大国

在世界上,很多人都知道日本的自杀⁽¹⁾问题十分严重,但知道韩国的自杀⁽¹⁾率已超过日本的恐怕并不多。韩国统计厅公布的报告显示,韩国每10万名死亡人口中,死于自杀⁽¹⁾的平均人数为26.1名。韩国的自杀⁽¹⁾率已经超过了位于⁽⁵⁾第二的匈牙利(22.8人)和第三位的日本(20.3人)。最近,韩国就业网站的调查显示,因求职失败产生过自杀⁽¹⁾念头的人占被调查者的27.8%。

韩国人产生各种心理问题主要同经济发展有关。调查显示,10%的韩国国民曾产生"自杀⁽¹⁾冲动"。产生自杀⁽¹⁾想法的原因,回答最多的是经济困难(48.2%),其后依次为家庭不和睦(15.4%)、寂寞⁽⁶⁾孤独⁽⁷⁾(12%)。韩国社会保健研究院研究员徐东宇说,经济长期贫困阶层⁽⁸⁾的人们陷入赌博、家庭崩溃⁽⁹⁾的困境⁽¹⁰⁾,因而自杀⁽¹⁾率剧增。

第十二课

对此，韩国政府及民间组织开始积极应对⁽¹¹⁾。内容包括：增加紧急咨询热线⁽¹²⁾工作人员；在中小学扩大实施相关教育等。

●加拿大："天堂"中也有困惑

加拿大在人们的印象中无疑是一个轻松的西方国家，有人甚至用"天堂"来形容其居住环境。然而，近来加拿大公民情绪健康研究协会等心理援助⁽¹³⁾组织宣称⁽¹⁴⁾，全国20%的人受各种心理疾病困扰⁽¹⁵⁾，需要心理辅导。加拿大近年来经济结构发生很大变化，传统的制造业迅速被能源、原材料⁽¹⁶⁾等新兴行业取代，就业竞争相当激烈，这就造成了"结构性失业"。传统产业地区的相关人员面临越来越大的就业压力，很容易产生心理问题。另一方面，新兴产业发达的地区迅速膨胀⁽¹⁷⁾，但配套⁽¹⁸⁾的各种社会资源远跟不上需求，因此在那里工作的人所面临的心理问题有时更加严重。

移民问题也不可忽视。加拿大是传统移民国家，移民中相当部分为技术移民，因种种原因，其中的很多人在移民后干的工作与自己的专业无关⁽¹⁹⁾，在新环境生活的陌生⁽²⁰⁾感和巨大的生活、精神失落⁽²¹⁾感，极易使他们患上心理疾病。此外，在加拿大，许多老人在晚年⁽²²⁾独自居住，亲情的缺乏很难弥补⁽²³⁾，这同样可能导致心理疾病的增加。

众多心理疾病导致了许多社会问题的出现：近年来加拿大各地吸毒⁽²⁴⁾、酗酒⁽²⁵⁾人数大增，和一些人希望借助⁽²⁶⁾毒品⁽²⁷⁾、酒精⁽²⁸⁾来消除精神压抑有关。鉴于⁽²⁹⁾心理问题已成为社会问题，加拿大有关方面也给予越来越多的重视。一些民间组织则采用讲座、辅导、心理培训和情绪健康互助⁽³⁰⁾等形式，让更多的人意识到心理疾病的危害。

●有人为生存而苦恼，有人生存无忧也发愁⁽³¹⁾

在心理问题高发的国家中，还有一类是处于社会转型⁽³²⁾期的国家，如格鲁吉亚。其最典型的特点是，政治上以融入西方世界为目标，甚至不惜⁽³³⁾与俄罗斯尖锐对立。这直接导致俄罗斯驱逐⁽³⁴⁾国内的格鲁吉亚人。格有近百万人在俄罗斯工作，约占格人口的1/5。在格国内，由于快速实施市场经济，造成失业率过高，很多人整天酗酒⁽²⁵⁾。近些年，格鲁吉亚政府大大增加了用于民众心理健康的财政预算。

在转型⁽³²⁾国家十分羡慕的欧洲富国，国民的心理问题同样存在。心理疾病是欧洲除心脏疾病之外的第一大疾病，高达27%的欧洲人在生活中的某一段时间都出现过心理问题。据保守⁽³⁵⁾统计，心理疾病给欧洲各国造成的损失

读报纸，学中文

相当于它们国内生产总值的3%—4%。

● 人们在经受(36)前所未有的冲击

在全球化的今天，中国人的各种心理问题也层出不穷(37)。有调查显示，中国精神疾病的发病(38)率已经超过了其他疾病，高居首位。著名心理咨询师宋玉梅告诉记者，人们在生活中总是会碰到不开心的事，不良情绪就会产生，一旦超出了承受极限(39)，心理问题向恶性方向发展，就会患上轻重不同的心理疾病。

一些社会学家认为，现代社会信息爆炸(40)，把各种社会不平衡、社会不公(41)的消息迅速大量地带给民众，造成很多人的心理失常(2)。加上社会竞争加剧、生活节奏加快以及原有的价值观和思维方式受到外来文化的影响，使得人们经受(36)着前所未有的冲击。在这种环境下，心理问题成为"全球病"也就不难理解了。

（●本报驻外记者联合报道 ●本报记者 程刚）

（全文字数：1769）

（节选自《环球时报》2007年2月28日第7版，略有改动。）

词语表

1.	自杀 自殺	zìshā	（动）	自己杀死自己 commit suicide, take one's own life 自殺する 자살하다
2.	失常	shīcháng	（形）	进入不正常状态 abnormal, odd 異常な 비정상적이다
3.	先前	xiānqián	（名）	以前；此前

274

第十二课

				before, previously 以前 이전, 앞서, 종전
4. 迹象	跡象	jìxiàng	（名）	指表现出来的不明显的现象 sign, indication, mark 示唆するもの 흔적, 자취, 현상, 기미, 조짐, 기색, 눈치
5. 位于	位於	wèiyú	（动）	位置处在（某处） be located, be situated, lie …に位置する ..에 위치하다
6. 寂寞		jìmò	（形）	冷清孤单；清静 lonely, lonesome; quiet, still, silent 寂しい 적막하다, 적적하다, 쓸쓸하다, 고요하다
7. 孤独	孤獨	gūdú	（形）	独自一个人；孤单 lonely, solitary, lonesome 孤独である 고독하다
8. 阶层	階層	jiēcéng	（名）	同一阶级里因社会经济地位不同而分成的层次 stratum, hierarchy; social stratum, rank 階層 계층
9. 崩溃	崩潰	bēngkuì	（动）	彻底破坏或垮台 collapse, break down, crumble, fall apart 崩壊する 붕괴하다

10. 困境		kùnjìng	（名）	困难的处境
				difficult position, predicament
				苦境
				곤경
11. 应对	應對	yìngduì	（动）	对答，答对
				reply, answer, response
				応対する
				응답하다，대답하다
12. 热线	熱線	rèxiàn	（名）	一种经常处于准备就绪而可以立即通话状态的直通电话线
				hotline (communications link);heat rays
				熱線、ホットライン
				핫라인
13. 援助		yuánzhù	（动）	支援；帮助
				help, support, aid, assist
				援助する
				원조하다，지원하다
14. 宣称	宣稱	xuānchēng	（动）	公开表示
				assert, declare, profess, claim
				公言する
				발표하다，공언하다
15. 困扰	困擾	kùnrǎo	（动）	搅扰,使感到难办
				puzzle, perplex, disturb, vex, worry, annoy
				邪魔をする
				귀찮게 굴다，성가시게 하다，괴롭히다，곤혹케 하다
16. 原材料		yuáncáiliào	（名）	未加工和半成品的原料和材料
				raw material, raw and processed material

第十二课

				原材料
				원재료
17.	膨胀	膨脹	péngzhàng	（动） 扩大增长 expand, inflate 膨張する 팽창하다
18.	配套		pèitào	（动） 把多种相关事物组合成一整套 form a complete set 一つに合わせる （관계가 있는 사물을 조합하여） 하나의 세트로 만들다, 조립하다, 맞추다
19.	无关	無關	wúguān	（动） 不牵涉；无牵连；没有关系 have nothing to do with, be irrelevant 関係ない 관계가 없다, 상관없다, 무관하다
20.	陌生		mòshēng	（形） 事先不知道，没有听说或没有看见过的 strange, unfamiliar, outlandish よく知らない 생소하다, 낯설다
21.	失落		shīluò	（动、形） 丢失；失掉。精神上空虚或失去寄托 lose; be discontented なくす 잃어버리다, 분실하다, 소실되다, 사라지다
22.	晚年		wǎnnián	（名） 人年老的时期 old age, one's later years 晚年 만년, 노년
23.	弥补	彌補	míbǔ	（动） 补偿,赔偿 compensate, recompense, make up for, remedy, cover a deficit or loss

				補う
				메우다, 보충하다, 보완하다
24.	吸毒	xīdú	（动）	指吸食鸦片、海洛因、可卡因、大麻、吗啡等毒品
				take drugs
				麻薬などを吸う
				마약을 빨다(복용하다, 흡입하다)
25.	酗酒	xùjiǔ	（动）	无节制地喝酒
				drink excessively, be given to heavy drinking, hard drinking
				大酒を飲む
				주정하다, 취해서 난폭하게 굴다
26.	借助	jièzhù	（动）	凭借别人或事的帮助以达到目的
				fall back on, have the aid of, draw support from
				助けを借りる
				도움을 빌다, ..의 힘을 빌리다
27.	毒品	dúpǐn	（名）	指作为嗜好品用的鸦片、吗啡、海洛因等。常用成瘾, 危害健康
				narcotics, drugs
				麻薬、アヘンなど
				(모르핀, 코카인, 마약 등의)독물
28.	酒精		jiǔjīng	（名）	乙醇；酒类所含的能使人沉醉的物质,医药上用来消毒
				alcohol, spirit, ethyl alcohol, ethanol
				アルコール
				알코올, 에탄올
29.	鉴于	鑑於	jiànyú	（介）	关于；考虑到
				considering that, in view of, seeing that
				…に関して、…にかんがみて
				..에 비추어 보아, ..를 감안하여

第十二课

30. 互助　　　　hùzhù　　　（动）　彼此帮助共同合作
　　　　　　　　　　　　　　　　　help each other, cooperatie
　　　　　　　　　　　　　　　　　助け合う
　　　　　　　　　　　　　　　　　서로 돕다

31. 发愁　發愁　fāchóu　　　（动）　为烦恼或焦虑的事所折磨
　　　　　　　　　　　　　　　　　be worried about, worry, be anxious
　　　　　　　　　　　　　　　　　愁える
　　　　　　　　　　　　　　　　　근심하다, 걱정하다, 우려하다

32. 转型　轉型　zhuǎnxíng　（动）　从一种形式转变为另一种形式
　　　　　　　　　　　　　　　　　transform, change the style or type, etc.
　　　　　　　　　　　　　　　　　転換する
　　　　　　　　　　　　　　　　　변화가 일어나다

33. 不惜　　　　bùxī　　　　（动）　不顾惜。舍得
　　　　　　　　　　　　　　　　　not spare, not hesitate (to do sth.)
　　　　　　　　　　　　　　　　　惜しまない
　　　　　　　　　　　　　　　　　아끼지 않다

34. 驱逐　驅逐　qūzhú　　　（动）　驱赶或强迫离开
　　　　　　　　　　　　　　　　　drive out, expel, banish, eject, deport, dislodge
　　　　　　　　　　　　　　　　　駆逐する
　　　　　　　　　　　　　　　　　구축하다, 몰아내다, 쫓아내다

35. 保守　　　　bǎoshǒu　　（动、形）守旧；维持原状,不想改进。也指思想跟不上形势的发展。
　　　　　　　　　　　　　　　　　guard, keep; conservative
　　　　　　　　　　　　　　　　　守る
　　　　　　　　　　　　　　　　　지키다, 고수하다, 보수적이다

36. 经受　經受　jīngshòu　　（动）　承受；受到
　　　　　　　　　　　　　　　　　undergo, experience, withstand, stand, weather, sustain
　　　　　　　　　　　　　　　　　受ける、耐える
　　　　　　　　　　　　　　　　　(시련 따위를)겪다, 경험하다, 견디다

37. 层出不穷 層出不窮 céngchūbùqióng（成） 形容事物接连不断地出现，没有穷尽
come out one after the other, emerge endlessly appear frequently, be too numerous to be counted
尽きる事なく現れる
차례차례로 나타나서 끝이 없다, 계속 일어나다

38. 发病　　發病　　fābìng　　（动）　生病,疾病的侵袭
get sick, fall ill; (of a disease) flare up, onset, outbreak
病気になる
병이 나다

39. 极限　　極限　　jíxiàn　　（名）　最大的限度
limit, maximum
極限
극한

40. 爆炸　　　　　　bàozhà　　（动）　物体体积急剧膨大炸裂,使周围气压发生强烈变化并产生巨大声响的现象
explode, blast, detonate, sharp increase (of population, information, knowledge.etc.) that breaks through a limit
爆発する
작렬하다, 폭발하다, 급증하다

41. 不公　　　　　　bùgōng　　（形）　不公正,不合理
unjust, unfair
不公平である、公正でない
공정하지 않다, 공평하지 않다

第十二课

词语例释

1. 韩国社会保健研究院研究员徐东宇说,经济长期贫困阶层的人们陷入赌博、家庭**崩溃**的困境,因而自杀率剧增。

    "崩溃"与"瓦解":动词。都可表示解体、垮台。都有名词用法。

    崩溃: 着重指像山崩水泄一样完全解体,语意较重。

    瓦解: 着重指像瓦片一样碎裂,语意较轻。

    彻底崩溃/全面崩溃/旧世界的崩溃

    纷然瓦解/瓦解敌人的防线

    ① 精神贵族在精神失落之后也是会崩溃的。

    ② 好景不常,股票市场大崩溃,他们一夜之间变成了穷光蛋。

    ③ 中国乡村经历了传统社会的瓦解,到人民公社,再到改革,变化非常大。

    ④ 香港海关表示已成功瓦解了一个跨国贩毒集团。

2. 近来加拿大公民情绪健康研究协会等心理**援助**组织宣称,全国20%的人受各种心理疾病困扰,需要心理辅导。

    "援助"与"帮助":动词。都有给以支持的意思。

    援助: 是以人力、物力支持别人的意思,多用于政治、外交文件或文章中。

    帮助: 着重于替人出力、出主意或给以物资上、精神上的支援,口语、书面语都常用。

    援助灾区/援助受难者/援助物资/援助人员/经济援助/进行援助/停止援助/有力的援助

    帮助同学/帮助老人/互相帮助/好好帮助/经常帮助/及时帮助/热情帮助/很大帮助/帮助不了

    ① 发达国家尤有责任在债务、资金、贸易、援助、技术转让等方面采取切实行动,帮助发展中国家克服经济困难。

    ② 要真正解决移民问题,发达国家必须增加对发展中国家的援助,使其经济发展,人民生活水平得到提高。

    ③ 他对我学外语帮助很大。

④ 人不可能孤独地生活在社会上，总是需要朋友，需要友谊，需要别人帮助。

3. 在心理问题高发的国家中，还有一类是处于社会转型期的国家，如格鲁吉亚。其最典型的特点是，政治上以融入西方世界为目标，甚至不惜与俄罗斯尖锐对立。这直接导致俄罗斯驱逐国内的格鲁吉亚人。

"驱逐"与"驱赶"：动词。都有"赶走"的意思。

驱逐：除有"逐出具体事物"的意思外，还指政府赶走有害的人物。

驱赶：常用于赶走具体事物。

驱逐出境／驱逐入侵者／驱逐害虫

驱赶家禽／驱赶蚊虫／驱赶苍蝇

① 据此间新闻媒介报道，英俄两国互相驱逐对方外交官的行动是由间谍战引发的。

② 近来该国政府将大批的非法入境者驱逐出境。

③ 火可以帮助人类驱赶野兽，保卫自己。

④ 她每天为老人做饭，洗衣，擦身，夏季为老人驱赶蚊虫，冬季用自己的体温温暖老人的被褥。

背景知识

心理疾病简介

所谓心理疾病，是指一个人由于精神上的紧张，干扰，而使自己思想上、情感上和行为上，发生了偏离社会生活规范轨道和现象。心理和行为上偏离社会生活规范程度越厉害，心理疾病也就愈严重。我们必须看到，心理疾病是很普遍的，只不过存在着程度区别而已，而且现代文明的发展使人类愈发脱离其自然属性，污染、生活快节奏、紧张、信息量空前巨大、社会关系复杂、作息方式变化、消费取向差异、在公平的理念下不公平的事实拉大、溺爱等，都使心理疾病逐渐增多并恶化。人在遭受挫折、蒙受屈辱或紧张和焦虑的情绪长期不能消除时，就会造成心理障碍和心理疾病。一旦发生心理障碍和心理疾病，应如何正确对待呢？在人们的心目中，对心理疾病存在两种错误认识，一个是对心理疾

第十二课

病过分地害怕和恐惧。另一个是认为心理疾病"可耻",让人厌恶。正是这两种认识会使心理疾病越来越严重。因此,要治愈心理疾病,必须克服这两种错误的心理。

1. 要相信心理疾病是可以治好的,不必害怕和恐惧。尽管造成心理疾病的原因比较复杂,疗程比较长,效果比较缓慢,但治疗心理疾病比治疗生理疾病也有有利的方面。如心理疾病通常不容易危害人们的生命,而且大部分都可以不用吃药、不用打针就能治好。得了心理疾病,只要善于了解自己,增强治愈的信心,懂得一些有关心理健康的基本知识,掌握和运用一些有效的心理治疗方法和技术,迟早会治好的。

2. 要相信心理疾病是可以预防的。心理疾病主要是由于在生活当中,一些不良的适应成了习惯所造成的,而先天遗传的心理疾病则非常少。因此,当我们掌握了足够的有关心理健康的基础知识和方法后,完全可以预防心理疾病的发生,增进心理健康。

3. 要认识到每个人都有可能患心理疾病。任何人在一定的时间和地点等条件下,都可能会有某种程度的失常的表现,可能得心理疾病,只是在某些行为偏差上,有程度不同的分别罢了。况且所谓"失常",还有健康与不健康的不同。因此,任何人都不必为自己"幸免"心理疾病而庆幸。

4. 患有心理疾病并不可耻,不能歧视或鄙视心理疾病患者。心理正常的人,对心理失常的人不应讥笑、讽刺、厌恶、疏远。否则,心理失常的人就会形成自卑,怕人家说他有病的心态,不愿向别人倾诉他们心中的烦恼、苦闷,而且对别人戒备、怀疑、恐惧,这就会使病情加重。每个心理健康的人除了要保持心理健康,防止发生心理疾病以外,还有义务帮助已经心理失常的人,使他们早日恢复健康。

读报纸，学中文

练 习

一、请在课外阅读两篇最新中文报刊文章，将它们剪贴在你的笔记本上，然后把它们写成摘要，并谈谈自己的看法

二、给下列动词搭配适当的词语

应对_____　　　　援助_____

宣称_____　　　　困扰_____

弥补_____　　　　借助_____

驱逐_____　　　　经受_____

三、选词填空

层出不穷　应对　宣称　困扰　弥补　互助　保守

1. 麦当劳公司不仅打出中文广告，而且_____向品学兼优的亚裔学生提供奖学金。
2. 京杭大运河的建成，_____了我国东部没有南北水路的缺陷，对南北物资交流发挥了巨大作用。
3. 事物都会有其特殊性，在改革开放的今天，新生事物_____，更需要人们转换脑筋，坚持唯物辩证法，做到具体事物具体分析。
4. 从事母婴保健工作的人员应当严格遵守职业道德，为当事人_____秘密。
5. 在体育活动中，可以培养勇敢、坚强、机智、果断、团结、_____等意志品质。
6. 不良的情绪_____会造成大学生精力分散、记忆力和理解力下降。
7. 努力提高国家战略能力，运用多元化的安全手段，_____传统和非传统安全威胁，谋求国家政治、经济、军事和社会的综合安全。

崩溃　瓦解

8. 原来的村、镇、家庭、行业及其他团体构成的社会结构迅速_____，

第十二课

形成以个人、城市、企业、公司和其他社会组织为基础的社会结构。

9. 在那半个多月的时间里，我的精神处于_____的边缘。

| 援助   帮助 |

10. 他们不断向一些受灾国家提供经济和物质_____。
11. 助人为乐就是以_____别人为快乐。

| 驱逐   驱赶 |

12. 她顾不得擦汗，顾不得_____叮咬她的蚊虫。
13. 人们应在规定的期限内向当局申请居留权，否则将被视为非法移民而被_____出境。

四、根据课文内容判断正误

1. 目前全球心理健康问题很突出。（   ）
2. 目前韩国的自杀问题没有日本严重。（   ）
3. 目前加拿大人的心理问题很少。（   ）
4. 格鲁吉亚正处于社会转型期。（   ）

五、请按正确的语序将下列各个句子组成完整的一段话

1. A. 人们的心理健康问题也在全球化
   B. 经济全球化的同时
   C. 各种迹象表明

   正确的语序是：（   ）（   ）（   ）

2. A. 造成很多人的心理失常
   B. 把各种社会不平衡、社会不公的消息迅速大量地带给民众
   C. 一些社会学家认为
   D. 现代社会信息爆炸

   正确的语序是：（   ）（   ）（   ）（   ）

六、根据课文内容选择最合适的答案

1. 韩国人产生的各种心理问题主要同_____有关。
   A 经济发展   B 工作压力
   C 人口压力   D 气候变化

2. 加拿大的新移民_____心理问题。
   A 普遍存在　　　　　　　　B 不存在
   C 容易产生　　　　　　　　D 不易产生
3. 欧洲富国的心理疾病问题_____。
   A 不明显　　　　　　　　　B 不太严重
   C 比较严重　　　　　　　　D 不严重
4. 目前中国的心理疾病问题_____。
   A 不突出　　　　　　　　　B 很严重
   C 不严重　　　　　　　　　D 不太严重

七、完形填空

（一）

然而　　无疑　　宣称　　甚至

加拿大在人们的印象中1_____是一个轻松的西方国家，有人2_____用"天堂"来形容其居住环境。3_____，近来加拿大公民情绪健康研究协会等心理援助组织4_____，全国 20％的人受各种心理疾病困扰，需要心理辅导。

（二）

则　　有关　　导致　　给予　　鉴于

众多心理疾病1_____了许多社会问题的出现：近年来加拿大各地吸毒、酗酒人数大增，和一些人希望借助毒品、酒精来消除精神压抑2_____。3_____心理问题已成为社会问题，加拿大有关方面也4_____越来越多的重视。一些民间组织5_____采用讲座、辅导、心理培训和情绪健康互助等形式，让更多的人意识到心理疾病的危害。

八、请用自己的话或原文中的关键句子概括下面几段话的主要内容

1. 加拿大在人们的印象中无疑是一个轻松的西方国家，有人甚至用"天堂"来形容其居住环境。然而，近来加拿大公民情绪健康研究协会等心理援助组织宣称，全国 20％的人受各种心理疾病困扰，需要心理辅导。加拿大近年来经济结构发生很大变化，传统的制造业迅速被能源、原材料等新兴行业取代，就业竞争相当激烈，这就造成了"结构性失业"。传统产业地区的相关人

员面临越来越大的就业压力，很容易产生心理问题。另一方面，新兴产业发达的地区迅速膨胀，但配套的各种社会资源远跟不上需求，因此在那里工作的人所面临的心理问题有时更加严重。

2. 在心理问题高发的国家中，还有一类是处于社会转型期的国家，如格鲁吉亚。其最典型的特点是，政治上以融入西方世界为目标，甚至不惜与俄罗斯尖锐对立。这直接导致俄罗斯驱逐国内的格鲁吉亚人。格有近百万人在俄罗斯工作，约占格人口的1/5。在格国内，由于快速实施市场经济，造成失业率过高，很多人整天酗酒。近些年，格鲁吉亚政府大大增加了用于民众心理健康的财政预算。

九、请尽量用以下词语进行话题讨论

| 自杀 | 失常 | 寂寞 | 孤独 | 困境 | 应对 |
| 弥补 | 借助 | 互助 | 经受 | 极限 | 层出不穷 |

为什么当今社会心理疾病问题比较严重？你认为怎样做才能预防和控制心理疾病？

十、快速阅读：

阅读一（字数：2378；阅读与答题的参考时间：10分钟）

中国心理治疗急需高手（一）

李虎军

本月21日晚8点，上海光大会展中心，中央电视台主持人崔永元和作家余华同时坐在2007中德心理治疗大会的演讲台上。根据大会的安排，他们要进行一场有关中国人心理变化的演讲。

崔永元旁边坐着他的一位医生朋友：同济大学医学院教授赵旭东。"接到邀请的时候，我一点都不觉得突然，"崔永元说，"因为我是中国著名的抑郁症患者。"

在中国，像崔永元一样遭受过精神疾病困扰的大有人在。上海精神卫生中心院长肖泽萍则在此前一天的大会主题报告中提到："根据卫生部最新公布的统计数据，2006年城乡居民主要死亡原因中，精神障碍已经排在第十位。"

与很多抑郁症患者相比，崔永元更坚强，也更幸运。"治愈抑郁症的关键是，找到能够治愈抑郁症的医生，"他将头转向赵旭东，"我非常庆幸自己找到了赵医生，我感谢赵医生。"

或许，崔永元还应该感谢台下的一位特殊的听众：德中心理治疗研究院主席玛佳丽（Magarete Haass-Wiesegart）博士。

心理治疗的"黄埔军校"

当下的中国社会正经历前所未有的变迁，公众对心理治疗和心理咨询的需求也在不断增加。而玛佳丽这位德国女子不远万里来到中国，与已故的万文鹏教授等中德专家共同创建了一所心理治疗的"黄埔军校——中德心理治疗培训项目（简称"中德班"）。

"中德班"历届学员已经成为中国心理治疗的骨干力量。显然，"中德班"将对一代又一代中国人的内心世界产生难以估量的影响。

"中德心理治疗师之间真诚合作，共同促进中国心理治疗事业的发展，是中国现代心理治疗发展史上的里程碑。"曾经是"中德班"一期学员的肖泽萍教授说。

1976年9月12日，获得德国学术交流中心（DAAD）研究生奖学金的玛佳丽，来到北京大学学习哲学。此前，她曾是一名德国学生运动积极分子，对中国有浓厚兴趣，并根据在德国搜集到的有限资料，完成了一篇关于中国精神病人治疗的心理学毕业论文。

1982年，玛佳丽再次来到中国，成为北京大学恢复心理学系后的第一个留学生。第二次留学期间，玛佳丽争取到了参观北京、上海、成都等地精神病院或精神卫生中心的机会。她惊讶地看到，"所有病房都是所谓的封闭病房，对严重精神病或严重抑郁症使用电休克治疗是很平常的事情"。

1983年，玛佳丽在昆明见到云南省精神病院的万文鹏教授。万文鹏毕业于武汉同济医学院，因受"反右"运动牵连，被发配至边陲云南，成为云南省精神病院第一个正规受训的医生。他后来为中国精神卫生事业，尤其是在跨文化精神病学、心理治疗学和药物滥用研究领域作出了先驱贡献。

武汉心理医院副院长施琪嘉教授说，万文鹏先生对人的精神心理的探究兴趣，远超过对病人用药物简单控制的兴趣。

对中国心理治疗来说，玛佳丽与万文鹏的第一次会面具有历史性意义。玛佳丽告诉"南方周末"："我们关于药物和心理治疗的理解，以及少数民族心理健康的长时间讨论，是以后合作的实际起源。"

第十二课

1988年，玛佳丽与万文鹏在昆明举办了第一届中德心理治疗研讨会。玛佳丽负责筹款和邀请德国专家，万文鹏则负责中国方面的组织事宜。德中心理治疗研究院的巴梦吉（Margit Babel）评价说："他们两位是德中心理治疗合作的灵魂人物。"

德国专家带来的新鲜事物

德国专家带来了一大堆新鲜事物。他们在会上介绍心理治疗的各个学派，还在每天下午的工作坊上要求学员进行角色扮演等。

赵旭东当时是昆明的一名年轻医生。德国家庭治疗专家西蒙（Fritz Simon）对他的一位患者及其家庭进行了访谈。那位18岁的工人总是怀疑自己患上了癌症。赵旭东对南方周末说，西蒙在访谈中了解到，患者出现症状以后，他父亲的脾气比以前好了很多，于是告诉患者，病不要一下子好起来，最好再维持一段时间。

治疗师怎会给患者说这样的话？西蒙其实是在应用一种名叫反向扰动的治疗技术，但中国学员难以理解。万文鹏曾告诉南方周末，当时中国开展心理治疗的人很少，而且水平和居委会老太太差不多。

赵旭东自此对家庭治疗产生了兴趣。在汉堡科学文化基金会资助下，他前往德国海德堡大学家庭治疗研究所斯迪林（Helm Stierlin）教授门下攻读博士。

1993年，赵旭东学成回国，在昆明医学院附属第一医院建立起国内首个配备现代摄录设备的心理治疗室和影像资料库，并对中国开展系统家庭治疗进行了临床实证研究。

但是，像赵旭东这样有机会在德国长期学习的中国临床心理工作者屈指可数。于是，玛佳丽1995年在德国创办了非盈利组织"德中心理治疗研究院"，并开始与巴梦吉、万文鹏、徐韬园等德中专家讨论一个雄心勃勃的计划：在中国开展心理治疗连续培训项目。

玛佳丽最初提出在中国开展心理治疗培训时，曾有人质疑她：西方的心理治疗模式在中国行得通吗？玛佳丽的回应是："我们只是传递专业信息，中国同道会在实践中结合具体的历史文化背景，而且人类获得内在情感安全的原则有共通之处。"

1997年至1999年，第一期"中德班"）开始运作，招收了130名学员。三年之中，每年有两次为期7天的集训。

这是首次在中国举行的跨年度连续性心理治疗培训项目。施琪嘉说："该项目直接导致了精神分析、行为治疗和系统式家庭治疗在中国的开展。"

目前，"中德班"举办到了第三期，已有四百多名中国学员参加。万文鹏教授已于2005年7月7日故去，但赵旭东、肖泽萍等后来者仍在继续推进中德心理治疗合作。

（节选自《南方周末》2007年5月24日，略有改动）

回答问题

1. 中央电视台主持人崔永元是怎样介绍自己的？
2. 中德心理治疗培训项目是由谁创立的？
3. "中德班"取得了哪些成就？

阅读二（字数：1923；阅读与答题的参考时间：9分钟）

中国心理治疗急需高手（二）

李虎军

一个足以感动中国的人物

在"中德班"上，万文鹏曾多次将玛佳丽和德国专家们比做"活雷锋"：玛佳丽一年到头四处化缘，德国专家到中国授课不拿薪水……

肖泽萍对南方周末说："玛佳丽非常执著，碰到困难时不会垮掉。而且她了解中国文化，知道如何找关键的人，谈关键的事。她是一个足以感动中国的人物。"

这些年，玛佳丽遇到过无数困难，"我的压力很大，就说筹款吧，好不容易凑齐了这一年的经费，你又得为下一年的经费发愁。"

玛佳丽的丈夫魏思佳(Kurt Wiesegart)博士1976年也曾到北京留学，目前担任亚洲开发银行的咨询专家，是能源领域的"中国通"。魏思佳很支持妻子的中国事业，为了留下一方在德国家中照顾孩子，夫妻间经常要协调访问中国的时间。

"与其他一些着眼于赚钱的心理培训项目相比，'中德班'没有给玛

第十二课

佳丽带来什么好处,她既不会提职称,也不会涨工资,"赵旭东说,"这种新一代白求恩和雷锋的精神,我们恰恰容易丢掉。"

当然,玛佳丽和德国专家们在中国的多年努力也并非毫无"好处"。玛佳丽说:"德国和其他西方国家一样,近年来将中国一些传统的治疗方式整合到了住院患者的治疗当中,而我们和中国同行有密切的交流。"

担任"中德班"教员的葛拉赫(Alf Gerlach)博士也告诉南方周末,德国同行牺牲了开业时间,经济上的确有所损失,但他们从中国同行身上同样学到了很多东西。

葛拉赫举例说,"陕西省人民医院张天布对精神分析中阻抗与禅宗参悟中驻相的比较,武汉心理医院施琪嘉对秦始皇心路历程的分析,都让我受益匪浅。"

如今,"中德班"被认为是中国心理治疗领域最成功的国际合作项目,其毕业学员大多成为这一领域的中流砥柱。例如,武汉心理医院于2006年10月成立,施琪嘉和童俊出任副院长;四川大学华西医院心理中心副主任杨彦春引入认知行为疗法,改变过去精神科病房只是服药的单纯生物模式……

"更重要的是,现代心理治疗学在中国的兴起,其意义远远不是局限在临床治疗方面,而是大大推进了医学模式从单一的生物模式向生理—心理—社会模式的转变,"肖泽萍说,"同时,也极大地促进了中国社会人文精神、人性关怀的根植和发展,并将由此惠及更广泛民众的日常生活品质。"

"我真替中国有心理问题的人担心"

当年到北京大学求学的那位德国年轻姑娘,如今两个孩子都已成人。这三十年中,玛佳丽多次光临中国,中国社会和心理治疗的状况也发生了翻天覆地的变化。

玛佳丽说,中国迅速步入经济发展的新时代,但同时也带来了一些负面影响。中国社会的整合冲突导致了心理问题的"西方化"。二十多年前,玛佳丽在中国精神病院看到的绝大多数患者被诊断为精神病,如今呢,医院的抑郁症患者人数明显上升。

上亿规模的人口流动给家庭和个人造成的困难开始显现。2006年10月,移民城市深圳公布了2005年度精神疾病流行病学调查结果,各类精神疾病的终生患病率为21.19%，这个数据是1996年调查结果的4.48倍。换句话说，目前深圳每5个人中就有1人患有不同程度的精神疾病。

在玛佳丽看来，如何建立一个符合城乡地区需求的心理治疗和咨询系统，是中国的医生和心理治疗师们面临的历史性挑战与机遇。

但正如肖泽萍所说，中国心理咨询与心理治疗的发展水平尚处于起步阶段，没有足够的提供精神卫生服务的从业人员，尤其严重匮乏合格的心理咨询师和心理治疗师，与之相适应的体系、规范建设比较落后。

此次中德心理治疗大会的演讲会上，崔永元和余华接到了数十张提问的纸条。除少数媒体记者以外，台下听众基本上是与会的专业人士。但崔永元实话实说："很多问题令人失望，如果提这些问题的是心理咨询师或心理治疗师，表现出的水平并不比我高明多少，我真替中国有心理问题的人担心。"

他随后话锋一转："但我觉得发展态势是健康的。这里有很多德国高手，如果觉得本事不够，可以再跟他们学一学。"

让中国学员与德国专家相互切磋，正是"中德班"的本意之一。玛佳丽也表示，德中心理治疗研究院将继续致力于心理治疗的合作培训和研究。

而一些中国心理治疗专家已经开始接过"中德班"的火种。例如同为"中德班"一期学员的北京大学心理系教授钱铭怡正致力于推动心理治疗的职业规范。她和同事们在中国心理学会建立了非盈利的临床与咨询心理学专业注册系统，2007年7月1日前将完成首批心理师的注册工作。

（节选自《南方周末》2007年5月24日，略有改动）

回答问题

1. 为什么说玛佳丽是一个足以感动中国的人物？
2. 为什么深圳的心理疾病问题很严重？
3. 为什么崔永元说"我真替中国有心理问题的人担心"？

第十二课

阅读三（字数：2415；阅读与答题的参考时间：14分钟）

精神疾病治疗费已占疾病总负担首位

张斌　邱曙东

为期四天的中德心理治疗大会昨天在沪闭幕。这次由上海市精神卫生中心等主办的研讨会以"变化的社会，变化的人们——心理治疗的回应"为主题，中国、德国、瑞士、美国等近千名心理学专家和心理治疗领域的从业者与会。研讨会期间共举办了近百场小规模专场讨论会，议题涉及现代心理学的各个方面。大会还邀请了作家余华和中央电视台主持人崔永元到会，进行了一场名为《40年来中国人的心理变化》的访谈。

每10人至少有1人有心理障碍

大会公布了一组来自我国卫生部的数据：我国13亿人口中，患有严重精神和心理障碍疾病的患者达1600多万。患有不同程度精神或心理障碍需要专业人员干预的人数则更多，估计达到1.9亿人，也就是说，每10人中至少有1人存在心理问题，需要心理辅导。

调查显示，我国17岁以下的儿童和青少年有3.4亿人，约3000万人深受心理障碍困扰。此外，妇女、老人、自然或人为灾害的受灾群体等特定人群的精神和心理障碍问题也呈逐年上升趋势。

近十几年来，中国人群的疾病谱发生了重大变化——营养性疾病、传统的感染性疾病比重下降，与生活方式相关的疾病大幅增加，与神经系统、心理素质及环境变化相关的代谢性疾病、心神疾病、神经精神障碍等成了大量消耗医疗资源的疾病。目前，我国用于神经精神疾病方面的费用约占我国疾病总负担的1/5，排名居首位。卫生部预测，到2020年，这一比例将上升到1/4。

中德友好医院筹备组组长、同济大学教授赵旭东因为治好了央视主持人崔永元的抑郁症而进入公众视野。他在大会上发表的主题报告中说，中国近几十年来的社会生态急速变化，这是导致不少人心理失衡的重要原因。他说：我们正在经历持续变动的"多样性"，如全球化、城市化、数字化等，这些变化无不牵动人们的喜怒哀乐，触动人的神经。在这个地理意义上很大但心理意义上却很小的世界，我们因为竞争不得不以邻为壑；

我们拥有的越来越多,但是生活的意义、目的却渐渐不清楚了。

每百万人只有2.4个心理咨询工作者

最近,南京市卫生系统有关部门对南京市一家三甲医院的心理咨询门诊和3所大学的心理咨询服务中心的来访者及部分市民进行了一项调查,近半被调查者认为现在寻求心理咨询很不方便。

患者求医不方便的主要原因是心理治疗领域从业人员的严重匮乏。保守估计,我国目前有1.9亿人需要接受一定程度的心理咨询和心理治疗,而国内从事心理咨询和治疗的专业人员却只有几千名,每百万人只有2.4个心理咨询工作者,而在美国是550个,德国更多。我国从事心理咨询和治疗的专业人员,95%以上集中在医院和学校。而在心理治疗发展比较成熟的国家,心理咨询和治疗广泛分布在社区、企业、政府机关、司法、军队和警察系统等各个领域,且多数是受过严格训练的专业人员。

此外,我国心理治疗从业者的培养也后继乏力。我国的1010所大学中,开设心理学系的只有20所;学历教育体系中,心理咨询专业仍为空白。

现有的心理咨询和治疗机构中,存在管理混乱的问题。上海市精神卫生中心院长肖泽萍在发言中说,以发展较好的上海为例,100家心理咨询机构中,营利性的3家,非营利性的97家,只有40家经过登记注册,并处于卫生行政部门或教育行政部门的监管之下。

崔永元对话余华

央视主持人崔永元自称是"目前中国最著名的抑郁症患者"。2005年,崔永元首次在一档电视节目中向公众袒露自己患抑郁症并治疗的经过。作家余华的小说《活着》、《兄弟》等,描写人在社会巨变中的生活,引起众多德国心理学家的兴趣。

中德心理治疗大会期间,组委会邀请崔永元和余华到场,进行了一场对话。

每个人都可能发生心理障碍

崔永元:我很高兴自己能够很坦然地说起抑郁症,说起心理障碍。如果没有我自己的那段痛苦经历,我不会理解,为什么有人放着好好的日子不过而选择自杀?为什么有人一辈子不愿意走出屋子与人交往?我把自己的经历一次次地说出来,是为了让人们理解,心理疾病也是一种病,一种

第十二课

无关道德、需要治疗的疾病。

余华：生活在人群中，没有一个人在心理上是完全健康的，至少没有一个人能一辈子都心理健康。我的生命有两个角色，一个是现实生活中的余华，一个是作家余华。写作时，我把自己在现实生活中不能也不敢表达的情绪、思想尽情地表达出来，我觉得这对维持我的心理健康有很大好处。

网络暴力影响人的心理健康

崔永元：我每次看网络论坛的留言版，都觉得很害怕，许多人用各种匪夷所思的恶毒的话，毫无顾忌地谩骂、诅咒，怎么有人会说出这样的话？白天上街，我看见周围的人都彬彬有礼，心里又觉得害怕，那些在网络上"施暴"的人，难道就藏在这些正常人中间？

余华：现在的网络世界，某种程度上已经成了人们某种情绪的真实窗口，充满了刻毒和怨恨。当人在虚拟世界中发泄各样具有攻击性的情绪而不用承担任何责任时，人们的确很容易忘记：自由是有边界的，那个边界就是道德。

（节选自《解放日报》2007年5月24日，略有改动）

判断正误

1. 中国目前每10人中就有1人存在心理障碍，需要心理辅导。（　　）
2. 近十几年来，中国人群的疾病结构发生了重大变化。（　　）
3. 中国用于神经精神疾病方面的费用将会继续增加。（　　）
4. 央视主持人崔永元的抑郁症是由赵旭东教授治好的。（　　）
5. 中国当前很多人的心理疾病问题的产生与社会变化快无关。（　　）
6. 目前寻求心理咨询很不方便的主要原因是相关信息不够畅通。（　　）
7. 中国对从事心理咨询和治疗的专业人员的需求量很大。（　　）
8. 目前中国的多所大学已开设心理学系。（　　）
9. 余华认为写作对他保持心理健康帮助很大。（　　）
10. 崔永元和余华对网络的暴力语言提出了批评。（　　）

第十三课

发展迅速引起不少纠纷 监管⁽¹⁾很难 主要还靠自律⁽²⁾

博客世界呼唤⁽³⁾新秩序

陶短房　陆乐　林雪原　纪双城

　　5年前的今天，中国还没有"博客（网络日志）"这个词。5年后，中国的博客作者多达数千万。从博客诞生那一刻起，各种争议就一直伴随⁽⁴⁾着它。

"今年将是博客的流行年"

　　美国一家市场调查公司不久前发布报告说，2007年将是博客发展的流行年，博客在社会上的影响力越来越大。在最近引人注目的副总统切尼办公室前主任路易斯·利比案中，多名美国博客首次获得了联邦⁽⁵⁾法院⁽⁶⁾的采访证。

　　在英国，写博客的人群⁽⁷⁾一般是在16岁到45岁之间。在2003年伊拉克战争爆发后，英国新闻类的博客数量剧增。

　　《时代》周刊加拿大版一次关于博客问题的调查中，甚至有反馈⁽⁸⁾者认为"没有偏见和问题的博客就没有存在的必要了"，在受调查者看来，博客之所以盛行⁽⁹⁾，是因为具有独特的见解⁽¹⁰⁾和尖锐的言论⁽¹¹⁾。至于文章是否符合事实，读者自己会作出判断。

第十三课

因博客引起的纠纷越来越多

不久前，22岁的埃及法律系大学生苏莱曼因在博客上对政府的攻击而被判处(12)4年徒刑(13)。在埃及7000多万人口中，写博客的只有5000多人。就是这么小的一个群体(14)，最近在埃及引起了一场关于政府监管(1)和博客言论(11)自由的激烈争论。

近年来，在美国，与博客有关的法律纠纷也越来越多，主要集中在名誉(15)权、国家安全等领域。2004年，当时在美国国会当议员(16)助手(17)的杰西卡·卡特勒在她的博客"华盛顿宝贝(18)"中，写了她和国会中的六名男职员(19)交往的许多生动细节。这些内容后来被美国一家网站从博客中挖掘出来，吸引了无数点击(20)。博客中提到其中的一位男职员(19)罗伯特·施泰因布赫以侵犯名誉(15)和隐私罪(21)将杰西卡告上法庭，并要赔偿2000万美元。这起事件在美国造成很大影响，杰西卡因此丢了工作，施泰因布赫也被迫离开华盛顿。

"博客风"还曾经在驻伊美军中非常流行。他们开了上千个博客，详细地记录在伊拉克的战斗和生活。但军方(22)不欢迎这些可能泄露(23)军事秘密的博客，许多博客以"国家安全"的名义被要求关闭(24)。有些博客和军事机密(25)并没有太大关系，也被迫关闭(24)。军医(26)科恩在他的博客里写了自己如何抢救(27)伤员(28)，他抱怨说："我不觉得自己有什么错。但是他们说我违背了陆军(29)的条例(30)。我只好关闭(24)博客。"

博客的出现还为商业诈骗(31)提供了一个新场所(32)。前段时间，一个英国人的博客上写着，从他提供的网址上可以找到英国汇丰银行并注册，同时会得到一笔奖金(33)。许多人就按照指示，点击(20)开了这个所谓的"汇丰银行"新网站，甚至将自己的银行存款(34)转入(35)。结果数月后，英国警方宣布这是一个诈骗(31)网站，而这些存款(34)多数难以追回。日本的博客中则出现了不少对他人进行人身(36)攻击的文章。据3月6日的《每日新闻》报道，东京都的3名女中学生因对另两名女中学生施加暴力而被逮捕(37)，3名女生打人、骂人，还在自己的博客上侮辱(38)被害者，被骂的女生受到侮辱(38)，欲自杀，幸好(39)被家人发现制止(40)。

写博客成为赚钱新途径

30岁的美国职业女性科琳在自己的博客上似乎什么都写。在最近几天的博客中，她描述一部新电影充满着魅力。不过，有一点科琳没有说到：这部影片的推广方曾经付给她 12 美元，让她在博客中宣传。通过这种方式，科琳已经赚到了 7700 多美元。在美国有成千上万[41]人像科琳一样出售自己的博客"声音"。

在日本，博客广告正在成为销售的一股新势力。在这种新型的网络销售模式中，博客在自己的网页中介绍自己使用产品的亲身[42]体验。博客可以根据其与商家签订的合同，从广告点击[20]率或产品销售额中获取收益[43]。可口可乐（日本）公司销售其改良[44]后的一种茶饮料时，邀请了博客日点击[20]量超过千次的 100 位女性博客写手做广告。

博客监管[1]，各国都在想办法

专家表示，作为一个新事物，博客的出现与快速发展在改变人类生活方式的同时，难免会带来一些负面影响。如何减少负面影响是一个挑战。韩国对博客的管理大概是世界上最严厉的，申请博客者必须填写实名和真实的联络[45]方式。在韩国，各种不当言论[11]不但会被限期[46]清除[47]，如果影响恶劣[48]，甚至被判处[12]罚款[49]。

在美国、英国、加拿大等发达国家，虽然没有法律规定博客实名要求，但博客用实名却比较盛行[9]。加拿大对博客的管理完全交由运营[50]商。文章内容只要不违法[51]，政府是不会干涉的。

（全文字数：1823）

（节选自《环球时报》2007年3月13日，略有改动。）

| 1. | <u>监管</u> | 監管 | jiānguǎn | （动） | 监视看管
supervise, keep watch on
監視管理する
감시 관리하다 |
| 2. | <u>自律</u> | | zìlǜ | （动） | 遵循法纪，自我约束 |

第十三课

				self-discipline, restrain oneself 自律する 스스로 억제(단속)하다,
3. 呼唤	呼喚	hūhuàn	（动）	召唤；分咐派遣 call out, shout, summon; exclaim, yell out 呼びかける 부르다, 외치다, 시키다, 부리다
4. 伴随	伴隨	bànsuí	（动）	随同；跟随 accompany, follow …に従う、 동행하다, 수반하다, 따라가다
5. 联邦	聯邦	liánbāng	（名）	构成有机整体的政治单元，通常由原先的独立单元所组成，这些单元已将其主要权力交给整体政府，它可能是其中一个单元的政府或者是新成立的政府 federation, union, commonwealth 連邦 연방
6. 法院		fǎyuàn	（名）	行使审判权的国家机关 court of law, court 裁判所 법원
7. 人群	人羣	rénqún	（名）	成群的人 throng, crowd, multitude 人の群れ 군중
8. 反馈	反饋	fǎnkuì	（动）	泛指发出的事物返回发出的起始点并产生影响 feedback (of information, reactions, etc.)

　　　　　　　　　　　　　　　　　　フィードバックする
　　　　　　　　　　　　　　　　　　피드백하다

9. 盛行　　　　　shèngxíng　（动）　广泛流行
　　　　　　　　　　　　　　　　　　prevail, be very popular, be in vogue, be current or rife
　　　　　　　　　　　　　　　　　　広く流行る
　　　　　　　　　　　　　　　　　　성행하다, 매우 널리 유행하다

10. 见解　見解　　jiànjiě　　（名）　看法；评价
　　　　　　　　　　　　　　　　　　view, opinion, understanding
　　　　　　　　　　　　　　　　　　見解
　　　　　　　　　　　　　　　　　　견해

11. 言论　言論　　yánlùn　　（名）　关于政治和一般公共事务的议论
　　　　　　　　　　　　　　　　　　speech, expression of political views, opinion on political views
　　　　　　　　　　　　　　　　　　言論
　　　　　　　　　　　　　　　　　　언론

12. 判处　判處　　pànchǔ　　（动）　法庭依照法律对触犯刑律者的审理和裁决
　　　　　　　　　　　　　　　　　　penalize, sentence, condemn
　　　　　　　　　　　　　　　　　　判決
　　　　　　　　　　　　　　　　　　판결을 내리다, 선고하다

13. 徒刑　　　　　túxíng　　（名）　刑罚名。将罪犯拘禁于一定场所,剥夺其自由,并强制劳动。
　　　　　　　　　　　　　　　　　　imprisonment, (prison) sentence
　　　　　　　　　　　　　　　　　　懲役
　　　　　　　　　　　　　　　　　　징역

14. 群体　羣體　　qúntǐ　　　（名）　同类人或事物组成的整体
　　　　　　　　　　　　　　　　　　community, group, colony, integral entity
　　　　　　　　　　　　　　　　　　郡体、グループ
　　　　　　　　　　　　　　　　　　군체, 단체

15. 名誉　名譽　　míngyù　　（名）　个人或集团的荣誉或威信；个人或

第十三课

				集团的好名声；处于受公众尊敬或尊重的地位 honor, reputation, fame 名誉 명예
16.	议员	議員	yìyuán	（名）	在议会中有正式代表资格,享有表决权的成员 member of legislative body, (in Great Britain) member of parliament (MP), (in U.S.) congressman or congresswoman 議員 의원
17.	助手		zhùshǒu	（名）	协助他人办事的人 assistant, helper, aide 助手 조수
18.	宝贝	寶貝	bǎobèi	（名）	对亲爱者的昵称。心爱的人,多用于小孩儿 treasured object; endearment for young child 赤ん坊 귀염둥이(애칭)
19.	职员	職員	zhíyuán	（名）	担任行政和业务工作的人员 office worker, staff member 職員 직원
20.	击	擊	jī	（动）	碰；接触；打；敲打 strike, hit, beat, knock; attack, assault, touch たたく、打つ 부딪치다, 접촉하다, 마주치다

读报纸，学中文

21. 罪　　罪　　zuì　　（名）　犯法的行为
crime, offense; sin
罪
죄, 범죄

22. 军方　軍方　jūnfāng　（名）　军队方面
the military
軍隊方面
군부, 군대

23. 泄露　洩露　xièlòu　（动）　让人知道了不该知道的事
let out, disclose, reveal
漏らす、漏洩する
누설하다

24. 关闭　關閉　guānbì　（动）　关；（企业等）倒闭，歇业
close, shut;(of an enterprise, a shop, a school, etc.) close down, shut down
（会社などを）たたむ、閉鎖する
닫다

25. 机密　機密　jīmì　（名、形）　重要而须严守秘密的事情
sth. to be kept hidden; secret, classified (information)
機密
기밀

26. 军医　軍醫　jūnyī　（名）　军队中担任卫生医疗工作的医生,一般由受过系统的军医教育或具有军队卫生医疗工作经验的人员充任
medical officer, military surgeon
軍医
군의관

27. 抢救　搶救　qiǎngjiù　（动）　在危急情况下突击救护
rescue, save, rescue a patient,
緊急救助する
급히 구조하다, 응급 처치하다

第十三课

28. 伤员　傷員　shāngyuán　（名）　在战斗中受损伤的人员
the wounded, wounded personnel
負傷兵
부상자

29. 陆军　陸軍　lùjūn　（名）　在陆地上作战的军队。是军种之一。一般包括步兵、炮兵、装甲兵、工程兵、防化学兵等兵种
ground force, land force, army
陸軍
육군

30. 条例　條例　tiáolì　（名）　由国家制定或批准的规定某些事项的法律文件。也指团体制定的章程
regulations, rules, ordinances
条例
조례, 규정, 조항

31. 诈骗　詐騙　zhàpiàn　（动）　狡诈诓骗
defraud, swindle, bilk, cheect,
騙しとる
사취하다, 속여서 빼앗다

32. 场所　場所　chǎngsuǒ　（名）　建筑物或地方
location, place, locale
場所
장소

33. 奖金　獎金　jiǎngjīn　（名）　为奖励而给予的金钱
bonus, prize
賞金
상금, 장려금, 보너스

34. 存款　　　cúnkuǎn　（名，动）　把钱存在银行、信用合作社里；也指存入银行、信用合作社里的钱
deposited money;deposit, money on deposit, saving deposits

預金/貯金する
저금, 예금

35. 转入　　轉入　　zhuǎnrù　（动）　转移进去
shift to, charge over to
移動する
전입하다, 이월하다, 넘어가다, 들어가다

36. 人身　　　　　　rénshēn　（名）　人的身体；亦指人的行为、名誉等，是法律意义上的名词
human body, person (as an entity of life, health, behaviour, reputation, etc)
人身
인신/사람의 생명, 건강, 행동, 명예 따위

37. 逮捕　　　　　　dàibǔ　（动）　捉拿
arrest, capture, make an arrest
逮捕する
체포하다

38. 侮辱　　　　　　wǔrǔ　（动）　欺侮羞辱；使蒙受耻辱
insult, humiliate, affront
侮辱する
모욕하다

39. 幸好　　　　　　xìnghǎo　（副）　幸亏
luckily, fortunately
幸いにも、…のおかげで
다행히, 운 좋게, 요행으로

40. 制止　　　　　　zhìzhǐ　（动）　强迫使停止；不允许继续（行动）
prevent, stop, deter, check, refrain, curb, put a stop to
制止する

第十三课

				제지하다, 저지하다
41.	成千上万　成千上萬	chéng qiān shàng wàn	（成）	形容数量很多 by the thousands and tens of thousands, many thousands 幾千にも 수천 수만, 대단히 많은 수의 형용
42.	亲身　　　親身	qīnshēn	（形）	自身 personally, first-hand 自分で 친히, 스스로, 몸소
43.	收益	shōuyì	（名）	指营业收入 income, profit, earnings, gains 収益 수익
44.	改良	gǎiliáng	（动）	去掉事物的某些缺点,使之更适合要求 improve, ameliorate, make the situation better 改良する 개량하다, 개선하다
45.	联络　　　聯絡	liánluò	（动）	任何为建立并保持相互了解的相互联系 contact, keep in contact, communicate with, make liaison with, link up 連絡する、接触する 연락하다
46.	限期	xiànqī	（动）	限定日期,不许超过 prescribe (or set) a time limit 期限をきめる 기일을 정하다

305

47. 清除		qīngchú	（动）	扫除净尽；全部去掉 clear away, remove, eliminate, clean out, purge, weed out, get rid of 除去する 쓸다, 청소하다, 정리하다, 철저히 제거하다, 완전히 없애다
48. 恶劣	惡劣	èliè	（形）	很坏 vile, odious, abominable, disgusting, bad あくどい、ひどい 아주 나쁘다, 열악하다, 악질이다
49. 罚款	罰款	fákuǎn	（动）	处罚违法者或违反合同者以一定数量的钱 impose a fine or forfeit, fine imposed by one party of a contract on the other for violating its terms; penalty 罰金を科する 벌금을 내다
50. 运营	運營	yùnyíng	（动）	（车船等）运行和营业 (of buses, ships, etc.) be in operation, open for service;(of an institution) operate (or run) in an organized way 運営する (차량, 선박 따위를)운행하다, 영업하다
51. 违法	違法	wéifǎ	（动）	违背法律、法令 break the law, be illegal 違反する 위법하다, 법을 어기다

第十三课

词语例释

1. 有些博客和军事**机密**并没有太大关系，也被迫关闭。

   "机密"与"秘密"：可作形容词与名词。都含有有所隐蔽，不让人知道的意思。

   机密：指重要的秘密。运用范围较窄，词义重。

   秘密：指一般的不愿公开的事，也可指重要的不宜公开的事，运用范围广。词义比"机密"要轻。

   机密文件/国家机密/军事机密/泄漏机密

   秘密出访/心中的秘密/唯一的秘密/说出一个秘密

   ① 他看着秘书把机密文件放进保险柜。

   ② 教师对于阅卷中接触到的国家机密和个人隐私，应当严格保守秘密。

   ③ 她把心中的秘密告诉给妈妈。

   ④ 他们决定秘密地离开这个城镇。

2. 据3月6日的《每日新闻》报道，东京都的3名女中学生因对另两名女中学生施加暴力而被逮捕，3名女生打人、骂人，还在自己的博客上侮辱被害者，被骂的女生受到侮辱，欲自杀，幸好被家人发现**制止**。

   "制止"与"禁止"：动词。都有不许可的意思。

   制止：强迫使停止，不允许继续（行动）。词义侧重在使停下来，对象一般是已经发生或正在发生的。多用于人的行为。

   禁止：词义侧重点在不允许发生，对象常常是未发生的。在使用对象上，可以用于事物或人的行为，但宾语不能用人的名词或代词充当。

   制止悲剧重演/制止战争/制止非法行为

   禁止吸烟/禁止核武器/禁止非法活动

   ① 以目前的科学技术水平，人类还不能有效地制止台风的暴虐，只能采取避灾的办法。

   ② 各级人民政府应当采取措施，制止不正当竞争行为，为公平竞争创造良好的环境和条件。

   ③ 此处施工，禁止通行。

④ 按我国婚姻法规定，近亲禁止结婚。

3. 可口可乐（日本）公司销售其改良后的一种茶饮料时，邀请了博客日点击量超过千次的100位女性博客写手做广告。

   "改良"与"改进"：动词。在原有的基础上把事物改得更好一些，更符合人们的愿望。对象可以是工具、设备等。

   改良：着重指改得更良好一些（去掉个别缺点），对象常是具体的东西，如品种、产品、作物等，有时也指技术、生活等。

   改进：着重指改得更进步一些。对象常是工作、方法、作风等。

   改良生活/改良品种/改良产品

   改进工作/改进方法/改进作风/改进策略

   ① 我国劳动人民对桑树进行了改良，育成了许多产量高、质量好的桑树品种。
   ② 个体较大的土壤生物如蚯蚓，对土壤的混合、土壤通气状况的改良起很大作用。
   ③ 激烈的竞争和对利润的无限追求，驱使资本家不断改进生产技术，扩大生产规模。
   ④ 人人要树立质量第一的思想，千方百计在自己的岗位上革新技术，改进设备，节约人力和各种物资的耗费，努力使本企业的产品更加质优价廉。

背景知识

迅速崛起的博客世界

随着信息的与网络技术发展，当今世界出现了众多新事物，博客就是其中之一。博客代表着一种全新的个人网络出版方式，对专业媒体形成了挑战。它代表着个人思想交流的新方式，预示着"思想共享"时代的到来。"博客"的英文表示就是"Blog或Weblog"（指人时对应于"Blogger"），它是又一个典型的网络新事物。该词来源于"Web Log（网络日志）"的缩写，特指一种特别的网络出版和发表文章的方式，倡导思想的交流和共享。《市场术语》的解释是："一种表达个人思想

第十三课

和网络链接,内容按照时间顺序排列,并且不断更新的出版方式。"(http://www.marketingterms.com/dictionary/blog/)《网络翻译家》的解释是:"一个Blog就是一个网页,它通常是由简短且经常更新的Post所构成;这些张贴的文章都按照年份和日期排列。Blog的内容和目的有很大的不同,从对其他网站的超级链接和评论,有关公司、个人、构想的新闻到日记、照片、诗歌、散文,甚至科幻小说的发表或张贴都有。许多Blogs是个人心中所想之事情的发表,其他Blogs则是一群人基于某个特定主题或共同利益领域的集体创作。Blog好像对网络传达的实时讯息。撰写这些Weblog或Blog的人就叫做Blogger或Blog writer。"(http://www.cybertranslator.idv.tw/)博客是网络新生事物,不同的人具有不同的定义,但基本的内涵都是一致的。孙坚华指出:"比较完整的博客概念,一般包括三个方面:一是其内容主要为个性化表达;二是以日记体方式而且频繁更新;三是充分利用链接,拓展文章内容、知识范围以及与其他博客的联系。""事实上,很难给博客下定义,博客本身处在一个成长的过程中。通常它不过是一个个人利用相当便捷的免费维护软件运作的个人网站,网站中包含许多其他网站的链接及其他网站报道的链接,当然,对这些网站及报道富有个性的机智、幽默,有时难免无聊、无赖的简短评注是博客不可或缺的内容。"(孙坚华:《博客论》,博客中国,2002年12月12日)《华尔街日报》记者佩吉·努南(Peggy Noonan)这样解释:"博客是每周7天,每天24时运转的言论网站。这种网站以其率真、野性、无保留、富于思想而奇怪的方式提供无拘无束的言论。"硅谷最著名的IT博客专栏作家丹·吉尔默指出:"博客代表着"新闻媒体3.0"。1.0是指传统媒体或说旧媒体(old media),2.0就是人们通常所说的新媒体(new media),而3.0就是以博客为趋势的自媒体(we media)。"著名的网络思想家戴维·温伯格认为:"博客是个人声音在新的公共空间的持久记录。"

读报纸，学中文

练 习

一、请在课外阅读两篇最新中文报刊文章，将它们剪贴在你的笔记本上，然后把它们写成摘要，并谈谈自己的看法

二、给下列动词搭配适当的词语

制止_____ 改良_____

呼唤_____ 泄漏_____

关闭_____ 抢救_____

侮辱_____ 清除_____

三、选词填空：

> 伴随　反馈　盛行　诈骗　逮捕　限期　成千上万

1. 在海外_____的家庭律师，如今也在上海悄然而起。
2. 积极培训服务人员，建立服务网点，定期召开用户座谈会，重视信息_____，搞好售后服务。
3. 担保服务还可以有效地抑制不法分子的_____活动。
4. 任何一种运动形式的消失都必然_____着另外一种运动形式的产生，运动既不能自己产生也不能自己消灭。
5. 凡含氟废气超标的工矿企业，应采取防治措施，_____达到排放标准。
6. 像大海汇集了无数条江河溪流一样，图书馆里收藏着_____种古今中外的图书资料。
7. 铁路公安机关共破获各类刑事案件993起，依法收审、拘留、_____各类刑事犯罪分子1702人，摧毁犯罪团伙26个。

> 机密　秘密

8. 辞职和被辞退人员不得泄露国家_____，不得私自带走原单位的科研成果、内部资料和设备器材等。

第十三课

9. 这是 _____ 消息,不得外传。

制止　　禁止

10. 许多国家已 _____ 使用DDT、狄氏剂、氯制剂等农药,并积极研制和生产低毒高效农药。
11. 面对违法行为,他俩毫不犹豫地上前 _____。

改良　　改进

12. 我们一方面要把MBA联考工作坚持下去,另一方面要不断地加以 _____ 和完善。
13. 发展农业科学技术应该放宽视野,拓宽思路,多从 _____ 品种、肥料、饲料以及发展生态农业等方面进行努力。

四、根据课文内容判断正误:

1. 对博客的争议主要是在目前出现的。(　　)
2. 受调查者认为,博客应追求符合事实。(　　)
3. 大学生苏莱曼因写博客被判刑在埃及引起激烈的争论。(　　)
4. 在美国像科琳那样通过写博客来赚钱的并不多。(　　)

五、请按正确的语序将下列各个句子组成完整的一段话:

1. A. 在最近几天的博客中
   B. 她描述一部新电影充满着魅力
   C. 30岁的美国职业女性科琳在自己的博客上似乎什么都写
   正确的语序是:(　　)(　　)(　　)

2. A. 5年后
   B. 5年前的今天
   C. 中国还没有"博客(网络日记)"这个词
   D. 中国的博客作者多达数千万
   正确的语序是:(　　)(　　)(　　)(　　)

六、根据课文内容选择最合适的答案

1. 博客之所以盛行，是因为_____。
   A 发布信息灵敏　　　　　　　　B 见解独特、言辞尖锐
   C 写作方便　　　　　　　　　　D 充满商机

2. 美国军医科恩_____关闭自己的博客。
   A 没有　　　　　　　　　　　　B 很希望
   C 不愿意　　　　　　　　　　　D 自愿

3. 在美国、日本，写博客成了一种_____的新办法。
   A 打发时间　　　　　　　　　　B 娱乐
   C 结交网络朋友　　　　　　　　D 赚钱

4. 本文认为博客_____。
   A 有利有弊　　　　　　　　　　B 没有弊端
   C 没有益处　　　　　　　　　　D 应加强监管

七、完形填空

（一）

| 同时　如果　如何　甚至　作为　不但　难免 |

专家表示，1_____一个新事物，博客的出现与快速发展在改变人类生活方式的2_____，3_____会带来一些负面影响。4_____减少负面影响是一个挑战。韩国对博客的管理大概是世界上最严厉的，申请博客者必须填写实名和真实的联络方式。在韩国，各种不当言论5_____会被限期清除，6_____影响恶劣，7_____被判处罚款。

（二）

| 之所以　甚至　是因为　至于　看来　关于 |

《时代》周刊加拿大版一次1_____博客问题的调查中，2_____有反馈者认为"没有偏见和问题的博客就没有存在的必要了"，在受调查者3_____，博客4_____盛行，5_____具有独特的见解和尖锐的言论。6_____文章是否符合事实，读者自己会作出判断。

八、请用自己的话或原文中的关键句子概括下面几段话的主要内容：

1. 近年来，在美国，与博客有关的法律纠纷也越来越多，主要集中在名

第十三课

誉权、国家安全等领域。2004年，当时在美国国会当议员助手的杰西卡·卡特勒在她的博客"华盛顿宝贝"中，写了她和国会中的六名男职员交往的许多生动细节。这些内容后来被美国一家网站从博客中挖掘出来，吸引了无数点击。博客中提到其中的一位男职员罗伯特·施泰因布赫以侵犯名誉和隐私罪将杰西卡告上法庭，并要赔偿2000万美元。这起事件在美国造成很大影响，杰西卡因此丢了工作，施泰因布赫也被迫离开华盛顿。

2. 博客的出现还为商业诈骗提供了一个新场所。前段时间，一个英国人的博客上写着，从他提供的网址上可以找到英国汇丰银行并注册，同时会得到一笔奖金。许多人就按照指示，点击开了这个所谓的"汇丰银行"新网站，甚至将自己的银行存款转入。结果数月后，英国警方宣布这是一个诈骗网站，而这些存款多数难以追回。日本的博客中则出现了不少对他人进行人身攻击的文章。据3月6日的《每日新闻》报道，东京都的3名女中学生因对另两名女中学生施加暴力而被逮捕，3名女生打人、骂人，还在自己的博客上侮辱被害者，被骂的女生受到侮辱，欲自杀，幸好被家人发现制止。

九、请尽量用以下词语进行话题讨论

| 监管 | 自律 | 呼唤 | 见解 | 言论 | 亲身 |
| 收益 | 改良 | 联络 | 运营 | 违法 | 成千上万 |

为什么博客现在非常流行？你认为博客世界存在哪些利弊？

十、快速阅读：

阅读一（字数：1903；阅读与答题的参考时间：8分钟）

全球博客实名大势所趋 各国管理都有独门招数

青帝 羽策 郭宣 元涛

在保护个人隐私与如何有效管理之间，中国"博客实名制"的秋千已经摇摆了很久。

22日，中国互联网协会秘书长黄澄清表示，实行博客实名制的条件还不成熟，目前不会强制实行实名制，但会鼓励实行实名制。关于实名制的讨论不仅存在于中国的网民之间，国外也有同样的讨论。那么，国外的博客管理方式会有什么独到之处呢？

美国：博主自律是关键

美国是博客的发源地，在博客管理上，美国更讲究个人自律，并不强制要求实行实名制。

虽然强制性的博客实名制并不存在，但无论如何署名，博主都要对自己的言论负责。比如在雅虎上申请博客时，便要求作者说明此博客是否包括不适合18岁以下青少年阅读的"成年内容"。如果博客里有这些内容而又不做声明，网站可以以"违约"为由将博客关闭。

上述博客一般是免费的，写博客的人绝大多数都使用网名。另一些博客主人使用的是付费服务，他们的博客内容往往都有明确的主题，也有忠实的读者。他们更愿意使用实名，通过博客达到传播个人思想、扩大个人影响力的目的。目前不少美国公司招聘前都会在网上搜索应聘者个人信息，所以一旦使用实名，博客言论就和自身利益挂上了钩。

日本：博客内容禁忌多

近日，有关中国提倡实名写博客的消息也传到了日本，在网络上引发了一些讨论。一些日本朋友表示，他们大都觉得中国和日本一样，网络实名制恐怕不大可能实现，理由是：放出去的东西再收回来就难了。

与中国国内相比，日本的博客虽然也并非实名制，但网站运营商却往往会通过各种规则来提醒博主该做什么，不该做什么，其中一个重要依据就是《个人情报保护法》，对博客的最基本要求就是不能侵犯他人隐私，不能诽谤伤害他人。

日本人写博客不仅习惯用网名，很多人也不愿发布自己的照片，博客首页的照片常是小动物或者卡通形象。只有一些特殊群体用实名，如政治家、演艺人员、作家、运动员等，他们利用博客扩大自己的影响力，有人是亲自写博客，也有的人请网络管理公司操作。

网络管理公司除了代理更新博客外，24小时监视、管理博客是他们的一项重要业务，看到有问题的文章或评论，他们将予以清除或者修改，并告知作者。

俄罗斯：特工监控博客言论

在博客中讨论时政、体育及文化已经成为俄罗斯非常流行的时尚。因此关于博客的责任问题，也成了俄罗斯社会关注的一个焦点。

由于俄国的电信业尚不如中国发达，电信服务资费要比中国贵很多，所以，俄罗斯人的博客通常都有很强的目的性，圈子文化也很重。关于博客的实名，各博客服务商并不做明确的规定，很多博客网站，只需要登记一个邮箱。不过，博主提供的这个邮箱必须是真实的，这主要是因为，俄国人认为博客的互动非常重要，信箱真实才可保证网友和博主真正保持良好的互动。

博客服务商下给博主的禁令通常包括下列两条:禁止在博客中触犯他人的著作权；禁止污言秽语辱及他人。一些严肃的、有可能涉及国际事务及国际商务的网站还会有额外限制。

日前在俄罗斯举办的一个在线研讨会上，大部分人认为，如果一个人将文字放到网上并允许公众阅读，博客上的文字就应当属于公开意见，即使是服务器在外国的网站上写博客，也应当受到俄罗斯法律的管理。一名俄国家杜马议员表示，俄国家杜马暂时没有研究任何调控互联网的法案，但是，俄罗斯大部分代理服务器都处于特工的监视之下。

韩国："迷你小窝"都有实名

韩国人将博客称为"个人迷你主页"，一般人则称之为"迷你小窝"。目前，韩国的"迷你小窝"数量已经达到近百万。过去博客上发布的信息一度比较混杂纷乱，尤其是一些对明星进行无端攻击的言论更曾引起法律纠纷。因此，要求"迷你小窝"实名，不只是政府方面的建议，大多数韩国民众也都表示理解和支持。

今年年初，韩国国会立法规定，个人在网站发言必须使用实名，即填写注册资料时必须提供真实姓名与身份证号，否则不予注册。该规定本来计划在今年7月才生效，但实际上各大网站从2月开始就已经提前进入了实名制管理，众多注册用户也理解这一点，纷纷更换注册资料，以防到7月份时发生网路拥堵，给自己造成不便。

这样，韩国的博客管理就变成了如今的格局，"迷你小窝"公开在网页上的内容可以保留匿名，因为绝大多数博客并不包含攻击性内容，但是，在后台注册时必须提交个人的真实资料，这对于管理方以及司法机关而言，与实名制没有差别。这种变通的实名制，既保留了隐私权，也在很大程度上足以保证博主负责任发言，一旦发生法律纠纷，警方很容易找到肇事者，也节省了社会运行成本。

（节选自《北京晚报》2007年5月26日，略有改动）

> 回答问题
>
> 1. 美国对博客是怎样管理的？
> 2. 日本对博客有哪些要求？
> 3. 俄罗斯对博客有哪些禁令？
> 4. 韩国对博客是怎样管理的？

阅读二（字数：2277；阅读与答题的参考时间：10分钟）

博客自律试水 "约定式实名" 备受青睐

李明思

博客乱象催生自律公约

去年，"中国博客第一案"成为媒体舆论焦点，博客人南京大学教授陈堂发因被学生在私人博客上辱骂，于是状告中国博客网没有尽到监管的义务。

几个月后，知名博客写手沈阳又以侵害公民名誉权为由，起诉了网名秦尘的大二学生张某，第一起博客告博客的案件拉开帷幕。博客网创始人王俊秀曾说："最近一段时间，整个博客世界官司不断。"

博客上更是经常上演着一场场恶搞、揭秘、互骂，重磅轰炸着网民的眼球，洪晃的血馒头、周涛的旧情史、郭德纲涮汪洋，到韩寒、白烨对骂，后由"骂战"升级到"网殴"。今年三月份，中国博客网首先发起签署"博客公约"的活动，以期通过网友的自律，对博客用户的不文明行为进行制约。

中国互联网协会行业自律工作委员会秘书长杨君佐对《法制日报》记者表示，一部分博客作者不正当使用博客提供的传播权限，对他人进行谩骂和人身攻击，甚至利用博客宣传虚假信息，作为影响力不断扩大的新媒体，有的博客并没有遵守基本的道德底线，致使网络生态环境的恶化，博客拥有者管理自己空间的言论，如果出现问题，"警告后不纠正的可中止服务"。

中国互联网协会认为，《博客服务自律公约》旨在通过行业自律的形式，推动博客用户和博客服务提供商（BSP）以协议的形式规范双方的责权。一方面博客服务商提高自身的服务意识，规范博客业务的发展和管理；另一方面，通过协议方式，提醒博客作者自觉增强社会责任意识和公德意识，呼吁博客作者包括跟帖者，接受公众监督，并对自己在博客上的言行负责。

"此公约最终版本即将发布，对博客人提出了警示，告诫大家不要越过'雷池'。如果逾越了法律禁区，当然法律先行，将会受到惩处，这是博客公约中的一个原则。"杨君佐补充道。

实名制是发展方向

此次《博客服务自律公约》将指出，博客作者在后台申请注册真实信息的，是否公布或公开使用自己的真实信息，由博客作者与服务提供者约定，博客作者可以使用自己的真实姓名，也可以使用匿名、笔名或昵称等，"公约"特别规定，实名博客信息应当包括但不限于以下内容：作者真实姓名、有效证件号码(如身份证、军官证、护照、驾驶执照等)、有效联系方式（如电话、邮箱）等。

杨君佐直陈博客实名制的好处，认为可以大大降低欺诈、诽谤、人身攻击等诸多问题的发生概率，还可以加快相互之间的身份确认，节省交流的时间，甚至有利于建立和谐的网络生态环境，从而减轻博客提供商的压力。

互联网法律专家赵占领认为鼓励实名制注册博客，这是博客的发展方向，各大门户网站博客的点击排名，那些受大众欢迎的、被大家追捧的博客大多都是"实名制"，即我们大家都知道博客背后的主人是谁。这种公开，并没有损害与影响网民对博客主人的喜爱和博客写作的热情，但实名制的推行还应坚持循序渐进，稳步推进的原则。

毋需专立博客法

《博客服务自律公约》征求意见稿，最大的亮点是不再对博客实施强制性的实名注册，而仅仅是"鼓励"博客在后台注册时使用真名，有评论认为信息产业部在博客实名制上让步，主要原因在于博客服务提供商在技术上不可能把博客的IP和身份证号进行捆绑；此外，强制博客实名制遭到互联网行业和网民的强烈反对。"约定实名制"是一场庶民的胜利，显示了网络管理者对这种民间意志的尊重。

中国互联网协会会员部副部长赵法如对此表示了认可，透露在"公约"的研讨中，国务院新闻办网络局、信息产业部电信管理局网络信息安全处相关官员均到会，提出了不少宝贵意见。

博客网董事长兼CEO方兴东对媒体表示，博客中出现知识产权、个人隐私、安全、政治等问题，在网络的其他应用中同样存在。对于博客的种种问题，他更倾向于通过自律的方式加以解决，有人呼吁的博客立法，根本就没有必要。

两年前，美国国会也曾对博客法案进行辩论。该法案旨在加强联邦法令对博客的约束。最终，该法案因为没有获得美国国会参众两院三分之二的多数支持而流产。

杨君佐认为此次自律公约在寻求责任分担的渠道，推动博客用户和博客服务提供商以协议的形式规范双方的责权，更多的是一种探索，现在的确没有必要单独制定法律管理博客，现在的法律已经足够，基本法律有《宪法》和《民法通则》，国务院也有管理条例，例如《计算机信息系统安全保护条例》、《计算机信息网络国际联网规定》等等，很多行政法规、部门规章，比如公安部关于上网的规章，信息产业部关于网上经营的规章、文化部、国家工商总局新闻出版总署都有相关的规定。

到目前为止，现在世界上还没有一个国家给博客立法，但美国已开始对博客实行审定制，合格者可以获得官方颁发的许可证，另一个博客发展迅猛的国家印度，政府也准备给博客写手和那些自由网络记者颁发官方资格许可证。

"公约"可行性惹争议

目前，全球共有博客(网络日志)7000万；平均每天新增博客12万个，即每秒新增1.4个；博客上每天新增文章150万篇，即每秒17篇；去年第三季度，在全球100家最受欢迎的网站中，12家为博客网站；这个数字在第四季度增至22家，证明了博客网站越来越成为人们了解新闻和信息的主要渠道之一。2007年第一季度调查显示，人们越来越倾向于从博客网站上获取信息。

博客网站的纷纷崛起，代表着发展的日趋成熟化，自然，同行竞争也会更加激烈残酷，势必出现的问题也会越来越多，这次《博客服务自律公约》不可能被强制推行，关键是呼吁博客们加强自律才是本质。

（节选自《法制日报》2007年6月25日，略有改动）

第十三课

> 回答问题
>
> 1. 中国互联网协会为什么要建立《博客服务自律公约》？
> 2. 《博客服务自律公约》对实名制是怎样要求的？
> 3. 为什么说中国现在没有必要制订专门的博客法？

阅读三（字数：2281；阅读与答题的参考时间：13分钟）

博客之困：四大问题成关键

陈 睿

门户成为主流，专业博客网站面临洗牌

百度在2006年发布了自己的博客服务——百度空间，将博客和搜索捆绑打造个人门户概念。作为传统三大门户网之一的网易，也在2006年最后一个杀入博客圈。而根据百度在2005年12月发布的最新博客调查报告，过去一年中国内地博客服务商持续大幅增长，博客服务托管商（BSP）数量达到1460家，与去年同期相比增长近55%，大型网络公司纷纷推出博客服务。与此相对的是，BSP的死亡比例逐渐增高，2005年Top100服务商中，近20%的站点已经关闭或终止服务。

门户网站凭借Web1.0时代积累的海量用户和丰富的互联网资源在博客竞争中逐渐占据上风，专业博客网站的生存空间被严重压缩，而大量小而专的博客网站的存在正是博客能够保持持久创新和活力的关键所在。

内容成为瓶颈，博客有待摆脱同质化竞争

"内容用户造"是博客网站赖以生存的基础。根据百度最新的博客调查，平均每个用户拥有2.6个博客空间，用户的重叠直接反映到了内容的同质化上。比如受到诸多网民热捧的"芙蓉姐姐"就同时在多家网站上开博，内容完全一致。博客网站在选取热门专题和炒作上彼此借鉴，不管是门户还是专业的博客网站，在内容上都存在着严重的泛娱乐倾向。

博客的良性发展需要博客网站根据自身的条件进行定位，走差异化经营和专业细分道路，摆脱低水平的同质化竞争。作为后来者，门户网之所以能够快速切入博客领域，很大程度上源自它们创造性的定位和差异化的

经营策略。新浪坚持自己的名人精英路线，以"与名人比邻"为诱惑，笼络了大量网民到新浪开博；搜狐则将娱乐进行到底，抓住世界杯的机遇，组织博客团远赴德国采访世界杯，赚尽万千网民的眼球；网易定位于综合个人博客门户平台，通过技术手段将已有的相册、圈子、交友、聊天室等一系列功能、服务与博客进行整合。在服务和技术易于复制的今天，内容成为博客网站生存的关键，如何在内容和编辑方针上突出自己的风格和定位是博客网站当前的重要议题。

博客在道德和法律之间的艰难平衡

博客的匿名性和网络监管的乏力，使得博客成为负面情绪的排泄口。群体匿名性也降低了博客作者的自我道德约束力，为了增加点击率，博客充斥着大量的暴力、隐私、软色情的内容，这些都挑战着博客的道德底线。

博客公约和博客实名制的提出，成为博客自我完善的第一步。博客作为公器必须自律；作为个性传播必须有度；作为个人自由追求必须节制；作为言论利器必须谨慎，这成为网络未来法制制定的基本原则。只有将博客纳入一个有序、健康、理性的制度框架之内，才能保障其长远、深入的发展。

赢利模式成为博客发展的最大绊脚石

2006年7月，曾排名国内十强之列的敏思博客发布公告，声明由于财政上遇到无法克服的困难，网站将暂停运行。敏思的遭遇暴露了博客网站面临的困境：博客缺少门户和电子商务网站那样强有力的赢利模式。国内大部分专业博客网站运营上仍依赖于外部资金，即便是门户网站所开设的博客频道也处于培养用户阶段，博客凝聚的人气和大量用户没有能够顺利地转化为经济效益。

目前博客网站主要的赢利模式有两种：广告和增值服务，但这两种模式都存在着难以克服的缺陷。广告是最直接的赢利模式也是目前应用最广泛的，但从整个互联网行业来看，广告并不是博客的最佳赢利模式。首先，目前博客广告仍然是按照流量和点击来计费，而在这两点上，门户网站以及综合类网站比博客网站更有优势；其次，博客的分散和匿名性使得博客的广告效果无法进行准确的预估；最后，在博客上刊登广告牵涉到三方的利益：博客服务提供商、博客作者和广告主，如何平衡这三者之间的关系是关键。2006年博客网和和讯博客分别推出博客金行和广告联盟，尝

第十三课

试博客广告的规范化运作，但最后不了了之。其中很大原因在于用户的限制，单个博客的点击量有限没有广告价值，而高点击量的博客作者为了维持博客阅读体验往往拒绝广告，而博客网站与博客作者之间的利益分配的争议，也增加了广告计划执行的难度。

而另外一个主推的赢利模式——增值服务，也存在自身的瓶颈。在目前以免费为主流的博客服务中开展付费业务，本身就缺乏吸引力，而博客到目前仍没有形成像QQ那样的高度依附性和用户黏性，没有博客并不会对生活造成影响，这些都降低了博客利用虚拟业务赢利的期望值。

博客的赢利模式面临转型，作为Web2.0时代的推广与实践者，博客的赢利模式仍带有鲜明的Web1.0色彩，如何将赢利模式与博客良好的互动性和自媒体特性结合起来，是博客网站当前最关键的工作，这也关系到整个博客行业的发展前景。

（节选自《中国新闻出版报》2007年6月5日，略有改动）

判断正误

1. 百度和网易都是在2006年开始提供博客服务的。（　　）
2. 在提供博客服务方面，专业的博客网站比门户网站的竞争力强。（　　）
3. 本文作者对目前博客网站的内容感到很满意。（　　）
4. 门户网能够在博客领域发展迅速，与它们成功的定位和经营策略有关。（　　）
5. 本文作者认为目前的博客在道德约束力方面存在问题。（　　）
6. 本文作者不赞同博客公约和博客实名制的做法。（　　）
7. 目前中国大部分专业博客网站不存在赢利问题。（　　）
8. 目前中国博客网站的两种赢利模式都存在问题。（　　）
9. 2006年博客网和和讯博客尝试博客广告的规范化运作，但后来没有成功。（　　）
10. 博客赢利模式的转型对博客行业未来发展的影响并不大。（　　）

第十四课

追随⁽¹⁾者网上留言庆贺⁽²⁾传美国借机诱⁽³⁾拉登现身

拉登50岁生日惊动⁽⁴⁾世界

有关他生死的消息不时出现在媒体上，虽然美国发动了世界上规模最大的逮捕行动，但他仍然在逃，这个人就是"基地"组织头目⁽⁵⁾本·拉登。3月10日，竟然有很多追随⁽¹⁾者为他庆祝50岁生日。西方媒体认为，拉登领导的"基地"组织非但没被消灭，反而不断壮大，在伊拉克和中东开辟新基地，还把势力延伸⁽⁶⁾至欧洲。

塔利班和拉登追随⁽¹⁾者宣称为拉登庆祝生日

据美国合众社报道，3月10日，拉登的追随⁽¹⁾者纷纷拥到各伊斯兰教⁽⁷⁾网站，在网上留言⁽⁸⁾、贴图片，热烈庆祝拉登的50岁生日。一个网民还在网上刊登了拉登的一幅老照片。照片中，本·拉登身穿军装⁽⁹⁾，站在沙漠里。这幅照片很可能是20年前拉登在阿富汗抵抗苏联军队入侵⁽¹⁰⁾时拍摄的。

关于拉登的生日，也有很多说法，如美国弗吉尼亚州的"全球安全网"声称⁽¹¹⁾，拉登出生日期可能是1957年3月10日，也可能是1957年7月30日。不过，塔利班发言人哈亚图拉·汗为拉登生日提供了有力证据。路透社称，10日，哈亚图拉·汗通过卫星电话对媒体说，当天早上，塔利班在阿富汗营地⁽¹²⁾举行了一个特别的集体做礼拜⁽¹³⁾活动，以此向拉登——"这名伟大的

第十四课

圣⁽¹⁴⁾战勇士⁽¹⁵⁾"祝贺50岁生日,"我们保佑⁽¹⁶⁾他活200岁"。

不过,一位名叫汉尼的国际恐怖主义研究专家在接受"中东在线"采访时表示,拉登自己是不会举行生日庆祝活动的,因为在他以及其他"基地"成员看来,生日聚会是西方的"污染",与伊斯兰教⁽⁷⁾文化格格不入⁽¹⁷⁾。汉尼1982年曾和"基地"二号人物扎瓦赫里同在埃及的一个牢房⁽¹⁸⁾里,他深知这些"基地"头目⁽⁵⁾的习惯。

美国对拉登的生日也有表态⁽¹⁹⁾。驻阿美军发言人米切尔厌恶⁽²⁰⁾地说:"世界各地的人们,应利用这一时刻来纪念被拉登这些恐怖分子杀害⁽²¹⁾的人士,而不是去关注他的生日。"似乎为破坏拉登生日的气氛,伊拉克军方9日宣布,"基地"组织伊拉克分支的总负责人巴格达迪被逮捕,这对于"基地"的打击不亚于去年伊拉克恐怖头目⁽⁵⁾扎卡维之死。

拉登到底是生还是死,说法很多

现居英国的中东问题专家萨巴伊在接受阿拉伯电视台专访时称,拉登生日之所以被关注,是美国的阴谋⁽²²⁾,美国想借此举促⁽²³⁾拉登"现身",以便发现拉登的藏身地。

拉登沉默得太久,很多人都怀疑他早已不在人间⁽²⁴⁾。他最近一次在录像中露面⁽²⁵⁾,是在2004年10月29日,录像中的他显得很苍白⁽²⁶⁾。此后,他的录音偶尔出现在网站上,最近一次是在去年6月,他的声音听起来有些疲惫⁽²⁷⁾。美军情报分析认为,拉登在最后一次录像中脸色苍白⁽²⁶⁾,看来病情⁽²⁸⁾严重。但塔利班发言人哈亚图拉·汗坚称,拉登现在藏身于巴基斯坦与阿富汗两国边境⁽²⁹⁾地区,与塔利班高层保持着密切联系。美国一些情报专家也认为,拉登至今还活着。还有说法称拉登早已被美国逮捕。英国《卫报》称,阿富汗边境⁽²⁹⁾地区的人认为,拉登早被美军逮捕,现在就藏在白宫。

开罗的拉登问题专家阿卜杜·阿齐兹认为,现在准确判断拉登是死是活还比较困难,不过种种迹象显示,他仍活着的可能性极大,只是受了伤。由于他身处阿富汗和巴基斯坦交界处,药品⁽³⁰⁾匮乏,所以治疗受到影响,恢复得较慢。现在一切大权都在他的助手、"基地"二号人物扎瓦希里身上,但扎瓦赫里的决定都是请示⁽³¹⁾拉登后协调做出的,因此,拉登仍是"基地"组织的灵魂⁽³²⁾和象征⁽³³⁾人物。拉登继续藏在深山老林里复兴⁽³⁴⁾他的"基地"事业。

读报纸，学中文

媒体称，"基地"组织可能要在今年"转守为攻"

拉登的生日还引起了美国恐慌⁽³⁵⁾，美国正向巴基斯坦增派情报人员，专门对付拉登可能制造的袭击⁽³⁶⁾。据美国中情局掌握的情报，拉登的活动有一定规律，即巴阿交界处大山的冰雪3月中下旬⁽³⁷⁾开始融化⁽³⁸⁾时，他便会从藏身的山洞中出来，转移到其他地方安身，而这时，也正是拉登最容易暴露的时候。

英国情报部门的一位官员10日称，最新破译的"基地"组织密码⁽³⁹⁾显示，塔利班正计划与"基地"组织合并⁽⁴⁰⁾，寻求成为该组织在阿富汗的分支机构。"基地"组织所属的训练营目前已开始承担向塔利班输送⁽⁴¹⁾"圣⁽¹⁴⁾战勇士⁽¹⁵⁾"的任务，协助塔利班武装⁽⁴²⁾恢复各种的恐怖袭击⁽³⁶⁾活动。"基地"内部人士也称，"基地"已研制出可携带⁽⁴³⁾化学、生物和核⁽⁴⁴⁾弹头⁽⁴⁵⁾的导弹（46）和火箭技术。2007年将是"基地"组织全面出击、转守为攻的一年，"基地"已牢固⁽⁴⁷⁾地将伊拉克"基地"分支机构控制在手中。"基地"还向外辐射，叙利亚、黎巴嫩和巴勒斯坦有可能是"基地"组织的下一个立国之地。

（全文字数：1916）

（节选自《环球时报》2007年3月12日第2版，略有改动。）

词语表

1. 追随	追隨	zhuīsuí	（动）	跟随 follow, adhere to 従う 추종하다, 뒤쫓아 따르다
2. 庆贺	慶賀	qìnghè	（动）	庆祝，祝贺 celebrate (a grand occasion), congratulate sb.; felicitate (sb. on sth.) 祝う 축하하다

第十四课

3. 诱　　誘　　yòu　　（动）　引诱
tempt, lure, lead, induce, seduce, entice
誘う
꾀다, 유인하다

4. 惊动　驚動　jīngdòng　（动）　举动影响别人；使吃惊或受干扰
alarm, alert, disturb
脅かす
놀라게 하다, 시끄럽게 하다, 귀찮게 하다

5. <u>头目</u>　頭目　tóumù　（名）　首领,领导人
chief, head of a gang, ring-leader
首領
두목, 수령

6. 延伸　　　　yánshēn　（动）　延长；扩大宽度、大小、范围
extend, stretch, spread
伸びる
뻗다, 뻗어 나가다, 확대되다, 전의되다, 확대시키다

7. 伊斯兰教 伊斯蘭教 yīsīlánjiào （名）穆斯林的宗教信仰，信仰安拉是唯一的神，信穆罕默德是安拉的使者
Islam, Muslim religion
イスラム教
이슬람교

8. 留言　　　　liúyán　（动、名）离去时写下的书面语言
leave one's comments, leave a message; short message
伝言する/伝言
유언

9. 军装　軍裝　jūnzhuāng　（名）　军队的制服
military uniform, army uniform
軍装

군복

10.	入侵		rùqīn	（动）	未经邀请、允许或欢迎而入；强行进入
					invade, intrude
					侵入する
					침입하다
11.	声称	聲稱	shēngchēng	（动）	公开宣称；声言
					profess, claim, assert, state, proclaim
					公言する
					공언하다, 주장하다, 성명하다
12.	营地	營地	yíngdì	（名）	军队扎营的地方
					encampment, campsite, camping ground
					駐屯地
					주둔지, 숙영지
13.	礼拜	禮拜	lǐbài	（动）	行礼叩拜
					worship
					礼拝する
					예배하다
14.	圣	聖	shèng	（形）	宗教徒对所崇拜的事物的尊称
					holy, sacred sage, saint; emperor
					崇高である
					성스럽다, 신성하다
15.	勇士		yǒngshì	（名）	勇敢的士兵。后泛指有力气有胆量的人
					brave man, warrior
					勇士
					용사
16.	保佑		bǎoyòu	（动）	指神力的护卫帮助
					blessing and protection of deity; blessing
					加護する
					가호하다, 돕다, 보우하다
17.	格格不入		gégébúrù	（成）	相互抵触

第十四课

				incompatible with, out of tune with, out of one's element
				かみあわない
				전혀 어울리지 않다, 저촉되다
18. 牢房		láofáng	（名）	囚禁犯人的房间
				jail, prison cells
				牢獄
				감방
19. 表态	表態	biǎotài	（动）	公开讲明意见或观点；表明态度
				make known one's position, declare where one stands, commit
				自分の態度をはっきり示す
				태도를 표명하다
20. 厌恶	厭惡	yànwù	（动）	讨厌，憎恶
				abhor, abominate, be disgusted with, detest
				嫌う
				싫어하다, 혐오하다
21. 杀害	殺害	shāhài	（动）	杀死。害死
				murder, kill for an unjustified reason, slay
				殺害する
				살해하다
22. 阴谋	陰謀	yīnmóu	（名）	暗中策划（做坏事）
				conspiracy, plot, scheme (to do bad deeds in secret)
				陰謀
				음모
23. 促		cù	（动）	催；推动
				urge, promote, hasten
				促す
				재촉하다, 다그치다, 촉진하다

24.	人间	人間	rénjiān	（名）	指整个人类社会；世间 the human world, social relations, world 人間世界、世の中 인간, 세상, 속세
25.	露面		lòumiàn	（动）	出面；来到公众面前或进入公众的视野 make an appearance, show one's face, appear or reappear on public occasions 人前に出る 얼굴을 내밀다, 나타나다
26.	苍白	蒼白	cāngbái	（形）	白而微青的颜色。缺乏活力和生机 pale, pallid, lifeless, flat, dull, colourless 蒼白である 창백하다
27.	疲惫	疲憊	píbèi	（形）	极度疲劳 weary, exhausted, tired out 疲れている 완전히 지쳐버리다
28.	病情		bìngqíng	（名）	病变化的情况 state of an illness, patient's condition 病状 병세
29.	边境	邊境	biānjìng	（名）	边界附近的地方 frontier, border 辺境 변경, 국경지대, 변방
30.	药品	藥品	yàopǐn	（名）	药物和化学试剂的总称 medicines and chemical reagents, drugs, medicine

第十四课

				藥品 약품
31.	请示	請示	qǐngshì	（动）下级向上级请求指示 ask for or request instructions 指示を仰ぐ 지시를 바라다, （상급 기관에）물어보다
32.	灵魂	靈魂	línghún	（名）比喻起关键和主导作用的因素 spirit soul, decisive factor 魂、決定的な要因 영혼
33.	象征	象徵	xiàngzhēng	（动）用具体事物表现某些抽象意义 symbolize, signify, stand for 象徴する 상징하다
34.	复兴	復興	fùxīng	（动）重新兴盛；使重新兴盛 revive, reinvigorate, rejuvenate, resurge 復興する 부흥하다, 부흥시키다
35.	恐慌		kǒnghuāng	（名）恐惧惊慌 panic, scare 恐慌 공황
36.	袭击	襲擊	xíjī	（动）军事上指出其不意地打击 attack by surprise, raid; unexpected blow, hit 襲撃する、不意打ちをかける 습격하다, 기습하다
37.	下旬		xiàxún	（名）每月二十一日到月底的日子 last ten-day period of a month, last third of the month

					下旬
					하순
38.	融化		rónghuà	（动）	（冰、雪等）变成水
					melt (of snow, ice, etc.), fuse, thaw, dissolve
					解ける
					녹다, 융해되다
39.	密码	密碼	mìmǎ	（名）	主要限定于个别人理解（如一则电文）的符号系统
					cipher code, secret code, password
					パスワード
					암호, 비밀 번호
40.	合并	合併	hébìng	（动）	结合到一起
					annex, merge
					合併する、合わせる
					합병하다, 합치다
41.	输送	輸送	shūsòng	（动）	运送；送
					carry, transport, convey
					輸送する
					수송하다, 운송하다
42.	武装	武裝	wǔzhuāng	（名、动）	军事装备；用武器来装备；用武器装备起来的队伍
					arms, military equipment, battle outfit; army, arm, equip, provide troops with arms
					武装する、武装
					무장(하다)
43.	携带	攜帶	xiédài	（动）	随身带着
					carry, take along, bring along
					携帯する
					휴대하다

第十四课

44. 核　　　　　hé　　　（名）　原子核、核能、核武器等
　　　　　　　　　　　　　　　　atomic nucleus; neclear (energy, weapons,etc.)
　　　　　　　　　　　　　　　　核
　　　　　　　　　　　　　　　　(원자)핵

45. 弹头　彈頭　dàntóu　（名）　鱼雷或其他弹种装有炸药、化学战剂或燃烧剂和起爆机构的那一部分
　　　　　　　　　　　　　　　　bullet, warhead
　　　　　　　　　　　　　　　　弾頭
　　　　　　　　　　　　　　　　탄두

46. 导弹　導彈　dǎodàn　（名）　一种带有或不带有弹头的无人操纵自推进飞行武器
　　　　　　　　　　　　　　　　guided missile
　　　　　　　　　　　　　　　　ミサイル
　　　　　　　　　　　　　　　　유도탄，미사일

47. 牢固　　　　láogù　　（形）　坚固，结实
　　　　　　　　　　　　　　　　firm, durable, secure, fast
　　　　　　　　　　　　　　　　堅固である
　　　　　　　　　　　　　　　　견고하다，확고하다

词语例释

1. 他最近一次在录像中露面，是在 2004 年 10 月 29 日，录像中的他显得很**苍白**。

   "苍白"与"惨白"：形容词。都表示人的面容没有血色，是一种不正常、不健康的样子。中性词。

   苍白：形容面容白而略微发青，是一种病态的样子。也用来形容没有生气，缺乏活力。

   惨白：侧重表示脸上没有血色，白得可怕。也可以用来形容景色的暗淡。

   苍白的脸色/语言苍白无力

惨白的灯光/惨白的面容/太阳发出惨白的光

① 维持生命的血液里，如果缺少铁，就会患缺铁性贫血病，人会变得苍白、虚弱，经常感到疲劳、头痛、呼吸急促。

② 这篇文章语言苍白无力。

③ 她的两眼一下子暗淡了，苍白的脸变得惨白了，失望极了。

④ 四周一片死寂，唯有惨白的月光无声地流泻在地面上。

2. 此后，他的录音偶尔出现在网站上，最近一次是在去年 6 月，他的声音听起来有些**疲惫**。

   "疲惫"与"疲倦"：形容词。都可形容人劳累、倦怠。

   疲惫：指非常劳累困乏，语意较重。

   疲倦：指因劳累而感到困倦。语意较轻。

   非常疲惫/疲惫得连话都不想说/疲惫的脚步

   不知道疲倦/疲倦极了/疲倦的神色

   ① 连续几天的奔波，使他感到疲惫不堪。

   ② 进入到最后的面试时，我已经感觉十分疲惫了。

   ③ 我有些疲倦了，托他买来了夜宵。

   ④ 我实在有些疲倦了，禁不住地一连打了两个哈欠。

3. 拉登的生日还引起了美国**恐慌**，美国正向巴基斯坦增派情报人员，专门对付拉登可能制造的袭击。

   "恐慌"与"恐惧"：形容词。都可以用来表示因某种原因而心里慌张。

   恐慌：词义侧重点是因为害怕而慌张，语义相对较轻。词义范围较大，还有"危机"的意思。

   恐惧：词义侧重于惧怕，语义较重。多用于书面语。

   心里有些恐慌/经济恐慌/闹恐慌

   消除恐惧心理/恐惧使他脸色惨白/恐惧地看着

   ① 英国"疯牛病"引起恐慌，牛肉出口严重受阻。

   ② 她内心里受到极严峻的危机四伏的压迫，感到很恐慌。

   ③ 在这片原始森林里，凶猛的野兽时常出现，使我感到十分恐惧。

   ④ 情绪焦急、忧虑、恐惧或激动时，都会引起血压上升。

第十四课

背景知识

从富商到恐怖大亨的本·拉登

奥萨马·本·拉登,1955年出生于沙特的吉达,在52个兄弟姐妹中排行第17。拉登在吉达接受了中小学教育,之后进入大学经济管理系学习并获得学位。他当过工程师,靠石油及建筑业发财,在沙特阿拉伯和西方国家拥有数家公司,个人财产估计达数十亿美元。1979年,苏联入侵阿富汗,拉登离开家庭参加了阿富汗"伊斯兰圣战组织",展开了反对苏联的斗争。拉登组织了一批来自阿拉伯国家的志愿者,提供他们去阿富汗的路费,还建设了一些训练设施。拉登还把世界各地的游击战、破坏和隐匿专家聚集在一起,为他们提供战术指导。1988年,拉登及其"圣战者"们建立了一个名为"阿尔·伊达"的大本营,专门训练"圣战者"。"阿尔—伊达"的目的就是采取极端暴力手段推翻几乎所有的在拉登眼中看来"腐败无能"的穆斯林政府,驱逐这些国家的西方势力。阿富汗战争是两个超级大国对抗和全球争霸的一部分,当时的本—拉登不仅得到了美国的大力支持,甚至还有人将其称为"英雄"。美国给了这些"抗苏斗士"们大量援助,其中包括专门对付直升机的"毒刺"导弹等尖端武器。中央情报局每年拨出5亿美元军费来武装和训练贫穷且手无寸铁的游击队员。美国高科技武器中的不少尖端产品陆续进入了拉登的兵器库。1989年苏联撤军后,拉登带着他的"兄弟们"重返沙特。由于和沙特政府发生矛盾,1994年4月拉登的沙特国籍被取消。1996年5月,拉登辗转返回阿富汗,巩固了他的基地,从此通过高科技手段同阿拉伯世界的追随者进行联系。在见过拉登的西方记者眼里,拉登是一

个沉默寡言甚至有些害羞的人,身材瘦削,留着浓密的络腮胡子,像个文弱书生,平时常穿一件白色的阿拉伯长袍,讲起话来轻声轻语,极有礼貌。然而,就是这样一个人,最后却成了美国的头号敌人。

海湾战争爆发后,拉登认为美国是继苏联之后的"伊斯兰世界新的恶魔"。1998年2月,本·拉登组织了

读报纸，学中文

"伊斯兰反犹太人和十字军国际阵线"（"伊斯兰圣战组织"是其派生组织）。本·拉登宣称："美国人是真正的恐怖分子"，华盛顿在中东的驻军是"十字军"。拉登说，他毕生的目标就是使用暴力手段，将所有的美国人赶出伊斯兰世界，不管他是军人还是平民，是男人还是女人，是老人还是儿童。拉登认为，打击美国最有效的手段就是恐怖活动。1998年5月，拉登说，美国陷入黑暗的一天将会很快到来，不久将有震惊世界的暴力事件发生。时隔不久，美国驻东非肯尼亚和坦桑尼亚的使馆同时发生爆炸。美国立即悬赏500万美元捉拿拉登。克林顿还不惜动用巡航导弹对苏丹的希法制药厂和拉登穴居的阿富汗山区进行轰炸。由于拉登拥有极其先进的通讯手段和许多逃脱追踪的掩护手法，时至今日，美国仍然不知道他住在什么地方。拉登从来不使用容易被跟踪的卫星电话，使用的交通工具也都是一些不易被发现的破旧卡车或小车，睡觉也没有一个固定的地方，并且常常在最后一分钟改变他的计划。有报道说，拉登在埃及、黎巴嫩和巴基斯坦等地都有忠实信徒。他的"伊斯兰圣战组织"战士除了在世界各地搞恐怖爆炸外，还被派往北非、车臣、塔吉克斯坦甚至波黑等地"战斗"。拉登在全球织起了一张巨大的恐怖活动网，制造了多起恐怖爆炸。

练习

一、请在课外阅读两篇最新中文报刊文章，将它们剪贴在你的笔记本上，然后把它们写成摘要，并谈谈自己的看法

二、给下列动词搭配适当的词语

追随_____　　　　惊动_____

入侵_____　　　　保佑_____

厌恶_____　　　　杀害_____

输送_____　　　　携带_____

袭击_____　　　　合并_____

第十四课

三、选词填空

> 庆贺　惊动　延伸　声称　象征　融化　格格不入

1. 现在,世界上_____看到飞碟的人越来越多,连美国前总统卡特也说看到过飞碟。
2. 春节期间,人们按照过去的习俗,纷纷燃放鞭炮_____这喜庆的日子。
3. 走出去没多远,我发现有一行脚印向林子方向_____去。
4. MBA的经历似乎_____着成功富足的美好前景。
5. 天气放晴,积雪_____后,大厅前面又湿又滑,不好走路。
6. 勇敢不仅与胆怯相对立,而且同愚蠢_____。
7. 别_____她,叫她弹下去吧。

> 苍白　惨白

8. 她脸色_____,嘴唇与眼眶发黑——还需要大量输血!
9. 在雄辩的事实面前,"戏曲消亡论"显得何其_____而无力。

> 疲惫　疲倦

10. 我感到有点_____,迷迷糊糊地睡着了。
11. 特别是目前毕业班的学生,睡眠不足,_____不堪,心理压力极重,更令人揪心!

> 恐慌　恐惧

12. 如果你在森林里看到一只老虎,一定会十分_____,而在动物园里观看笼子里的老虎,却会觉得好玩有趣。
13. 遇到这种病,医生不必有很大的_____。

四、根据课文内容判断正误

1. 拉登的追随者已经越来越少。(　　)

2. 拉登曾经反对苏联军队入侵阿富汗。（　　　）
3. 拉登自己很愿意举行生日庆祝活动。（　　　）
4. 对拉登的出生日期，国际社会并没有什么争议。（　　　）

五、请按正确的语序将下列各个句子组成完整的一段话

1. A. 美国正向巴基斯坦增派情报人员
   B. 专门对付拉登可能制造的袭击
   C. 拉登的生日还引起了美国恐慌
   正确的语序是：（　　　）（　　　）（　　　）

2. A. 伊拉克军方9日宣布
   B. 这对于"基地"的打击不亚于去年伊拉克恐怖头目扎卡维之死
   C. 似乎为破坏拉登生日的气氛
   D. "基地"组织伊拉克分支的总负责人巴格达迪被逮捕
   正确的语序是：（　　　）（　　　）（　　　）（　　　）

六、根据课文内容选择最合适的答案

1. 关于拉登的生日，_____提供了有力的证据。
   A 美国"全球安全网"　　　　　B 塔利班发言人
   C 驻阿美军发言人米切尔　　　D 国际恐怖主义研究专家汉尼

2. 美国的情报专家认为拉登_____。
   A 已经不在人间　　　　　　　B 很健康
   C 还活着　　　　　　　　　　D 身受重伤

3. 开罗的拉登问题专家阿卜杜·阿齐兹与美国情报专家的观点_____。
   A 完全相同　　　　　　　　　B 完全不同
   C 基本相同　　　　　　　　　D 不太一样

4. 据美国中情局掌握的情报，拉登最容易暴露的时间是在_____。
   A 春天　　　　　　　　　　　B 夏天
   C 秋天　　　　　　　　　　　D 冬天

七、完形填空

（一）

| 就是　有关　竟然　反而　虽然　非但　还　但 |

1_____他生死的消息不时出现在媒体上，2_____美国发动了世界上规模

第十四课

最大的逮捕行动，3＿＿＿＿他仍然在逃，这个人4＿＿＿＿"基地"组织头目本·拉登。3月10日，5＿＿＿＿有很多追随者为他庆祝50岁生日。西方媒体认为，拉登领导的"基地"组织6＿＿＿＿没被消灭，7＿＿＿＿不断壮大，在伊拉克和中东开辟新基地，8＿＿＿＿把势力延伸至欧洲。

（二）

| 之所以 | 以便 | 接受 | 是 |

现居英国的中东问题专家萨巴伊在1＿＿＿＿阿拉伯电视台专访时称，拉登生日2＿＿＿＿被关注，3＿＿＿＿美国的阴谋，美国想借此举促拉登"现身"，4＿＿＿＿发现拉登的藏身地。

八、请用自己的话或原文中的关键句子概括下面几段话的主要内容

1. 拉登沉默得太久，很多人都怀疑他早已不在人间。他最近一次在录像中露面，是在2004年10月29日，录像中的他显得很苍白。此后，他的录音偶尔出现在网站上，最近一次是在去年6月，他的声音听起来有些疲惫。美军情报分析认为，拉登在最后一次录像中脸色苍白，看来病情严重。但塔利班发言人哈亚图拉·汗坚称，拉登现在藏身于巴基斯坦与阿富汗两国边境地区，与塔利班高层保持着密切联系。美国一些情报专家也认为，拉登至今还活着。还有说法称拉登早已被美国逮捕。英国《卫报》称，阿富汗边境地区的人认为，拉登早被美军逮捕，现在就藏在白宫。

开罗的拉登问题专家阿卜杜·阿齐兹认为，现在准确判断拉登是死是活还比较困难，不过种种迹象显示，他仍活着的可能性极大，只是受了伤。由于他身处的阿富汗和巴基斯坦交界处，药品匮乏，所以治疗受到影响，恢复得较慢。现在一切大权都在他的助手、"基地"二号人物扎瓦希里身上，但扎瓦希里的决定都是请示拉登后协调做出的，因此，拉登仍是"基地"组织的灵魂和象征人物。拉登继续藏在深山老林里复兴他的"基地"事业。

2. 英国情报部门的一位官员10日称，最新破译的"基地"组织密码显示，塔利班正计划与"基地"组织合并，寻求成为该组织在阿富汗的分支机构。"基地"组织所属的训练营目前已开始承担向塔利班输送"圣战勇士"的任务，协助塔利班武装恢复各种恐怖袭击活动。"基地"内部人士也称，"基地"已研制出可携带化学、生物和核弹头的导弹和火箭技术。2007年将是"基地"组织全面出击、转守为攻的一年,"基地"已牢固地将伊拉克"基地"分支机构控制在手中。"基地"还向外辐射,叙利亚、黎巴嫩和巴勒斯坦有可能是"基地"组织的下一个立国之地。

九、请尽量用以下词语进行话题讨论

追随	庆贺	惊动	头目	声称	恐怖
厌恶	杀害	人间	灵魂	恐慌	袭击

你是怎样评价本·拉登的?你认为当前世界怎样做才能控制或消除恐怖主义?

十、快速阅读:

阅读一(字数:1462;阅读与答题的参考时间:6分钟)

美军高官称本·拉登还活着 联军将继续密集搜捕

王 冲

本报北京2月28日电 2月27日,美军一名高级指挥官透露,本·拉登还活着,联军会继续搜捕,直到抓住他或杀死他。

"我们假定他还活着,我们将进行密集的搜捕。"美军驻阿富汗前任指挥官卡尔·艾肯伯里在北京接受记者采访时说。

他强调,本·拉登只是国际恐怖主义网络的一个点,抓住他只是如同剪断电网的一个节点,恐怖分子还会通过其他线路继续活动。

艾肯伯里中将表示,联军在阿富汗的使命是长期的,一定要遵守承诺,保证阿富汗的民主、繁荣和稳定。他告诉本报记者:"我不知道联军什么时候撤出阿富汗,应该是完成我们的使命后。风险在于,联军撤出后,恐怖分子可能会再回来。"卡尔·艾肯伯里曾担任21个月的美军驻阿富汗最高指挥官,将于4月1日起就任北约军事委员会副主席。

艾肯伯里还预测说,春夏之交是恐怖分子活动频繁的时节,阿富汗东部、南部可能会发生更多的暴力活动。但他认为,2007年的形势是乐观的,将会取得进展。"2007年对塔利班来说,是关键的一年。"他说。他

第十四课

认为，塔利班在军事上并不强大，但是很危险。

然而，就在艾肯伯里接受媒体采访的当天，美国副总统切尼遭遇塔利班的袭击。据报道，当地时间2月27日上午10时左右，驻阿富汗美军基地遭到自杀性爆炸袭击，当场炸死19人。正在访问阿富汗的美国副总统切尼正在基地内准备外出，没有受伤。塔利班已经声明为此次袭击负责。阿富汗内务部官员称，爆炸为自杀性袭击，死者中除袭击者外，有15人是在美军基地工作的当地平民，其余3名为外国军人。

这起炸弹袭击事件再次敲响了阿富汗安全形势的警钟。在塔利班政权倒台5年后，"基地"组织成员和塔利班残余势力逐渐在巴基斯坦和阿富汗建立了根据地，进行反击。2月26日，切尼在访问巴基斯坦时，就向巴政府表示了对阿富汗局势的担忧，并与穆沙拉夫会谈，要求巴基斯坦政府进一步加大在其境内打击"基地"组织和塔利班的力度。

艾肯伯里中将在接受媒体采访时也谈到了巴基斯坦。他称赞巴基斯坦是"伟大的盟友"，他透露，近几年巴基斯坦被打死的士兵多于美军士兵。

在对阿富汗未来表示乐观的同时，艾肯伯里透露，经过30多年的战争，先是苏联入侵，后是内战和塔利班的统治，然后是联军打击塔利班，阿富汗现状很糟糕。"这是我从军34年以来见过的被毁坏最严重的国家，我们低估了多年的战争对阿富汗人力资源的毁坏程度。"他说。

艾肯伯里认为，阿富汗的重建工作需要经济、社会、安全综合考虑，他认为中国"扮演了积极的角色"，为阿富汗的重建，在社会服务、农业方面作出了贡献。他称此次对中国的访问是"非常正式的访问"。他分别会见了中国国防部、外交部的相关官员，并在中国军事科学院发表演讲，介绍美军在阿富汗的教训。

卡尔·艾肯伯里毕业于美国军事学院，后获得哈佛大学东亚研究专业和斯坦福大学政治学硕士学位，还是哈佛大学肯尼迪行政管理学院的国家安全事务学者。艾肯伯里中将曾是美国驻中国助理陆军武官，后升任美国驻中国武官；他是美国国防部长办公室中国内地、中国台湾、中国香港和蒙古国处资深处长；曾在香港的英国国防部中文学院留学，获得了普通话翻译证书，还获得了南京大学中国历史专业的学历，曾撰写过大量关于中国军事历史的文章。"不懂得一个国家的历史,就不能理解这个国家的人民。"他说。

（节选自《中国青年报》2007年3月1日,略有改动）

回答问题

1. 艾肯伯里中将是怎样看本·拉登的?
2. 艾肯伯里中将是怎么看阿富汗的现状与未来的?
3. 艾肯伯里中将是如何评价中国在阿富汗重建上的作用?

阅读二（字数:2041;阅读与答题的参考时间:9分钟）

对恐怖主义的界定是一个世界性的难题

本报记者 赵飞鹏 通讯员 龚新华

在全球反恐怖的浪潮中,对恐怖主义的界定不统一至今仍是阻碍全球反恐行动的重要因素。什么是恐怖主义,各国争论不休,意见不一。这究竟是为什么?记者近日专访了武警指挥学院科研部部长、反恐研究专家王广海大校。

记者: 王部长,谈到反恐怖,什么是恐怖主义似乎应该是第一个考虑的问题?

王广海: 是的。对恐怖主义的定义是反恐怖的逻辑起点。它是确定反恐怖立场和斗争策略的前提,谈及反恐怖就要首先回答什么是恐怖主义,知道斗争对象在哪里。

记者: 那么,究竟什么是恐怖主义?

王广海: 这个问题不容易回答。可以说,这是一个世界性的难题。据我所知,国际上对什么是恐怖主义的定义有几百种,一个国家有一个国家的说法,各国至今争论不休,意见难以统一。

记者: 为什么说,对恐怖主义的定义是一个世界性的难题?

王广海: 因为反恐怖最终涉及的是国家利益问题,各国利益不一样,所以对恐怖主义的界定就难以统一。这实际上也直接影响到国际合作。所以,我也只能谈谈我们国家对恐怖主义的定义。

第十四课

记者：我们的定义是什么？

王广海：这个就有点学术了。我们研究的结论是：恐怖主义是指恐怖组织或个人主张使用暴力或其他破坏手段，攻击无辜目标，制造社会恐慌，以胁迫政府或社会满足其政治要求。它的实践主体是恐怖组织或个人，实践的形式是恐怖主义活动。

记者：这个定义反映了哪些特点？

王广海：我们作出这个定义起码要反映3个方面的问题，第一就是要反映出恐怖主义的本质特征，第二要反映出国际社会对恐怖主义达成的共识，第三要反映我国政府反恐怖的基本立场。

记者：在谈论到恐怖活动的时候，很多概念容易引起混淆，比如恐怖主义、恐怖活动、恐怖主义活动、突发事件，这些概念有时很难区分？

王广海：你说这个很对。这些概念，需要认真对待，因为它直接影响到我们一线部队的应急处置。比如：恐怖活动和恐怖主义、恐怖活动和恐怖主义活动、恐怖活动与犯罪活动、恐怖事件与突发事件等等。

记者：那么，恐怖活动与恐怖主义的区别是什么？

王广海：这两个概念的联系在于，奉行恐怖主义的集团和个人都要通过恐怖活动达成其政治目的，凡是恐怖主义者必然进行恐怖活动。

但是两者又有很大区别，恐怖主义是一种意识形态，而恐怖活动是一种犯罪行为；恐怖活动可能是恐怖主义者所为，也可能是其他暴力犯罪分子所为。比如我国的"东突"恐怖势力，在西方反华势力的支持下，有纲领、有组织、有计划地进行分裂祖国的恐怖活动，是彻头彻尾的恐怖主义，也是国际社会公认的恐怖组织。

而黑社会性质的恐怖犯罪活动，虽然危害也非常大，但主要是为实现其经济目的。个人报复性的恐怖犯罪活动往往以报复社会和他人为目的。所以，把政治目的列为恐怖主义定义中的必备要素，就可以把许多并非基于政治目的的恐怖活动和恐怖主义活动剥离开来。

记者：接着您的话讲，那恐怖活动和恐怖主义活动又有什么区别？

王广海：这个一说就比较容易明白。恐怖活动是泛指一切恐怖分子实施的恐怖犯罪。而恐怖主义活动是特指恐怖组织有纲领、有组织、有目的策划实施的恐怖犯罪。

比如一些黑社会组织实施的恐怖犯罪，他们的目的是为了"敛财"；

而2001年3月靳如超在石家庄制造的连环爆炸案，是为了"复仇"；2003年2月黄旻翔在北京大学和清华大学食堂制造爆炸案，是为了"出名"。这些恐怖活动不能和"东突"恐怖组织以民族分裂为目的的恐怖主义活动混为一谈。

记者：恐怖活动与犯罪活动的概念比较容易区分一点？

王广海：是的，凡是恐怖活动首先是一种犯罪行为。它和一般犯罪的区别就是手段和后果不同。恐怖活动手段暴力、后果严重，动辄都是劫持飞机或者在公共场所实施爆炸，性质非常恶劣。

另外，一般犯罪活动通常由公安司法机关侦查、处置，而恐怖犯罪活动通常武警部队参与处置。

记者：处置突发事件是武警部队的重要任务，那突发事件与恐怖事件的区别又在于什么地方？

王广海：你提这个问题很关键，这里也是我想特别讲的。我们这里讲的突发事件是指具有一定规模、危害国家安全和社会稳定的突发治安事件。恐怖事件因为具有制造恐怖氛围、手段暴力等特点，所以恐怖事件是突发事件的重要组成部分。

但国内发生的很多突发事件并不是恐怖事件，比如群众上访等，这个一定要区分清楚。因为事件的定性就直接关系到如何处置，我们对一般性群众闹事，要采用善待群众、最低限度用武等原则，而针对恐怖事件则是强调露头就打尽。

所以，区分这些概念十分有意义。如果对恐怖主义的认定过于"泛化"，就难以形成共识，甚至给别有用心的国家干涉我国内政制造口实。反过来，如果对恐怖主义的认定过于"简化"，就会导致对恐怖活动认识不清，打击不力，也不利于对恐怖活动的积极防范、高效处置。

（节选自《中国青年报》2007年1月12日，略有改动）

回答问题

1. 为什么说对恐怖主义难以下定义？
2. 中国是如何定义恐怖主义的？
3. 如何区别恐怖活动与恐怖主义？
4. 如何区别突发事件与恐怖事件？

第十四课

阅读三（字数：3071；阅读与答题的参考时间：15分钟）

纽约世贸大楼：挥别悲伤，走向重建

张 颖

如果说有什么事情能让一向自负的美国人倍感无助，那么答案多半是"9·11"恐怖袭击。

2001年9月11日早晨8时46分，一架波音767飞机对着纽约世贸大楼的北塔撞了过去。仅仅13分钟后，又一架装有炸弹的飞机撞向世贸大楼南塔。

自那以后，"9·11"似乎成了大部分美国人心中不能触碰、也不愿触碰的伤口。

然而，越是痛的伤口，越想被遗忘的悲伤，却总会被一些事情所纠葛，比如说不断上升的死亡人数；比如说迟迟没有结果的保险理赔；比如说始终没到位的重建资金……

直到2007年5月24日，美国纽约州州长埃利奥特·斯皮策（Eliot Spitzer）宣布，瑞士再保险等7家公司20亿美元了结"9·11"恐怖袭击保险赔付纠纷。人们似乎看到了纽约世贸大楼挥别悲伤，走向重建的希望。

1 天量损失难以尽数

"9·11"恐怖袭击已经过去6年，但灾难性的数据仍在不断累积。

5月24日，美国纽约市首度正式承认，办公室位于世贸大楼附近的律师邓恩·琼斯女士的死亡，和2001年世界贸易中心大楼倒塌时暴露于有毒灰尘中有关，并决定将她的名字列入"9·11"恐怖攻击事件罹难者的正式名单中，成为第2750名遇难者。

此外，根据美国纽约市政府今年2月公布的最新调查报告——"世贸中心健康小组"说，"9·11"恐怖袭击发生后，许多在世贸中心废墟上参与救援和清理工作的人员出现健康问题，纽约市政府每年为此投入医疗费近4亿美元，但仍面临资金短缺难题。

鲜血、生命和难以估计的经济损失让亲人哭泣，政府愤怒，全球保险商痛心。

根据"兰德公民司法协会"的研究报告显示，"9·11"恐怖袭击事件中的受害者共获得381亿美元的赔偿，这一数目相当于此前最大灾难保险赔偿额的30倍，其中保险公司支付了赔款总额的51%。

具体而言，在"9·11"事件中遇难或受伤的公民每人平均获赔310万美元，共计87亿美元；政府救援机构（如消防员等）遇难或受伤的人员共获赔偿19亿美元，其中第一批赶到事发现场的平均获赔110万美元；而赔款的大部分，共计约233亿美元是纽约市各类在"9·11"事件中经济受损的公司获得；另外还有约35亿美元的赔款支付给了由于"9·11"事件而失去工作、不得不搬家、精神与身体受到伤害的人们。

保险公司、政府及慈善机构等支付了上述理赔款项，其中保险公司担付了51%，共计约196亿美元；政府担付了42%，共计约158亿美元；而其余的7%，约27亿美元由各种慈善团体支付。

2 遭袭次数争论不休

有如愿获得理赔的，自然就有没能得到赔偿的。其中就包括世贸中心开发商西尔弗斯坦（Larry Silverstein）。

西尔弗斯坦在"9·11"事件前承租了纽约世贸中心，租期99年，并为其购买了赔偿金额为35亿美元的保险。在世贸中心双子塔倒塌后，西尔弗斯坦要求保险公司双倍赔付，理由是共有两架被劫持的飞机撞向大楼，因此是两次袭击。但保险公司认为这是一次袭击，因而拒绝双倍赔付。

2004年，美国一家法院裁定，恐怖分子对世贸中心的袭击是两起事件，西尔弗斯坦最高可获得46亿美元的保险赔款。而自"9·11"事件以来，相关保险公司已经总共向西尔弗斯坦赔付了25.5亿美元。保险公司认为剩余的赔付数额应取决于西尔弗斯坦能够证明的其遭受的损失有多少。

保险公司这样的态度显然是西尔弗斯坦所不能接受的。于是，双方就此展开漫长的法律较量。法律纠纷不仅给双方都带来巨额损失，也影响了世贸中心遗址的重建工作。

今年3月，纽约州州长斯皮策和纽约州政府保险部门负责人出面调停，争论双方经过两个月的磋商最终达成协议，由瑞士再保险等7家保险公司共同赔付20亿美元。根据西尔弗斯坦和纽约与新泽西港务局去年达成的一项协议，这笔赔款的约56%归西尔弗斯坦，其余归纽约与新泽西港务局。

3 重建工程踽蹒起步

自纽约世贸中心大楼倒塌后，纽约市一直在从事废墟清理和寻找遗骸的工作。2006年4月，重建工程破土动工，但由于资金缺乏和寻找遗骸的

第十四课

工作尚未完成等原因，工程进展缓慢。

根据最初的设计方案，取代在"9·11"恐怖袭击中倒塌的双子塔楼的是自由塔。自由塔高1776英尺，以象征美国建国的年份，它将是世界最高建筑。大楼将包括至少60层办公室以及用于设立商业设施的开放空间。

但是现在，越来越多的人开始担心，作为世贸中心的主要开发商，长期困扰西尔弗斯坦的重建资金问题，是否会让整个世贸大楼的重建再次陷入止步不前的状态。那么，此前所有关于"自由塔于2011年完工，七号大楼在2012年完工"的计划都将化为泡影。

此前，西尔弗斯坦曾向国家免税自由债券借款7500万美元，用于2006年投入施工的7个世贸中心重建项目。新世贸中心主楼的建设将耗时10年和近120亿美元的资金。但由于利息成本逐年增加，估计重建资金将进一步上涨。

与此同时，从7家保险公司处获得20亿美元保险理赔远低于期望，这也影响了西尔弗斯坦参与世贸中心重建计划。

另据上周签订的新协议，西尔弗斯坦将在原址建三座大楼，但将让出对高达1776英尺的自由塔大楼和纽约港大楼的控股权。如此一来，在世贸大楼重建中，只有"七号大楼"这座铜筋铁骨、玻璃幕墙的摩天大楼将归西尔弗斯坦所有。

【新闻链接】

"最昂贵"的五次恐怖袭击

"9·11"恐怖袭击 有近3000人死亡，2250人受伤，保险赔偿金额高达381亿美元。"9·11"恐怖袭击事件成为美国历史上损失最为惨重的一次人为灾难。

伦敦城爆炸 1993年4月24日，位于伦敦金融区的大教堂遭到爱尔兰共和军的汽车炸弹袭击，导致1人死亡、54人受伤。9.47亿美元的赔偿金额使得此次事件成为第二"昂贵"恐怖袭击。

曼彻斯特爆炸 1996年6月15日，一枚爱尔兰共和军放置的卡车炸弹在曼彻斯特的一个购物中心爆炸，炸伤228人。为此，保险公司们需要承担7.94亿美元的赔偿费用。

读报纸，学中文

世贸中心车库爆炸 1993年2月26日，由恐怖主义分子放置的汽车炸弹在美国纽约市中心金融区世界贸易中心地下停车场爆炸，造成6人死亡、725人受伤。这次事件的赔偿金额为7.73亿美元。

伦敦金融中心爆炸 1992年4月10日，爱尔兰共和军的一枚重达100磅的炸弹在伦敦市内的金融中心伦敦城爆炸，有3人被炸死、91人受伤。赔偿金额达到7.16亿美元。

（节选自《国际金融报》2007年5月30日，略有改动）

判断正误

1. 律师邓恩·琼斯女士直接丧生于"9·11"恐怖袭击中。（　　）
2. "9·11"恐怖袭击发生后，大部分在世贸中心废墟上参与救援和清理工作的人员没有出现健康问题。（　　）
3. "9·11"恐怖袭击事件中的受害者共获得的赔偿比此前最大灾难保险赔偿额要高很多。（　　）
4. "9·11"事件中赔款的半数以上，是由纽约市各类在该事件中经济受损的公司获得。（　　）
5. "9·11"事件中，所有的赔偿金额都是由保险公司支付的。（　　）
6. 西尔弗斯坦与保险公司在赔偿金额上争议不大。（　　）
7. 西尔弗斯坦与保险公司后来达成了协议，西尔弗斯坦最后得到20亿美元的赔偿金额。（　　）
8. 由于缺乏大量的资金，纽约世贸中心大楼的工程进展缓慢。（　　）
9. 根据设计方案，要建造的自由塔将是世界最高建筑。（　　）
10. 近些年赔偿金额巨大的五次恐怖袭击事件中，英国就占了三起。（　　）

第十五课

中国制造如何突围⁽¹⁾

王永强

中国制造如何变成中国创造？面对这样一个话题，出席夏季达沃斯论坛的嘉宾⁽²⁾们大都⁽³⁾表现出了浓厚⁽⁴⁾的兴趣。9月6日到8日，当APEC在南半球的悉尼为世界经济找寻未来之路时，达沃斯论坛正在北半球的大连紧盯着"中国制造"这个世界经济的巨大引擎⁽⁵⁾。

创新：技术与体制双轮牵引⁽⁶⁾

"近30年来，中国每年要新增1300多万人。这意味着，政府有责任每年多创造800万个就业机会。而这也是中国接受世界制造业转移的重要原因之一。"科技部部长万钢谈道，"但由于能源、资源和环境承受能力等各种条件的限制，通过科技进步超越⁽⁷⁾中国制造的粗放⁽⁸⁾阶段，已成当务之急⁽⁹⁾。"

万钢表示，科技部已经通过了《科技进步法》等相关明确法规⁽¹⁰⁾或条文⁽¹¹⁾，来促进中国制造向中国创造的转变。而科技部在应用科学技术推动产业结构升级⁽¹²⁾中的作用，不仅表现在纳米、生物医药、太阳能燃料⁽¹³⁾电池等尖端⁽¹⁴⁾高新技术的研发⁽¹⁵⁾应用上，还体现在改造传统工艺的创新上。

"勇于⁽¹⁶⁾承担⁽¹⁷⁾改造责任，改进现有制造工艺，提升⁽¹⁸⁾技术水平，更有效地使用原材料，确立循环经济模式，优化⁽¹⁹⁾工业结构，是中国制造必须经历的成长阶段。"万钢表示。

对此，西安市市长陈宝根补充道，技术创新固然重要，但最重要的还是体制创新。民营[20]经济是当前国民经济中最有生命力的活跃力量，而要想民营企业不断发展壮大，就必须通过机制创新，将企业家创造财富和实现其人生价值的目标联系起来。

早在上世纪80年代初，陈宝根曾作为陕西省宝鸡市某工厂厂长试行了企业内部的股份[21]制改造探索。在他看来，工人觉悟对于促进生产、保证质量的作用是有限度的，而定任务、定指标、定奖罚等利益激励措施才是调动职工积极性的有效途径。同理，通过体制创新，兼顾民营企业的短期和长远[22]利益目标，无疑是中国制造实现产业升级、激发企业家创业动力[23]的良策[24]。

质量：法制与道德的双重约束

高盛亚太区董事总经理胡祖六对中国制造外部环境的不足更为关注。他认为，尽管绝大多数的中国产品物美价廉[25]，但不时曝光[26]的产品质量和安全问题，往往制约了中国制造在全球的美誉[27]度。"在企业追求利润[28]天经地义[29]的前提下，政府如何从立法、监管和消费者、媒体监督[30]的制度层面上加以完善，是超越中国制造粗放阶段的重要外部环境准备。"

"在美国，消费者协会[31]具有非常强大的力量。与国内不同，美国消协不仅可以建立消费者同盟[32]，抵制[33]伪劣[34]产品，更重要的是，它具备强大的活动能力，可以督促国会通过立法，从制度层面上消除假冒伪劣企业的生存[35]条件。"胡祖六认为，这就迫使企业经营者从个人和企业的内部自我约束上，更加注重经营道德。而中国制造在经历了过去15年的快速增长和原始[36]积累后，不仅是产业升级，企业家们的经营道德更应大幅度提高。

至于中国制造企业转型期间成本上升、产品竞争力下降，甚至可能带来的产业转移的担忧，胡祖六并不觉得是难题。"产业转移是正常的。经过30年的快速发展，中国制造的国际分工地位理当有所改变。而制造业与环境、资源等的矛盾也并非完全对立，通过价格补贴或税收[37]等经济政策，中国制造和环保完全可以兼顾。"胡举长沙远大空调的事例说，通过对节能、废气[38]排放的不断研发和改进，远大空调的质量没得说，自然也就拥有全球市场同类产品的最高价格。

形象：以充分沟通消除[39]误解

在中国制造面临的质量问题和产品召回[40]困境上，各方专家发表了自己

第十五课

的看法。

胡祖六觉得这是一个中国制造消除误解、化危机为机会的好时机。"中国和美国、欧盟不是简单的贸易冲突,更不是炒作,如果就此时机,政府能够高度重视,建立健全高规格[41]、安全可靠的质量检验[42]体系,这反会成为中国制造和中国消费者的一大好事。"

"只要重视,这些问题肯定都能解决。"联合国经济与社会事务部副秘书长沙祖康指出,"虽然越南、印度等国的制造业发展都很迅速,但中国的生产工厂基础好,通过技术革新[43],中国制造更有条件尽早成熟起来。"

沙祖康分析称,国内相关法律、平时监管、对企业和消费者的教育都很重要,但中国制造业的整体不平衡[44]现象和对外沟通技巧同样急需改进。"有的中国企业做得很好,有的还不够,这完全可以通过内部交流彼此学习;而在国际贸易中,中国企业知己足、知彼少,因此西方媒体的不实报道大量都因误解而产生,这对中国制造企业的国际化视野[45]和外语沟通能力无疑提出了更高要求。"

（全文字数：1788）

（节选自《中国经营报》2007年9月10日A3版,略有改动。）

词语表

| 1. 突围 | 突圍 | tūwéi | （动） | 突破包围
break out of an encirclement, break a siege, break through
包囲を突破する
포위망을 뚫다 |
| 2. 嘉宾 | 嘉賓 | jiābīn | （名） | 尊贵的客人。特指应邀参加活动的客人。
honorable guest
ゲスト
귀한 손님, 내빈 |

读报纸，学中文

3. 大都　　　　　dàdū　　（副）几乎全部或大多数
　　　　　　　　　　　　　　　universally, mostly
　　　　　　　　　　　　　　　ほとんど
　　　　　　　　　　　　　　　대부분，대다수

4. 浓厚　　濃厚　nónghòu　（形）强烈
　　　　　　　　　　　　　　　strong, thick
　　　　　　　　　　　　　　　濃厚である
　　　　　　　　　　　　　　　농후하다，강하다

5. 引擎　　　　　yǐnqíng　（名）把(如热能、化学能、核能、辐射能和升高的水的势能等形式的)能量转变为机械力和运动的机器,即发动机
　　　　　　　　　　　　　　　engine
　　　　　　　　　　　　　　　エンジン
　　　　　　　　　　　　　　　엔진

6. 牵引　　牽引　qiānyǐn　（动）拉、拖
　　　　　　　　　　　　　　　draw, tow, pull and drag
　　　　　　　　　　　　　　　引く
　　　　　　　　　　　　　　　끌다，견인하다

7. 超越　　　　　chāoyuè　（动）逾越;胜过
　　　　　　　　　　　　　　　surpass, exceed, surmount, overstep
　　　　　　　　　　　　　　　超越する
　　　　　　　　　　　　　　　초월하다

8. 粗放　　　　　cūfàng　（形）指粗耕粗种,不追求单位面积产量,而依靠扩大耕地面积来提高产品总量的农业经营方式
　　　　　　　　　　　　　　　extensive
　　　　　　　　　　　　　　　粗放である
　　　　　　　　　　　　　　　거칠다，면밀하지 않다/ 조방농법

9. 当务之急　當務之急　dāngwùzhījí（成语）指当前最急需要办的事
　　　　　　　　　　　　　　　urgent matter, pressing demand of the moment, task of top priority

第十五课

当面の急務

급선무, 당장 급한 일

10. 法规　法規　fǎguī　（名）　泛称法律、条例规章等

laws and regulations, ordinance

法律

법규

11. 条文　條文　tiáowén　（名）　法令、条例、章程等的分条说明的文字

article, clause

条文

조문

12. 升级　升級　shēngjí　（动）　升到比原来高的等级或班级

promote

昇級する

승급하다, 격상하다, 승진하다

13. 燃料　　　ránliào　（名）　燃烧时能产生热能、光能的物质

fuel

燃料

연료

14. 尖端　　　jiānduān　（形）　科学技术上指发展水平最高的

peak, the most advanced, sophisticated

先端の

첨단의, 최신의

15. 研发　研發　yánfā　（动）　研制开发

research and develop

研究開発する

연구개발하다

16. 勇于　勇於　yǒngyú　（动）　临事不退缩;不推委

have the courage to, be brave in

勇んで…する

용감히, 과감하게

17.	承担	承擔	chéngdān	（动）	负担或担当
					undertake, assume, endure
					負担する
					담당하다, 맡다
18.	提升		tíshēng	（动）	提拔;提高职位、等级等
					promote, advance
					昇進する
					진급시키다(하다), 등용하다
19.	优化	優化	yōuhuà	（动）	采取一定措施使变得优秀
					optimize
					向上させる
					최적화하다
20.	民营	民營	mīnyíng	（动）	群众集体经营;私人经营
					nongovernmental business, private business
					民営になる
					민영, 사영
21.	股份		gǔfèn	（名）	公司资产中任何一份由股东提供的资本,每份的资金数额相等,它与公司的经营、利润和股东的权利或利益紧密相关
					share, stock
					株式
					주식
22.	长远	長遠	chángyuǎn	（形）	指将来很长时间
					in the long run, long-range, long-term
					長い先の
					(앞으로의 시간이) 길고 멀다, 장구하다, 항구적이다
23.	动力	動力	dònglì	（名）	比喻推动事业前进的力量
					motive force, impetus, drive
					動力

第十五课

				원동력
24.	良策	liángcè	（名）	好策略
				sound strategy
				良策
				좋은 계책
25.	物美价廉 物美價廉	wùměi jiàlián	（成语）	廉：便宜。东西价钱便宜，质量又好。
				inexpensive in price while excellent in quality, be affordable but of very high quality
				品質も良く、値段も安い
				물건도 좋고, 값도 싸다
26.	曝光	bàoguāng	（动）	把不想别人知道的事、不能公开的事或人公之于众
				expose
				暴露する
				폭로되다, （대중 앞에）나타나다
27.	美誉 美譽	měiyù	（名）	美好的名誉
				good fame
				すばらしい名誉
				명성과 명예
28.	利润 利潤	lìrùn	（名）	生产、交易等的赢利
				profit, profit return
				利潤
				이윤
29.	天经地义 天經地義	tiān jīng dì yì	（成语）	天地间本当如此、不可更改的道理
				unalterable principle, natural law
				絶対に正しい道理
				불변의 진리
30.	监督 監督	jiāndū	（动）	察看并加以管理
				supervise, overlook, oversee, watch

					監督する
					감독하다
31.	协会	協會	xiéhuì	（名）	目的在于加快实现成员共同关心的某一目标的组织
					association, society
					協会
					협회
32.	同盟		tóngméng	（名）	共结盟约者。亦指为实现共同政治目标而结成的组织
					alliance, league, union
					同盟
					동맹
33.	抵制	抵制	dǐzhì	（动）	阻止;抗拒;排斥
					resist, boycott, counteract
					阻止する
					제압하다，배척하다，막아내다
34.	伪劣	偽劣	wěiliè	（形）	伪造的或质量低劣的(商品)
					fake and inferior (merchandise)
					偽造した品質の悪い（商品）
					위조 또는 저질의 (상품)
35.	生存		shēngcún	（动）	保存生命;活在世上
					survive, subsist, exist, live
					生存する
					생존하다
36.	原始		yuánshǐ	（形）	开始的
					original, primitive, firsthand
					原始的
					최초의，원시의
37.	税收		shuìshōu	（名）	征税所得的收入
					tax revenue
					徴税収入

第十五课

세수, 세수입

38. 废气　　廢氣　　fèiqì　　（名）从内燃机或燃气轮中排出的无用气体
waste gas or steam
排気ガス
폐기, 배기

39. 消除　　　　　　xiāochú　（动）使不存在;除去
eliminate, dispel, remove, clear up
取り除く
제거하다, 없애 버리다, 퇴치하다,
청산하다, 풀다, 해소하다

40. 召回　　　　　　zhàohuí　（动）把人叫回来;调回来
recall
呼び戻す
소환하다, 불러서 돌아오게 하다

41. 规格　　　　　　guīgé　　（名）工厂对产品和使用原料所规定的型式和标准。泛指规定的标准、要求或条件。
specifications, standards, norms
規格
규격

42. 检验　　檢驗　　jiǎnyàn　（动）检查并验证
test, examine, inspect
検査する、検証する
검증하다, 검사하다

43. 革新　　　　　　géxīn　　（动）革除旧的,创造新的（事物、技术等）的行为或过程
change for the better, innovate
革新する
혁신하다

44. 平衡　　　　　　pínghéng（形）对立的各方面在数量或质量上相等或相抵
balanced

			つりあいがとれている
			평형하다, 균형이 맞다
45. 视野	shìyě	（名）	观察或认识的领域
			horizon, field of vision
			視野
			시야

词语例释

1. 由于能源、资源和环境承受能力等各种条件的限制，通过科技进步**超越**中国制造的粗放阶段，已成当务之急。

    "超越"与"超过"：动词。都可表示"越过"的意思。

    超越：侧重表示超出、跨越某界限、范围。

    超过：侧重表示到了某事物的前面或外面。

    超越时空/超越国境线/超越权限/禁止超越/超越计划/希望超越

    超过不了/希望超过/打算超过/允许超过/准许超过/超过的数量

    ① 我们不能超越历史条件苛求古人，也不能离开历史条件盲目崇拜古人。

    ② 人在时空中的不自由和人们企图超越时空的限制获得自由的愿望时时发生冲突，形成困扰人生的一大痛苦。

    ③ 科学家发现，海底岩石的年龄一般不超过2亿年,而陆地上最古老的岩石年龄已有40多亿年。

    ④ 龙卷风的风速达每秒100多米，甚至超过每秒200米，比台风的速度还要快得多。

2. 在企业追求利润天经地义的前提下，政府如何从立法、监管和消费者、媒体**监督**的制度层面上加以完善，是超越中国制造粗放阶段的重要外部环境准备。

    "监督"与"监视"：动词。都有监察的意思。

    监督：词义着重指察看督促，为的是把事情办好，一般是公开的。中性

第十五课

　　　词。监督的对象一般不是敌对方面的人或活动,不能带处所宾语。另外有名词用法。"监督"常受"接受"的支配。

监视: 着重于从旁边密切注视,便于及时发现不利于自己方面的情况,一般是秘密的。多用于贬义。其宾语多是不利于自己方面活动的人物,也可以由表示处所的名词充当。"监视"常受"受到"的支配。

　　监督他完成作业/舞台监督/监督作用

　　监视敌人/受到监视/监视病人

① 各级工商行政管理部门应当通过商标管理,监督商品质量,保护消费者的利益。

② 国家通过行政管理,指导、帮助和监督个体经济。

③ 海底电视摄像机可监视海底情况,一旦发生意外,传感器会自动关闭安全阀,并采取果断措施。

④ 汽车司机在开车时,既要注意来往行人和车辆,又要注意操作方向盘和监视各种仪表。

3. 胡祖六觉得这是一个中国制造**消除**误解、化危机为机会的好时机。

"消除"与"解除": 动词。都有除去的意思。

消除: 除去,使不存在。词义侧重表示不好、不利的事物逐渐减少以至没有,它可以是自己除去,也可以由别人除去。常与"病痛""祸患"等名词搭配。

解除: 解除:去掉,消除。词义的侧重点在于把有压力的东西解脱、去掉,一般是由他人除去。常与"职务""警报""约束"等名词搭配。

　　消除顾虑/消除误会/消除危险/消除威胁/消除臭味

　　解除职务/解除警报/解除禁令/解除武装/解除领养关系

① 当今世界,资源日趋减少,发展无废技术,成了许多国家消除环境污染、节约资源、保护和改善环境的一项重要任务。

② 运动员饮用的是由葡萄糖、矿物质等营养物质做成的运动饮料,能很快消除疲劳,恢复体力。

③ 按规定,董事在任期届满前,股东大会不得无故解除其职务。

④ 公司对一些长期不能按质量要求生产的协作厂家,坚决解除协作关系。

读报纸，学中文

背景知识

中国制造

各种各样的"中国制造"，几乎遍布了全球的每一个角落。"中国制造"在全球的影响力与份额在稳步扩大，已经成为全球经济稳健成长的重要推动力。李宁服装、海尔电器、徐工机械、奇瑞汽车等一系列中国的知名品牌，以物美价廉的方式给全球范围内的消费者带来了生活的便利与舒适。随着市场份额的扩大，"中国制造"虽然出现在全球各个市场，却大而不强，中国制造业面临整体利润下降、品牌知名度不高等问题。中国缺乏大规模的制造企业，进入世界500强的制造企业只有3家；中国制造业总体的品牌竞争力不强，往往贴牌生产，闻名世界的品牌少；中国制造业高附加值产品少，劳动生产率低；缺乏核心技术，创新能力不强；能源消耗大，环境污染严重。它们虽然是发展中国家在工业化进程中不可避免的烦恼，但中国的政界和商界已不再等闲视之，通过提高创新能力来改变这样的状况，日渐成为上下一致的呼声。一个国家只有一批民族领袖品牌真正在全球崛起，这个国家的经济形象才会有本质提升。从这个意义上来说，尽快让"中国制造"在全世界范围内彻底摆脱廉价、低端的品牌形象，需要民族领袖品牌意识到自己的历史使命并有所行动。

练 习

一、请在课外阅读两篇最新中文报刊文章，将它们剪贴在你的笔记本上，然后把它们写成摘要，并谈谈自己的看法

二、给下列动词搭配适当的词语

超越＿＿＿＿＿＿　　　　研发＿＿＿＿＿＿

提升＿＿＿＿＿＿　　　　承担＿＿＿＿＿＿

第十五课

勇于＿＿＿＿＿＿　　　　　优化＿＿＿＿＿＿

监督＿＿＿＿＿＿　　　　　抵制＿＿＿＿＿＿

消除＿＿＿＿＿＿　　　　　检验＿＿＿＿＿＿

三、选词填空

> 勇于　　优化　　提升　　革新　　物美价廉　　天经地义　　当务之急

1. 商业的竞争，除了＿＿＿＿服务好外，购物环境也是不可小视的。
2. 要想赢得激烈的市场竞争，企业必须不断＿＿＿＿自己的实力。
3. 要想经受住世界汽车工业强手的冲击，＿＿＿＿是使民族汽车工业尽快迈上一个新台阶。
4. 她们积极参与竞争，＿＿＿＿迎接挑战，在企业的生存与发展中发挥了关键性的作用。
5. 办企业谋求利润，这是＿＿＿＿的，农产品加工企业也不例外。
6. 要想保持优势，处于有利地位，企业家就必须不断地进行创新，不断地＿＿＿＿技术、提高产品质量，推出性能更加优良、适合消费者需要的新产品。
7. 保持人格完整，＿＿＿＿个性品质是改进人际交往的很重要的方面。

> 超越　　超过

8. 按照"谁决策、谁负责"的原则，对＿＿＿＿＿＿权限、违反程序决策造成重大损失的，严肃追究决策者责任。
9. 有些鸟对一些有毒气体十分敏感，当这些气体＿＿＿＿正常浓度时，可从鸟的不适症状上反映出来。

> 监督　　监视

10. 在机场，雷达能＿＿＿＿＿＿＿＿飞机的起飞与降落，若发现飞机将要发生碰撞，能及时发出警报。
11. 有时，企业会邀请消费者代表座谈，收集改进产品质量的意见，组织

读报纸，学中文

消费者参观生产过程，_____产品质量等等。

消除　　解除

12. 保险人收到通知后，可以_____合同，也可以要求修改承保条件、增加保险费。

13. 优美动听的乐曲，舒展流畅的旋律，能使人摆脱烦恼，开阔心胸，_____疲劳。

四、根据课文内容判断正误

1. APEC和达沃斯论坛都在讨论中国的经济问题。（　　　）
2. 中国政府每年必须创造大量的就业机会。（　　　）
3. 中国已经超越了中国制造的粗放阶段。（　　　）
4. 高盛亚太区董事总经理胡祖六强调要进一步改善中国制造的外部环境。（　　　）

五、请按正确的语序将下列各个句子组成完整的一段话

1. A. 中国制造更有条件尽早成熟起来
   B. 通过技术革新
   C. 虽然越南、印度等国的制造业发展都很迅速
   D. 但中国的生产工厂基础好
   正确的语序是：（　　）（　　）（　　）（　　）

2. A. 通过科技进步超越中国制造的粗放阶段
   B. 由于能源、资源和环境承受能力等各种条件的限制
   C. 已成当务之急
   正确的语序是：（　　）（　　）（　　）

六、根据课文内容选择最合适的答案

1. 在促进中国制造向中国创造的转变中，万钢强调_____的重要性。
   A 体制创新　　　　　　　　B 科技进步
   C 产品质量　　　　　　　　D 企业家经营道德

2. 西安市市长陈宝根认为，发展民营经济，应注重_____。
   A 技术革新　　　　　　　　B 企业发展的外部环境
   C 体制创新　　　　　　　　D 产品的信誉

3. 美国消协在国内的影响力，与中国消协相比，显得_____。
   A 大得多　　　　　　　　　　　　B 差不多
   C 小得多　　　　　　　　　　　　D 不重要

4. 在中国制造面临的质量问题和产品召回困境上，胡祖六显得_____。
   A 很困惑　　　　　　　　　　　　B 缺乏信心
   C 信心不足　　　　　　　　　　　D 信心很足

七、完形填空

（一）

| 使用 | 勇于 | 确立 | 提升 | 优化 | 改进 |

1. "1____承担改造责任，2____现有制造工艺，3____技术水平，更有效地4____原材料，5____循环经济模式，6____工业结构，是中国制造必须经历的成长阶段。"万钢表示。

（二）

| 对于 | 通过 | 看来 | 无疑 | 兼顾 | 而 |

2. "在他1____，工人觉悟2____促进生产、保证质量的作用是有限度的，3____定任务、定指标、定奖罚等利益激励措施才是调动职工积极性的有效途径。同理，4____体制创新，5____民营企业的短期和长远利益目标，6____是中国制造实现产业升级、激发企业家创业动力的良策。

八、请用自己的话或原文中的关键句子概括下面几段话的主要内容

1. 至于中国制造企业转型期间成本上升、产品竞争力下降，甚至可能带来的产业转移的担忧，胡祖六并不觉得是难题。"产业转移是正常的。经过30年的快速发展，中国制造的国际分工地位理当有所改变。而制造业与环境、资源等的矛盾也并非完全对立，通过价格补贴或税收等经济政策，中国制造和环保完全可以兼顾。"胡举长沙远大空调的事例说，通过对节能、废气排放的不断研发和改进，远大空调的质量没得说，自然也就拥有全球市场同类产品的最高价格。

2. 沙祖康分析称，国内相关法律、平时监管、对企业和消费者的教育都很重要，但中国制造业的整体不平衡现象和对外沟通技巧同样急需改进。"有的中

国企业做得很好，有的还不够，这完全可以通过内部交流彼此学习；而在国际贸易中，中国企业知己足、知彼少，因此西方媒体的不实报道大量都因误解而产生，这对中国制造企业的国际化视野和外语沟通能力无疑提出了更高要求。"

九、请尽量用以下词语进行话题讨论

超越	粗放	法规	升级	尖端	研发
勇于	优化	长远	监督	革新	当务之急

你认为当前的中国制造发展为中国创造要解决哪些问题？

十、快速阅读

阅读一（字数：1845；阅读与答题的参考时间：9分钟）

中国制造走向历史跨越期的思考

新浪财经

"德国制造"从一种带有歧视性色彩的字眼到成为质量和信誉的代名词，"日本制造"从"便宜但是质量差"的口碑到高科技、高品质的象征，真正帮助国家形象提升的不是企业群体，而是像西门子、大众、梅塞德斯、BMW、索尼、松下这样的领袖企业。那么，在"中国制造"步入崛起的"阵痛期"时，中国的领袖企业该担当什么样的责任呢？

2月27日，由北京大学经济研究所所长睢国余教授主持、一大批知名经济学家共同参与撰写的首份"中国制造"蓝皮书——《中国领袖企业对于中国制造的意义》研究报告在北京大学百年讲堂揭晓。在这个由北京大学经济研究所主办的包括政府、企业和业内专家三方在内的专题研讨会上，共同探讨了在历史经度和全球纬度下的"中国制造"的诸多问题。北京大学经济学院院长、著名经济学家刘伟，北京大学经济学院副院长黄桂田，国家发改委对外经济研究所所长张燕生，中国检验检疫科学研究院院长秦贞奎，中国饮料工业协会秘书长赵亚利，中国汇源果汁集团有限公司董事长兼总裁朱新礼以及众多国际国内知名企业家和经济学家一致认为，在"中国制造"由大到强的转变过程中，领袖企业必须担当更多的责任。

"中国制造"亟须由大转强

在此次研讨会上，睢国余教授向大家揭晓了首份"中国制造"蓝皮

第十五课

书——《中国领袖企业对于中国制造的意义》研究报告，在该报告中，一大批知名经济学家通过对一个世纪以来的全球经济发展史，尤其是德、日、韩等二战后崛起的经济体的全方位梳理，为"中国制造"描绘了一条清晰的"未来之路"。

睢国余认为，过去一年发生的"中国制造"信任危机风波，可以说是"中国制造"向更高水平迈进所必经的"阵痛"，而这正是中国制造繁荣背后所呈现的"大而不强"的特征导致的。而这集中表现在中国缺乏大企业集团，缺少世界品牌，缺少高附加值产品，缺少核心技术，制造生产率低下。

因此，尽管中国已经可以称为制造大国、"世界工厂"，但是绝对还称不上制造强国。尽管这是由于中国目前所处的经济和产业发展现状决定的，但随着中国经济不断发展，经济实力的不断提升，这样的"大制造业"将会越来越不符合中国发展的需要。中国制造必须尽快实现"由大变强"。

领袖企业应担更多责任

"面对内忧外患，在这关系整个国家制造业向何处发展的关键时期，中国领袖企业应该责无旁贷地承担起自己的历史使命：带领中国制造走向世界，向世界证明中国制造，最终打造一个响亮的'中国制造'。"睢国余表示。

而事实上，在"中国制造"遭遇信任风波时，也正是领袖企业为"中国制造"正了名，争了光。作为该"蓝皮书"的样本案例，汇源现象引起了与会人士的极大关注。2007年，在极少数西方媒体不断营造"中国食品威胁论"的恶劣环境下，占据我国果汁市场半壁江山、并出口到三十个国家的民族果汁行业领袖品牌汇源果汁，却以自己的品质与实力赢得了世界的尊重。在遭遇美国食品与药品管理局（FDA）一个月四次检查的"特殊待遇"时，汇源的品质让美国专家折服。而在美国卫生部长带领美联社、路透社等全球五十个媒体的"突击参观"中，汇源全球领先的生产与研发更是让这位部长跷起大拇指，在全球媒体面前为汇源做了一个"免费广告"。

与会专家认为，在经济发展的关键时期，只有一个国家的一批民族领袖品牌真正在全球崛起，这个国家的经济形象才会有本质提升。从这个意义上来说，尽快让"中国制造"在全世界范围内彻底摆脱廉价、低水平的品牌形象，需要民族领袖品牌意识到自己的历史责任，勇敢地进行承担。

读报纸，学中文

民族品牌需要多方扶持

不过，专家认为，在领袖企业担当责任的同时，政府相关部门、业内专家乃至消费者也应当对民族品牌进行扶持。

记者从中国检验检疫科学研究院院长秦贞奎处了解到，目前政府监管部门的指导思想就是"抓大"，即抓大中型企业，"一家企业的质量好了，就可以带动行业整体水平的提高。"秦贞奎表示。

国家发改委对外经济研究所所长张燕生更是表明了自己的看法，"我们在谈到企业的社会责任时，也应该看到社会对企业的责任，消费者有支持优秀企业的责任，政府也有扶持优秀企业的责任。在今天这个历史时期，国际上的知名企业比我们的民族企业发展的早得多，也因此强得多，政府有责任出台切实有效的政策，保护和支持民族品牌的发展。"

（http://www.sina.com.cn 2008年2月27日17:52）

回答问题

1. "德国制造"与"日本制造"的含义为什么能发生重大的变化？
2. 睢（suī）国余是怎样看过去所发生的"中国制造"信任危机风波的？
3. 本文以汇源现象说明了什么？
4. 专家认为如何发展民族品牌？

阅读二（字数：1834；阅读与答题的参考时间：9分钟）

中国制造出路：以产业升级留住世界

李溯婉

2008年元旦作为一个节点，中国许多制鞋、纺织、玩具企业已用光2007年的订单，同时，新的《劳动合同法》也于1月1日开始正式实施，再加上仍在继续走高的人工、土地、原材料等成本压力，珠三角产业基地再次面临一个抉择：关还是不关？内迁、外迁，还是坚守？这是一个问题。

不过，中国制造已经寻找到出路，通过产业梯度转移及提升产品档次等方式来消化成本压力，获得继续生存和发展的资本。

第十五课

据商务部发布的《中国对外贸易形势报告》（下称《报告》）初步预计：2008年中国对外贸易将增长15%左右，比2007年的增长速度略有放缓。

据海关总署11日公布的数据，2007年我国年度外贸进出口总值达21738亿美元，比上年（下同）增长23.5%。自我国正式加入世界贸易组织以来，我国对外贸易增长速度连续6年保持在20%以上，进出口规模翻了两番。

进入"优胜劣汰"加速期

参与《报告》编写的商务部国际贸易经济合作研究院副院长李雨时接受《第一财经日报》采访时表示，尽管今年中国外贸速度可能放缓，但总体上呈现良性发展的势头，出口增长方式正经历从量到质的转型，这点从去年中国不少出口商品价格上涨便可看出。今年制造成本或进一步攀升，相关企业将进入"优胜劣汰"加速期，在这过程中可能要付出一些代价，部分企业倒闭在所难免。

李雨时分析指出，今年外贸存在着一些不确定和不稳定因素，预计世界经济贸易增速将有所放缓，尤其是美国。受次级贷款危机影响，2008年美国经济增长速度可能进一步放缓，并在一定程度上拖累全球经济增长。此外，全球范围内各种形式的贸易摩擦呈上升态势，人民币可能持续较为平稳升值，国际能源、原材料和农产品价格持续上涨，去年出口退税、加工贸易等政策调整以及今年1月1日实施的新《劳动合同法》加上"两税合并"，这些都将可能影响今年的中国制造。

"在政策宏观调控上，考虑到平稳过渡和企业承受压力，预计今年在出口方面不会有大幅度的政策调整。不同行业不同企业情况也有所不一样，很难判断哪个因素对企业冲击最大。不过，大多数出口企业都受到人民币升值影响，企业所能承受的临界点究竟是多少，这要看企业自身调整应对能力。"李雨时说。

提价消化上涨成本

自2005年7月汇改至今，人民币累计升值幅度约12%。第一纺织网总经理汪前进接受记者采访时表示，人民币升值10%左右对劳动密集型的纺织行业来说可以称是一个临界点。因各种因素去年开始出现的一些制衣厂倒闭，还将蔓延到今年。大型企业抗压能力相对强些，通过提升质量、设计等向客户提价而转嫁掉部分上涨成本，或通过加强管理以及转移生产基地降低生产成本，而小型企业应对能力相对弱些，可能因无法消化上涨的成本而亏损倒闭。

近几个月来，广东等地已出现一批鞋厂、玩具厂和服装厂等劳动密集型产业加工厂关闭的情况。亚洲鞋业协会秘书长李鹏认为，一些鞋厂倒闭只是中国鞋业内部调整，并不代表中国制造竞争力减弱，中国整体鞋业出口单价提高正说明这点。海外采购商可能会将部分低价订单转移到周边国家，这对那些单纯依靠低价竞争的中国企业来说将是一个致命打击，但国际大订单不会因此出现大规模转移。中国制鞋业在未来十年依然具有竞争力，在产业配套、工人熟练程度等方面目前远超印度、越南等国家。

美国官方最新公布的数字显示，去年12月，从中国进口的商品价格上涨了0.1%，2007年全年上涨2.4%。而中国海关统计，去年1~10月中国服装出口全球单价为3.23美元，比前年同比增长14%，对全球鞋类产品出口平均单价2.92美元/双或千克，同比增长5.8%，尤其是对欧盟出口涉及反倾销的皮鞋平均单价更是高达7.41美元/双，比前年同期增长16.6%。而玩具等产品都有不同程度上涨。

整个中国外贸都处于结构性调整和产业转型升级时期，作为国家鼓励出口的机电产品和高新技术产品目前保持较快增长，高能耗、高污染和资源性商品出口过快增长的势头得到抑制。纺织品服装、鞋类、玩具等传统出口商品则保持平稳增长，在这之后，企业正展开激战推进产业升级。

"要在国际市场上具有竞争力，并且跨越国际贸易壁垒，最好的方法就是创新，欧美等国家对自己空白的技术和产品是不设防的。"深圳研祥智能科技股份有限公司总经理孙伟这样对记者说。

（节选自《第一财经日报》2008年1月17日，略有改动）

回答问题

1. 2008年中国外贸发展呈现怎样的趋势？
2. 2008年哪些因素将影响到中国制造？
3. 中国企业应如何应对成本上涨的压力？

第十五课

阅读三（字数：2471；阅读与答题的参考时间：12分钟）

"中国制造"该如何探寻转型路径

王子先

改革开放30年来，我国选择开放式工业化道路，实现了制造业的跨越式发展。但是，自去年伊始，"中国制造"已经感觉到了越来越大的压力，如何实现中国制造的顺利转型已成为重大而紧迫的课题。为此，必须全面分析中国制造正在面临的新情况、新问题、新压力，正确看待中国制造在全球产业分工中的位置，辩证地看待成绩和问题，研究制定促进中国制造转型的中长期战略，特别是尽快出台短期政策，各方面齐心协力，共渡难关。

首先，要正确看待中国制造所取得的成功和巨大成绩。中国制造业走开放式发展道路，取得了巨大成功，不仅规模迅速扩大，而且产业多样化程度居世界前列，质量效益和结构也不断改善。这些年我国制成品出口占世界的份额提高非常显著，如果按单个国别计算，我国已经是世界上最大的制成品出口国。

大力发展加工贸易，是我国开放式工业化道路的捷径。20世纪80年代中期以前加工贸易极大地带动了轻纺消费品产业的升级；80年代后期以来又进一步承接第二轮、第三轮国际产业转移，促进了我国机电产业和高新技术产业的大发展。加工贸易的技术与管理的效益促进了相关企业的技术进步与产业升级，加工贸易企业技术研发能力指标高于全国大中型企业的平均水平。加工贸易创造的大量贸易顺差为进口先进设备提供了条件，提高了产业竞争力和出口能力，消除了我国的外汇瓶颈，大大加快了工业化进程。近年来，中国制造在研发和创新方面也取得了积极进展。

但是，也要看到目前我国制造业在国际分工中总体仍处于低端位置。我国是制造大国但不是制造强国，由于研发和市场营销等高端环节在很大程度上为发达国家跨国公司所支配，在全球创新和价值链中地位相当弱小。

应该看到，粗放型外贸增长方式归根结底是与我国经济发展所处阶段相关联的，是粗放型经济增长方式的结果。其突出的症结是我国产业分工很不发达、企业核心竞争力缺乏，出口产业、产品结构雷同化，引发过度竞争。其中一个关键是我国生产性服务业不发达，使我国在国际产业链和价值链中处于被动不利地位。

为了应对中国制造面临的内外部压力和挑战，首先要抓紧研究实现中国制造顺利转型的长期路径与模式，借鉴先行国家的经验，紧紧跟随国际产业分工与合作潮流，突出必须围绕核心竞争力战略，完善产业技术政策，转变经济发展方式和贸易发展方式，提高开放条件下的创新能力，创新企业经营管理模式，适应经济全球化潮流创造我国参与国际竞争与合作的新优势。一是适应经济全球化新趋势，大力推动我国产业分工模式的调整，推动各类出口企业从"大而全"、"小而全"转向"专而精"的发展轨道；二是进一步完善我国产业、技术创新和财税、金融政策，大力支持各类出口企业培育基于创新基础上的核心竞争力，走差异化竞争之路；三是加强知识产权战略，增强各类出口企业自主知识产权意识和能力；四是大力推动生产性服务业的加快发展和升级，打造一大批中高端专业化生产性服务供应商，提高我国在国际产业链和价值链中的地位；五是支持各类出口企业提高市场营销能力，建立国际营销网络；六是提高工业设计和品牌建设能力，支持有实力的企业培育出口自主品牌。在这方面，日、韩制造业转型有不少可资参考和借鉴的经验，值得学习。

从中国制造转型的具体路径来看，推动中国制造转向"中国创造"，必须循序渐进地改变以简单加工组装为主的发展模式。

目前，必须尽快研究出台帮助中国制造共渡难关的近期对策措施，应该充分认识到：中国制造的顺利转型是一个长期过程，必须按照产业发展客观规律办事，不能急于求成。对于近期中国制造正在遭遇的内外部多重压力必须引起高度重视，必须尽快研究制定保证中国制造顺利转型的短期对策。

对于各级政府来说，近期重点任务是应该努力帮助企业渡过难关。要采取有效政策措施缓解企业遭到的各方面压力，减轻调整的阵痛。一是外贸政策应保持稳定，保持人民币汇率在合理均衡水平上的基本稳定，当前要把稳定出口增长放在突出位置；二是循序渐进推动产业梯度转移和加工贸易向中西部的梯度转移，不能拔苗助长；三是要将贸易与产业、金融、财税政策等相结合，为出口创造稳定的政策环境；四是继续加强大通关和部门间协作，大力改善出口公共服务，提高贸易便利化水平；五是加大支

第十五课

持中小企业开拓新市场、开发新产品的力度，特别是充分发挥政策性金融的作用。另外，作为一个区域差别巨大和产业高度多元化的大国，也不能忽视劳动密集型产品出口，这涉及就业和民生，同时中西部也还有很大空间。

　　对于企业来说，一是加强企业的设备更新换代，改进生产技术，加强人才培训，提高生产水平和生产效率；二是有实力有条件的企业要加快业务转型，加强自主研发，培育自主品牌，与国外供应商合作共同开发产品；三是部分企业可以考虑转型做内销，努力开拓国内市场；四是沿海地区制造业企业要加快向研发设计、供应链管理和市场营销等高端业务环节延伸，加快将生产加工基地转移至中西部地区，以降低生产成本；五是化挑战为机遇，加快企业间并购、重组及多样化合作，提高产业集中度，加强企业横向联系，化解压力，寻求新的生存空间。

（http://www.blnews.com.cn　北仑新闻网）

判断正误

1. 改革开放30年来，中国的制造业发展很快。（　　）
2. 中国制造业的规模发展迅速，但质量效益变化不大。（　　）
3. 大力发展加工贸易，大大加快了中国的工业化进程。（　　）
4. 目前中国制造业在国际分工中总体处于很有利的位置。（　　）
5. 中国粗放型外贸增长方式已经整体落后于中国经济发展所处的阶段。（　　）
6. 中国生产性服务业不发达，需要大力发展。（　　）
7. 目前中国产业分工模式合理，调整的空间不大。（　　）
8. 目前中国企业的核心竞争力不足，有待加强。（　　）
9. 中国制造业应借鉴日、韩制造业转型的成功经验。（　　）
10. 中国制造的顺利转型是中国政府与企业近期需要面对和完成的重要任务。（　　）

第十一～十五课测试题

答题参考时间：100分钟　　　　　　分数：_____

一、给下列动词搭配适当的词语：（5分）

淹没_____　　　　出售_____

弥补_____　　　　应对_____

制止_____　　　　抢救_____

输送_____　　　　携带_____

遏制_____　　　　谴责_____

二、选词填空：（10分）

前所未有　　层出不穷　　成千上万　　格格不入　　当务之急　　予以

1. 迄今为止已进行过的_____次关于人体特异功能的实验，没有一个是真正成功的有效实验。

2. 回首20世纪，人类创造了_____的巨大物质和精神财富，同时也经历了两次世界大战、数百起局部战争。

3. 现在有的地方复活旧习，不仅违反国家有关法规，而且也与现代文明_____。

4. 很多旧问题需要继续解决，新问题更是_____。

5. 有了环境法，就可以对那些破坏环境的集体或个人_____制裁，使环境保护顺利进行。

6. 加快立法、加强执法，加快经济工作法制化的进程，既是_____，又是长远大计，一定要切切实实抓紧抓好。

逃避　　躲避

7. 违反进出境动植物检疫法的规定，_____动植物检疫，引起重大动植物疫情的，处三年以下有期徒刑或者拘役。

| 援助　　帮助 |

8. 妇联等非政府组织多方争取国际资金及物资_____，积极实施扶贫项目，帮助贫困地区妇女发展。

| 制止　　禁止 |

9. 交通信号灯以红色标志_____通行，以绿色标志允许通行；警车总是用旋转的红灯提醒前方让路。

| 恐慌　　恐惧 |

10. 许多传染病都是由细菌引起的，所以人们对它总有一种厌恶和_____的感觉。

三、请按正确的语序将下列各个句子组成完整的一段话：（7分）

1. A. 这段时间，各种报告和预测接连不断
   B. 从去年全球出现罕见的暖冬以来
   C. 世界对全球变暖的关注持续升温
   正确的语序是：（　　）（　　）（　　）

2. A. 人们的心理健康问题也在全球化
   B. 经济全球化的同时
   C. 各种迹象表明
   正确的语序是：（　　）（　　）（　　）

3. A. 5年后
   B. 5年前的今天
   C. 中国还没有"博客（网络日记）"这个词
   D. 中国的博客作者多达数千万
   正确的语序是：（　　）（　　）（　　）（　　）

4. A. 伊拉克军方9日宣布

B. 这对于"基地"的打击不亚于去年伊拉克恐怖头目扎卡维之死
C. 似乎为破坏拉登生日的气氛
D. "基地"组织伊拉克分支的总负责人巴格达迪被逮捕
正确的语序是：（　　）（　　）（　　）（　　）

四、完形填空：（12分）

（一）

| 因 | 必须 | 不是 | 任何 | 而是 |

大多数科学家认为，气候变化已1_____一个对某些自然灾害能否准确预报的问题，2_____一个关系到人类未来命运的全球性挑战。3_____气候变化造成的各种问题已不容忽视，人类4_____从现在做起，5_____国家都没有借口逃避责任。

（二）

| 同时 | 如果 | 如何 | 甚至 | 作为 | 不但 | 难免 |

专家表示，1_____一个新事物，博客的出现与快速发展在改变人类生活方式的2_____，3_____会带来一些负面影响。4_____减少负面影响是一个挑战。韩国对博客的管理大概是世界上最严厉的，申请博客者必须填写实名和真实的联络方式。在韩国，各种不当言论5_____会被限期清除，6_____影响恶劣，7_____被判处罚款。

五、用自己的话或原文中的关键句子概括下列各段的主要内容，字数在30个左右：（9分）

1. 加拿大在人们的印象中无疑是一个轻松的西方国家，有人甚至用"天堂"来形容其居住环境。然而，近来加拿大公民情绪健康研究协会等心理援助组织宣称，全国20%的人受各种心理疾病困扰，需要心理辅导。加拿大近年来经济结构发生很大变化，传统的制造业迅速被能源、原材料等新兴行业取代，就业竞争相当激烈，这就造成了"结构性失业"。传统产业地区的相关人员面临越来越大的就业压力，很容易产生心理问题。另一方面，新兴产业发达的地区迅速膨胀，但配套的各种社会资源远跟不上需求，因此在那里工作的人所面临的心理问题有时更加严重。

2. 西安市市长陈宝根补充道，技术创新固然重要，但最重要的还是体制创新。民营经济是当前国民经济中最有生命力的活跃力量，而要想民营企业不断发展壮大，就必须通过机制创新，将企业家创造财富和实现其人生价值的目标联系起来。

早在上世纪80年代初，陈宝根曾作为陕西省宝鸡市某工厂厂长试行了企业内部的股份制改造探索。在他看来，工人觉悟对于促进生产、保证质量的作用是有限度的，而定任务、定指标、定奖罚等利益激励措施才是调动职工积极性的有效途径。同理，通过体制创新，兼顾民营企业的短期和长远利益目标，无疑是中国制造实现产业升级、激发企业家创业动力的良策。

3. 拉登沉默得太久，很多人都怀疑他早已不在人间。他最近一次在录像中露面，是在 2004 年 10 月 29 日，录像中的他显得很苍白。此后，他的录音偶尔出现在网站上，最近一次是在去年 6 月，他的声音听起来有些疲惫。美军情报分析认为，拉登在最后一次录像中脸色苍白，看来病情严重。但塔利班发言人哈亚图拉·汗坚称，拉登现在藏身于巴基斯坦与阿富汗两国边境地区，与塔利班高层保持着密切联系。美国一些情报专家也认为，拉登至今还活着。还有说法称拉登早已被美国逮捕。英国《卫报》称，阿富汗边境地区的人认为，拉登早被美军逮捕，现在就藏在白宫。

读报纸，学中文

开罗的拉登问题专家阿卜杜·阿齐兹认为，现在准确判断拉登是死是活还比较困难，不过种种迹象显示，他仍活着的可能性极大，只是受了伤，由于他身处的阿富汗和巴基斯坦交界处，药品匮乏，所以治疗受到影响，恢复得较慢，现在一切大权都在他的助手、"基地"二号人物扎瓦希里身上。但扎瓦希里的决定都是请示拉登后协调做出的，因此，拉登仍是"基地"组织的灵魂和象征人物。拉登继续藏在深山老林里复兴他的"基地"事业。

六、话题写作：请尽量用所提供的词语围绕下面的话题写段250—300字的短文（10分）

| 借助 | 自律 | 呼唤 | 见解 | 活力 | 亲身 | 人间 |
| 收益 | 改良 | 联络 | 运营 | 违法 | 不容 | 回避 |

为什么博客现在非常流行？你认为博客世界存在哪些利弊？

七、阅读：（48分）

阅读一：（17分）

代表委员谈大学生就业

王圣志　姚润丰　李钧德

新华网北京3月10日电　从1977年恢复高考到2007年的30年间，全国高等学校招生人数增长了逾20倍。2007年，全国普通高校大学生和研究生招生规模分别达到570万人和42.4万人，中国高等教育规模已超过俄罗斯、印度和美国，高居世界第一。但是，2005年至2007年，分别为307万、377万、495万的全国大学毕业生平均就业率仅70%，新的失业群体正在形成。

就业是民生之本，人才是巨大的资源。温家宝总理在政府工作报告中强调，要加强高校毕业生就业指导和服务工作。如何让走出象牙塔的莘莘学子就好业，也成为"两会"代表委员们关注的热点话题。

"过剩"背后的另一种"短缺"

一方面，大学生的就业犹如镜花水月；另一方面，每年全国劳动力供求缺口仍在1300万至1400万人。市场对毕业生的有效需求增长，就业却存在相对滞后现象，这种不正常的"短缺"表明高校毕业生结构性矛盾更加突出。

全国政协委员、中国科技大学校长朱清时说，现在在校学生人数跟1998年比，已经增加了4倍还多，但现在高等教育的专业设置跟1998年几乎差不多。从岗位来说，这就意味着现在有4个同样专业的毕业生要去竞争同一个工作位置。要解决就业率的问题，关键是要按照社会需求去设置专业。

"受商业化和利益驱使，不少高校更愿意设置培养成本相对较低的专业，如数学、会计等专业，而那些培养成本较高的专业，不少高校却不愿设置。"全国人大代表、淮北煤炭师范学院教授余敏辉说，"学生动手能力差，也是高校毕业生就业难的原因。一些高校实训设备缺乏，学生在黑板上学习开机器，很难适应实际工作的需要。"

他介绍，目前全国开设新闻传播专业的院校有661所，一年内增加了约200所。据保守统计，目前新闻学类专业的在校生约13万人，而全国领有记者证的新闻工作者人数约为15万人。就发展速度和数量来看，新闻传播教育发展超常规，专业点过多过滥，就业难成了普遍问题。"当然，不仅仅是新闻专业，其他专业也有类似情况。"

全国政协委员，苏宁电器董事长张近东指出，随着企业的发展，对于招聘院校和学生的标准越来越高，对于人才综合能力要求也在不断加大，然而目前大学生的综合能力却与企业的需求不能匹配。

全国人大代表、河南省周口市海燕职专校长李海燕说："无论是在高校还是职业学校，教学重理论、轻实践都普遍存在。在德国，有的学校和工厂就是在一起的。上午听课，下午就可以去工厂学习实际操作，针对性和适用性都非常强。"

"无业可就"还是"有业不就"

"目前，大学生就业结构性矛盾突出地体现为区域不均衡，大量毕业生过分集中在东部地区和城市，竞争数量有限的就业岗位。毕业生都把目光盯在城市、党政机关、国有企业等，而对于非公有制企业、尤其是农牧区基层，却鲜有兴趣。中西部地区、广大的基层面临着人才匮乏又难以吸引毕业生的窘境，从而存在着"无业可就"和"有业不就"的矛盾。"全国人大代表、安徽安庆市委书记朱读稳忧虑地说。

他认为，从政府层面来看，毕业生到基层就业的体制性障碍依然存在，政府调控缺乏力度，与高校毕业生就业相关的劳动人事制度的改革、社会保障体系的建立也相对滞后，地区间的就业不平衡不断扩大。

"我们学生的就业观念要改变，其实很多基层是急需人才的，尤其是西部一些地区。应该鼓励广大的大学毕业生到基层去，从基层干起能够得到充分的锻炼，可以说是一种无形的财富。"全国人大代表，兰州大学校长周绪红说，现在大学生的就业预期普遍比较高，他们没有看到在基层干起也可以大有作为。

"只有采取看得见实惠的经济杠杆和政策手段，才能真正把人才吸引到匮乏地区去。"余敏辉代表说，政府要鼓励毕业生下基层和到私营企业就业，关键是要有好的政策。建议政府能出台"上岗退费""就业退税"等措施，促进大学生就业。所谓的"上岗退费"，就是国家对于到农村或者民营企业工作的毕业生，有关部门按照其工作的年限，不同程度地退还其在大学时缴纳的学费。"就业退税"就是企业录用高校毕业生，在一定年限内按当地政府最低工资标准（或最低生活保障费标准）退税。

据了解，近年来，广东推出了许多配套保障措施吸引大学生下基层，如户口可以不跟去，回来后考研加分等。今年还将对大学生到农村中小学任教采取"上岗退费"政策，这几年选择到欠发达地区就业的大学生比例在逐渐增加。

第十一～十五课测试题

创业促就业＝成就事业

温家宝总理在政府工作报告中提出,要"落实以创业带动就业的方针,加强就业和创业培训,鼓励自谋职业和自主创业"。鼓励大学生创业,既可以增加经济总量,也可以以创业促进就业。

26岁的何咏仪,是西安柒彩虹餐饮有限公司的开创者,也是大学生创业成功者。2000年,何咏仪从西安交通大学通信专业毕业后,求职受挫,于是做起了快餐中介,现在年利润突破百万元,她立志打造"中国第一快餐中介"。

"美国大学毕业生自主创业的占15%左右,我国仅0.3%。这表明我国大学生创业有很大的发展空间。大学生创业有倍增效应,不仅能解决自身的就业问题,而且能创造新的岗位,帮助其他社会群体就业。大学生创业还有利于在实践中培养创新创业型人才和促进科技成果转化为生产力。"全国人大代表、中南大学党委书记李健说。

近年来,一些大学生通过自主创业,实现了就业并成就了事业。"但是,值得注意的是,不少大学生创业所从事的技术含量不高,有的因为缺乏抗风险能力半途而废。最近,温州瓯海工商分局南白象工商所公布的大学生个体工商户登记显示:2005年至今,八成创业不到一年就偃旗息鼓。项目少、资金少,涉及的行业绝大部分是技术含量偏低的文具、家教信息服务等,造成企业生命力不强,缺乏市场竞争力。"全国人大代表、郑州大学党委书记郑永扣说。

他说:"改变这一现状,必须加强对毕业生创业的指导。高等院校要切实在创新能力、创新精神、创新素质的培养上下工夫,使学生学会如何通过创业给自己做饭碗,而不是到人才市场与下岗工人抢饭碗。充分调动高校师生投身大学生科技创业的积极性,推进人才培养、科学研究、技术创新与产业化三位一体的办学方法。同时,政府要营造适合创业的土壤和环境,安排大学生创业专项基金或提供小额贷款担保,解决启动资金,构建大学生创业孵化器,建立大学生创业项目推荐库,扶持大学生创业。"

"促进大学生就业,还必须进一步完善养老、失业等社会保障制度,这样才能解决大学生创业的后顾之忧。"朱读稳代表说。

(http://www.cyol.net 2008年3月14日)

（一）判断正误，正确的打√，错的打×：（14分）
1. 近30年来，中国高等教育规模发展很快。（　　）
2. 2005年到2007年的大学毕业生都能成功就业。（　　）
3. 朱清时对目前中国大学的专业设置感到不满意。（　　）
4. 余敏辉批评目前中国高校设置过多的培养成本较高的专业。（　　）
5. 目前中国很多大学毕业生不愿意去东部地区和城市工作。（　　）
6. 周绪红希望大学生愿意到基层工作。（　　）
7. 目前中国大学生自主创业的比例过低。（　　）

（二）回答问题：（3分）
近年来，广东出台了哪些措施吸引大学生到基层工作？

阅读二：（17分）

大学生求职拿什么打动名企？

时下正值大学毕业生求职的高峰期。近年来高校毕业生就业形势一直严峻，今年全国普通高校的毕业生又达到了创纪录的559万人，比去年增加60多万人。就业形势虽然严峻，但也有很多毕业生如愿进入了知名企业就业。他们有着怎样的求职感悟？大学生究竟应具备怎样的素质，才能受到名企的青睐？为此，笔者采访了一些在名企工作的毕业生，希望他们的经验对正奔波在求职路上的学弟学妹们有所启发。

海投简历不可取，目标要明确

现在，应届毕业生到处散发简历已经成了风气，这种现象被称为"海投"。对这种做法，这些过来人有不同的看法。

"我本科的专业是应用地球物理，读研时专业是油藏描述。求职时，我先对石油行业的单位进行了解，锁定了重点目标后，就通过各种渠道搜集信息。"周国文从西安一所高校毕业后，顺利地进入中国石油中油国际海外研究中心。周国文说，从一开始找工作，他就清晰地认识到一定要有明确的定位，要有自己的目标，"千万不能随大溜"。

汪洋也有同样的看法，他毕业于北京的一所高校，现就职于中国移动通信集团。"研二那年，毕业后从事什么工作的问题一直困扰着我。机关、高校、外企、国企，看上去都不错，该如何取舍呢？经过对自己实力的分析，结合兴趣爱好，我决定放弃高校和外企，主攻机关和国企。一是因为我在学校已经生活了近20年，想换个新的环境；二是进外企，心里总觉得不是很情愿。"

　　北京外国语大学毕业、现就职于某知名外企的张弛对此也深有感触。她说："现在，很多大学生只要看到有单位来要人就去报名，也不管那份工作自己适合不适合，喜欢不喜欢，他们觉得这样能得到更多的机会，其实这样做很不科学。求职是件很耗神耗力的事情，一个人的精力是有限的，要把有限的精力用在最重要的机会上。求职过程中的心态也很重要，一个人如果接二连三地被拒绝，心态肯定受影响，容易形成恶性循环。普遍撒网的人，能对每次考试都尽心尽力吗？能都进行充分的准备吗？我想答案是否定的。竞争如此激烈，尽心尽力才能赢。所以，要明确目标，充分准备。"

经历是能力的重要体现

　　"面试时，面试官往往会问一些与具体课程相关的内容，比如我们专业就会问数据结构等，主要看专业基础扎实不扎实；当然，接着重点会问曾经参加过的一些项目，要求非常清晰地介绍其中的细节，经历其实是能力的重要体现。"就职于斯伦贝谢公司的焦阳谈到自己的求职经历时说，"要先把自己武装起来，出校前最好先实习一段时间，锻炼自己，积累经验。"

　　"经历很重要。"周国文说，"本科阶段一方面要学好专业课，学好英语和计算机，另一方面要多参加各种活动，在实践中锻炼自己的表达能力和沟通能力。研究生阶段则要更注重实践和实习经历，我从大四开始跟着导师做项目一直到研三，不断地将专业知识应用于实践。经历多了，经验自然也就多了，等我毕业时已相当于有了近4年的工作经验。"

　　研一时院里组织的一次求职交流会让汪洋印象深刻，会上一位师兄强调说："优秀的简历不是写出来的，而是做出来的。"汪洋说，"这句话对我影响很大。从一入校就应该明白自己毕业后要做什么，有哪些不足，要在这3年时间里尽力弥补。"

实践要做精，不只是混个经历

　　企业招聘时，学生的实习经验、项目经验、兼职经验等是很受重视的。国内知名的人力资源服务机构智联招聘曾经针对企业做了一项"对于应聘者你们最先看的是什么"的调查，结果显示，57.8%的雇主都选择了"社会实践和实习兼职情况"。智联招聘副总裁赵鹏分析说，企业对于应聘者社会实践和实习兼职情况的看重，从另一个角度说明了企业对应聘者动手能力以及操作能力的看重。

某石油服务业全球知名企业中国地区的招聘经理王娜说，参加社团活动以及在社会上实习的经历都是很有意义的。但她同时也强调："越来越多的学生在向'极端'发展，错误地认为大学期间，本专业的学习没有什么意义，只有到社会上去实习，拥有令人眼花缭乱的社会活动经历才能找到一份称心如意的工作。其实，对于一名学生来说，学习仍然是主要任务之一。任何企业在招人的时候，恐怕都会看重'学习能力'这个至关重要的素质。所以，对于大学生来说，理应是学习能力和实践能力并重。不要什么实践活动都参加，应当有重点地选择那些对个人发展有利的、与专业相契合的、有利于实现求职目标的实践机会，做就要做精，做出成绩，而不只是混个经历。"

做好大学生涯规划

"职业生涯规划应落脚于大学生涯规划。"清华大学就业指导中心副主任欧阳沁说，"每个学生都会有不同的特点和兴趣爱好，也会有不同的发展需要，对于大学生来说，非常关键的是要结合学校的育人目标，制订适合自己的大学生涯规划。不要虚度光阴，要把宝贵的时间用在对自己发展有利的事情上。而且，从一入大学开始就要有意识地拓宽自己的视野，同学们虽然生活在学校的圈子里，但视野不能局限于此，要经常搜集信息，比如各行业、各地区的发展情况，国家的政策方针等，然后勇敢地'走出去'，多实践、多了解职场和社会的变化，这就为未来的职业规划奠定了良好的基础。"

北京大学就业指导中心副主任王欣涛认为，求职一定要始终保持热情，求职的过程是一个不断被拒绝、不断坚持、直到找到适合自己的位置的过程。一般来说，找到一个愿意录用自己的单位至少需要5次以上，所以即使暂时失败也不要放弃，应该总结经验，继续努力。

（《中国青年报》2008年2月15日）

第十一～十五课测试题

（一）判断正误，正确的打√，错的打×：（14分）

1. 目前能成功进入知名企业就业的大学毕业生很少。（   ）
2. 周国文找工作时很有针对性。（   ）
3. 汪洋现在在一家外企工作。（   ）
4. 张弛主张找工作时要多投简历。（   ）
5. 周国文在读书期间很注重实践能力的培养。（   ）
6. 很多企业在招聘时很看重毕业生的实践能力。（   ）
7. 王娜认为大学生的实践能力比学习能力更重要。（   ）

（二）回答问题：（3分）

欧阳沁和王欣涛对大学生求职提出什么建议？请简要概括一下。

阅读三：（14分）

博客成为上班族情绪宣泄地　读者中出现骂客群体

薛　涌

国内行里人早就告诉我，博客的访问量，是上班时间多，休息时间少。对此我一直将信将疑。这倒不是怀疑对方的权威，而是觉得荒唐：博客是闲暇的佐料，上班忙得四脚朝天，谁有工夫看博客？但是，这次通过对五一长假和前后的几个周末的观察发现：不管怎么荒唐，这是千真万确的事实。上班日博客火得爆棚，一过节或者周末就那么几个人来，闹得我也懒得贴文章了。

细想这个发现，实在兴味无穷。过去计划经济时代，坐办公室的人是"一杯茶，一支烟，一张报纸看半天"，大家无所事事，当一天和尚撞一天钟，生产力低下。如今，中国眼看就成了世界第三经济大国，这一成就，还不是大家拼死拼活干出来的？刚刚看了报道，说白领们尤其辛苦，有70%每天工作超过10个小时，基本没有休息日，比过去的"劳模"有过之而无不及。这样的"过劳模"，好不容易赶上个休息日，大概要赶紧补觉，他们不看博客并不奇怪。问题是，什么人在上班时间来看博客呢？当然不是民工及体力劳动者。因为能在工作时间上网的至少是那些坐办公室的人，当然还必须是老板看得不紧的人。

不管是谁，反正博客属于上班文化。不用说，个人博客的访问者，一大部分是"粉丝"，这些人非常固定，而且常常说些好听话；另有一些是关心我所谈论的问题，大家不时辩论一下，"过招儿"；还有相当一部分骂客，你讲什么他们都要骂你。有几位，是常任骂客，大概是看你不惯，盯着你骂，而且给你起了固定的外号(当然是最难听的那种)；还有一部分则属于骂骂咧咧的"流动人口"，来无影去无踪，不过火气不减常任骂客。

固定的骂客，是针对我个人的，不过这种人毕竟很少。最多的则是谩骂的"流动人口"。他们骂起来没头没脑，有时甚至连文章也没有看清楚。显然，他们不是针对我个人，只是有口气想出，然后拿我这里当出气筒。比如，不久前我写了篇《税表上的国际竞争》，主要讲美国的纳税业正在向印度等国外包，这是笔好生意，油水比制造业大，建议中国设法参与竞争。于是一群骂客没头没脑地冲上来，说我崇洋媚外，看不起中国，更有的声言印度比我们穷多了，有什么好学的等等。过几天我又贴出一篇文章，建议中国不要匆忙加入大飞机制造业的竞争，因为技术优势不足，结果又出来一帮人，骂我是卖国求荣，存心要把市场让给别人。

如果你设想一下，这些留言是从表面上安安静静的办公室发出的，你就会庆幸自己没有坐在这样的办公室里。我过去曾反复声明：怨气宜宣不宜堵。网络语言不够文明固然不好，但不能因为要文明就侵犯了人们的言论自由。让大家把怒气发泄出来，心理重新获得平衡，日常生活反而文明些。我倒希望我的博客里骂声连天，但办公室里大家彼此相当文明。不过，这种骂声总还是体现了我们社会的一个侧面。用我的话来说，这可能就是"中产阶级的愤怒"。他们是坐办公室的优越阶层，但是总觉得自己在老板手下忍气吞声，压力太大，工作负担太重，心里充满怨恨。于是，老板一不在，就冲到网上宣泄一番。

柏拉图说，闲暇培养美德。文化在某种意义上，也是闲暇的产物。但我们的博客文化却有所不同。对许多人而言，博客成了上班族的宣泄，离培养美德的文化，似乎还差得远。

（节选自《中国青年报》2007年5月21日）

第十一～十五课测试题

（一）判断正误，正确的打√，错的打×：（10分）

1. 作者一开始就相信这种说法：博客的访问量，是上班时间多，休息时间少。（　）
2. 过去计划经济时代，大家的工作效率很高。（　）
3. 作者认为民工及体力劳动者不可能在上班时间看博客。（　）
4. 个人博客的访问者有好几种，态度各不相同。（　）
5. 作者对个人博客读者中的骂客群体持赞赏的态度。（　）

（二）回答问题：（4分）

作者是怎样理解个人博客读者中所出现的骂客群体的？

第一～十五课测试题

答题参考时间：100分钟　　　　　　分数：_____

一、给下列动词搭配适当的词语：（5分）

颠覆_____　　　　诽谤_____

忍受_____　　　　争夺_____

考验_____　　　　援助_____

选拔_____　　　　清除_____

履行_____　　　　袭击_____

二、选词填空：（10分）

讨价还价　　坚持不懈　　供不应求　　接二连三　　格格不入　　当务之急

1. 一个天生体质虚弱的人，通过长期_____的体育锻炼，可以改变自我的体质状况。

2. 近些年来，各种火灾事故_____，损失巨大。

3. 走近夜市，只见人来人往，菜贩子和菜农_____，一手交钱，一手交货。

4. 等到进入了少女时代，她仍与别人_____，仍被大家所孤立。

5. 减少重复出版，刻意求新，已成为少儿出版界的_____。

6. 由于铁路具有自然垄断性，缺乏充分竞争，特别是在运输产品严重_____的情况下，需要国家干预来控制运价的不合理过高上涨。

高超　　　高明

7. 要成为一名优秀的航空模型运动员，既要有_____的航空模型飞行技术，又必须是一名能工巧匠。

| 深远 | 长远 |

8. 李白是中国文学史上最伟大的诗人之一，与杜甫并称"李杜"，对后代的诗歌创作产生过＿＿＿＿＿＿的影响。

| 改革 | 改造 |

9. 经过多年的＿＿＿＿＿＿和发展，我国市场的开放度已大大提高，许多领域的国际竞争力也明显增强。

| 严峻 | 严格 |

10. 事实上，国务院学位办对MBA教学以及中外合作办学都有＿＿＿＿＿＿规定。

三、请按正确的语序将下列各个句子组成完整的一段话：（7分）

1. A. 自从在北京品过一次绿茶
   B. 法国人皮埃尔虽是喝着咖啡长大的
   C. 便对茶叶情有独钟了
   正确的语序是：（　　）（　　）（　　）

2. A. 美国正向巴基斯坦增派情报人员
   B. 专门对付拉登可能制造的袭击
   C. 拉登的生日引起了美国恐慌
   正确的语序是：（　　）（　　）（　　）

3. A. 5年后
   B. 5年前的今天
   C. 中国还没有"博客（网络日记）"这个词
   D. 中国的博客作者多达数千万
   正确的语序是：（　　）（　　）（　　）（　　）

4. A. 高校培养的学生不是社会迫切需求的复合型、实用型人才
   B. 不少用人单位反映

C. 是造成这种现象的一个原因

D. 高校教学内容和专业设置不符合社会的实际需求

正确的语序是：（　　）（　　）（　　）（　　）

四、完形填空：（12分）

（一）

| 或许　　这时　　例如　　以此　　将　　而 |

语言编程取决于人的价值观，价值观取决于信念。信念在人的语言编程中有着根本性的作用。1_____，在某些人看来你有着高超的能力，2_____你却并不这么认为。3_____，这是你聚集了周围对你的负面信息，不断地4_____跟自己对话的结果。5_____，就需要将新的语言输入大脑，新的语言6_____会为你重组故事。

（二）

| 但　　在某种意义上　　都　　还是　　此后　　尽管 |

1998年在5省市试行了保送生综合能力测试。1_____综合能力测试与特殊才能学生的保送2_____有相违背的地方，3_____结果分析4_____得到了包括测量专家等多方面的认可。1999年教育部规定，全国所有保送生5_____必须参加综合能力测试。6_____又下发文件从程序上完善保送工作。

五、用自己的话或原文中的关键句子概括下列各段的主要内容，字数在30个左右：（9分）

1. 中国青年政治学院的李庚副研究员指出，不管社会怎么发达，人的情感还应该是最纯洁的。希望当代大学生以认真负责的态度对待婚姻，不仅如此，还要去经营自己的婚姻。

中国青年政治学院院长陆士桢教授也谈了同样的观点："两个人之间更多的是去理解对方，彼此尊重对方，世界上美满的婚姻都是以这个为基础的。"个性谁都会有，和谐就是不同的音一起奏，生活其实也一样，既要体现出个性，又不要伤害别人。"

2. 现代社会中，事业型女人正变得越来越多。事业的成就感以及随之而来的压力迫使她们要选择事业，就难以承担好自己的家庭角色。很多人困惑：两者究竟该如何选择？

专家陆小娅建议，"女性生活应该是多元的，纯粹的事业和纯粹的家庭都是极端。"她举例，大学里一个要好的朋友，做了一辈子全职太太。女儿大学毕业后不久她就生病去世了。其实她的一辈子有很多自己的东西没有得到满足。"孩子小的时候，可以让自己很忙碌充实，但想要重新回来工作时会很难。"陆小娅强调。

对500名城市已婚，并有孩子的女性进行的研究发现，工作一年以上的女性比没有工作的女性身体更健康，其生病的总次数也更少。

研究还表明，母亲外出工作对女儿具有积极的影响。通常女儿会更崇敬在外工作的母亲。

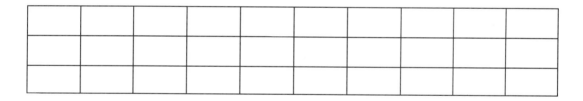

3. 高盛亚太区董事总经理胡祖六对中国制造外部环境的不足更为关注。他认为，尽管绝大多数的中国产品物美价廉，但不时曝光的产品质量和安全问题，往往制约了中国制造在全球的美誉度。"在企业追求利润天经地义的前提下，政府如何从立法、监管和消费者、媒体监督的制度层面上加以完善，是超越中国制造粗放阶段的重要外部环境准备。"

六、话题写作：请尽量用所提供的词语围绕下面的话题写段300字左右的短文（10分）

| 罕见 | 接连 | 洪水 | 干旱 | 淹没 | 呼唤 | 改良 |
| 温室 | 气体 | 排放 | 不容 | 回避 | 借助 | 前所未有 |

全球变暖有哪些负面影响？你认为人类应怎样做才能控制全球变暖？

七、阅读：（47分）

阅读一：（17分）

从福田访华看中日关系

中国现代国际关系研究院日本研究所　霍建岗

如果用一条大河来比喻中日关系，在新世纪的头五年中，这条大河曾经经历了1972年以来最严重的一次"冰河期"。以2006年10月安倍访华为标志，中日关系这条大河中厚厚的冰块被打破，"厚重坚冰"虽然被打破，却是乍暖还寒。2007年春天温家宝总理的访日，则是"融冰之旅"，总理在日本展现的亲民本色，使近几年受到中日关系不佳的大环境影响的日本普通百姓大大改善了对中国的印象，温总理此行，融的还是人们心中的坚冰。而福田的此次访华以及2008年的胡主席访日，则是让"战略互惠关系"这艘巨轮扬帆起航，为中日关系的未来发展奠定更加坚实的基础。

"政冷经热"形势将成历史

2001年10月小泉访华后，直到2006年10月安倍访华，其间双方的国家元首与政府首脑未踏上对方的领土。

2007年，正值中日邦交正常化35周年。1月，温总理与安倍在菲律宾会晤时，就建立中日经济高层对话机制达成原则共识。4月12日，中日经济高层对话机制启动会议在日本东京举行，温家宝总理和安倍晋三首相共同出席并主持会议，中日经济高层对话机制正式启动。

而温总理春天的访日具有特殊意义。1972年，正是为了两国的共同利益，田中角荣首相不顾国内反华右翼势力的阻挠，与中国关系正常化。而温家宝总理的访日，表明中日双方都有意愿构筑以"共同利益"为基础的互惠战略伙伴关系。日方为了修补受损的中日关系，给予温总理较高的礼遇，天皇明仁与温总理见面，温总理在日本国会还发表了重要演讲。温总理为了让融冰之旅真正能化解两国民众间的不信任，从他第一天在雨中抵达东京，来不及把大衣上的雨滴擦干，就赶到首相府举行首脑会谈，两个早上在不同的公园里晨跑，直到最后以坐下来喝一杯日本茶告别京都，用心、用劲儿都恰到好处。

福田的此次访华是对温家宝总理访日的回访，也是自2006年秋天安倍访华后正常化的两国高层交往中的一环。那么福田此次访华又具有什么意义呢？在中日关系这条大河中,"战略互惠关系"就好像一条大船,2006年安倍访华,是与中方共同构建了这条大船,而温总理的访日、福田此次访华,实际上就是要往这条船中装东西,使其能够真正造福两国人民,增进共同利益。在温总理访日后,开通了往返东京羽田机场与上海虹桥机场间的定期国际客运包机航班。这一航班的开通,是建立战略互惠关系的象征性计划。12月初的中日经济高层对话,则是福田此次访华的预热身,中日两国的高官齐聚北京,双方就宏观经济政策、节能环保、贸易投资以及地区和国际经济问题坦诚地交换了意见;外交部长杨洁篪与日本外相高村正彦还签署了日本对中国的最后一笔日元长期贷款。

安倍、福田的访华和温总理的访日,以及2008年春天胡锦涛主席对日本的访问,都是在巩固中日关系的基础。在小泉时代,中日关系被称为"政冷经热",两国经济合作的持续进行是维持中日关系不至于彻底倒退的重要砝码,但是政治关系的冷淡也直接影响到了经济关系的进一步发展。而现在,随着政治关系的迅速回温,经济关系的发展将更有广阔的空间。

合作空间扩大但暗礁依存

以福田主推的环境、节能议题为例。中国正在成为能源消耗的大国,能源的利用效率并不高,而日本在两次石油危机的打击下,其节能技术世界领先。两国在节能领域有很大的互补性。

2007年12月13日,福田提倡与亚洲各国进行环境、节能以及知识产权保护等方面的合作,以实现区域内整体经济增长的"亚洲经济·环境共同体"。如在节能领域,日本正在推进政府系统金融机构以及企业出资建立相关基金,对节能以及新能源开发等的项目投资进行帮助,在制度构筑上也同时进行支持。通过完善经济制度的合作,建立规则的共通性,以改善日本对亚洲的投资环境。在2018年之前,实现包括中、韩、印度以及东南亚在内的"亚洲经济·环境共同体"。福田还继承了安倍内阁的政策,在日本终止对华日元贷款时,设立"环境基金",对中国的环境保护实施财政支援。因为当前的许多贷款项目涉及中国的环境保护,终止贷款后,这方面的工作将无法进行,因此福田政权谋求以环境基金的方法来继续环保支援,以改善整个东亚地区的生态环境。

但是,我们也应该看到,中日关系的大河中暗礁依然存在,在将来仍有可能阻挠"战略互惠关系"这艘大船的正常行驶。福田在对华态度上虽然积极,但仍存在种种挑战中日关系的因素。

首先，日本国内右翼保守势力对福田的新外交政策颇有微词。被认为是自民党下届总裁最有力候选人的麻生太郎，曾是小泉"价值观外交"以及"日美澳印围堵中国战略"的忠实执行者。近期，麻生与平沼赳夫等右翼政治家频繁会面，日本媒体认为，这是麻生等人牵制福田的举动。

其次，福田的首相地位较弱，是否能长期执政尚难定论。福田的访华时间之所以一直难以确定，就是因为国内问题缠身，新反恐法案面临民主党的挑战，养老金问题的处理也颇为棘手。因为参议院已被在野的民主党控制，自民党的执政地位一再弱化，福田是个弱势首相，难以做出很大的政治决断。而且，明年福田很可能会解散众议院重新举行大选，届时福田领导的自民党是否能够获胜难以预料，福田有可能和安倍一样是个"短命首相"。

再次，东海、台湾问题等仍有可能使中日关系面临一定困难。尽管福田对华态度温和，但在东海、台湾等问题上并没有迈出关键性的一步。尤其是台湾问题，美国、英国、俄罗斯等大国均已明了反对台湾当局入联公投的态度，而福田政府继承了上届内阁的方针，仅仅重申"不支持台湾加入联合国"，与其他国家的态度保持一段距离。福田出身传统的亲台自民党派阀町村派，他本人也是亲台组织日华议员恳谈会的成员。这种背景阻挠了福田采取更务实的态度。

【链接】

近年中日高层交往回顾

⊙ 2003年5月31日，胡锦涛主席在俄罗斯圣彼得堡会见日本首相小泉纯一郎。

⊙ 2003年10月7日，温家宝总理在印尼巴厘岛会见日本首相小泉纯一郎。

⊙ 2003年10月20日，胡锦涛主席在泰国曼谷会见日本首相小泉纯一郎。

⊙ 2004年11月22日，胡锦涛主席在智利圣地亚哥会见日本首相小泉纯一郎。

⊙ 2004年11月30日，温家宝总理在老挝万象会见日本首相小泉纯一郎。

⊙ 2005年4月23日，胡锦涛主席在印尼雅加达会见小泉首相，就发展中日关系提出五点主张。

读报纸，学中文

⊙ 2006年10月8日至9日，日本首相安倍晋三对中国进行正式访问。

⊙ 2007年4月，温家宝总理对日本进行正式访问，双方发表了《中日联合新闻公报》，就构筑"基于共同战略利益的互惠关系"达成了共识。

（http://www.jrj.com 2007年12月28日，有改动）

（一）判断正误，正确的打√，错的打×：（14分）
1. 在新世纪的头五年中，中日关系发展得很好。（ ）
2. 温家宝总理的访日有助于中日双方建立互惠战略伙伴关系。（ ）
3. 在小泉时代，中日两国之间政治关系冷淡。（ ）
4. 中国目前的节能技术和日本相差不大。（ ）
5. 日本已终止对华日元贷款，对中国的环境保护不再实施财政支援。（ ）
6. 中日关系的发展将会是很平稳的，不会有什么波折。（ ）
7. 麻生太郎与小泉的外交立场是一致的。（ ）

（二）回答问题：（3分）
影响中日关系良好发展的不利因素有哪些？

阅读二：（17分）

全国政协委员呼吁：全社会关心帮助大学生就业

中国经济网3月17日讯 大学生就业到底难不难？如何尽力帮助大学生解决好就业问题？连日来，大学生就业成为委员们讨论就业问题时的热点话题。政府工作报告中提出，加强高校毕业生就业指导和服务。记者邀请复旦大学副校长蔡达峰委员，长沙民政职业技术学院院长刘晓委员，南开大学经济学院副院长、劳动产业关系研究中心主任邱立成委员共同解读当前的大学生就业问题。

改变大学生就业观

记者：一份针对10万名大学毕业生的问卷调查现实，70%的毕业生希望在北京等直辖市和沿海开放地区工作，接近60%的毕业生希望到国家机关和三资企业工作，其中36%左右的毕业生希望从事公务员的职业。怎么看待这一现象?

邱立成：这充分说明，目前我国的大学生就业困难的现象实际上是一种相对过剩。一方面，大城市过于饱和，造成高级人力资源的严重浪费；另一方面对中西部中小城市和农村来讲，大学生严重短缺。国家应当通过政策倾斜给予优惠条件，鼓励、引导大学生到不发达地区就业、发展。

刘晓：在我看来，大学生就业并不难。长沙民政职业技术学院是首批国家示范性高等职业技术院校，我们贯彻"工学结合"的宗旨，如社区服务专业的学生从大二就开始3天在学校学习，2天深入社区实践，大三有半年上岗实习，毕业时已经充分熟悉工作领域，充分掌握了工作技能。2007年我们有6300名毕业生，基本上都能顺利就业。

记者：这样看来，大学生的学习方式和就业观是影响他们就业的重要因素。

邱立成：对。大学毕业生初次就业往往就考虑能拿到什么待遇，而企业等用人单位往往考虑大学生来了能创造什么价值，这其中往往存在落差。事实上，大学生必须先考虑自己能创造的价值，其次再考虑从中拿到多少回报。我建议大学生在就业之初，就要对当前劳动市场，对自身的能力价值有正确认识，树立正确的就业理念。

完善人才培养结构

记者：如何从根本上解决当前出现的大学生就业困难现象?

邱立成：首先要看到当前出现的大学生就业困难是结构性失衡导致的。大学生的人才培养的结构、大学生的技能结构如何与市场需求相吻合是关键。我建议大力发展职业教育，在职业教育环节，提倡订单式人才培养模式；而一般高校培养人才时，就应该以培养就业导向，设置专业结构要与社会需要的行业结构相吻合。

刘晓：就职业教育本身来说，我们培养的不是创新型和研究型人才，而是技能型人才，我认为全国的职业院校都应该走上"工学结合"这条道路，让学生学习最符合市场需求的技能。另外，需要转变观念的是，并不是职业院校才发展职业教育，地方一般普通本科、非研究型大学本科，也应当把就业当做教育的重要导向，"为就业而教"，注重以岗位培养人才。目前地方的一般本科院校，不少就是从专科院校升级而来，我建议他们努力向为地方经济服务的职业教育转型。目前，很多本科院校已经开始行动，走到"工学结合"的道路上来了。

记者：这其中涉及当前高等教育的转型问题。

邱立成：是的。高校教育要从精英教育转向不同层次的立体化教育，不同高校要培养不同层次的人才，以应对市场的需求。此外，学生还有一个终身学习的问题，不少大学生起点可能一样，但后来在社会中不断学习不同技能，提高了就业能力。目前，不少高校开展创新竞赛活动，鼓励学生创业，培养其创新意识和创新精神，这是非常好的尝试。

蔡达峰：就大学毕业生个人来说，就业困难确实与自身的择业观念、能力水平等密切相关，但换个角度来看，当前首先需要进一步创造就业机会，鼓励发展能创造更多就业机会的产业，这是人口大国的必由之路。地区经济与产业结构调整中，政府要综合考虑经济增长、人才资源配置、大学生毕业三者，形成相互支持的机制。其次，需要加快改进当前的用人制度和机制，建议对机关、事业单位进行人力资源质量评估，将有关统计信息作为单位竞争力的重要指标，给予大学生更多的机会。

关心帮助这一特殊人群

记者：如何看待未能就业的大学生群体？

蔡达峰：一方面要关注新一届大学毕业生如何就业，另一方面要特别关照多年来积累下来的未就业大学生，这是一个特殊的群体。当前舆论谈论这一群体时往往充满责备地说这个能力不够、那个观念不对，但是否应该给他们解决当前问题一些积极建议，是否应该通过各种渠道给他们更多机会呢？我呼吁全社会都来关心帮助这一群体！不能止于探讨大学生就业困难的原因。

记者：具体地说，应当采取什么政策和措施来帮助这一群体？

邱立成：未就业大学生群体从数量上很难统计，这一群体，无法纳入失业保险范畴，目前还没有建立完善的救助体系，需要建立专门针对这一群体的劳动和社会保障机制。

蔡达峰：我更担心的是未就业大学生的心理状态。他们的就业问题关系到全社会对教育的认识，关系着社会的健康发展。必须对他们形成社会关照，全社会要体现人文关怀，表达出真挚情感关心帮助他们渡过难关，不要再增加他们的心理压力，而是尽量激发他们进入社会的积极性。他们可能存在种种问题，但同样需要得到尊重，最终要让他们在社会中保持奋发的精神，保持理性的生活态度，不远离社会、不封闭自己。

第一～十五课测试题

　　首先，政府有关部门要高度重视，形成专门机制统筹制定帮助政策，不能简单地纳入社会失业率控制标准内衡量；其次，建议筹集专门经费、开设帮助专项，给予他们自主创业的启动资金，尽量设立岗位为他们创造临时就业机会；再次，建议对没有经济积累的未就业大学生给予基本生活补贴，纳入社会保障体系中。

（节选自《中国教育报》2008年3月18日,有改动）

（一）判断正误，正确的打√，错的打×：（14分）
1. 目前中国中西部中小城市和农村，很需要大学生就业。（　　）
2. 刘晓认为大学生很难就业。（　　）
3. 长沙民政职业技术学院的毕业生就业比较顺利。（　　）
4. 大学生与企业考虑问题的侧重点很不同。（　　）
5. 邱立成认为目前的职业教育发展得不够。（　　）
6. 刘晓认为所有的大学都应该注重培养技能型人才。（　　）
7. 目前中国的高等教育还处于精英教育阶段。（　　）

（二）回答问题：（3分）
如何关注未就业大学生的心理状态？

阅读三：（13分）

失眠——心理治疗不容忽视

郑伟庭　伍展虹

　　失眠是睡眠障碍中最常见的症状。治疗失眠，心理治疗不容忽视。

　　"多数的失眠是由心理因素引起的。我把失眠治疗看成一棵大树，如果患者说失眠了，医生就机械地开安眠药，那就只是剪去大树的叶子。用物理疗法、行为疗法、认知疗法等方法治疗，那也只是砍掉了大树的一些树枝，最根本的就是要找出失眠的病因，对症下药，那就是把大树连根拔起，失眠才可能治愈。"广州市脑科医院失眠障碍科副主任江帆如是说。

失眠不仅影响患者本身

　　医生通过和这对中年夫妇交谈了解到，丈夫多年来一直自觉睡不着，白天精神很不好，工作也难以做好，同时也经常向妻子抱怨，而妻子觉得自己明明看到丈夫入睡了，为什么要小题大做呢。因此也影响到两人的关系，有时还剑拔弩张。医生通过进一步的检查，发现丈夫患有比较严重的失眠，每天晚上大概能睡3个小时，他是有睡眠感缺乏，才自觉整个晚上都没有入睡。医生进行心理辅导，对症下药，这个病人的病情缓解了很多，他的妻子通过医生的解释也知道自己误解了丈夫，两人关系也好转。

一个中学生每次临近考试就睡不着觉，影响了发挥，这可急坏了他的父母。父母带着孩子来到医院咨询，孩子虽然觉得失眠影响考试，但是也不是非常着急，反而他的父母焦虑万分，影响了日常的工作和生活。

江医生说，正如上面举的两个例子，失眠不仅影响患者本身，如果处理不好，也会影响家庭关系。也可能给社会造成不安宁的因素，比如司机睡眠不足是车祸发生的一大祸首。"失眠会给患者带来痛苦，如果处理不当很有可能会影响他的人际关系、家庭关系，社会的和谐离不开人际关系、家庭关系。而从这个角度看，和谐健康睡眠与和谐社会是有密切关系的。"江帆说。

大多数失眠由心理因素引发

江帆医生说，失眠有不同的分类标准，从失眠时间上看可以分为：暂时性失眠，只维持几天。可能由于情绪兴奋、暂时性精神紧张或时差所引起，大多数人可自发地调整过来。短期性失眠，持续数天到三周的时间，在人患有严重疾病或个人遭受巨大压力时常会发生。长期性失眠，可维持数年之久，有些人面对压力就会失眠，形成了一种应对压力的习惯性模式。

江医生介绍，失眠是许多原因引起的一个症状，可以是躯体疾病伴发的症状，也可能因为不良生活习惯、环境因素引起，也可能是心理因素。从临床来看，由生理因素、疾病因素、药物因素及饮食因素所致病的病例数远远少于由心理因素所致病的病例数。

在很多情况下，失眠的始发与维持往往与心理因素有关。比如生活事件带来心理冲突，心理冲突引起情绪压力，情绪压力导致生理警醒水平升高，从而发生失眠。如果刺激因素持久存在，或者当事人不能从心理上有效地作出适应，则失眠会迁延下去。

"许多失眠患者都是因为有怕失眠心理，晚上上床就担心睡不着，或是尽力去让自己快入睡，结果适得其反。本意是想睡，越怕失眠，越想入睡，脑细胞就越兴奋，故而就更加失眠。"江医生说，正是这种担心失眠的焦虑加剧了睡觉质量的恶化。

有一个中年男性病人来医院跟医生说自己有严重的失眠,但是从来没有看过医生或者吃过安眠药,每天晚上一躺在床上就开始想:"我今天晚上能不能睡着?如果睡不着,那明天的工作怎么办……"结果真是越来越难以入睡。医生跟他说,你不用担心,我们先给你做个测试吧。晚上,在医院安静的房间里,他躺在床上,医生给他套上一些检测睡眠情况的设备,结果那天晚上他睡得很好。"这些检测的设备本身没有任何的治疗作用,只是记录他的睡眠情况。这个病人睡得那么好,原因就是他自己心里放松了,他想过来接受医生的治疗了,医生会治好我的失眠的,他心情轻松,不再去担心今晚能否睡着,结果真的就睡着了。"江帆医生说。

失眠是最常见的睡眠障碍

江帆医生介绍,睡眠疾病包括两个方面:一是指睡眠本身发生问题,如失眠、白天过度困倦、发作性睡病;二是指在睡眠时诱发或发生的疾病,如睡眠呼吸暂停综合征及睡眠期出现的各种异常行为,如梦魇、梦游、夜惊等。

失眠是指人非常想睡,但上床后睡不着或夜里容易惊醒,醒来以后难于再入睡以及醒得太早,这与天生短睡者或有意压缩睡眠时间者不同。患者感到睡眠浅,睡眠中不安,梦境内容记得清楚,对睡眠时间和睡眠质量都不满意,睡眠后不解乏,头脑不清新,还有许多白天不适症状。

失眠是睡眠障碍中最常见的症状,由于现代社会的紧张压力,睡眠时间的人为剥夺,使失眠发生率呈急剧上升趋势,其危害性日益突出,故失眠成了睡眠障碍中的重点问题。

治疗失眠需追根溯源对症下药

江帆医生说,治疗失眠最重要的是要找出患者失眠的病因,这样才能追根溯源,对症下药。

临床实践证明,很多失眠患者是因为工作上的不顺心、学习上的压力、家庭关系的紧张、经济上的重负、爱情受挫、人际矛盾、退休后生活单调、精神空虚等原因所致。而对由心理因素引起的失眠来说,药物及其他疗法只是一种症状治疗,一种辅助措施,唯有心理治疗才能更好地解决问题。

江医生说她首先会开导病人,给他们关心与安慰,向他们解释失眠的性质,说明失眠并不可怕,是可以治愈的;并向失眠者宣讲睡眠卫生知识,让他们获得睡眠和失眠的正确知识。"然后我会跟他们聊天,从中找出失眠的心理因素。有些病人开始会觉得不解，自己是来看病的，医生怎么对自己的日常生活这么感兴趣。我就会跟他们解释，只有找出失眠的病因，才能更有效地治疗。"江医生说。

江医生介绍，很多病人在心理医生的帮助指导下，找出问题所在，并加以正确处理，采用心理疗法，进行自我调节，失眠也就痊愈了。即使是程度较重的慢性失眠者，心理治疗也可起到消除顾虑、安定情绪作用，为下一步治疗打好基础。

很多引起失眠的心理冲突与人际关系紧张有关，医生就可以教导失眠者掌握人际交往技能，学会正确应付人际关系，在这种情况下，医生常同时作交际双方的工作，通过治疗，可使夫妻关系、家庭关系及其他人际关系得到改善，对失眠起釜底抽薪的治疗作用。

江医生说，一个人一生之中或多或少都会受到失眠的困扰，短暂性的失眠就要自己学会调整，如果觉得自己调整不过来，就需要尽早寻求医生的帮助。医生们和相关的机构要努力在公众中普及健康睡眠知识，教导公众正确认识失眠，让更多的人拥有健康的睡眠。

（节选自《广州日报》2008年3月20日，略有改动）

（一）判断正误，正确的打√，错的打×：（10分）

1. 广州市脑科医院失眠障碍科副主任江帆认为开安眠药是治理失眠的好方法。（ ）
2. 失眠只影响患者本身，对其他人没有太大影响。（ ）
3. 失眠主要是由生理因素引起的。（ ）
4. 有些人怕失眠结果使睡眠质量更糟糕。（ ）
5. 失眠与紧张的现代生活有关。（ ）

（二）回答问题：（3分）

临床实践证明，很多失眠患者是因什么原因造成的？如何治疗由心理因素引起的失眠？

词语总表

序号	词	繁体	拼音	词性	HSK	索引	重现率
1	暗示		ànshì	v.,n.	丁	L3	43
2	霸道		bàdào	n.,adj.	丁	L8	3
3	半数	半數	bànshù	n.	丁	L9	11
4	伴随	伴隨	bànsuí	v.	丁	L13	6
5	办学	辦學	bànxué	v.o.	丁	L5	19
6	伴		bàn	n.,v.	丁	L10	46
7	绑	綁	bǎng	v.	丙	L7	6
8	宝贝	寶貝	bǎobèi	n.,v.	丁	L13	3
9	饱和	飽和	bǎohé	v.,n.	丁	L6	6
10	保守		bǎoshǒu	v.,adj.	丙	L12	14
11	保送		bǎosòng	v.		L5	14
12	保佑		bǎoyòu	v.,n.		L14	3
13	爆发	爆發	bàofā	v.	丙	L9	24
14	曝光		bàoguāng	v.		L15	4
15	报社	報社	bàoshè	n.	丙	L8	2
16	暴雨		bàoyǔ	n.	丙	L11	4
17	爆炸		bàozhà	v.	丙	L12	29
18	崩溃	崩潰	bēngkuì	v.	丁	L12	12
19	笔试	筆試	bǐshì	n.,v.	丙	L5	6
20	边境	邊境	biānjìng	n.	丁	L14	7
21	贬低	貶低	biǎndī	v.	丁	L10	5
22	变迁	變遷	biànqiān	v.,n.	丁	L5	10
23	表态	表態	biǎotài	v.o.		L14	6
24	并存	並存	bìngcún	v.	丁	L5	6
25	病情		bìngqíng	n.	丙	L14	6
26	博览会	博覽會	bólǎnhuì	n.	丁	L4	3
27	不得已		bùdéyǐ	adj.	丁	L6	5
28	不公		bùgōng	adj.	丁	L12	7
29	不容		bùróng	v.	丁	L11	28
30	不时		bùshí	adv.	丁	L4	5
31	不停		bùtíng	adv.	丙	L8	4
32	不惜		bùxī	v.	丁	L12	6
33	不宜		bùyí	adv.	丁	L8	13
34	才干	才幹	cáigàn	n.	丁	L8	6
35	财会	財會	cáikuài	n.	丁	L6	3
36	参议院	參議院	cānyìyuàn	n.	丁	L11	4

399

#	简体	繁體	Pinyin	POS	级	Lesson	#
37	苍白	蒼白	cāngbái	adj.	丙	L14	17
38	层出不穷	層出不窮	céngchūbùqióng	f.e.	丁	L12	6
39	常见	常見	chángjiàn	adj.	丁	L6	8
40	长远	長遠	chángyuǎn	adj.	丙	L15	29
41	场所	場所	chǎngsuǒ	n.	丁	L13	11
42	超级	超級	chāojí	attr.	丁	L4	14
43	超越	超越	chāoyuè	v.	丁	L15	30
44	吵架		chǎojià	v.o.	丙	L7	11
45	炒		chǎo	v.	丙	L5	5
46	承担	承擔	chéngdān	v.	丙	L15	25
47	成千上万	成千上萬	chéngqiānshàngwàn	w3nf.e	丙	L13	6
48	成天		chéngtiān	adv.	丙	L7	8
49	诚意	誠意	chéngyì	n.	丁	L10	5
50	呈		chéng	v.,n.	丁	L6	14
51	吃苦		chīkǔ	v.o.	丙	L7	5
52	崇敬		chóngjìng	v./n.	丁	L8	6
53	抽奖	抽獎	chōujiǎng	v.o.		L4	3
54	出售		chūshòu	v.	丁	L11	6
55	处处	處處	chùchù	adv.	丙	L8	2
56	传染	傳染	chuánrǎn	v.	丙	L11	7
57	创业	創業	chuàngyè	v.	丁	L6	84
58	春季		chūnjì	n.	丙	L9	7
59	纯洁	純潔	chúnjié	adj.,v.	丙	L7	9
60	慈爱	慈愛	cíài	s.v./n.	丁	L8	2
61	词汇	詞彙	cíhuì	n.	丙	L3	6
62	辞职	辭職	cízhí	v.o.	丁	L8	6
63	此后	此後	cǐhòu	conj.	丁	L5	25
64	次数	次數	cìshù	n.	丁	L8	6
65	粗放		cūfàng	adj.	丁	L15	12
66	促		cù	v.,b.f.	丁	L14	32
67	存款		cúnkuǎn	v.o.,n.	丁	L13	7
68	大都		dàdū	adv.	丙	L15	8
69	大多		dàduō	adv.	丁	L6	52
70	大于	大於	dàyú	v.	丁	L6	7
71	逮捕		dàibǔ	v.	丙	L13	16
72	代价	代價	dàijià	n.	丙	L8	6
73	担保	擔保	dānbǎo	v.	丁	L6	14
74	弹头	彈頭	dàntóu	n.		L14	4
75	担子	擔子	dànzi	n.	丁	L8	3
76	当场	當場	dāngchǎng	adv.	丁	L2	3
77	当代	當代	dāngdài	n.	丙	L7	7
78	当家	當家	dāngjiā	v.o.	丙	L7	5

词语总表

79	当务之急	當務之急	dāngwùzhījí	f.e.		L15	11
80	导弹	導彈	dǎodàn	n.	丙	L14	6
81	导师	導師	dǎoshī	n.	丙	L2	3
82	导游	導遊	dǎoyóu	n.,v.	丁	L1	4
83	敌	敵	dí	b.f.,v.	丁	L9	16
84	抵抗		dǐkàng	v./n.	丙	L8	5
85	抵制	抵制	dǐzhì	v.	丁	L15	6
86	颠覆	顛覆	diānfù	v.	丁	L2	6
87	店主		diànzhǔ	n.		L3	2
88	定向		dìngxiàng	attr./ adv	.丁	L5	4
89	东亚	東亞	dōngyà	n.		L10	9
90	栋	棟	dòng	m(n),n.	丁	L4	9
91	动力	動力	dònglì	n.	丙	L15	21
92	毒品		dúpǐn	n.	丁	L12	4
93	独特	獨特	dútè	adj.	丙	L3	11
94	独自	獨自	dúzì	adv.	丙	L4	6
95	赌	賭	dǔ	v./ n.	丁	L7	10
96	对抗	對抗	duìkàng	v. / n.	丁	L10	13
97	对立	對立	duìlì	v. / n.	丙	L10	13
98	恶劣	惡劣	èliè	adj.	丙	L13	5
99	恶性	惡性	èxìng	attr.	丁	L10	7
101	发病	發病	fābìng	v.o.	丁	L12	4
102	发布	發布	fābù	v.	丁	L11	23
103	发愁	發愁	fāchóu	v.o.	丁	L12	6
104	罚款	罰款	fákuǎn	v.o.,n.	丁	L13	4
105	法规	法規	fǎguī	n.	丁	L15	9
106	法院		fǎyuàn	n.	丙	L13	7
107	凡是		fánshì	adv.	丙	L4	7
108	反馈	反饋	fǎnkuì	v. /n.	丁	L13	5
109	妨碍	妨礙	fáng'ài	v.	丙	L10	15
110	防范	防範	fángfàn	v./ n.		L9	12
111	防御	防禦	fángyù	v./ n.	丙	L2	6
112	放松	放鬆	fàngsōng	v.	丙	L9	8
113	放学	放學	fàngxué	v.o.	丙	L4	5
114	诽谤	誹謗	fěibàng	v./ n.	丁	L8	9
115	废气	廢氣	fèiqì	n.	丁	L15	4
116	分离	分離	fēnlí	v./ n.	丙	L1	3
117	分明		fēnmíng	adj.,adv.	丙	L9	7
118	分歧		fēnqí	n.	丁	L7	11
119	坟墓	墳墓	fénmù	n.	丁	L7	2
120	风暴	風暴	fēngbào	n.	丁	L11	5

#	简体	繁體	Pinyin	POS	级	Lesson	#
121	佛教		fójiào	n.	丙	L1	3
122	复合	複合	fùhé	v.,attr.	丁	L6	5
123	复兴	復興	fùxīng	v./ n.	丁	L14	5
124	改良		gǎiliáng	v. / n.	丙	L13	16
125	干旱	乾旱	gānhàn	s.v./ n.	丙	L11	10
126	感性		gǎnxìng	n.		L9	4
127	高超		gāochāo	adj.	丁	L3	17
128	高涨	高漲	gāozhǎng	v.	丁	L10	6
129	歌星		gēxīng	n.	丁	L2	3
130	格格不入		gégébùrù	f.e.	丁	L14	7
131	格局		géjú	n.	丁	L5	9
132	格外		géwài	adv.	丙	L7	18
133	革新		géxīn	v.	丙	L15	11
134	各式各样	各式各樣	gèshìgèyàng	f.e.	丙	L5	15
135	根基		gēnjī	n.		L2	4
136	公报	公報	gōngbào	n.	丁	L10	27
137	功课	功課	gōngkè	n.	丙	L4	6
138	攻克		gōngkè	v.	丙	L6	7
139	功利		gōnglì	n.		L7	4
140	公然		gōngrán	adv.	丁	L8	3
141	功效		gōngxiào	n.	丁	L3	16
142	公益		gōngyì	n.		L1	3
143	公约	公約	gōngyuē	n.	丁	L11	22
144	公正		gōngzhèng	s.v. / n.		L5	10
145	攻		gōng	v.	丙	L10	51
146	供不应求	供不應求	gōngbúyìngqiú	f.e.	丁	L6	9
147	供奉		gòngfèng	v.,n.		L10	3
148	共青团	共青團	gòngqīngtuán	n.	丙	L4	2
149	共性		gòngxìng	n.	丁	L5	4
150	钩	鉤	gōu	v.,n.	丙	L5	4
151	估		gū	v.,char.		L10	36
152	孤独	孤獨	gūdú	adj.	丁	L12	8
153	孤僻		gūpì	adj.		L4	7
154	古典		gǔdiǎn	attr.,n.	丙	L1	3
155	股份		gǔfèn	n.	丁	L15	6
156	顾虑	顧慮	gùlǜ	n.	丁	L1	11
157	关闭	關閉	guānbì	v.	丁	L13	10
158	关怀	關懷	guānhuái	v./n.	丙	L1	16
159	规格		guīgé	n.	丁	L15	2
160	归结	歸結	guījié	v.,n.	丁	L2	5
161	国会	國會	guóhuì	n.	丁	L11	21
162	果断	果斷	guǒduàn	adj.	丁	L8	13

词语总表

163	过渡	過渡	guòdù	v.,n./	丙	L5	6
164	过后	過後	guòhòu	n.	丁	L6	2
165	过于	過於	guòyú	adv.	丁	L6	13
166	海岸		hǎi'àn	n.	丁	L11	8
167	海拔		hǎibá	n.	丙	L11	3
168	海滨	海濱	hǎibīn	n.	丁	L11	5
169	含糊		hánhu	adj.	丙	L1	17
170	含量		hánliàng	n.	丙	L4	8
171	含有		hányǒu	v.	丁	L3	13
172	罕见	罕見	hǎnjiàn	adj.	丁	L11	6
173	好多		hǎoduō	adj.,v.p		L1	4
174	好坏	好壞	hǎohuài	n.	丁	L9	4
175	号称	號稱	hàochēng	v.	丁	L11	3
176	核	核	hé	n.,b.f.	丙	L14	74
177	合并	合併	hébìng	v./ n.	丁	L14	5
178	和睦		hémù	adj.	丁	L7	12
179	和谐	和諧	héxié	adj.,n.	丁	L7	27
180	洪水		hóngshuǐ	n.	丙	L11	11
181	后代	後代	hòudài	n.	丙	L11	3
182	后方	後方	hòufāng	n.	丙	L8	4
183	后门	後門	hòumén	n.		L5	2
184	呼唤	呼喚	hūhuàn	v./ n.		L13	6
185	忽略		hūlüè	v.	丁	L6	18
186	互助		hùzhù	v.	丙	L12	5
187	回避	迴避	huíbì	v.	丁	L8	16
188	毁	毀	huǐ	v.,b.f.	丙	L11	10
189	绘画	繪畫	huìhuà	v.,n.	丁	L4	2
190	激发	激發	jīfā	v.,n.	丁	L3	11
191	机密	機密	jīmì	n.,adj.	丁	L13	14
192	迹象	跡象	jìxiàng	n.	丁	L12	9
193	击	擊	jī	b.f.	丁	L13	114
194	极端	極端	jíduān	adj.,n.	丙	L8	41
195	极力	極力	jílì	adv.	丁	L8	6
196	极限	極限	jíxiàn	n.	丁	L12	5
197	急于	急於	jíyú	v.p.	丁	L7	4
198	技工		jìgōng	n.		L6	5
199	寂寞		jìmò	s.v./n.	丙	L12	4
200	纪念品	紀念品	jìniànpǐn	n.	丁	L1	2
201	技校		jìxiào			L6	8
202	嘉宾	嘉賓	jiābīn	n.		L15	2
203	家伙	傢伙	jiāhuo	n.	丙	L4	6
204	家长	家長	jiāzhǎng	n.	丁	L2	41

205	肩膀		jiānbǎng	n.	丁	L4	2
206	坚持不懈	堅持不懈	jiānchíbūxiè	f.e.		L2	9
207	监督	監督	jiāndū	v.	丙	L15	20
208	尖端		jiānduān	adj.	丁	L15	5
209	坚固	堅固	jiāngù	adj.	丙	L7	13
210	兼顾	兼顧	jiāngù	v.		L2	6
211	监管	監管	jiānguǎn	v.,n.		L13	9
212	坚信	堅信	jiānxìn	v.	丁	L10	6
213	检验	檢驗	jiǎnyàn	v.	丙	L15	6
214	见解	見解	jiànjiě	n.	丙	L13	10
215	渐进	漸進	jiànjìn	v.		L9	9
216	鉴于	鑑於	jiànyú	prep.	丁	L12	5
217	将近	將近	jiāngjìn	adv.	丁	L6	6
218	奖金	獎金	jiǎngjīn	n.	丙	L13	3
219	讲述	講述	jiǎngshù	v./n.	丁	L3	9
220	缴纳	繳納	jiǎonà	v.	丁	L5	17
221	脚踏实地	腳踏實地	jiǎotàshídì	f.e.		L1	8
222	阶层	階層	jiēcéng	n.	丙	L12	5
223	接二连三	接二連三	jiēèrliánsān	f.e.	丁	L9	9
224	接连	接連	jiēlián	adv.	丙	L11	8
225	节能	節能	jiénéng	v.o.	丁	L10	17
226	借鉴	借鑑	jièjiàn	v./n.	丁	L10	12
227	借助		jièzhù	v.	丁	L12	8
228	紧急	緊急	jǐnjí	adj.	丙	L9	9
229	近期		jìnqī	n.	丁	L6	7
230	进取	進取	jìnqǔ	v.	丁	L8	7
231	晋升	晉升	jìnshēng	v.	丁	L8	2
232	近视	近視	jìnshì	n.	丁	L4	4
233	惊动	驚動	jīngdòng	v.	丙	L14	6
234	经受	經受	jīngshòu	v.	丁	L12	7
235	惊喜	驚喜	jīngxǐ	s.v./n.		L1	6
236	境地		jìngdì	n.	丁	L3	11
237	境界		jìngjiè	n.	丁	L4	7
238	纠纷	糾紛	jiūfēn	n.	丁	L7	15
239	酒精		jiǔjīng	n.	丁	L12	3
240	局势	局勢	júshì	n.	丁	L9	17
241	聚集		jùjí	v.	丙	L1	7
242	聚焦		jùjiāo	n.		L3	8
243	剧烈	劇烈	jùliè	adj.	丙	L9	16
244	崛起		juéqǐ	v.p.		L10	14
245	绝缘	絕緣	juéyuán	v.o.	丁	L8	5
246	军方	軍方	jūnfāng	n.		L13	7

247	军国主义	軍國主義	jūnguózhǔyì	n.		L10	4
248	军医	軍醫	jūnyī	n.	丁	L13	4
249	军装	軍裝	jūnzhuāng	n.	丁	L14	2
250	开心	開心	kāixīn	adj.,v.o.	丁	L4	7
251	看作		kànzuò	v.p.	丁	L9	9
252	抗拒		kàngjù	v.		L2	6
253	考验	考驗	kǎoyàn	n.,v.	丙	L7	11
254	靠近		kàojìn	v.	丙	L11	4
255	科目		kēmù	n.	丁	L5	24
256	可笑		kěxiào	adj.	丙	L1	4
257	刻板		kèbǎn	adj.		L2	2
258	坑		kēng	n.,v.	丙	L8	4
259	恐怖		kǒngbù	adj.,n.	丙	L10	16
260	恐慌		kǒnghuāng	s.v./ n.		L14	20
261	苦恼	苦惱	kǔnǎo	adj.	丁	L8	5
262	夸	誇	kuā	v.	丙	L11	7
263	快餐		kuàicān	n.	丙	L3	10
264	矿区	礦區	kuàngqū	n.	丁	L5	2
265	困境		kùnjìng	n.		L12	11
266	困扰	困擾	kùnrǎo	v.		L12	17
267	扩散	擴散	kuòsàn	v.	丁	L10	7
268	扩张	擴張	kuòzhāng	v.	丁	L3	13
269	扩招	擴招	kuòzhāo			L6	20
270	牢房		láofáng	n.	丁	L14	2
271	牢固		láogù	adj.	丙	L14	8
272	老婆		lǎopo	n.	丙	L7	3
273	乐于	樂於	lèyú	v.p.		L2	10
274	礼拜	禮拜	lǐbài	n.,b.f.	丙	L14	6
275	理事		lǐshì	n.,v.o.	丁	L4	4
276	理性		lǐxìng	n.,adj.		L9	14
277	利弊		lìbì	n.	丁	L9	7
278	历年	歷年	lìnián	n.	丙	L11	3
279	利润	利潤	lìrùn	n.	丙	L15	10
280	联邦	聯邦	liánbāng	n.	丁	L13	3
281	联络	聯絡	liánluò	v.,n.	丙	L13	6
282	良策		liángcè	n.		L15	5
283	裂缝	裂縫	lièfèng	v.o.,n.		L6	4
284	邻国	鄰國	línguó	n.	丁	L10	7
285	临近	臨近	línjìn	v.	丁	L6	18
286	邻	鄰	lín	b.f.,n.	丁	L10	42
287	灵魂	靈魂	línghún	n.	丙	L14	7
288	灵敏	靈敏	língmǐn	adj.	丁	L6	5

289	领土	領土	lǐngtǔ	n.	丙	L11	10
290	留学	留學	liúxué	v.	丙	L9	13
291	留言		liúyán	v.o.,n.		L14	5
292	露面		lòumiàn	v.o.	丙	L14	5
293	陆军	陸軍	lùjūn	n.	丙	L13	3
294	履行		lǚxíng	v.	丁	L6	9
295	蔓延		mànyán	v.	丁	L11	7
296	忙碌		mánglù	adj.	丁	L8	8
297	眉头	眉頭	méitóu	n.	丙	L7	2
298	美满	美滿	měimǎn	adj.	丁	L7	19
299	美誉	美譽	měiyù	n.		L15	4
300	猛然		měngrán	adv.	丙	L9	4
301	弥补	彌補	míbǔ	v.	丁	L12	8
302	秘诀	祕訣	mìjué	n.		L2	2
303	密码	密碼	mìmǎ	n.		L14	3
304	民意		mínyì	n.	丁	L9	5
305	民营	民營	mínyíng	v.		L15	21
306	民族主义	民族主義	mínzúzhǔyì	n.		L10	8
307	敏感		mǐngǎn	adj.	丁	L8	12
308	名单	名單	míngdān	n.	丁	L9	4
309	名人		míngrén	n.	丁	L3	6
310	名誉	名譽	míngyù	n.	丁	L13	12
311	命题	命題	mìngtí	n.,v.o.	丁	L5	16
312	摩擦		mócā	v.,n.	丁	L9	12
313	模范	模範	mófàn	n.	丙	L8	13
314	陌生		mòshēng	adj.	丙	L12	4
315	难关	難關	nánguān	n.	丁	L6	5
316	男性		nánxìng	n.	丁	L8	14
317	能否		néngfǒu	v.p.		L2	21
318	浓厚	濃厚	nónghòu	adj.	丁	L15	6
319	农作物	農作物	nóngzuòwù	n.	丙	L11	5
320	欧美	歐美	ōuměi	n./ attr.		L10	10
321	排放		páifàng	v.		L11	26
322	徘徊		páihuái	v.	丁	L7	2
323	判处	判處	pànchǔ	v.	丁	L13	6
324	抛弃	拋棄	pāoqì	v.	丁	L10	20
325	配套		pèitào	v.o.	丁	L12	11
326	膨胀	膨脹	péngzhàng	v.	丙	L12	8
327	疲惫	疲憊	píbèi	adj.	丁	L14	15
328	疲倦		píjuàn	adj.	丙	L8	13
329	譬如		pìrú	v.	丙	L4	8
330	偏偏		piānpiān	adv.	丙	L7	8

331	平衡	平衡	pínghéng	adj.	丙	L15	24
332	平面		píngmiàn	n.	丁	L11	26
333	迫使		pòshǐ	v.	丁	L8	16
334	期望		qīwàng	v.,n.	丁	L2	16
335	祈祷	祈禱	qídǎo	v./ n.		L11	6
336	奇妙		qímiào	adj.	丁	L3	3
337	起伏		qǐfú	v.,n.		L5	7
338	启示	啟示	qǐshì	n.,v.	丁	L2	12
339	气愤	氣憤	qìfèn	s.v./ n.	丙	L9	4
340	气功	氣功	qìgōng	n.	丁	L1	3
341	气体	氣體	qìtǐ	n.	丙	L11	26
342	恰恰		qiàqià	adv.	丙	L9	8
343	牵引	牽引	qiānyǐn	v.	丁	L15	3
344	谦虚	謙虛	qiānxū	adj.	丙	L1	6
345	前后	前後	qiánhòu	adv.	丙	L9	7
346	潜能	潛能	qiánnéng	n.		L3	8
347	前所未有		qiánsuǒwèiyǒu	f.e.	丁	L11	13
348	强盛	強盛	qiángshèng	adj.	丁	L9	7
349	抢救	搶救	qiǎngjiù	v.	丁	L13	4
350	强求	強求	qiǎngqiú	v.		L2	5
351	亲身	親身	qīnshēn	adj.	丁	L13	7
352	侵蚀	侵蝕	qīnshí	v.	丁	L11	12
353	清除		qīngchú	v.	丙	L13	7
354	清晰		qīngxī	adj.	丙	L9	19
355	倾斜	傾斜	qīngxié	v.	丁	L5	7
356	请示	請示	qǐngshì	v.	丙	L14	4
357	庆贺	慶賀	qìnghè	v.	丁	L14	4
358	驱逐	驅逐	qūzhú	v.	丁	L12	15
359	取代		qǔdài	v.	丁	L11	9
360	曲子		qǔzi	n.	丁	L3	2
361	去世		qùshì	v.	丁	L8	4
362	趣味		qùwèi	n.	丙	L4	10
363	全局		quánjú	n.	丙	L10	11
364	全力以赴		quánlìyǐfù	f.e.	丁	L8	6
365	劝说	勸說	quànshuō	v./ n.	丁	L8	3
366	确立	確立	quèlì	v.	丁	L10	11
367	群体	群體	qúntǐ	n.	丁	L13	24
368	燃料		ránliào	n.	丙	L15	5
369	热线	熱線	rèxiàn	n.		L12	2
370	人际	人際	rénjì	attr.		L3	17
371	人间	人間	rénjiān	n.	丙	L14	7
372	人情		rénqíng	n.	丁	L10	5

373	人群	人羣	rénqún	n.	丙	L13	20
374	人身		rénshēn	n.,attr.	丁	L13	9
375	人心		rénxīn	n.	丙	L10	15
376	忍受		rěnshòu	v.	丙	L3	20
377	认可	認可	rènkě	v.,n.	丁	L5	22
378	融化		rónghuà	v.	丁	L14	7
379	入口		rùkǒu	n.	丁	L10	7
380	入侵		rùqīn	v.	丁	L14	7
381	杀害	殺害	shāhài	v.	丁	L14	4
382	沙滩	沙灘	shātān	n.	丁	L11	4
383	擅长	擅長	shàncháng	v.	丁	L1	20
384	伤员	傷員	shāngyuán	n.	丁	L13	2
385	上台	上臺	shàngtái	v.o.	丁	L9	5
386	申报	申報	shēnbào	v.,n.	丁	L5	6
387	深化		shēnhuà	v.	丁	L2	8
388	伸手		shēnshǒu	v.o.	丁	L7	2
389	深远	深遠	shēnyuǎn	adj.	丁	L4	16
390	生病		shēngbìng	v.o.	丙	L1	10
391	声称	聲稱	shēngchēng	v.		L14	5
392	生存		shēngcún	v.	丙	L15	26
393	生机	生機	shēngjī	n.	丁	L3	4
394	升级	升級	shēngjí	v.		L15	26
395	升学	升學	shēngxué	v.o.	丁	L4	11
396	声誉	聲譽	shēngyù	n.	丁	L5	25
397	盛行		shèngxíng	v.	丁	L13	6
398	圣	聖	shèng	b.f.		L14	21
399	失常		shīcháng	adj.		L12	10
400	失落		shīluò	adj.		L12	3
401	试行	試行	shìxíng	v.	丁	L5	6
402	视野	視野	shìyě	n.	丁	L15	10
403	收益		shōuyì	n.	丁	L13	5
404	首相		shǒuxiàng	n.	丁	L10	35
405	输送	輸送	shūsòng	v.	丁	L14	6
406	数目	數目	shùmù	n.	丙	L11	7
407	税收		shuìshōu	n.	丁	L15	6
408	四处	四處	sìchù	n.	丙	L4	3
409	岁月	歲月	suìyuè	n.	丁	L7	3
410	损	損	sǔn	b.f.,v.	丁	L9	32
411	所有制		suǒyǒuzhì	n.	丁	L5	4
412	踏实	踏實	tāshi	adj.	丙	L4	13
413	台阶	臺階	táijiē	n.	丁	L8	4
414	谈到	談到	tándào	v(c)		L3	15

词语总表

415	逃避		táobì	v.	丙	L11	23
416	讨价还价	討價還價	tǎojiàhuánjià	f.e.	丁	L1	12
417	特意		tèyì	adv.	丁	L8	3
418	特质	特質	tèzhì	n.		L3	5
419	提升		tíshēng	v.	丁	L15	21
420	提问	提問	tíwèn	v./n.	丙	L3	9
421	体质	體質	tǐzhì	n.	丁	L4	8
422	替代		tìdài	v./n.	丁	L3	10
423	天经地义	天經地義	tiānjīngdìyì	f.e.		L15	7
424	天然气	天然氣	tiānránqì	n.	丙	L11	2
425	天然		tiānrán	attr.	丙	L8	5
426	天堂		tiāntáng	n.	丁	L4	7
427	填补	填補	tiánbǔ	v.	丁	L6	7
428	填写	填寫	tiánxiě	v.	丁	L4	11
429	条例	條例	tiáolì	n.	丙	L13	4
430	条文	條文	tiáowén	n.	丁	L15	3
431	条子	條子	tiáozi	n.		L5	2
432	跳跃	跳躍	tiàoyuè	v.	丁	L9	2
433	停留		tíngliú	v.	丙	L2	6
434	同盟		tóngméng	n.	丙	L15	4
435	同年		tóngnián	n.	丁	L5	9
436	头目	頭目	tóumù	n.		L14	3
437	突围	突圍	tūwéi	v.		L15	4
438	徒刑		túxíng	n.		L13	3
439	拖延		tuōyán	v.	丁	L10	7
440	妥当	妥當	tuǒdang	adj.	丙	L8	3
441	挖掘		wājué	v.	丁	L5	18
442	外表		wàibiǎo	n.	丁	L8	4
443	外出		wàichū	v.	丁	L8	5
444	外界		wàijiè	n.	丙	L7	9
445	湾	灣	wān	b.f.,v.	丁	L11	12
446	玩乐	玩樂	wánlè			L4	4
447	完美		wánměi	adj.		L2	17
448	晚年		wǎnnián	n.	丁	L12	3
449	万能	萬能	wànnéng	attr.		L2	7
450	万一	萬一	wànyī	conj.	丙	L9	6
451	往年		wǎngnián	n.	丁	L6	5
452	忘却	忘卻	wàngquè	v.	丁	L1	6
453	违法	違法	wéifǎ	v.o.	丁	L13	4
454	围棋	圍棋	wéiqí	n.	丁	L4	3
455	维生素	維生素	wéishēngsù	n.	丙	L4	3
456	伪劣	偽劣	wěiliè	adj.		L15	4

409

457	位于	位於	wèiyú	v.	丙	L12	19
458	温室	溫室	wēnshì	n.		L11	26
459	蚊子		wénzǐ	n.	丙	L11	3
460	无从	無從	wúcóng	adv.	丁	L3	3
461	无妨	無妨	wúfáng	v.		L2	4
462	无关	無關	wúguān	v.		L12	9
463	无意	無意	wúyì	v.,adv.	丁	L8	12
464	无知	無知	wúzhī	adj.,n.	丁	L3	10
465	舞蹈		wǔdǎo	n.,v.	丙	L1	5
466	侮辱		wǔrǔ	v.,n.	丙	L13	8
467	武装	武裝	wǔzhuāng	n.,v.	丙	L14	10
468	悟		wù	v.	丁	L9	11
469	物美价廉	物美價廉	wùměijiàlián	f.e.		L15	9
470	吸毒		xīdú	v.o.		L12	3
471	袭击	襲擊	xíjī	v.,n.	丙	L14	40
472	下旬		xiàxún	n.	丙	L14	3
473	先锋	先鋒	xiānfēng	n.	丁	L8	2
474	先前		xiānqián	n.	丁	L12	2
475	限期		xiànqī	v.,n.	丁	L13	6
476	陷入		xiànrù	v.	丁	L10	12
477	现状	現狀	xiànzhuàng	n.	丁	L9	17
478	相差		xiāngchà	v.	丁	L9	3
479	享有		xiǎngyǒu	v.	丁	L11	6
480	向来	向來	xiànglái	adv.	丙	L11	3
481	象征	象徵	xiàngzhēng	v.,n.	丙	L14	9
482	消除	消除	xiāochú	v.	丙	L15	35
483	携带	攜帶	xiédài	v.	丁	L14	6
484	协会	協會	xiéhuì	n.	丙	L15	17
485	泄露	洩露	xièlòu	v.	丁	L13	3
486	心爱	心愛	xīnài	adj.	丙	L7	4
487	薪水		xīnshuǐ	n.	丁	L8	3
488	新兴	新興	xīnxīng	attr.	丁	L7	14
489	信赖	信賴	xìnlài	v./n.	丁	L10	17
490	信念		xìnniàn	n.	丙	L2	12
491	幸好		xìnghǎo	adv.	丁	L13	4
492	酗酒		xùjiǔ	v.	丁	L12	5
493	宣称	宣稱	xuānchēng	v.	丁	L12	13
494	选拔	選拔	xuǎnbá	v./n.	丁	L5	28
495	压制	壓制	yāzhì	v.	丙	L4	7
496	淹没		yānmò	v.	丁	L11	20
497	研发	研發	yánfā	v.		L15	15
498	严峻	嚴峻	yánjùn	adj.	丁	L6	25

词语总表

499	言论	言論	yánlùn	n.	丁	L13	21
500	延伸		yánshēn	v.	丁	L14	6
501	演艺	演藝	yǎnyì	n.		L1	4
502	厌恶	厭惡	yànwù	v./ n.	丙	L14	7
503	邀		yāo	v.	丁	L1	22
504	要好		yàohǎo	adj.	丙	L8	4
505	要领	要領	yàolǐng	n.	丁	L1	3
506	药品	藥品	yàopǐn	n.	丙	L14	4
507	冶金		yějīn	n.	丙	L6	4
508	一度		yīdù	adv.	丁	L5	5
509	一技之长	一技之長	yījìzhīcháng	f.e.	丁	L6	4
510	一举	一舉	yījǔ	n.,adv.	丁	L5	8
511	衣裳		yīshang	n.	丁	L7	2
512	伊斯兰教	伊斯蘭教	yīsīlánjiào	n.	丙	L14	22
513	一头	一頭	yītóu	adv.,n.	丁	L4	4
514	一心		yīxīn	adj.,adv.	丙	L7	3
515	移民		yímín	v.o.,n.	丁	L9	12
516	议程	議程	yìchéng	n.	丁	L9	3
517	议定书	議定書	yìdìngshū	n.	丁	L11	4
518	意料		yìliào	v./ n.	丁	L1	4
519	意向		yìxiàng	n.	丁	L3	5
520	议员	議員	yìyuán	n.	丁	L13	19
521	阴谋	陰謀	yīnmóu	n.,v.	丙	L14	3
522	引擎		yǐnqíng	n.		L15	3
523	婴儿	嬰兒	yīngér	n.	丙	L10	8
524	应试教育		yìngshìjiàoyù			L4	4
525	营地	營地	yíngdì	n.		L14	7
526	应对	應對	yìngduì	v.		L12	19
527	硬件		yìngjiàn	n.	丁	L6	10
528	永久		yǒngjiǔ	adj.	丁	L7	6
529	勇士		yǒngshì	n.		L14	4
530	勇于	勇於	yǒngyú	v.	丁	L15	9
531	优化	優化	yōuhuà	v.		L15	10
532	忧虑	憂慮	yōulǜ	v.	丁	L6	11
533	幼稚		yòuzhì	adj.	丙	L7	4
534	诱	誘	yòu	b.f.	丁	L14	8
535	与此同时	與此同時	yǔcǐtóngshí	f.e.	丁	L10	9
536	与其	與其	yǔqí	conj.	丙	L9	9
537	预报	預報	yùbào	v.,n.	丙	L11	15
538	原材料		yuáncáiliào	n.	丁	L12	5
539	原始		yuánshǐ	adj.	丙	L15	5
540	源头	源頭	yuántóu	n.		L3	2

541	援助		yuánzhù	v.,n.	丙	L12	28
542	月份		yuèfèn	n.	丁	L11	4
543	运营	運營	yùnyíng	v.,n.		L13	5
544	再者		zàizhě	conj.		L4	4
545	赞赏	贊賞	zànshǎng	v.	丁	L1	15
546	早点	早點	zǎodiǎn	n.	丁	L7	2
547	择	擇	zé	b.f.,v.		L5	100
548	诈骗	詐騙	zhàpiàn	v.	丁	L13	6
549	召回		zhàohuí	v.		L15	4
550	折腾	折騰	zhēteng	v.	丁	L1	2
551	争夺	爭奪	zhēngduó	v.	丙	L10	7
552	整洁	整潔	zhěngjié	adj.	丁	L7	4
553	整天		zhěngtiān	n.	丁	L7	5
554	正当	正當	zhèngdàng	adj.	丙	L5	5
555	郑重	鄭重	zhèngzhòng	adj.	丁	L8	19
556	之类	之類	zhīlèi	part.	丙	L4	2
557	之所以		zhīsuǒyǐ	conj.		L3	13
558	职员	職員	zhíyuán	n.	丙	L13	5
559	直至		zhízhì	v.	丁	L3	6
560	至此		zhìcǐ	adv.		L5	5
561	志愿	志願	zhìyuàn	n.,v.	丙	L5	31
562	制止		zhìzhǐ	v.	丙	L13	17
563	中东	中東	zhōngdōng	n.		L14	21
564	中年		zhōngnián	n.	丙	L8	7
565	中途		zhōngtú	n.	丁	L7	3
566	终止	終止	zhōngzhǐ	v.	丁	L3	13
567	众议院	眾議院	zhòngyìyuàn	n.		L11	3
568	周刊	週刊	zhōukān	n.		L13	10
569	周密		zhōumì	adj.	丁	L2	16
570	皱	皺	zhòu	v.,n.	丙	L7	4
571	逐年		zhúnián	adv.	丁	L6	6
572	助手		zhùshǒu	n.	丙	L13	6
573	住宅		zhùzhái	n.	丙	L11	4
574	助长	助長	zhùzhǎng	v.	丁	L10	6
575	专长	專長	zhuāncháng	n.	丁	L6	13
576	转入	轉入	zhuǎnrù	v.	丙	L13	5
577	转向	轉向	zhuǎnxiàng	v.	丁	L5	23
578	转型	轉型	zhuǎnxíng	v.		L12	32
579	壮	壯	zhuàng	adj.	丙	L4	9
580	追赶	追趕	zhuīgǎn	v.	丁	L10	7
581	追随	追隨	zhuīsuí	v.		L14	10
582	着重	著重	zhuózhòng	v.	丙	L2	31

词语总表

583	咨询	諮詢	zīxún	v.,n.	丁	L4	35
584	自豪		zìháo	adj.	丙	L1	17
585	自律		zìlǜ	v.		L13	26
586	字幕		zìmù	n.		L1	4
587	自杀	自殺	zìshā	v.	丁	L12	23
588	自私		zìsī	adj.	丙	L4	6
589	总数	總數	zǒngshù	n.	丁	L9	10
590	总之	總之	zǒngzhī	conj.	丙	L10	3
591	走俏		zǒuqiào	v./ s.v.		L6	4
592	奏		zòu	v.	丁	L7	18
593	租		zū	v.	丙	L7	8
594	组长	組長	zǔzhǎng	n.	丙	L6	3
595	罪	罪	zuì	n.	丙	L13	31
596	作物		zuòwù	n.	丙	L11	15

总次数：6181

注：本书的词语总表中，属于HSK词汇等级大纲的词语有498个，占总生词量（596个）的83.56%，大纲外的有98个，为16.44%。每个生词平均重现率为：6181次÷596个≈10.37次/个。

语言点例释总表

爆发、暴发 .... 第九课	疲惫、疲倦 .... 第十四课
崩溃、瓦解 .... 第十二课	启示、启发 .... 第二课
苍白、惨白 .... 第十四课	侵蚀、侵害 .... 第十一课
超越、超过 .... 第十五课	清晰、清楚 .... 第九课
担忧、担心 .... 第四课	驱逐、驱赶 .... 第十二课
妨碍、妨害 .... 第十课	忍受、忍耐 .... 第三课
改革、改造 .... 第五课	擅长、善于 .... 第一课
改良、改进 .... 第十三课	深远、长远 .... 第四课
高超、高明 .... 第三课	声誉、声望 .... 第五课
格外、分外 .... 第七课	逃避、躲避 .... 第十一课
功效、功能 .... 第三课	完美、完善 .... 第二课
果断、武断 .... 第八课	信赖、相信 .... 第十课
含糊、模糊 .... 第一课	消除、解除 .... 第十五课
忽略、疏忽 .... 第六课	严峻、严格 .... 第六课
机密、秘密 .... 第十三课	预报、预告 .... 第十一课
监督、监视 .... 第十五课	援助、帮助 .... 第十二课
坚固、坚实 .... 第七课	责任、义务 .... 第四课
剧烈、激烈 .... 第九课	郑重、慎重 .... 第八课
恐慌、恐惧 .... 第十四课	志愿、自愿 .... 第五课
临近、邻近 .... 第六课	制止、禁止 .... 第十三课
美满、圆满 .... 第七课	周密、严密 .... 第二课
模范、榜样 .... 第八课	自豪、骄傲 .... 第一课
抛弃、遗弃 .... 第十课	

部分练习参考答案

第一课

三、1．讨价还价　　2．惊喜　　3．关怀　　4．脚踏实地　　5．顾虑
　　6．忘却　　　　7．赞赏　　8．骄傲　　9．自豪　　　　10．含糊
　　11．模糊　　　12．善于　　13．擅长

四、1．×　2．×　3．×　4．√

五、1．CAB　　2．BAC

六、1．C　2．D　3．A　4．A

七、（一）1 和　　2 来自　　3 竟然　　4 可
　　（二）1 越来越　　2 甚至　　3 因为　　4 就此　　5 又或者　　6 却

十、1．×　2．×　3．√　4．√　5．√　6．√　7．√
　　8．×　9．×

第二课

三、1．消耗　　2．无影无踪　　3．偶尔　　4．一旦　　5．堵塞　　6．不堪
　　7．动不动　8．过度　　9．极度　　10．含糊　　11．模糊　　12．善于
　　13．擅长

四、1．×　2．√　3．√　4．×

五、1．BADC　　2．CBA

六、1．D　2．B　3．C　4．C

七、（一）1 不仅　　2 而且　　3 就是　　4 则
　　（二）1 即便　　2 依然　　3 也不可能　　4 因此　　5 应当

十、1．×　2．×　3．√　4．×　5．√　6．√　7．×
　　8．√　9．×　10．√

第三课

三、1．讲述　　2．含有　　3．暗示　　4．替代　　5．终止　　6．激发
　　7．扩张　　8．忍耐　　9．忍受　　10．功能　　11．功效　　12．高超
　　13．高明

四、1．√　2．×　3．√　4．×

五、1．BADC　　2．CBA

六、1．A　2．C　3．D　4．B

七、（一）1 再如　　2 却　　3 因　　4 进而　　5 因为
　　（二）1 例如　　2 而　　3 或许　　4 以此　　5 这时　　6 将

415

十、1. × 2. √ 3. × 4. × 5. √ 6. × 7. √
8. √ 9. × 10. ×

第四课

三、1. 填写 2. 孤僻 3. 趣味 4. 咨询 5. 超级 6. 譬如
7. 压制 8. 长远 9. 深远 10. 担心 11. 担忧 12. 责任
13. 义务

四、1. × 2. √ 3. × 4. √

五、1. BAC 2. CDAB

六、1. B 2. C 3. D 4. B

七、(一) 1 凡是 2 都 3 可能 4 但 5 不如
(二) 1 固然 2 但 3 在于 4 即

十、1. × 2. × 3. √ 4. √ 5. × 6. √ 7. ×
8. × 9. √ 10. √

第五课

三、1. 缴纳 2. 选拔 3. 挖掘 4. 各式各样 5. 认可 6. 转向
7. 此后 8. 改造 9. 改革 10. 声誉 11. 声望 12. 自愿
13. 志愿

四、1. × 2. √ 3. × 4. √

五、1. BAC 2. ADCB

六、1. C 2. B 3. D 4. A

七、(一) 1 逐步 2 至此 3 由 4 最终
(二) 1 尽管 2 在某种意义上 3 但 4 还是 5 都 6 此后

十、1. √ 2. × 3. × 4. × 5. √ 6. √ 7. ×
8. √ 9. × 10. ×

第一～五课测试题

二、1. 此后 2. 讨价还价 3. 各式各样 4. 脚踏实地 5. 譬如 6. 坚持不懈
7. 含糊 8. 忍耐 9. 改革 10. 义务

三、1. BAC 2. CBA 3. CADB 4. ADCB

四、(一) 1 即便 2 依然 3 也不可能 4 因此 5 应当
(二) 1 越来越 2 甚至 3 因为 4 就此 5 又或者 6 看来 7 却

五、1. 让脑体编程使我们感到更有力量的办法是定位于结果，要做三点。
2. 退休教师和家长感叹以前的孩子太会玩了，而现在的孩子不会玩。
3. 举例说明目前中国高等学校自主招生制度的改革探索。

七、阅读一
(一) 1. √ 2. × 3. × 4. √ 5. √ 6. × 7. ×
(二) 在实施"五常法"的过程中，父母必须首先了解五常法，并以身作则。父母必须在教导上有共识。如果小朋友做错事，父母必须要有共同处事的原则。父母必

部分练习参考答案

须按小朋友的能力去制定标准，而非按成人的要求，过高过低都不宜。

阅读二

（一）1. × 2. √ 3. × 4. √ 5. × 6. × 7. √

（二）打孩子除了可能造成孩子身体上的伤害外，还有其他危害：
伤害孩子的自尊心；迫使孩子说谎；报复父母；容易使孩子形成暴躁的性格；父母丧失在孩子心目中的威信。

阅读三

（一）1. √ 2. × 3. √ 4. × 5. √

（二）自信是创造奇迹的灵丹妙药。可一些应届生在求职时，往往因为自己缺乏实际操作经验就无法在所应聘的工作岗位前表现十足的信心，导致企业不得不拒之门外。但有一点想告诉涉世不深的求职朋友，企业一旦确定招聘没有社会经验的应届生，就已在其培训计划与资源配置方面做了相应的安排。

第六课

三、1. 缴纳　　2. 选拔　　3. 挖掘　　4. 各式各样　　5. 认可　　6. 转向
　　7. 此后　　8. 改造　　9. 改革　　10. 声誉　　11. 声望　　12. 自愿
　　13. 志愿

四、1. ×　　2. √　　3. √　　4. ×

五、1. CBA　　2. BADC

六、1. A　　2. B　　3. C　　4. B

七、（一）1 而且　　2 因为　　3 而　　4 也
　　（二）1 原因　　2 但是　　3 如果　　4 乃至

十、1. ×　　2. √　　3. √　　4. ×　　5. ×　　6. √　　7. √
　　8. ×　　9. √　　10. ×

第七课

三、1. 缴纳　　2. 选拔　　3. 挖掘　　4. 各式各样　　5. 认可　　6. 转向
　　7. 此后　　8. 改造　　9. 改革　　10. 声誉　　11. 声望　　12. 自愿
　　13. 志愿

四、1. ×　　2. √　　3. √　　4. ×

五、1. ACB　　2. DACB

六、1. B　　2. C　　3. A　　4. D

七、（一）1 因为　　2 但是　　3 还是　　4 能否
　　（二）1 宁愿　　2 如果　　3 都　　　4 也

十、1. ×　　2. ×　　3. √　　4. ×　　5. ×　　6. ×　　7. √
　　8. √　　9. √　　10. ×

第八课

三、1. 缴纳　　2. 选拔　　3. 挖掘　　4. 各式各样　　5. 认可　　6. 转向
　　7. 此后　　8. 改造　　9. 改革　　10. 声誉　　11. 声望　　12. 自愿
　　13. 志愿

四、1. ×　　2. ×　　3. √　　4. √

五、1．BAC　　2．CADB
六、1．B　　2．A　　3．D　　4．A
七、(一)1据说　　2于是　　3就　　　　4其实
　　(二)1由于　　2所以　　3尽管　　4但
十、1．√　　2．×　　3．×　　4．√　　5．×　　6．×　　7．√
　　8．√　　9．×　　10．√

第九课

三、1．缴纳　　2．选拔　　3．挖掘　　4．各式各样　　5．认可　　6．转向
　　7．此后　　8．改造　　9．改革　　10．声誉　　11．声望　　12．自愿
　　13．志愿
四、1．×　　2．√　　3．×　　4．√
五、1．BAC　　2．BADC
六、1．D　　2．C　　3．D　　4．B
七、(一)1其实　　2来看　　3既然如此　　　　4也　　5只要　　6就
　　(二)1但　　2恰恰　　3还　　　　4无论　　5都
十、1．√　　2．×　　3．×　　4．×　　5．×　　6．×　　7．√
　　8．√　　9．×　　10．√

第十课

三、1．缴纳　　2．选拔　　3．挖掘　　4．各式各样　　5．认可　　6．转向
　　7．此后　　8．改造　　9．改革　　10．声誉　　11．声望　　12．自愿
　　13．志愿
四、1．×　　2．√　　3．√　　4．×
五、1．BAC　　2．CBAD
六、1．D　　2．B　　3．C　　4．A
七、(一)1既要　　2又要　　3而且　　　　4更　　5不宜
　　(二)1不仅　　2而且　　3对于　　4来说　　5值得
十、1．×　　2．√　　3．×　　4．×　　5．√　　6．√　　7．×
　　8．√　　9．×　　10．√

第六～十课测试题

二、1．偏偏　　2．供不应求　　3．接二连三　　4．一技之长　　5．万一
　　6．全力以赴　　7．忽略　　8．美满　　9．慎重　　10．剧烈
三、1．CBA　　2．ACB　　3．BADC　　4．CBAD
四、(一)1其实　　2来看　　3既然如此　　4也　　5只要　　6就
　　(二)1既要　　2又要　　3而且　　4更　　5不宜　　6或
五、1．目前在中国，还没有形成一个大学生自主创业的良好氛围。
　　2．举例说明婚后的生活能力问题往往成为不少"毕婚族"家庭纠纷的根源。
　　3．中日两国在外交思维上需要明确选定"近交"抛弃"近攻"。
七、阅读一

部分练习参考答案

（一）1. × 2. √ 3. × 4. √ 5. × 6. × 7. √
（二）由于性别的差异，女性更注重局部和细节，在全局视野和企业策略参与上相对男性有所逊色，这成为这个年龄段女性"职业升级"的最大困难。

阅读二
（一）1. × 2. √ 3. × 4. √ 5. √ 6. × 7. √
（二）他们认为惠州这几年发展很快，就像前些年正在发展的广州和深圳，再过几年，惠州这座城市的软硬件配套措施肯定会完善起来的，现在那边物价、房价都较低，他们建议小邓先到那工作，站稳脚跟，买几套房子，将来也可作投资之用。"我们认为孩子到那边去，会比在广州发展得好。"

阅读三
（一）1. √ 2. √ 3. × 4. × 5. √
（二）台湾问题事关中国的主权和领土完整，是中方的最大关切，也是中美关系中最敏感、最核心的议题。基辛格表示，他相信中美双方将会围绕这一问题继续合作，以避免出现在台海问题上"摊牌"的局面。"我认为北京和华盛顿将保持合作，对台北切实施加压力……我相信我们将避免台海危机的出现，"基辛格说。

第十一课

三、1. 缴纳　2. 选拔　3. 挖掘　4. 各式各样　5. 认可　6. 转向
　　7. 此后　8. 改造　9. 改革　10. 声誉　11. 声望　12. 自愿
　　13. 志愿
四、1. √　2. √　3. ×　4. ×
五、1. BCA　2. CABD
六、1. B　2. A　3. A　4. C
七、（一）1 首先　2 导致　3 从而　4 同时　5 深受其苦
　　（二）1 不是　2 而是　3 因　4 必须　5 任何
十、1. ×　2. √　3. ×　4. ×　5. √　6. √　7. ×
　　8. √　9. √　10. ×

第十二课

三、1. 缴纳　2. 选拔　3. 挖掘　4. 各式各样　5. 认可　6. 转向
　　7. 此后　8. 改造　9. 改革　10. 声誉　11. 声望　12. 自愿
　　13. 志愿
四、1. √　2. ×　3. ×　4. √
五、1. CBA　2. CDBA
六、1. A　2. C　3. C　4. B
七、（一）1 无疑　2 甚至　3 然而　4 宣称
　　（二）1 导致　2 有关　3 鉴于　4 给予　5 则
十、1. ×　2. √　3. √　4. √　5. ×　6. ×　7. √
　　8. ×　9. √　10. √

第十三课

三、1. 缴纳　　2. 选拔　　3. 挖掘　　4. 各式各样　　5. 认可　　6. 转向
　　7. 此后　　8. 改造　　9. 改革　　10. 声誉　　11. 声望　　12. 自愿
　　13. 志愿
四、1. ×　　2. ×　　3.√　　4.√
五、1. CAB　　2. BCAD
六、1. B　　2. C　　3. D　　4. A
七、(一) 1 作为　　2 同时　　3 难免　　4 如何　　5 不但　　6 如果　　7 甚至
　　(二) 1 关于　　2 甚至　　3 看来　　4 之所以　　5 是因为　　6 至于
十、1.√　　2. ×　　3. ×　　4.√　　5.√　　6. ×　　7. ×
　　8.√　　9.√　　10. ×

第十四课

三、1. 缴纳　　2. 选拔　　3. 挖掘　　4. 各式各样　　5. 认可　　6. 转向
　　7. 此后　　8. 改造　　9. 改革　　10. 声誉　　11. 声望　　12. 自愿
　　13. 志愿
四、1. ×　　2.√　　3. ×　　4. ×
五、1. CAB　　2. CADB
六、1. B　　2. C　　3. D　　4. A
七、(一) 1 有关　　2 虽然　　3 但　　4 就是　5 竟然　　6 非但　　7 反而　　8 还
　　(二) 1 接受　　2 之所以　　3 是　　4 以便
十、1. ×　　2. ×　　3.√　　4.√　　5. ×　　6. ×　7. ×
　　8. ×　　9.√　　10.√

第十五课

三、1. 物美价廉　　2. 提升　　3. 当务之急　　4. 勇于　　5. 天经地义　　6. 革新
　　7. 优化　　8. 超越　　9. 超过　　10. 监视　　11. 监督　　12. 解除
　　13. 消除
四、1. ×　　2.√　　3. ×　　4.√
五、1. CDBA　　2. BAC
六、1.B　　2.C　　3.A　　4.D
七、1. 1 勇于　　2 改进　　3 提升　　4 使用　　5 确立　　6 优化
　　2. 1 看来　　2 对于　　3 而　　4 通过　　5 兼顾　　6 无疑
十、1.√　　2. ×　　3.√　　4. ×　　5. ×　　6.√　　7. ×
　　8.√　　9.√　　10. ×

第十一～十五课测试题

二、1.成千上万　　2.前所未有　　3.格格不入　　4.层出不穷　　5.予以　　6.当务之急
　　7.逃避　　8.援助　　9.禁止　　10.恐惧
三、1. BCA　　2. CBA　　3. BCAD　　4. CADB
四、(一) 1 不是　　2 而是　　3 因　　4 必须　　5 任何
　　(二) 1 作为　　2 同时　　3 难免　　4 如何　　5 不但　　6 如果　　7 甚至

部分练习参考答案

五、1. 加拿大全国20％的人受各种心理疾病困扰，需要心理辅导。
2. 陈宝根认为体制创新对中国制造实现产业升级非常重要。
3. 对拉登是否还活着有不同的说法。

七、阅读一：
（一）1.√　2.×　3.√　4.×　5.×　6.√　7.√
（二）近年来，广东推出了许多配套保障措施吸引大学生下基层，如户口可以不跟去，回来后考研加分等。今年还将对大学生到农村中小学任教采取"上岗退费"政策，这几年选择到欠发达地区就业的大学生比例在逐渐增加。

阅读二：
（一）1.×　2.√　3.×　4.×　5.√　6.√　7.×
（二）清华大学就业指导中心副主任欧阳沁认为职业生涯规划应落脚于大学生涯规划。北京大学就业指导中心副主任王欣涛认为，求职一定要始终保持热情，求职的过程是一个不断被拒绝、不断坚持、直到找到适合自己的位置的过程。

阅读三：
（一）1.×　2.×　3.√　4.√　5.×
（二）这种骂声总还是体现了我们社会的一个侧面。用我的话来说，这可能就是"中产阶级的愤怒"。他们是坐办公室的优越阶层，但是总觉得自己在老板手下忍气吞声，压力太大，工作负担太重，心里充满怨恨。于是，老板一不在，就冲到网上宣泄一番。

第一～十五课测试题

二、1 坚持不懈　　2 接二连三　　3 讨价还价　　4 格格不入　　5 当务之急
　　6 供不应求　　7 高超　　　　8 深远　　　　9 改革　　　　10 严格

三、1. BAC　　2. CAB　　3. BCAD　　4. BADC

四、（一）1 例如　　2 而　　3 或许　　4 以此　　5 这时　　6 将
　　（二）1 尽管　　2 在某种意义上　　3 但　　4 还是　　5 都　　6 此后

五、1. 当代大学生应以认真负责的态度对待婚姻。
2. 专家建议，女性生活应该是多元的，不应只局限于事业或家庭。
3. 胡祖六对中国制造外部环境的不足更为关注。

七、阅读一：
（一）1.×　2.√　3.√　4.×　5.×　6.×　7.√
（二）影响中日关系良好发展的不利因素主要有：
首先，日本国内右翼保守势力对福田的新外交政策颇有微词。
其次，福田的首相地位较弱，是否能长期执政尚难定论。
再次，东海、台湾问题等仍有可能使中日关系面临一定困难。

阅读二：
（一）1.√　2.×　3.√　4.√　5.√　6.×　7.×
（二）大学生就业问题关系到全社会对教育的认识，关系着社会的健康发展。必须对他们形成社会关照，全社会要体现人文关怀，表达出真挚情感关心帮助他们度过难关，不要再增加他们的心理压力，而是尽量激发他们进入社会的积极性。

读报纸，学中文

他们可能存在种种问题，但同样需要得到尊重，最终要让他们在社会中保持奋发的精神，保持理性的生活态度，不远离社会、不封闭自己。

阅读三：

（一）1. ×　　2. ×　　3. ×　　4. √　　5. √

（二）临床实践证明，很多失眠患者是因为工作上的不顺心、学习上的压力、家庭关系的紧张、经济上的重负、爱情受挫、人际矛盾、退休后生活单调、精神空虚等原因所致。而对由心理因素引起的失眠来说，药物及其他疗法只是一种症状治疗，一种辅助措施，唯有心理治疗才能更好地解决问题。